中国传媒大学新闻系传播系组编

New media 新传媒时代
新闻传播学系列教材

新闻评论

News Commentary

新闻学核心课程
JOURNALISM
07

李舒◎著

中国人民大学出版社
·北京·

中国传媒大学新闻系传播系组编
“新传媒时代新闻传播学系列教材”
编　委　会

总　序

媒介融合时代新闻传播教育的“变”与“不变”

媒介融合时代，传统媒体纷纷出现了与新媒体融合发展的趋势，新闻传媒的变革日新月异，而社交媒体、公民新闻的出现使传统的新闻传播格局面临重新“洗牌”的巨大压力。业界的这些变化自然也会传导到新闻传播教育上来，迫使新闻传播教育面临一系列转型。在这样一个充满激荡变革的时代从事新闻传播教育工作，首先需要厘清哪些素质和能力是新闻传播工作者永恒不变的坚守，哪些能力又是需要与时俱进、不断变革更新的核心。只有把握住了“变”与“不变”的关系，才能在新闻传播人才培养上做到心中有数、方向明确。下面，我们不妨对这一问题做些具体分析。

传统的新闻信息生产和传播是这样进行的：现实生活中，人们每天需要了解外部世界的最新变化，由于每个人的生活范围很有限，于是诞生了一批媒体机构和新闻记者，他们每天到处采集各种最新发生的真实信息，然后通过报刊、广播和电视将这些信息传递给大众。人们接收到信息之后，虽不是亲眼所见，但会将其视为现实中真实存在的事情，从而对外部世界形成各式各样的印象和看法。

媒介融合时代的新闻信息生产和传播则是这样运作的：人们每天需要了解外部世界的最新变化，不仅职业的新闻记者在从事新闻信息的生产和传播工作，普通民众也加入到新闻信息的采集、制作和传播活动中来。他们将采集到的信息制作成文字、图片、音频、视频，或通过互联网向公众发布，或通过自媒体和社交媒体传递给自己熟悉或不熟悉的个人。他人接收到这些信息后，会将其视为现实中真实发生的事情，并由此对生存环境形成各式各样的印象和看法。

不难看出，在媒介融合时代，新闻信息的生产和传播领域发生了两个重大变化：一是出现了一大批自媒体和公民记者，形成了职业记者与普通民众同时进行新闻信息生产和传播的新格局；二是原先报纸、广播、电视“井水不犯河水”的格局被打破，出现了不同媒体与网络新媒体融合发展的趋势。在这种背景下，职业记者怎样才能体现自己的存在价值就显得十分重要，这也直接决定着新闻传播教育和新闻传播人才培养的走向。

近年来，我们走访了国外许多知名新闻院校，也经常就这一话题进行探讨，对媒介融合时代新闻传播教育“变”与“不变”的关系逐渐形成了清晰认识，那就是媒介形态可以千变万化，新闻教育的核心不会改变。

那么，在媒介融合时代，新闻传播工作者不变的素质和能力有哪些呢？归纳起来，大致有以下几点：

一是新闻传播工作的职业精神不会改变。新闻工作是一种能够点燃人们理想抱负的职业，是站在桅杆上眺望远方的守望。任何时代，只要从事新闻传播工作，就都需要高度的职业理想和工作热情，这样才能把每次报道任务完成好，才能在信息泛滥和众声喧哗的时代始终坚持把核实新闻信息放在第一位，才能在充满压力和诱惑的时代始终坚持传播新闻事实的真相，才能以高度的社会责任感去捍卫公众利益，才能以人文情怀去关注黎民百姓的疾苦和心声。研究中外名记者的经历，我们发现，他们的成功都离不开对新闻工作的激情，离不开高度的社会责任感和敬业精神。反过来，如果一个人仅仅将新闻工作视为谋生的饭碗，那么，最终他只能庸庸碌碌，在新闻岗位上走不了太远。在多年的教育工作中，我们体会到，新闻传播职业精神的培养不能只靠课堂的说教，一个行之有效的路径是搭建平台，鼓励同学们走出校门，到基层去，到火热的生活中去。只有深入实地，让学生对社会有了深切感知，才有可能培养起社会责任感来。这些年来，我们一直在进行这方面的尝试和努力。从 2006 年开始，中国传媒大学新闻系和传播系在学生中开展了“子牛杯”大学生社会调查征文比赛活动，迄今已坚持了 7 年，有上千名学生参加到活动中来，涌现出了一大批饱含社会责任感和职业精神的调查报告。通过开展这项活动，我们明显感受到了同学们的成长与进步。

二是新闻采写的基本能力不会改变。媒介融合时代，信息的获取日益方便快捷，而如何核实信息的真伪，保证所获得的新闻信息是准确无误的，则需要记者具有扎实的采访作风。这也是新闻媒体赢得公信力的必由之路。与此同时，在媒体竞争日趋激烈的今天，获得独家新闻、首发新闻已成为提升媒体竞争力和影响力的重要指标，这同样需要记者有深入现场的采访作风以及敏锐的新闻发现能力。而在新闻表达阶段，新闻写作能力是学生必须练好的基本功。总体上看，学生良好的新闻表达能力建立在对新闻事实的深入了解和对受众心理的准确把握基础上。具体来说，新闻表达能力有两个层次的要求。第一个层次是能把新闻事件讲明白。这需要学生在全面掌握新闻事件的各种信息之后，具备清晰的逻辑思维能力和良好的语言表达能力，不能出现事实不清、逻辑混乱、词不达意等现象。第二个层次是能把新闻事件讲得有吸引力。这需要学生在把新闻事件讲清楚的基础上，还善于把握受众的接受习惯和接受心理，懂得叙事技巧，通过设置悬念等诸多手法来吸引受众的注意力。这是对新闻表达的更高要求，学生如果在这方面也能过关的话，他的新闻写作能力就完全达标了。

三是多学科的知识结构要求不会改变。新闻报道的对象是大千世界，新闻的内容来自社会的不同领域，新闻只是一种形式，传媒也只是一种工具，都不是内容本身。在社会分工日益细分化和专业化的今天，只懂得新闻和传媒技巧是不够的，还需要掌握其他学科知识。目前，国内外新闻和传播院系解决这一问题的途径主要有两种。第一，尽量多提供跨专业课程，同时规定选修课中其他学科课程的最低比例。例如，美国密苏里大学新闻学院就规定学生选修的非新闻专业课程学分要占新闻专业总学分的一半以上。第二，联合培养第二学位学生，学生可以先学习哲学、历史、法律、社会学、经济学、管理学或自然科学等专业，然后再来学习新闻专业。例如，美国纽约大学就规定新闻专业的学生要完成 128

个学分，其中，必须用 64 个学分来拿一个非新闻专业的学位。中国传媒大学新闻系从 20 世纪 80 年代就开始招收新闻学第二学位学生，近年来，又面向校内招收辅修新闻学第二学位的学生，一直在进行这方面的努力。

在分析了媒介融合时代新闻传播人才不变的素质和能力之后，我们还要知道什么能力是当前新闻传播教育必须高度重视培养的新能力。

从总体来看，媒介融合时代，新闻传播教育自然需要培养学生适应媒介融合发展的能力。具体来说，由于制作方式数字化、传播渠道网络化、接收终端多样化，当前的新闻传播教育主要应该培养学生的多媒体报道能力。也就是使学生从具有报纸、广播、电视单一媒体的报道能力向具有多媒体融合报道能力转变，培养一批能够熟练采集和发布多媒体新闻的“全能记者”和“全能编辑”。

对“全能记者”和“全能编辑”来说，能够熟练使用多媒体新闻采制设备，洞悉文字、图片、声音、图像的文本特性和传播优势就显得十分重要。为了帮助大家理解这一问题，我们从新闻传播角度出发，可以将人们对新闻信息的需求归纳为三个基本维度：一是快捷需求，即人们想在第一时间简明扼要地了解新闻事件主要信息的需求；二是直观需求，即人们想亲眼目睹、直观感知新闻事件现场及氛围的需求；三是探究需求，即人们想深入了解新闻事件的来龙去脉、意义背景等内在信息的需求。而不同的媒介和文本符号在满足上述需求上各有自己的优势。培养“全能记者”，就要培养学生在面对重大新闻事件时，能用照相机拍摄出最具典型意义的瞬间图片，能用摄像机记录下最有现场感的发生过程，能用录音设备记录下新闻事件现场最典型的声音，能用电脑在第一时间写出新闻消息，将新闻事件的主要信息告知受众，还能写出深度报道，把新闻事件的原因、背景、经过、细节、意义、展望等深层信息揭示出来。总之，媒介融合时代，新闻传播教育需要打破过去报纸、广播、电视之间的壁垒，培养学生用文字、图片、音频、视频来全方位、立体化地展示新闻事件的能力，也就是培养学生多媒体采访、写作和编辑的呈现能力。

中国传媒大学新闻系、传播系作为国内较早开办新闻学专业和传播学专业的院系之一，多年来，积累了一些办学经验，也形成了一定的办学特色，在培养新型新闻传播人才上也一直在进行积极探索。摆在大家面前的这套“新传媒时代新闻传播学系列教材”（内含“新闻学核心课程”、“新闻学特色课程”和“传播学核心课程”）就是对近年来新闻学专业和传播学专业教学工作的总结。总的来说，编写这套系列教材，主要有这样几个出发点：

一是立足学科，整体打造。新闻传播学科发展到今天，已经形成了比较稳定的知识体系。这套系列教材立足新闻传播学科进行整体打造，既注重介绍新闻学和传播学基本的理论知识和专业技能，又注重学科历史、理论、方法和应用的体系性。在教材编写过程中，注意到前后衔接，按照由浅至深、循序渐进的规律进行整体推进。

二是立足时代，与时俱进。新媒体的出现推动了媒介融合的发展，这是传媒业的大势所趋。这套系列教材立足这一时代背景，不仅增加了媒介融合、新媒体编辑、多媒体报道等与媒介发展密切相关的教材品种，而且许多传统教材在编写过程中注意到了与新媒体的结合，体现出了与时俱进的时代要求。

三是立足教学，保留个性。教材编写需要对实践中一些最新动向进行沉淀，以便形成相对稳定的知识体系。从这一点上说，“与时俱进”并不是说这套教材可以与传媒实践发展实现“无缝对接”，而是需要与媒体实践保持适度距离，以便进行观察、总结和提升。另外，教材编写必须立足教学需要，采用相对成熟、稳定的知识体系作为教材内容，这样才能实现知识传承。但是编写教材并不排斥作者的个性和创造性，因为同样的知识内容可以采用不同的体例和案例来编写，编写的侧重点也会有所不同，这些都体现出作者的个性化思考。

四是立足市场，突出特色。目前，传播学专业的教材在市场上比较零散，我们这次将集中力量推出传播史、传播学史、传播学研究方法、媒介分析、传播心理学等教材，形成“传播学核心课程”系列教材。新闻学专业的有些教材在教学工作中很需要，但市场上很少见到。我们这次就推出了“新闻学特色课程”系列教材，包括新闻报道原理、社会调查方法、精确新闻报道、新闻传播学专业英语、新闻传播学学术论文写作指导等品种，在满足教学需要的同时，也为系列教材增添特色。

为了让大家对系列教材的总体框架一目了然，附上系列教材的结构示意图。

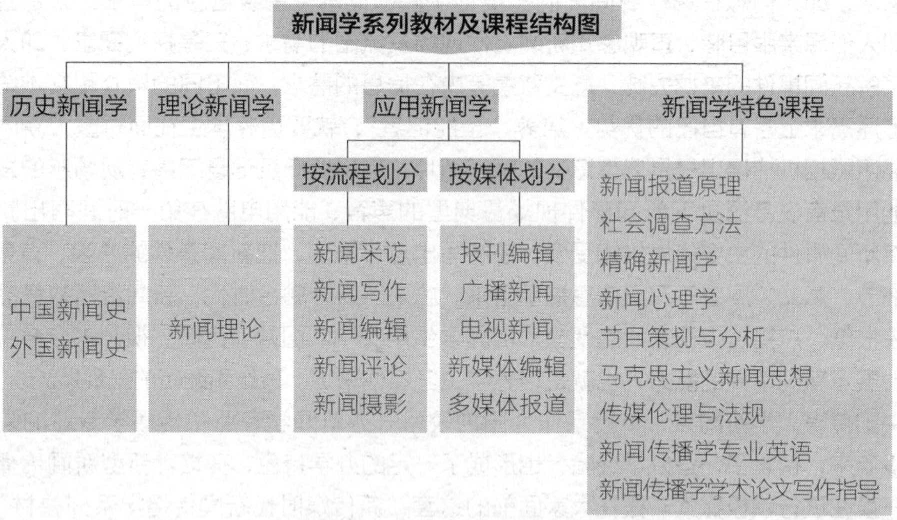

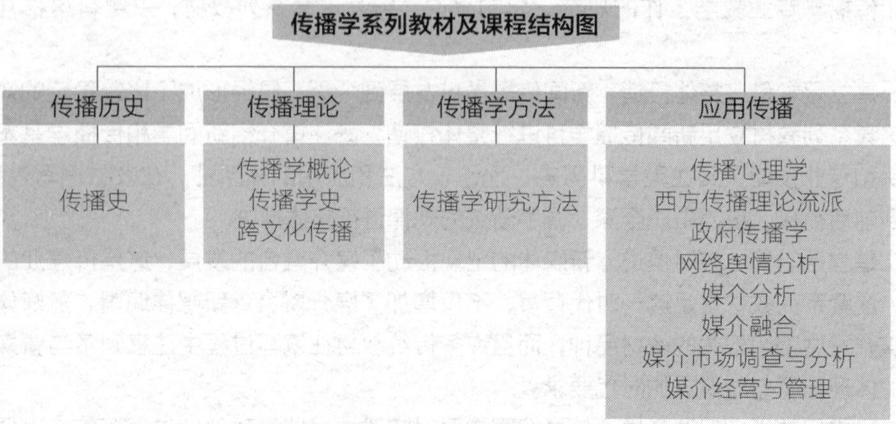

需要说明的是，从学科范畴上看，传播学的学科外延比新闻学要宽泛一些。目前，全国开办传播学本科专业的院校有 80 多所，各自的办学方向也不尽相同。但从知识结构来看，该学科的知识体系大体应该包括传播史、传播理论、传播研究方法和应用传播。在本科阶段，应用传播领域可以开设的课程及方向很多，诸如公共传播、组织传播、政府传播、体育传播、健康传播、科技传播、农业传播等，不一而足。我们所提供的教材也仅供大家参考。

由于作者水平和能力有限，加之时间仓促，许多教材还存在不足之处，我们热忱欢迎广大读者提出批评和改进意见，以便在今后修订再版时改进提高。

“新传媒时代新闻传播学系列教材”编委会
2013 年 6 月

前　言

一

新闻评论与新闻媒体向来相互依存，媒体的需要是新闻评论这种体裁存在和发展的基本条件之一。邓拓曾从政治上强调社论对于报纸的重要性，他说："社论是表明报纸的政治面目的旗帜，报纸必须有了社论才具有完全的政治价值。"① 在当代社会，新闻媒体善于运用新闻评论，既是有效地发挥舆论功能的需要，也是增强竞争力、实现自身发展的需要。

从信息传播的角度看，情况也是如此。信息论认为，信息一旦与人、与具体内容联系起来，就具有不同的层次，其中包括反映事物运动状态的语法信息，揭示事物状态内在含义的语义信息，以及阐明事物状态的价值、效用的语用信息。② 在社会信息方面，由于它同人们的活动和利害得失有着直接关系，人们对语义、语用信息的需求，实际上是与语法信息成正比的。换句话说，就是新事物、新情况、新问题越多，人们就越需要了解其意义、影响以及如何恰当对待等等，也就越渴求语义、语用信息。而新闻体裁各有擅长，消息、通讯等报道体裁善于描摹事物，长于提供语法信息；新闻评论善于阐释事物的本质、意义、影响，在提供语义、语用信息方面具有其他新闻体裁难以取代的优势。只要把新闻体裁与信息层次、信息形态联系起来，就不难理解新闻媒体为什么非有新闻评论不可，新闻评论为什么必然随着社会信息的增多而日益成为各种新闻媒体不可或缺的语义、语用信息载体。从这个意义上说，当代新闻媒体，无论是报纸、通讯社还是广播电台、电视台、网络新闻媒体，如果不善于运用新闻评论，不精心组织、撰写、发布新闻评论，就难以满足社会对于语义、语用信息的需求，就难以跻身于当代新闻媒体之林。

新闻媒体需要的背后，其实是受众的需要。社会越是向前发展，各个领域的发展变化就越迅速，社会生活也越加色彩缤纷、错综复杂。面对络绎而来的种种现象和问题，人们不但需要掌握情况，也需要了解有关的看法和见解，以决定自己的态度和行为。尤其在社会变革时期，人们对于后者的需求也分外迫切。如果说社会或受众的需

① 邓拓：《关于报纸的社论》，见《邓拓文集》，第1卷，308页，北京，北京出版社，1986。

② 参见中共中央组织部等编：《迎接新的技术革命：新技术革命知识讲座》，219页，长沙，湖南科学技术出版社，1984。

求是新闻评论存在和发展的土壤，那么新闻评论如何满足这种需求，就不仅关系着体裁自身，而且关系着媒体的生死存亡了。新闻评论只有把握时代和社会的发展方向，坚持体现党和政府的意图，主动反映人民群众的愿望和呼声，积极引导、组织舆论并实施监督，才能满足社会或受众的需要，才能更好地体现自身的价值。

总之，新闻媒体发展竞争以及社会、受众的需要，赋予新闻评论旺盛的生命力和巨大的发展动力。它们是新闻评论得以存在和发展的基本条件，因此明确媒体、受众与体裁之间的密切联系，也就成为掌握和能动运用这种体裁的必要前提。

二

在各种新闻媒体中，新闻评论所占比重不大，但地位十分引人注目。不分中外，有远见的宣传家和新闻工作者，无不把撰写和组织新闻评论当作一件大事，甚至倾注毕生精力。《美国新闻史》的作者认为，普利策之所以成功，所以赢得“最为能干、最可尊敬的美国编辑”的声誉，不在于他是一家现代化报纸的创办人，而在于“对报纸的作用特别是关于发挥社论的指导作用抱着高尚的想法”。他把社论看成是“报纸的心脏”，着重指出：“我的《纽约世界报》虽然有巨大篇幅，许多栏目，但是我最关心的是社论版。我采用各种栏目吸引读者来读社论。”[①] 韬奋先生主办《生活》周刊，把这个以职业青年为对象的刊物办成一代青年的益友良师，重要的因素之一就是精心撰写“小言论”。他自己说过：“每一篇不到一千字的‘小言论’，在下笔之前，要费很多时间考虑什么是当前大多数人最关心最焦虑的问题。”[②] 曾任《曼彻斯特卫报》主编 58 年之久的斯科特甚至说：“社论是表达报纸立场的基本手段，它是‘报纸存在’的基本理由。”在近现代新闻事业发展过程中，媒体依靠评论打开局面的事例不胜枚举。随着传播媒体日益多样化，甚至可以说，当代的任何新闻媒体如果忽视新闻评论，那就难以在激烈的新闻竞争中获得立足之地。

当然，在新闻史上，也有把撰写和发表新闻评论视为畏途的知名报人。如曾拥有上海《申报》、《新闻报》和《时事新报》的报业资本家史量才，就曾把评论视为“报纸的眉毛”甚至“报纸的盲肠”。不过，这与其说是轻视新闻评论，不如说是迫于国民党钳制舆论的反动政策，是一种无可奈何之言。可是，他终究还是因此而惹祸，没能躲过国民党特务的手枪。据江南在《蒋经国传》中的记述，史量才在南京与蒋介石会面，蒋要《申报》停止攻击南京政府，史不答应，并且说“你有枪杆子，我有笔杆子”，因而惹恼了蒋介石，最终在 1934 年被枪杀于沪杭公路。反动统治者的残酷压制和某些媒体的缄口不言，以畸形的方式说明了新闻评论在新闻事业和社会生活中的地位。

中国共产党领导的新闻事业，一向十分重视政论和新闻评论的舆论作用。党的主

① 转引自［美］韦尔伯·施拉姆等：《报刊的四种理论》，51 页，北京，新华出版社，1980。

② 转引自胡愈之：《人民生活是写作的唯一源泉》，载《人民日报》，1956－05－06。

要领导人和活动家，如李大钊、陈独秀、瞿秋白、毛泽东、周恩来、刘少奇，都曾运用政论和新闻评论传播马克思主义，揭露帝国主义和国内反动统治者的罪行，启发群众觉悟，唤起群众斗争精神，组织指导革命斗争。党对于新闻工作的领导，历来重点放在抓宣传思想和评论工作方面。在全国解放后，党领导的新闻事业成了全国性的事业，新闻评论工作更是党中央和地方党委经常关心的事情。

全国解放初期，党的一些领导同志亲自为《人民日报》撰写社论，对推动实际工作起到了良好作用。1950年3月，中共中央发出指示通报全党，要求各级党委及政府负责同志要经常为报纸撰写社论或论文：3月10日社论①，3月22日社论②及2月6日社论③，解决了当前财政经济工作中的重大问题。各级党委和各级政府及财经机关的党组织应领导党员干部和全体人员加以学习。各级党委及政府各部门的负责同志，应当学习陈云、薄一波、李立三等同志的这种工作方法，对于自己所负担的工作，经常亲自动手在报纸上写这种能够透彻解决问题的社论。④ 指示进一步阐明：社论要对情况加以分析，并提出问题，解决问题，指示大家努力的目标，动员群众去完成一定的任务。如此，则可给我们的工作以极大的推动，又可使各地党报每周即可登出一篇这样有力的论文或社论，使报纸也有了生气，使我们的工作能为全党干部和全体人民所了解和拥护。⑤

1954年，中共中央在《关于改进报纸工作的决议》中特别强调报纸的评论工作必须加强，并提出具体要求：全国性的报纸应根据党的总路线和各项政策决议，逐步做到对于国内国际发生的重大问题发表有高度思想政治水平的评论；各地方报纸除了转载《人民日报》的重要社论外，也应该逐步做到对于当地实际生活和地方工作中的各种重要问题经常发表正确的评论。⑥

上述这些决定和指示，为新闻评论形成适应新形势的体制，更好地阐述时代和社会面临的新任务、新情况、新问题指明了方向，引导新闻工作者在这个领域进行了一系列有益的探索。虽然这种探索限于报刊尤其是党报范围，却带来了50年代前期评论工作的初步繁荣，走出了一条继往开来的新路子——既继承民主革命时期党报理论联系实际的传统，又摸索适应新形势、新需要的经验。可惜，这种探索在1957年以后夭折了。“文革”时期，新闻评论更一度扮演了很不光彩的角色。

党的十一届三中全会以来，中国进入了社会主义现代化建设的新时期。社会主义新闻事业如同其他事业一样，围绕建设中国特色社会主义这个时代课题，加快自身的改革步伐，开创了前所未有的繁荣局面。新闻评论作为党领导下的社会主义新闻事业的政治旗帜，作为现代新闻事业的重要支柱，也呈现了日趋活跃的发展势头。

面对着改革开放的新形势，党和国家领导人先后就党领导下的社会主义新闻事业

① 陈云：《为什么要统一国家财政经济工作》，载《人民日报》，1950-03-10。
② 薄一波：《税收在我们国家工作中的作用》，载《人民日报》，1950-03-22。
③ 李立三：《学会管理企业》，载《人民日报》，1950-02-06。
④⑤参见《中国共产党新闻工作文件汇编》(中册)，3页，北京，新华出版社，1980。
⑥ 参见上书，323页。

的一系列重要问题，作了深刻、精辟的论述。邓小平同志在一系列讲话中紧紧围绕建设中国特色社会主义，反复强调坚持改革开放和坚持四项基本原则这两个基本点，切实加强党对思想战线的领导，旗帜鲜明地反对资产阶级自由化。他在十二届二中全会的讲话中着重强调："……加强党对思想战线的领导，克服软弱涣散的状态，已经成为全党的一个迫切的任务。不仅理论界文艺界，还有教育、新闻、出版、广播、电视、群众文化和群众思想政治工作等各个方面，都有类似的或其他的迫切需要解决的问题。整个思想战线的工作都需要加强。我们要把这个问题郑重地提到全党面前，提到中央和地方各级党委的重要议事日程上来。"① 并在这个前提下指出："我们在强调开展积极的思想斗争的时候，仍然要注意防止'左'的错误。过去那种简单片面、粗暴过火的所谓批判，以及残酷斗争、无情打击的处理方法，决不能重复。无论是开会发言、写文章，都要进行充分的说理和实事求是的科学分析。参加讨论和批评的人，首先要对讨论和批评的问题研究清楚，绝不能以偏概全，草木皆兵，不能以势压人，强词夺理。对有错误的同志，要采取与人为善的态度，给他们时间认真考虑，让他们进行合情合理、澄清论点和事实的答辩，尤其要欢迎和鼓励他们进行诚恳的自我批评……"② 江泽民同志在讲到新闻工作的党性问题时也强调，坚持党性原则，就是要求新闻宣传在政治上必须同党中央保持一致，必须在新闻宣传中旗帜鲜明地坚持不懈地反对资产阶级自由化；在讲到党对新闻工作的领导时又着重指出：各级党委要经常研究和讨论新闻工作。比如每段时期的宣传方针、指导思想、报道重点、宣传效果等等，都应该在党委会上讨论。党委主要负责同志要亲自过问新闻宣传，要及时向新闻单位通报情况，下达任务，提出要求，并亲自审阅重要的社论、评论、新闻稿。对新闻单位在工作中遇到的困难，要十分关心，帮助解决。要和新闻单位的同志一道，研究如何不断提高新闻宣传的水平和效果，把报纸、广播、电视办得有吸引力、感染力，使读者、听众、观众爱读、爱听、爱看。③ 胡锦涛同志也十分重视舆论引导工作，他指出，新闻媒体要在打牢全党全国各族人民团结奋斗的共同思想基础方面发挥积极作用，在传播社会主义核心价值体系方面发挥积极作用，在为推进党和国家事业发展凝聚强大精神力量方面发挥积极作用，在营造健康向上、丰富生动的主流舆论方面发挥积极作用，在促进社会和谐方面发挥积极作用。④ 他特别强调要通过"改革创新"来"增强舆论引导的针对性和实效性"，"要坚持用时代要求审视新闻宣传工作，按照新闻传播规律办事，创新观念、创新内容、创新形式、创新方法、创新手段，努力使新闻宣传工作体现时代性、把握规律性、富于创造性，不断提高舆论引导的权威性、公信力、影响力"。这些论述，为新时期新闻评论确立了明确的指导思想和活动准则，指明了发展方

---

① 《邓小平文选》，1版，第3卷，47～48页，北京，人民出版社，1993。

② 同上书，47页。

③ 参见中国广播电视年鉴编委会编：《关于党的新闻工作的几个问题——在新闻工作研讨班上的讲话提纲》，见《中国广播电视年鉴（1990年卷）》，2、4页，北京，北京广播学院出版社，1990。

④ 参见胡锦涛：《在人民日报社考察工作时的讲话》，见 http：//politics. people. com. cn/GB/1024/7408514. html，2008-06-21。

向，给新闻评论领域带来了一系列积极的变化。

随着改革开放的逐步深入，我国新闻评论出现了欣欣向荣的繁荣局面。其中尤为引人注目的是：各级党组织更加注意通过抓新闻评论，加强对新闻事业的领导；新闻单位更加自觉地把改进评论工作，列入新闻改革的重要议事日程；新闻评论由“报刊体裁”，迅速转变为包括广播、电视、互联网在内的各种新闻媒体的共用形式；评论的立足点逐渐转移到直接面向广大群众上来，视野也随之扩大到社会生活各个领域；广大受众越来越关心评论，把它当作理解重要方针政策、认识客观形势和事物发展变化的可靠途径，并且参与到评论工作中来，越来越多的普通公民成为新闻评论的作者……这一切既是新闻评论发展的标志，也为它的进一步繁荣积累了经验、奠定了基础。新闻评论领域的这种变化，蕴涵着开拓者的心血和汗水；但从根本上说，却是时代和社会需要的反映，是社会主义新闻事业发展的必然。

三

如果说越来越活跃的新闻评论实践是新闻评论学发展的土壤，那么未有穷期的尝试、探索和改革，则为不断加强学科建设、使新闻评论学更好适应未来的需要提供了强大的推动力和取之不竭的养料。

20 世纪 80 年代以来，新闻评论学获得了长足发展，30 多年间先后出版了一批各具特色的研究专著和教材。新闻评论学不仅作为新闻学的重要组成部分，普遍列为高等学校新闻学专业的必修课程，而且开始越出新闻界，引起社会各方面的广泛关注。2010 年，中央马克思主义理论研究和建设工程教育部第三批高等学校哲学社会科学重点编写教材项目把“新闻评论”列入其中，显示了对新闻评论学研究与新闻评论教育的高度重视。

本教材正是在这一背景下，为适应专业教学需要而编写、修订的。本教材是中国传媒大学（原北京广播学院）“新闻评论”课程的第三代教材。1995 年北京广播学院第一代新闻学系列教材出版，《新闻评论写作》① 作为其中一本，对北京广播学院新闻系评论教学起到了巨大的推动作用，也奠定了新闻评论教材建设的基础。后根据新闻评论实践的发展和教学的需要，第二代教材《新闻评论写作教程》（修订版）②、《新闻评论写作教程》（修订二版）③ 先后出版，笔者有幸参与了第二代教材的撰写工作。自 2001 年从事新闻评论教学以来，我与我的硕士研究生导师王振业先生合作，十年间陆续完成了专著《新闻评论与电子媒介》④、作品集《新闻评论作品选》⑤、教材《广播电

① 王振业、胡平：《新闻评论写作》，北京，中国广播电视出版社，1995。
② 王振业、胡平：《新闻评论写作教程》（修订版），北京，中国广播电视出版社，2001。
③ 王振业、李舒：《新闻评论写作教程》（修订二版），北京，中国广播电视出版社，2009。
④ 王振业、李舒：《新闻评论与电子媒介》，北京，中国广播电视出版社，2004。
⑤ 王振业、李舒选编：《新闻评论作品选》，北京，中国广播电视出版社，2007。

视新闻评论》[①]，这些著作或深化，或拓展，或各有侧重，与《新闻评论写作教程》一起组成了中国传媒大学“新闻评论”课程的教材群，相比第一代教材，第二代教材开始形成体系，走向系统化。随着时代的发展和新闻评论实践的不断丰富，启动建设第三代教材的需求更加迫切。本书是第三代教材的第一部，作为第三代教材的核心，本书注重了教材建设的延续性，适当保留了第二代教材的核心内容，同时也注重加强实践性和时代性，对评论实践中的新现象、新问题给予适当关照。配合该基础性教材，还将陆续推出案例库、研究性专著等，丰富认识的角度和层次，更好地为教学服务。

本书作为新闻学专业新闻评论领域的入门教材，力求以马克思列宁主义、毛泽东思想、中国特色社会主义理论为指导，结合评论工作实践，着重从体裁的角度阐述新闻评论写作的基础理论和知识，引出规律性认识，为新闻评论写作初学者提供一般的指导。

本书在章节设置上按照从一般到特殊、从共性到个性的逻辑来构建，主要体现在：第一，从探讨新闻评论这一新闻体裁的基本特征及其在报刊媒体上的运用出发，拓展到新闻评论在广播、电视、互联网上的个性化发展；第二，从新闻评论一般的思维与表达规律出发，拓展到以内容的性质为标准，对新闻评论按照内容的性质进行了重新分类，进而阐明不同类型评论的写作要求。

本书在编撰中特别注重了三个方面：一是注重基础性，即采用中国读者熟悉的章节目表述，以便于读者阅知，保持与第二代教材的延续性，保证基础性、常识性知识的阐述；二是加强实践性，加大了案例的比重，大量使用新近作品，以更贴近现实，让教材更易于理解和引发思考；三是适度控制前沿性，对近年来评论实践中出现的一些新现象、新问题进行适度的探讨性、分析性论述，从教学的角度说，加强这种分析、探讨可以防止教学脱离实际，有利于相互启发、集思广益，更好地体现教学相长的精神，但为保证教材的基础性，不做深入拓展。

对于新闻工作者来说，写作和运用新闻评论，的确是创造性从事新闻活动必备的基本功。新闻学子掌握这种基本功，当然需要认真学习有关评论学的著作，因为这些著作都力求阐述写作和运用新闻评论的基本规律，具有类似“规矩”一样的作用，有利于避免走弯路。但是又不能局限于这些著作，因为文无定格，也无定法，单凭几本新闻评论学著作，是难以学会写作新闻评论的，更不要说得心应手地驾驭这种体裁了。因此，只有把大量阅读评论作品和练习写作结合起来，才能收到预期的学习效果。

---

① 王振业、李舒：《广播电视新闻评论》，北京，中国传媒大学出版社，2009。

目　　录

第一章 新闻评论及其体裁特征

本章学习要点

1. 新闻评论是当代各种新闻媒体普遍运用的、面向广大受众的政论性新闻体裁，具有新闻性和政论性两大体裁特征。

2. 新闻评论的新闻性是强烈的时效性、评论对象的特定性和直接的针对性三者的统一。新闻性是新闻评论选择、处理内容的基本依据，是新闻评论与一般政论文的分水岭。

3. 新闻评论的政论性，就是从思想、政治或伦理的角度阐明对于所论述的事物的看法。政论性决定着新闻评论的内容表达，是新闻评论与新闻报道相区别的标志。

4. 作为表达观点的新闻体裁，新闻评论不可避免地具有意识形态性质，表现出这样或那样的党性倾向，这是新闻评论的本质属性。

5. 新闻评论的社会功能主要体现在认识、教育、导向、监督四个方面。

“体裁”本指单纯诉诸文字的文章形式。自广播、电视先后问世之后，新闻评论就开始而且还在继续经历着为适应不同媒体的符号系统和传播特点而日趋多样化、个性化的发展变化过程；互联网的崛起，进一步加剧、加速了这一进程。为了按照传播媒体的特点，更好地掌握和运用新闻评论这一新闻体裁[①]，适应它的变化趋势，有必要首先了解这种体裁的现状，即它迄今为止所形成的基本特点、性质以及社会功能。

① 本书涉及广播、电视新闻评论的具体形式时，有时为同单纯诉诸文字的形式相区别则称之为“话语形式”。

第一节 | 新闻评论的界说

怎样看待新闻评论这种体裁？人们对待新闻评论的观念，如同对待新闻的观念一样，总是随着新闻事业和新闻工作的发展而不断变化。许多曾经反映当时评论实践的成说，已经成为历史的陈迹，不能说明当代的评论现象。那么，立足于当代和可见的将来，究竟应当怎样看待这种体裁呢？

对于这个问题，几乎每出现一本新的相关著作，就增加一种新的说法。综观这些关于新闻评论的界说，除个别反映基本新闻观的分歧外，多数是由于定义的着眼点有所不同。比如，有的把新闻评论放在一般评论的范围内考察，突出它的新闻性、政治性、群众性特点，借以强调它与文艺评论、体育评论等的区别①；有的则把它看作新闻体裁的一种，试图通过强调“发表意见，阐明观点”，把它同消息、通讯一类新闻体裁区别开来②；有的则仍然把它视为报刊体裁，认为新闻评论“是报纸上一种对最新发生的新闻提出一定看法和意见的文章”，虽然在阐述中又指出它“是所有新闻传播工具的各种形式评论的总称”③；等等。这些不同的见解，固然可以分长短、论得失，其实并没有原则性分歧，也不一定相互排斥，其中不少甚至是可以相互补充的。

即使反映基本新闻观分歧的看法，也不见得没有合理的内核。如有人认为，“新闻评论是借新闻传播工具而作的新闻性、权威性、公益性的意见论述”④。其中的“权威性”、“公益性”，显然带有超意识形态的烙印，但作者力图反映新闻评论发展新态势的努力（如以“借新闻传播工具”强调它的共用性，以“意见论述”代替“体裁”），也许基于让界说更好地反映媒体、符号多样化现实的考虑，未尝不可以说包含着值得汲取的合理内核。

所以，诸说并存将是一种长期现象。如果试图用一种看法取代其他看法，不仅不切实际，难以形成共识，而且还可能妨碍体裁的健康发展。倒是采取取长补短的态度，更有利于深化和完善对于新闻评论的基本认识，有利于体裁的完善和论坛的繁荣。

许多说法并存，这在新闻体裁的研究中，是一种普遍的现象。它一方面说明新闻传播领域富有活力，新的实践不断改变、丰富、完善既有的体裁，要求体裁研究给予新的

---

① 参见范荣康：《新闻评论学》，5页，北京，人民日报出版社，1988。

② 参见徐占焜：《新闻写作基础与创新》，186页，北京，新华出版社，1984。

③ 丁法章：《新闻评论学》，13～14页，上海，复旦大学出版社，1985。

④ 林大椿：《新闻评论学》，8页，台北，台湾学生书局，1982。

概括和解释；一方面反映了研究者力图突破既有成说，有所发现、有所创造的努力。对于新闻评论的界说也可以作如是观。这种众说纷纭的现象不仅是正常的，而且是可喜的。

我们探讨新闻评论的界说，目的在于明确这种体裁区别于其他体裁的界限，概括地说明它存在和发展的客观必然性。服从于这个目的，在定义过程中就必须考虑以下几个方面：第一，始终把新闻评论作为新闻体裁来考察；第二，着重揭示体裁的基本特征；第三，客观地考察它同当代新闻媒体、受众的关系。综合上述因素，对于新闻评论的界说，大致可以概括为：

新闻评论是当代各种新闻媒体普遍运用的、面向广大受众的政论性新闻体裁。

相对地说，新闻评论是新闻体裁中的一种比较年轻、尚未充分发育的文章或话语形式。尽管如此，在考察、界定这种体裁时，仍然必须坚持历史的、实践的、发展的观点，才能确切地说明它的过去、现在和将来，促使这一体裁朝着健康的方向发展。当代的新闻评论深深植根于民族的源远流长的论说文、政论文的传统之中，它虽然曾经是报刊体裁，但随着通讯社、广播、电视、网络媒体的出现，已经发展成为一个包括多个成员的“体裁家族”；各种媒体的评论正在适应各自运用的符号系统和相应的传播特点，发展、完善着自己的个性特征。这是新闻评论史上的一项重要发展，不仅意味着体裁运用范围的扩大，而且赋予体裁巨大的活力，促使它不断发展变化。因此，当代新闻评论已经不仅仅是报刊体裁，而是各种新闻媒体的共用体裁；已经不仅仅是或不完全是一种文体，而是一种可以调动多种符号的“话语形式”。如广播评论可以运用有声语言和音响，电视评论则可以兼用声音、图像乃至屏幕文字；网络新闻媒体的评论目前虽然多诉诸文字，但也开始了融文字、声音、图像于一体的尝试。这种发展变化迄今仍在继续着，不仅广播、电视、网络评论在继续充实和完善自己的个性特征，而且报刊评论也在探索新的表现形式和方法。新闻评论“家族”的未来将呈现怎样的格局，虽然难以确切描绘，但适应受众和媒体的需求，朝内容和形式多样化、个性化的方向发展，将是必然趋势。

正是考虑到历史的、实践的因素以及未来发展的可能性，所以在上述概括中，力图既揭示体裁的基本特征——新闻性和政论性，也强调体裁存在和发展的客观条件，即媒体和受众的需要。

第二节 | 新闻评论的体裁特征

认识一种新的体裁，首先有必要了解体裁的基本特征，这也是熟练驾驭、运用好这种体裁的前提条件。

一、新闻评论的新闻性

新闻评论作为新闻体裁，具有某些同消息、通讯等体裁一样的基本属性或特征，这些基本特征人们统称之为新闻性。但是，新闻性一旦与特定体裁联系起来，却又都有各自不同的具体内涵。比如消息、通讯的新闻性，除了都注重事实的新闻价值以外，消息视时效为生命，通讯则更讲究寓时效于新闻根据之中。那么，如何理解新闻评论的新闻性体裁特征呢？

(一)新闻性的内涵

相比较而言，新闻评论的新闻性则是强烈的时效性、评论对象的特定性和直接的针对性三者的统一。

1. 强烈的时效性

新闻评论同消息、通讯一样重视时效性，但着眼点有所不同。新闻评论的时效性有两个既有联系又有区别的侧面：一为“时间”，即尽可能缩短新闻作品与所反映的新闻事实之间的时间差，以最快的速度反映客观实际的发展变化；二为“时机”，即强调因时应势，增强对宏观实际的影响，而不单纯争一时之快慢。时效性的这两个侧面，一则注重绝对时间，一则讲究相对时间，二者是对立统一的辩证关系。

新闻评论对时间的要求有时几乎与新闻报道一样强烈。特别是那些论述特定新闻事件的评论，赢得时间往往意味着赢得主动权，赢得先声夺人的优势。而忽视时间这一因素，则可能使评论成为“马后炮”，削弱以致完全丧失存在价值。2012 年 5 月《人民日报》一组关于“美国人权”的评论，就是借时间因素获得较好传播效果的一个例子。2012 年 5 月 24 日，美国国务院发表向美国国会提交的 2011 年度人权国别报告，在这份报告中，美方不改颐指气使的偏见与傲慢，对中国人权状况说三道四，妄称中国是“独裁”国家。5 月 25 日，中国国务院新闻办公室发表《2011 年美国的人权纪录》，回击美国人权报告对中国的歪曲指责。为了进一步驳斥美国的错误言论，揭穿美国大谈他国“人权”的真实面目，国内一些主流媒体纷纷以较快的速度发表评论，其中《人民日报》迅速策划组织了一组评论文章，包括：《人权报告无法撼动中国稳定》(5 月 25 日)、《西方“民主人权输出”祸害人类社会》(5 月 25 日)、《美国总将中国违法者美化为人权卫士》(5 月 26 日)、《“人权牌”无法抹黑中国形象》(5 月 26 日)、《美国对中国在人权上的进步视而不见》(5 月 27 日)、《中国人权事业进步不容抹煞》(5 月 28 日)、《中国推进世界人权事业发展》(5 月 29 日)。该组评论警醒世人认清美国指责他国“人权”问题背后的险恶用心，有力回击了部分西方媒体对中国人权状况的歪曲报道，既及时表明了立场、态度，又有效地引导了舆论。

又如，1999 年当地时间 5 月 7 日午夜，以美国为首的北约轰炸我驻南大使馆，《人民日报》于 9 日发表了题为《强烈谴责美国为首的北约的血腥罪行》的评论员文章，明确指出：

> 众所周知，驻外使领馆是一个国家主权的象征，受国际法的保护。北约袭击我国使馆是对我国主权的野蛮侵犯，是对维也纳外交关系公约和国际关系基本准则的粗暴践踏，不能不激起全世界爱好和平国家的强烈反对，不能不激起中国政府和人民的强烈抗议。
>
> 事件发生后，以美国为首的北约辩解说，它“并非有意对准中国大使馆”。但是，巧舌诡辩掩盖不了血的事实。3 颗导弹①从不同角度袭击中国大使馆，完全暴露了侵略者的罪恶用心。这是北约对中国人民欠下的一笔血债。以美国为首的北约必须对此承担全部责任。中国政府已经声明，保留采取进一步措施的权利。

扣除时差和报纸的出版周期，该评论于第一时间为事件定性，显然具有端正国际视听的舆论效果。在这类国际争端中，赢得时间，抢先一步，无疑可以在一定程度上增强评论的舆论影响，端正国际视听。

面对重大突发性事件，尤其是不以人的意志为转移的自然灾害，迅速及时发表评论，则可以收到唤起社会重视，动员社会力量，群策群力、富有成效地处理事件或战胜灾害的舆论效果。1998 年七八月间，长江发生洪涝灾害。《人民日报》在 8 月 9 日中央发出抗洪抢险紧急通知的当天，发表了题为《当前头等大事》的评论员文章，大声疾呼广大军民“坚决严防死守，确保长江大堤的安全”。此后连续一个多月，每天发表相关评论，及时传达、阐述中央决策部署的精神，在整个抗洪斗争中发挥了重要的舆论导向作用，这么密集的评论在评论史上是少有的。2008 年 5 月 12 日汶川发生特大地震，国内多数主流媒体紧接新闻报道发表评论，成为传达中央决策、召唤全国军民齐心合力抗震救灾的强韧纽带和有力号角。《人民日报》于 5 月 14 日发表了抗震救灾的评论员文章《紧急行动起来》，于第一时间传达了党中央、国务院的紧急部署，展现了全国满怀必胜的信心、军民紧急动员的动人情景：

> 灾害也牵动着全国人民的心。短短几个小时内，云南、西藏等周边省份已派出地震专家驰援灾区，中国扶贫基金会紧急发出募捐倡议，中国红十字会全力调拨物资救援，全国很多省市区已经做好支援灾区的准备。网络上无数情真意切的祈愿帖子传递着同胞情感，手机中接连不断的慰问信息温暖着灾区人心。人们关注着汶川传来的每一点信息，挂念着震区人民的生命安危。这一切，让人们看到了中华民族和衷共济、众志成城的伟大精神力量。

① 后经核实，美国飞机共发射 4 颗导弹，其中一颗没有爆炸。

紧接着每天都有评论员文章和专栏评论①，随时阐述抗震救灾的新态势。5 月 20 日，全国降半旗为遇难同胞志哀的当天，《人民日报》更发表了《悲痛中凝聚不屈的力量》的社论，凝练而深刻地体现了全国人民的真挚感情：

> 我们向遇难同胞致哀，向那些与死神不屈抗争的生命致敬！汶川大地震，是对脆弱生命的无情摧残，也是对生命意志的永恒见证。残垣断壁之下，多少生命依靠顽强的信念苦苦支撑，不管是否创造了生命奇迹，但他们都与死神搏斗过，与命运抗争过。他们的执着，他们的不屈，他们的坚韧，他们的渴望，都将作为人类的共同记忆，永远留存在我们的生命里。
>
> 我们向遇难同胞致哀，向那种生死瞬间的人间大爱致礼！山崩地裂，造成了狰狞恐怖的自然断裂，却也呈现了可歌可泣的挚爱真情。在灾难来临的瞬间，多少人将生的希望让给别人；在生与死的边缘，多少人将死的选择留给自己。让我们记住他们的爱，记住这些普通生命绽放出的温暖光辉，记住中华民族优秀儿女的精神疆界。
>
> …………
>
> 救援还在继续，挑战仍在眼前。愿全民哀悼凝聚起抗震救灾、重建家园的顽强信念，用我们的不屈斗志和实际行动激励国人，告慰逝者——
>
> “任何困难都难不倒英雄的中国人民！”

由此可见，时间之于评论，有时就像鸟儿的翅膀一样：赢得时间，等于给评论的见解、观点添翼，就可以扩大舆论效果；反之，则如鸟儿折翼，那就未必能起什么作用了。所以，旧中国的报纸主笔有所谓“看了大样写评论”的“口头禅”，现在被广泛运用的“时评”也特别注重追求时效性。

不过，与时间相比较，时机对评论社会效果的影响，却是更为经常也更为重要的因素。在这里，时机作为与绝对时间相对应的概念，主要指事物发展、变化的关键阶段，社会脉搏跳动变速的时候，人们注意力重心转移的时刻……总之是广大受众最需要评论为其释难解惑的时候。在这种时候及时发表评论，正确而中肯地阐述对于有关事物的看法，往往可以收到入耳入脑，以至于直接影响人们的思想和言行、转化为相应物质力量的效果。反之，如果忽视时机，评论发早了，人们还没有意识到它的重要，再正确的见解也可能被当成耳旁风；发晚了，时过境迁，则难免沦于“事后诸葛亮”。在新闻评论实践中，经常可以看到有的评论社会效应显著，有的则如石沉大海一类的现象。个中原因虽然是多方面的，但都有个是否因时应势，或与社会舆论注意重心是否吻合的问题。就说新华社的评论员文章《农民劳动致富同经济犯罪活动的界限不容

---

① 继《紧急行动起来》之后，到 5 月 31 日，《人民日报》连续发表了 17 篇评论员文章，阐述了一系列关系抗灾、救灾胜利前景的关键问题，如《人民生命高于一切》（5 月 15 日）、《当务之急仍然是救人》（5 月 17 日）、《不愧为人民子弟兵》（5 月 21 日）、《在废墟上托起生命的方舟》（5 月 22 日）、《把安置工作放在突出位置》（5 月 24 日）、《管好用好救灾款物》（5 月 31 日）等等。

混淆》[1] 吧，这篇评论于 1982 年 5 月 14 日播发，5 月 17 日就收到上海川沙县农民的来信，称赞它"写在农民的心坎上"。反应这么迅速，其实就是因为它在农村部分先富起来的农民正被某些现象弄得忐忑不安的时候，及时阐明了党的富民政策，从而为农民提供了一颗走劳动致富之路的"定心丸"。1993 年中央人民广播电台关于反对拜金主义的两篇新闻述评[2]之所以为舆论界瞩目，也在很大程度上得益于号准了社会脉搏，准确把握了时机。皇甫平于 2006 年初发表《改革不可动摇》[3]，之所以引起社会各界尤其是专家、学者的广泛兴趣，也是由于它出现在我国改革进一步深化的转折时期。

注重时机，强调审时度势、"言当其时"，这是中国传统政论一脉相承的优良传统。早在战国初期，墨子就指出："多言何益？唯其言之时也。"（《墨子间诂·墨子后语》）司马迁曾经对比了晁错和主父偃关于削弱诸侯的类似建议，指出：

> 汉兴，孝文施大德，天下怀安。至孝景，不复忧异姓，而晁错刻削诸侯，遂使七国俱起，合从（同"纵"，引者注）而西乡，以诸侯太盛，而错为之不以渐也。及主父偃言之，而诸侯以弱，卒以安。安危之机，岂不以谋哉？（《史记·孝景本纪》）

在司马迁看来，他们一成一败，关键不在于建议本身，而在于时机。宋代哲学家杨时，更加直截了当地强调"言当其时"的原则。他在《言默戒》（《龟山集》卷二十七）中以鸡鸣设譬说：

> 邻之人有鸡夜鸣，恶其不祥，烹之。越数日，一鸡旦而不鸣，又烹之。……或夜鸣，鸣之非其时也；旦而不鸣，不鸣非其时也，则自为不祥而取烹也，人何与焉？若夫时然后鸣，则人将赖汝以时夜也，孰从而烹之乎？

然后指出：

> 人之言默，何以异此。未可言而言，与可言而不言，皆足取祸也。

---

① 这篇评论针对少数地区把农民劳动致富同经济犯罪活动混淆起来的苗头，如"有的社队割'鸡'（机）尾巴，把社员集资买的小型农业机械宣布为'不法财产'；有的基层干部声称，劳动致富只能靠手工劳动不能靠机器劳动，只能靠集体劳动不能靠个人劳动，只能靠大田劳动不能靠工副业劳动；有的已经领了营业执照的社员家庭加工业、修配业被停办了；甚至还发生了这样的怪事，有的农民由于劳动致富去年秋天领奖状，今年春天却挨了批……"，阐述了相关政策，划清了"劳动致富"与"经济犯罪"的界限。全文见《新华社建社 75 周年纪念文丛·佳作欣赏·1981—1985》。

② 指《拜金主义要不得》（4 月 8 日中央人民广播电台《新闻与报纸摘要》栏目播出）、《再谈拜金主义要不得》（4 月 23 日中央人民广播电台《新闻与报纸摘要》栏目播出），作者胡占凡。

③ 载 2006 年 1 月 25 日《财经》杂志，见王振业、李舒选编：《新闻评论作品选》，40 页。

新闻评论重视时机甚于重视时间，可以说是对于传统政论这一优良传统的自觉继承和发扬，从而在时效性方面形成了不同于新闻报道的侧重点。

2. 评论对象的特定性

任何一篇新闻评论都有自己的评论对象。虽然它们的评论对象千差万别，各有各的表现形态，但都毫无例外地存在于当前的客观现实之中，而且都与一定的时间、地点、条件不可分割地联系在一起。换句话说，作为评论对象的事物，不论是新闻事件还是社会现象、社会问题，是一人一事的典型事例还是诸如思想行为倾向一类的概括性事实，都是在现在这一时间、地点、条件下存在的“这一个”客观事物，即此时、此地、此条件下的此事（此人、此物、此现象、此问题等）。这就是所谓评论对象的特定性。

对于新闻评论来说，明确并自觉体现评论对象的特定性，是坚持具体问题具体分析的必要前提，也是深入事物内里、中肯揭示事物本质的根本保证。

如果说客观事物的现象与本质是统一的，那么这种统一是以具体的时间、地点、条件为转移的。当时间、地点和条件有所不同或发生变化时，同类现象就可能意味着不同的本质，同一本质也可能表现为不同的现象。因此，观察分析任何事物，都只有把它与时间、地点和条件紧密联系起来，才能真正把握事物的现象和本质之间的必然联系，也才能准确、中肯地揭示事物的本质。如果无视时间、地点和条件的特殊性，那就如同把千变万化的事物活生生地放在一成不变的模子里“模压”，其结果不是为表面现象所迷惑，就是不着边际地泛泛而论，总之都难以作切合实际的具体分析，当然也难以洞察事物的本质。

且看评论《这一刻，我们明白了国家的意义》①。2011 年 10 月 5 日发生在泰缅金三角地区 12 名中国船员遇害、1 人失踪的“湄公河惨案”震惊国人。10 月 14 日，16 名船员及其家属在云南公安巡逻艇武装护卫下，启程回国。这是中国历史上首次动用公安巡逻艇为在海外的中国商船护航。如何认识这一事件？作者敏锐地把该事件置于两重特定的背景下来认识：第一重是现实背景，即把该事件与 2008 年年底开始中国派遣军舰赴索马里海域护航和 2011 年 2 月中国政府通过海、陆、空三种方式从政局混乱、硝烟弥漫的利比亚大规模撤侨联系起来；第二重是历史背景，即把该事件与近代中国国家与国民的关系联系起来，文章谈道：

> 如果时光倒流二三百年，指望当时的清朝政府派出武装力量，为海外国民或侨民提供保护，几乎是不可想象的。公元 1740 年 10 月，荷兰殖民者在爪哇巴达维亚城（今印尼雅加达）疯狂屠杀和洗劫华侨，一万多名无辜华侨的鲜血染红了巴城的溪流，史称“红溪惨案”。彼时福建巡抚得知消息后奏闻于朝廷，希望朝廷有所行动。乾隆帝御批：“内地违旨不听召回，甘心久住之辈，在天朝本应正法之人，其在外洋生事被害，孽由自取。”意思是，这些华侨本来就是不安分之人，在

---

① 载《春城晚报》，2011－10－15，作者姚文晖。

南洋被屠杀是自找倒霉。

在闭关锁国、片木不许下海的年代，或因帝王将相“唯我天朝大国”的傲慢与短视，或是出于视商人为“四民之末”，甚至视海外华商为“弃民”的陈腐观念，或是基于维护封建集权统治的需要，政府对海外国民或侨胞的保护几近于无。及至鸦片战争以降，中国积贫积弱，中央政府纵然想对漂泊异国他乡的华夏子民有所眷顾，也有心无力。直至新中国成立尤其是改革开放之后，随着中国国力增强和国际地位的不断提升，海外华人方才真正感受到“祖国”二字的温暖和力量——“祖国”不仅仅是“家”的方向，更是危难时刻可以依靠的坚强后盾。

在历史和现实的双重维度下，作者进一步阐发关于这一事例的“启示”：

政治学上有句名言：国家是为人民而存在，不是人民为国家而存在。只要是中国公民或海外侨民，无论他扎根故土还是漂泊异乡，都应受到国家一视同仁的呵护。“湄公河惨案”发生后，我国派公安巡逻艇武装护送中国商船及船员回国，其中所彰显的，正是一个国家对其辖下公民的天然保护义务。这一刻，我们明白了国家的意义。

这则评论让人们在悲愤中看到了希望，并从内心深处激发出民族自信心和自豪感。不妨设想，如果没有对评论对象特定性的准确把握，是否还能提供这么些有益的“启示”呢？

请再看看下面这个更具普遍性的例子。

1986 年 12 月，有家报纸发表了一篇题为《真假王蒙》的文章，说有人冒充王蒙，写信给《钟山》杂志，推荐一篇署名“不一”的小说。文章断言：“这是行骗，这是侮辱，这是耍弄，这是犯罪，王蒙要是起诉，谁也无权阻拦。”一周后，林放也在《新民晚报》“未晚谈”专栏上发表了同样题目的短论，摘录其中三段于下：

王蒙同志是知名作家，如今又是主管文化的部长。冒名者的动机是很清楚的，骂他一声“实在可恶”，当然没有骂错。

……不过，假如我是王蒙部长，我以为对于这类不择手段，渴望脱颖而出的冒名者，也可以用另一种比较潇洒一点的态度来“处理”之。

……

那么，对于这个假王蒙应当怎样对待呢？我以为不妨把那篇小说拿来读一读，如果确实写得好，就写一封真正的推荐信帮他发表。如果是不够水平的，也可以指点他，劝他以后不必冒名。我相信，王蒙部长的幽默感足以用这种洒脱的方式对待假王蒙，总不至于真的闹到法庭去的。①

① 王振业、李舒选编：《新闻评论作品选》，89 页。

一件事实，两种见解，略加比较，当然不难发现其中的究竟。前者虽然不能说无理，但无补于事，也难以让读者（不是当事人）心悦诚服；后者并不一味斥责冒名者，这样做反而对冒名者有不容置若罔闻的震撼力，而对于读者则不无启发思考和联想的作用。这种差别，其根源不正在于前者就事论事，而后者则把事情置于当时的社会背景下分析吗？如果设想前文作者在琢磨这个问题时，脑海里不时闪现着出版界存在的诸如"认人不认文"的不正之风，也许他会有另一番结论吧。

就是阐述社会问题、社会现象的评论，它的评论对象虽然多为具有普遍性的事实，也只有同特定时间、地点、条件联系起来，才能作剀切的分析、中肯的议论。比如20世纪80年代涌现了大量论述农村致富之路的评论，有的提倡"小本经营"，有的鼓励规模经营，有的引导农民广辟经营门路，有的大声疾呼不要放松粮食生产……这些乍看似乎不无矛盾的主张，其实恰恰是农村经济发展的不平衡性和经济结构的多样性的必然反映，因此都各得其宜，都抓住了当地的倾向性问题。又如在鞭笞官僚主义这种社会现象的许多评论中，为什么《人民日报》的评论员文章《反对官僚主义要坚决》[①]和新华社《瞭望》杂志的《严惩官僚主义》[②]，给人留下特别深刻的印象？究其原因，恐怕就在于它们把这一社会痼疾同具体的事实结合起来，置于特定的时间、地点和条件下分析，从而作出振聋发聩的论断：官僚主义者的渎职行为对于国家和人民利益的损害，有时更甚于特大贪污犯、盗窃犯；他们绝非情有可原，而是罪不可恕。而另外有些评论虽然也在抨击官僚主义，却由于不加分析地一律视为思想作风问题，结果不仅搔不到痒处，有的甚至成为姑息犯罪行为的口实。可见，即使评论对象本身具有普遍性，评论一旦脱离具体的时间、地点和条件，也难以作切合实际的分析，更不用说能够引出举一反三的规律性认识了。

正因为这样，所以明确新闻评论新闻性特征的这一内涵，坚持评论对象的特定性，是新闻评论中肯分析事物的前提和保证。

3. 直接的针对性

"文章合为时而著"[③]。从这个意义上说，所有有价值的文章，都以这样那样的方式服务于客观社会现实，都不无针对性。新闻评论不同于其他文章之处在于：第一，它肩负着引导社会舆论、指导社会实践的使命，以随时分析社会普遍关注的事物、提供切合实际的见解为己任；第二，它的注意重点总是集中在当前的社会现实，尤其是那些关系全局、亟待解决或亟须唤起人们注意的问题上；第三，它无论采取哪种论述方式，都以便于受众理解和接受、有利于促进事物向预期目标转化或发展为目的，力求收到兴利除弊、推动社会持续前进的舆论效果。所以，作为新闻评论新闻性内涵之一的直接针对性，主要强调的是"直接"，要直接针对宏观实际、针对社会关注焦点、针对受众的疑难问题，而不像一般政论文那么宽泛。

---

① 载《人民日报》，1987-08-08。

② 载《瞭望》，1986（9）。

③（唐）白居易《与元九书》："文章合为时而著，歌诗合为事而作。"

直接的针对性与评论对象的特定性，就像一枚硬币的两面一样，互相之间既有联系也有区别。它们都是新闻性的内涵，都是新闻评论的“鹄的”，而且都以客观实际为基础。但是，评论对象不论大小、轻重，是典型事例还是概括性事实，在性质上都属于“这一个”，即特定时间、地点、条件下的具体事物，都是评论的分析对象和论述的出发点；而直接针对性所针对的则是“这一类”及与之相关的事物，属于宏观实际的范围，是评论分析、论述的落脚点或预期目标。当然，这种区别只是相对而言，其间并不存在绝对的界限，有时还可以相互转化。比如社会问题、社会现象，在这一评论中是评论对象，在另一评论中则可能成为它所针对的“这一类”。所以，对象特定性与直接针对性之间的这种关系，实际上是具体事物与宏观实际之间的辩证关系在评论领域的反映。

明确这种关系，有利于加深对直接针对性的理解，正确认识和处理评论实践中经常面临的评论什么、如何评论之类的问题。

一篇评论究竟评论什么，并不是作者拍拍脑袋就能确定的。现实社会生活千变万化，每日每时都有新事物、新情况、新问题出现，新闻评论不可能也没有必要都予以评论。究竟评论什么，固然要掂量具体事物本身的蕴涵及其社会意义，同时也要考虑宏观实际需要；这一掂量、考虑的过程，实际上就是把具体事物放在宏观实际中权衡的过程，也是新闻性这两个内涵互为作用的过程。至于二者孰先孰后、孰主孰从，则因具体情况而异。有的评论从特定的评论对象引出具有普遍针对性的结论，无疑以评论对象的自身价值为主要依据；有的评论则主要考虑宏观实际的需要，针对性居于主导地位。在评论实践中，还常有这样的现象：有些事情本身意义重大，却不见相应的评论；有的事情本身未必那么引人注目，却为评论所瞩目。这种现象除了属于判断失误的以外，多数是基于宏观实际的需要，也就是以针对性调整评论对象的结果。

具体事物多为多面体。尤其是作为评论对象的具体事物，往往有多种多样的蕴涵。因此，面对某一特定评论对象，究竟如何评论，重点突出什么、强调什么，同样需要作类似的权衡。一般地说，新闻评论在分析、论述特定事物时，总是根据宏观实际的需要选择突破口，确定分析、论述的重点，力求切中要害、触动绷得最紧的那根社会神经。2011 年“7·23”甬温线特别重大铁路交通事故①举国震惊，不少媒体都发表了评论，这些评论有的针对高铁的管理漏洞，有的质疑对安全性论证的缺失，有的追问高铁迅猛发展背后是否存在腐败，有的批评救援善后工作等等。《南方日报》在事故遇难人员名单确定后，发表了评论员文章《今天，中国应该坚持什么?》②。文章以甬温线重大事故为由头，除了沉痛地哀悼逝者，从事故发生、事后处理的角度褒扬国人在生死攸关的时刻，对于生命的坚持与尊重，更围绕“坚持”这个关键词，探讨事件发

---

① 据国务院“7·23”甬温线特别重大铁路交通事故调查组 2011 年 12 月 25 日公布的《“7·23”甬温线特别重大铁路交通事故调查报告》称，2011 年 7 月 23 日 20 时 30 分 05 秒，甬温线浙江省温州市境内，由北京南站开往福州站的 D301 次列车与杭州站开往福州南站的 D3115 次列车发生动车组列车追尾事故，造成 40 人死亡、172 人受伤，中断行车 32 小时 35 分，直接经济损失 19 371.65 万元。

② 载《南方日报》，2011-07-28。

生的根本原因。文章深刻指出：

> 为了科学发展，我们可以把国家经济发展的步伐放慢点，再放慢点，也要等等那些还没跟上来的道德、良知与灵魂，让人民的尊严也能坐上高速驰骋的列车，与社会发展同步飞驰。……一个只管经济建设、唯GDP论，而忽略社会建设、人民幸福的国家，也将不会是一个国民安居乐业、幸福洋溢、引以为傲的国度。

评论既从评论对象的实际出发，又讲究直接针对性，从而触动了社会的敏感神经。事故发生后，群众议论的焦点集中在：高铁的迅猛发展是否科学；是否有政绩工程之嫌；是否有腐败存在；事故救援和善后为什么那么仓促、不透明；责任人是否能受到应有的法律制裁；类似事件如何尽可能地避免等等。评论号准了社会脉搏，用坚持走正确的道路、真正做到科学的发展来统率全篇，由于集中反映了社会心声，所以引起了广泛的共鸣。可见，如果只注意评论对象本身而忽视所针对的宏观实际，可能会因就事论事、面面俱到而削弱评论的舆论作用；反之，则可能导致生拉硬扯、牵强附会之类的偏向，同样会影响评论的社会效果。

(二)新闻性的意义

概括地说，新闻评论的新闻性特征是强烈的时效性、评论对象的特定性、直接的针对性三者的统一。它们从不同的侧面体现新闻性特征的实质，体现新闻评论从当前的实际出发、为当前实际服务的方向。虽然各有侧重，却都是新闻性不可或缺的内涵，是同一有机统一体不可分割的组成部分。在日常工作中，常有人把时效性与新闻性等同起来，这其实是以偏概全的认识。时效性固然是新闻性的重要内涵，但它只是评论的存在形式（从时间是一切事物的存在形式的意义上说），是新闻性的“表”；而特定评论对象和直接针对性则关系着评论的内容，属于新闻性的“里”。只有三者紧密结合、表里协调一致，新闻性才能成为新闻评论的鲜明体裁特征。如果稍微分离或稍有偏废，那就可能削弱新闻性特征，影响评论的社会效果。

新闻性这一体裁特征的意义，主要表现在两方面：

第一，新闻性是新闻评论选择、处理内容的基本依据，这主要是经由评论对象特定性和直接针对性体现的，前面已有所阐述，就不再累赘了。

第二，新闻性是新闻评论与一般政论文的分水岭。从文体的角度说，新闻评论隶属于政论文、论说文范畴，它们的关系就像大、中、小三个叠压圈：小圈代表新闻评论，中圈、大圈分别代表政论文和论说文。它们之间的关系如图1—1所示。

图1—1表明，新闻评论属于政论文范畴，但又不同于一般政论文，它们之间的区别就在于是否具有新闻性。一般政论文也讲究“合为时而著”，但时效要求不像新闻评论那么强烈；也要求联系实际、为现实服务，但不一定非有特定评论对象不可，一般也不要求直接针对某一亟待解决的问题，有时甚至有意识地与当前社会现实保

持某种距离。正是新闻性这一特征，使新闻评论既有别于一般政论文，更有别于一般论说文。

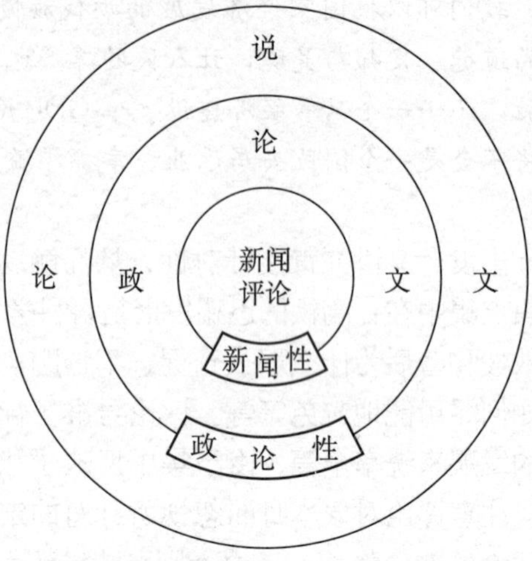

图 1—1　新闻性是新闻评论与一般政论文的分水岭

由于新闻性这一基本特征，新闻评论同时也成为文章中的“易碎品”。它的存在价值，它的社会作用，取决于它与现实社会生活联系的紧密程度。一般政论文与现实之间通常保持一定的距离，不像新闻评论那样专注于时事，而较多注意事物的历史影响，因此也具有较长的生命力。人们常常可以看到重新发表的政论作品，却难得看到重新发表的新闻评论，原因也许就在这里。当然，说新闻评论是“易碎品”，绝非贬低它的现实意义和长期影响，而是强调不可错过评论时机，不可脱离当前实际。新闻评论的生命力，恰恰寓于“易碎”或“速朽”之中。正如恩格斯所说的：“我写作不是专门为了永世长存，相反，我所关心的是直接的当前现实”①。

二、新闻评论的政论性

上面从新闻体裁的角度分析了新闻评论的基本特征——新闻性。换个角度，即把它当作论说文、政论文中的一种体裁看，又可以发现它还具有另外一些重要特点。这些特点是其他新闻体裁，如消息、通讯所没有的，却为一切政论文所共有，所以统称之为政论性。这是新闻评论的又一基本属性或特征，而且是同新闻性并存、并重的特征。

(一)政论性的内涵

新闻评论隶属于论说文、政论文，它的政论性特征概括了二者的基本特点，即：

① 《马克思恩格斯全集》，中文1版，第28卷，532页，北京，人民出版社，1973。

以说理为主要手段明确阐述对于事物的看法；着重从思想、政治或伦理的角度分析论述有关问题。前者是包括政论文在内的所有论说文共有的特点，后者则是一切政论文包括新闻评论的基本属性之一。综合起来，新闻评论的政论性，就是从思想、政治或伦理的角度阐明对于所论述的事物的看法。

1. 以说理为主要手段明确阐述对于事物的看法

现代论说文，融合了古代的“论”和“说”，是一个很宽泛的文体概念，它包容所有具备上述两个特点的文章形式。所谓表达观点，就是明确阐述对于事物的看法，就是刘勰所说的“辨正然否”[①]，即阐明事物的本质或问题的实质，揭示其发生、发展规律，以及明辨其中的是非、正误、真伪、善恶、美丑等等。那么怎样阐明、揭示、明辨呢？刘勰在讲到“论”时，指出两种基本方法：“穷于有数，追于无形；迹坚求通，钩深取极”。前一种可以理解为通过对具体事物（有数）的透彻分析，引出规律性认识或抽象（无形）的结论；后者则要求紧紧围绕重点或难点（迹坚）进行分析，力求深入、中肯地揭示事物的本质（钩深）。在讲到“说”时，他又说：“夫说贵抚会，弛张相随，不专缓颊，亦在刀笔”。所强调的其实也是如何说服他人的方法。“论”、“说”的方法虽有所不同，但都是以说理为主要手段这一原则的体现。可见，以说理为主要手段明确阐述对于事物的看法，是论说文在长期的发展过程中形成的基本特点。

论说文的这个特点，构成了新闻评论政论性特征的基础。任何新闻评论作品，不论论述什么问题，都要求旗帜鲜明、观点明确，即使讲究含蓄、委婉，也不能含糊其辞、模棱两可；不论对事物持什么看法，都要求言之成理、持之有故，不仅“辨正然否”，而且说明所以然、所以否，而不能武断、不能强加于人；不论怎样表达，即使夹叙夹议、大量引用事实，也要求一切服从于说理的需要，而不能以叙代论、以引代论、以喻代论。如果忽视这些要求，背离论说的基本特点，那就必然动摇政论性特征的基础，新闻评论也就不成其为“评论”，而是其他别的什么文章了。近年来在广播、电视中出现了一些访谈式评论或评论节目、栏目，其中有些作品政论性色彩淡薄、形同新闻报道，这固然有多方面的原因，但大多同不善于体现以说理为主要手段、明确阐述自己（评论主体）对于事物的看法有着密切的关系。

2. 从思想、政治或伦理的角度分析论述问题

政论性这一体裁特征的另一内涵——着重从思想、政治或伦理的角度分析论述问题，是政论文区别于其他论说文（如学术论文、专业性文章等）的主要标志，也是新闻评论政论性特征的核心。

当代各种新闻媒体，除新闻评论以外，还经常发表其他论说性文章和专业性评论，如体育评论、文艺评论、图书评论等等。体育评论分析某一体育比赛的胜负，遵循的

---

① 本段所引均见《文心雕龙·论说》。

是该体育项目自身的规律，着眼点主要放在诸如战略、战术、运动员竞技状态、教练员的指挥调度上头。文艺评论、图书评论在内容分析方面虽然也强调政治标准，但毕竟是与文艺、图书自身的表现特点、内在规律紧密联系在一起。这类评论如果着重从思想、政治或伦理的角度分析论述，那就是新闻评论而非专业评论了。例如某报论述运动员精神风貌的社论《我们的时代需要“最佳”精神》，《中国青年报》就许海峰为我国夺得奥运会第一枚金牌的社论《别了，0!》。正因为新闻评论属于政论，所以运用这种体裁尤其是不署名评论论述某些专业问题时，需要特别慎重。邓小平同志在讲到对《苦恋》的批评时说：“关于《苦恋》，《解放军报》进行了批评，是应该的。首先要肯定应该批评。缺点是，评论文章说理不够完满，有些方法和提法考虑得不够周到。”[①] 不适当地运用“本报评论员”的形式，也许就是“方法不够周到”的表现之一。

新闻评论为什么非从思想、政治或伦理的角度分析论述问题不可呢?

首先，新闻评论是新闻传播中的政论体裁，只有坚持政论体裁观察、分析事物的这个共同视角，才能形成完善的体裁特征，也才能与其他论说体裁相区别。

其次，新闻评论是新闻媒体传播其宗旨及基本立场的旗帜。体裁的这一性质决定了它必须善于从政治上辨别事物，在论述中体现一定的政治倾向性。所以非但我国主流媒体的新闻评论自觉地坚持这一特点，就是西方媒体的新闻评论也不例外，只不过它们有时伪装“非政治”、“非党派”、“非意识形态”罢了。

最后，新闻评论面向广大受众，它所分析的事物、所论述的问题，都是受众关心或需要引起受众关心的事物或问题。至于能否真正吸引多数受众，则在很大程度上取决于是否善于寻求适合多数受众的视角，寻求互相之间的共同语言，建立沟通思想与情感的桥梁。与专业角度相比较，从思想、政治或伦理角度分析事物、阐述问题，无疑更有利于唤起多数受众的接受兴趣，更容易为多数人所理解。这么说，当然没有贬低专业性文章的意思，只是为了说明新闻评论要赢得更多受众，就非着重从思想、政治或伦理这个公共角度分析论述问题不可。

总之，无论从体裁的性质还是社会效果的意义上说，从思想、政治或伦理的角度分析论述问题，都是新闻评论政论性特征的核心内涵。对于这一内涵的任何忽视，不是模糊新闻评论与其他论说文的界限，便是冲淡它作为新闻媒体的旗帜性质，削弱其引导舆论和指导实践的作用。

(二)政论性特征的意义

上面把政论性这一体裁特征的内涵区分为“基础”和“核心”，既反映了政论文与论说文的固有关系，也反映了诸内涵之间关系的实质。无论“基础”也好，“核心”也好，它们都是新闻评论的政论性特征的有机组成部分，而不存在什么轻重、

---

① 《邓小平文选》，2版，第2卷，391页，北京，人民出版社，1994。

主从之别，更不能把它们割裂开来，片面强调某一方面。明确这一点是很重要的，因为任何的厚此薄彼，都势必削弱政论性特征，甚至使新闻评论沦于名不副实的境地。

政论性这一体裁特征，对于新闻评论实践具有多方面的意义。这里，仅就它与新闻性相对应的方面，作些必要的说明。

首先，如果说新闻性是新闻评论选择、处理内容的主要依据，那么，政论性则影响甚至决定着它的内容表达，包括一篇评论的整体布局以至于表达方式和方法。比如，为了从思想、政治或伦理上阐述对于事物的看法，就需要有所论断，即使是所谓“轻松社论”也莫不如此。《新闻评论学》[①] 曾引 1940 年美国《德模登录报》的一篇“幽默小诗”形式的社论：

亲爱的富兰克林，我们曾是极亲密的友人。
这已经是很多，很多年了。
然而你竟是如此沉默，
沉默得让我落泪！
我羞于问它——有许多事情，
一位处女也少对人言——
关于这第三任期的事，富兰克林，
你到底是怎样地打算？

这篇社论发表在富兰克林·罗斯福总统迟迟不宣布是否参加第三任竞选之际，其中末尾两句不就是以毋庸置疑的论断，表达了对罗斯福的坚定支持吗？又如，为了雄辩地说理，即使是主要运用事实性论据的评论，也离不开概念、判断、推理一类的逻辑手段。韬奋先生的“小言论”《潘老太太和中医》[②]，以将近三分之二的篇幅叙述潘公弼祖母的就医过程，但在其中起主导作用的，却是准确、贴切的逻辑推理：

我国往往有人看了几本不求甚解的医书，就胆敢开方医病，在他们腕下冤死的人真是不可胜数，这便是所谓“庸医杀人”。但是我们不能因为痛恨“庸医”而遽断中医绝对没有好的，更不能因此遽断中国医术绝对无存在价值。中医确应有积极改良的地方，却不应不分皂白的“禁止”。即如“旧医学校”，加以考查，绳以标准，然后分别决定存废则可，一概抹煞的“禁止”，则于理似有未当。

评论正是依靠严密的逻辑手段，给予了国民党当局关于中医的决议案有力的批驳。假如也像现在有的评论那样只是在大段叙事之后，掉上一句“这是值得思考的”，能够令

---

① 范荣康：《新闻评论学》，21 页。
② 载 1929 年 3 月 31 日《生活》周刊，见王振业、李舒选编：《新闻评论作品选》，308 页。

人昭昭地明白其所以然吗？可见，政论性特征对于新闻评论内容的表达，具有不容忽视的作用。

其次，如果说新闻性是新闻评论区别于一般政论文的分水岭，那么，政论性就是它不同于其他新闻体裁的基本界限了。为了说明问题，兹将新闻评论与新闻报道的主要区别列于表 1—1。

表 1—1　　新闻评论与新闻报道的主要区别

新闻评论	新闻报道
① 阐述对于事物的看法，本质上属于主观认识； ② 主要诉诸说理，要求论点正确、论据充分、论证合乎逻辑； ③ 强调说服力，要求正确、中肯地分析事物，揭示事物本质； ④ 注重通过由表及里、由浅而深的分析，引出具有指导意义的规律性认识，启发人们作举一反三的思考和联想。	① 反映事物本来的面目，本质上属于客观展现； ② 主要运用叙述、描写手段，要求“六要素”完备、明白、确切； ③ 重视可信性，要求事实真实、准确，符合事物本来的基本面貌； ④ 着眼于利用具体事实再现事物的状态及其来龙去脉，引导人们透过事实认识整个事物。

从以上的比较中可以看到，新闻评论不同于新闻报道的所有表现，事实上都根源于政论性这一基本特征。

当然，新闻评论也引用事实，包括情节和细节；也运用叙述、描写手段，有时甚至绘声绘色地再现。但是，这一切都服务于说理的需要，如何选择、剪裁事实，如何叙述、描写，完全以是否有利于论证论点为转移。评论叙事一般力求概括、简约，评论叙事也不事铺张，如《潘老太太和中医》在叙述中医如何为这位老太太治病时，插入了这么一个细节：

> 他（中医）拿出几把像扦脚用的小刀来，潘君看上去却似乎不大干净，自告奋勇去做他的助手，用火酒大擦一番。

乍看似是多余，其实却是“中医需要改良”这一论点的必要佐证。可见，新闻评论虽以说为主，但不仅不排斥事实，有经验的评论作者还常常想方设法尽可能引用一些事实，借以淡化说理的抽象程度，增强评论的可读、可听或可视性。

同样，新闻报道也有自己的政治倾向，有鲜明的立场和观点。只是它不像评论那样直接表述出来，而是寓于事实之中，即通过事实的取舍、材料的选择和剪裁、背景的衬托、叙述的语气和口吻等表现出来。即使偶尔有直接的议论或抒情，也是画龙点睛式的，在作品中并不起主导作用。正因为这样，人们常把新闻报道比作“史笔”，而把新闻评论比作诸如《史记》中“太史公曰”一类的“史评”。

综上所述，新闻评论既以新闻性与新闻报道相联系，又以政论性与新闻报道相区别。二者之间的关系大致如图 1—2 所示。

图 1—2 中的大圆圈代表一切新闻体裁，包括新闻报道和新闻评论两大类。“新闻

性”是它们与非新闻体裁之间的分界线，而“政论性”则是它们相互间的基本界限。正因为存在着这种联系和区别，所以这两种体裁往往配合使用，共同为实现某一传播目标服务。当前，在报纸媒体评论上，对重大或有特别意义的报道配发评论或编后已被广泛运用；广播电视媒体上，新闻播报后常常连线评论员进行点评，或以“主播点评”、“编后话”的名义配发口播评论也十分常见。可以说，正确理解政论性特征，对于恰当处理新闻评论与新闻报道的关系，发挥它们相互配合的综合效应，具有不可低估的意义。

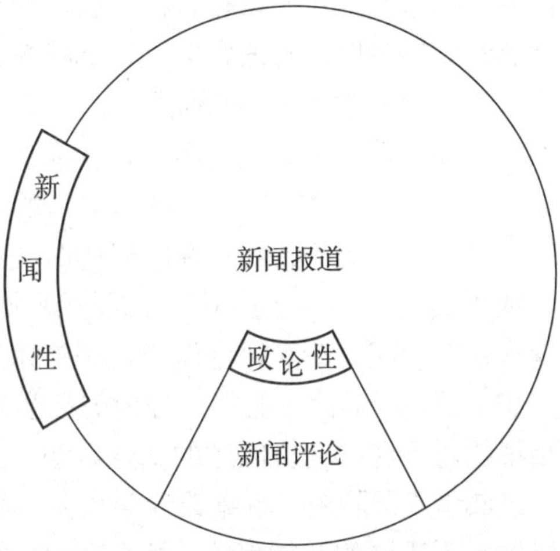

图 1—2　政论性是新闻评论与新闻报道的分水岭

在结束本节的时候，有必要强调新闻评论的新闻性和政论性这两个体裁特征是不可分割的。虽然在具体作品中，有的新闻性强一些，有的政论色彩浓一些，但这种强弱浓淡只是量的差别，而不是质的不同。如果失去其中的某一特征，那么新闻评论就将名不副实，即使它是好文章，也绝非新闻评论。从这个意义上说，只有融新闻性与政论性于一体，才是新闻评论的本质特征，才是新闻评论之所以成为各种新闻媒体不可缺少的重要体裁的根据。

第三节 | 新闻评论的属性与功能

新闻评论在体裁发育过程中，逐渐显现出旺盛的生命力和引人注目的社会价值。现代各种新闻媒体都力图运用这种体裁，为实现其特定的目标（主要是政治目标）服务，却未必都能收到预期的社会效果，有时甚至适得其反。为了弄清这种现象的原因，能动地驾驭这种体裁，有必要在掌握体裁特征的基础上，进而探讨它的本质属性和社会功能。

一、新闻评论的本质属性

新闻评论是阐述对有关事物见解的新闻体裁，“见解”的主观性决定了它一旦与具体内容结合起来，就不可避免地具有意识形态性质，表现出这样那样的党性倾向，这也是新闻评论的本质属性。只要对新闻评论活动作些历史的考察，就不难发现迄今为止所有新闻媒体的评论作品，都毫无例外地具有这种性质。如果说有什么差别，那不过是有的媒体公开申明自己的党性倾向，有的则以这样那样的方式加以掩饰；有的作品的意识形态分野鲜明些，有的则较为委婉或模糊罢了。

新闻评论的意识形态性质和党性倾向，是阶级、政党或社会集团的价值观、时代观和社会观的集中表现。尽管社会生活“以阶级斗争为纲”的年代已经过去，但人们总是在一定时代的一定社会关系中生活的，在存在阶级的时代和社会中，人们观察事物或分析问题，无论自觉或不自觉，事实上都从一定的阶级或社会集团的利益出发，都与一定的立场和世界观联系在一起。新闻评论作为新闻媒体的旗帜，它表达的是一种自觉的、有组织的观点和见解，必然比一般的、分散的社会观点和见解更集中地反映特定阶级、政党、社会集团对于现实社会问题的基本看法。正因为这样，面对同一时代或社会的现实课题，隶属于不同阶级、政党或社会集团的媒体评论，往往持不同的主张和见解；而同一媒体对于不同的新闻事件、社会现象、社会问题的评论，尽管具体见解因事而异，却大多有其一贯的指导思想或权衡标准。所以，韬奋先生在《小言论·序》中指出：“以时事为评论的材料，原有枝枝节节的毛病，但评论所根据之观察点则不得不有其中心思想以为权衡，故于分歧杂错的个别问题中，未尝没有一贯的中心思想为背景，所谓‘仁者见仁，智者见智’，殆亦此意。”

中国共产党在早期的新闻活动中，就公开申明并自觉坚持评论的无产阶级性质。正如毛泽东所指出的：“我们党所办的报纸，我们党所进行的一切宣传工作，都应当是生动的，鲜明的，尖锐的，毫不吞吞吐吐。这是我们革命无产阶级应有的战斗风格。”①

新中国成立后，我国的所有新闻媒体，都是中国共产党领导下的社会主义新闻事业的组成部分。媒体的社会主义性质，要求它们的新闻评论自觉地站在时代的最前沿，以分析阐述党和人民群众当前面临的主要社会课题为己任，旗帜鲜明地坚持和体现无产阶级的时代观和社会观。其中包括全面地而不是片面地、具体地而不是抽象地理解和体现无产阶级党性原则；坚持从无产阶级的立场和世界观出发观察事物、分析问题，遵循党的基本路线和方针政策，反映人民群众的共同心声和社会舆论的主流，维护社会主义制度和人民群众的根本利益；力求观点鲜明性与科学性的统一，战斗性与策略性的统一，思想性与艺术性的统一。这是我国各种新闻媒体在既往的新闻评论活动中，

---

① 《毛泽东选集》，2版，第4卷，1322页，北京，人民出版社，1991。

长期遵循的基本指导思想和准则。

当然，资产阶级媒体的评论，也同样具有与其阶级属性相一致的意识形态和党性倾向。《美国之音》在播出新闻评论时，不是经常声明它的评论反映美国政府或国务院的观点吗？就是商业性新闻媒体，它们的新闻评论也毫无例外保持某种一贯的倾向性，只是它们向来讳言新闻评论的意识形态性质和党性倾向，而标榜所谓“公正”、“独立”、“超然”等，其实近年来曝光的“窃听门”事件等，早已揭穿了这种标榜的虚伪性，他们的新闻实践，早已为利益集团和政治集团所左右。

在我国新闻史上，《时报》[①] 对新闻评论的形成和发展有所贡献，曾以一系列的“时评”享誉一时。它在《发刊例》中，开列了四条“论说宗旨”，其中一条称：“本报论说，以公为主；不偏徇一党之意见。非好为模棱，实鉴乎挟党见以论国事，必将有辟于亲好辟于所贱恶，非唯自蔽，抑其言亦不足取重于社会也，故勉避之。”其他三条，分别为“以要为主”、“以周为主”、“以适为主”。其实，它的评论的整体倾向既不“公”也不“适”。它虽然摆出一副“允执厥中”的样子，既批评清政府“蹉跎荏苒，日即腐败，而国道不救”，又攻击革命党人“叫嚣狂掷，终无一成，或缘是以生他种难局，而国亦遂不救”，实际上把矛头主要指向孙中山领导的资产阶级革命，哪里有一点“公”，哪里又有所“适”？不“公”不“适”，谋保皇派的私利，逆革命之潮流，恰恰表现了资产阶级改良主义的党性立场。

《大公报》在 1926 年由吴鼎昌、胡政之、张季鸾接办以后，标榜“不党，不卖，不私，不盲”。1931 年，张季鸾在《大公报一万号纪念辞》的社评中，曾就这个“八字方针”解释说：“当创刊之第一日，尝以四事昭告国人：曰不党，‘纯以公民之地位，发表意见，此外无成见，无背景。凡其行为利于国者，拥护之，其害国者，纠弹之’。曰不卖，‘声明不以议论作交易，不受一切带有政治性质之金钱补助，且不接收政治方面之入股投资。是以吾人之议论或不免囿于智识及感情，而断不为金钱所左右’。曰不私，‘本社同人除愿忠于报纸固有之职务外，并无他图。易言之，对于报纸并无私用。愿向全国开放，使为公众喉舌’。曰不盲，‘夫随声附和，是谓盲从，一知半解，是谓盲信，感情所动，不事详求，是谓盲动，评诋激烈，昧于事实，是谓盲争。吾人诚不明，而不愿陷于盲’。”[②] 这些话虽然有它的针对性，有值得肯定的一面，但事实上新闻事业不可避免地受到一定阶级、政党或社会集团的制约，并为特定利益集团服务，古今中外概然。尽管《大公报》反复标榜其“超党派”和“第三方”的身份，但在以蒋介石为首的南京国民政府成为当时代表中国的唯一“合法”政府的社会情境下，拥护国民党政府，成了那个时代一份资产阶级民间报纸的自然选择。

正因为如此，《大公报》在许多具体问题上，对国民党的弊政的确有所批评，抨击

① 《时报》于 1904 年由狄楚青（平子）奉康有为、梁启超之命，创刊于上海。其发刊词和体例，均梁所撰。初期的《时报》，实际上是康、梁在国内的喉舌；以后与康、梁逐渐疏远，而趋近江浙立宪派，相当重视论说，同时开辟三个“时评”专栏，分别由陈景韩、包天笑、雷奋（继兴）负责。

② 《季鸾文存》，第一册，30～31 页，天津，大公报馆，1944。

矛头指向许多官僚、军阀和政客；然而，在重大问题上，在关键时刻，却或明或暗地站在以蒋介石为首的国民党统治集团一边，甚至起了国民党官方报纸起不到的舆论作用。比如《给西安军界的公开信》[①]，历来被认为是"帮蒋"的代表作，张季鸾也自称是他的"血泪之辞"。当时，南京政府出动飞机到西安上空散发这篇社评。曾是中央日报社社长的程沧波说："这篇文章，对蒋委员长脱险咸认有'旋转乾坤'之作用。"[②]

当时主持《大公报》评论工作的张季鸾曾明确地对下属说："我和蒋先生有交情，你写'社评'，只要不碰蒋先生，任何人都可以骂。"[③] 这一评论定位，被后人称为"小骂大帮忙"。有位学者曾概括《大公报》贯彻"小骂大帮忙"的五种手法："在一般时候、一般问题上骂，在关键时刻、关键问题上帮；骂地方护中央，骂'贪官'护'皇帝'；骂过去，捧现在，吹将来；骂方法，捧方针；骂抽象，帮具体。"[④] 在《大公报》那里，骂与帮相互为用，主次分明，贯穿着爱国、抗日、拥蒋、反共的主线。面对国民党的弊政，"不骂"就难以赢得读者，关键时刻也就帮不了忙；但又要掌握分寸，不能骂得太狠，不能伤筋动骨动摇国民党的统治。比起"小骂"来，"不骂"和"大帮忙"的一面，不是更能代表《大公报》的评论立场吗？张道藩泄露了这一天机，他说："小问题骂几句，让群众出出气，关键时刻替我们说一句话，比我们官办报纸说十句还有影响。"[⑤] 张季鸾 1941 年在重庆病逝时，蒋介石在唁电中称他为"一代论宗"，说"握手犹温，遽闻殂谢，斯人不作，天下所悲"，并亲自到灵堂行礼。

《大公报》的"小骂大帮忙"是一种值得认真剖析的评论现象。以历史的眼光来看，《大公报》社论的局限性是显而易见的，"文人论政"自身的局限性使其"觉悟"有限，对时局看得不够透彻。《大公报》第二代主笔王芸生曾经写过"两个梦"社评，一个是 1946 年的《做一个现实的梦》，另一个是 1948 年的《九一之梦》，前者是向往和平统一的梦，后者是期待民主的梦，文中他希冀"全国人民都过着和平的日子"，"国家元首也是人民的公仆"，然而书生文人之心没能识透时局以及人与人背后巨大的阶级差别，寄希望于蒋介石仿效华盛顿去创立"优美的民主传统"，这显然只能成为梦想。彼时的《大公报》无法超越其所处的时代，超越自身的阶级局限，而这些恰恰是决定性的因素。《大公报》的评论实践说明，面对现实社会生活中的各种现象和问题，评论什么、不评论什么，以及如何评论，其实都是某种一贯立场和世界观的体现。因此，看新闻评论的性质，固然要注意具体作品，但又不能受具体作品的局限，要善于

---

① 参见王振业、李舒选编：《新闻评论作品选》，288 页。《作品选》还收入张季鸾的《再论西安事变》，并附录王鹏的《张季鸾文论西安事变》。《作品选》收入的恽逸群论述同一事件的三篇评论，立场、观点明显不同，可资比较。

② 程沧波（1903～1990），原名程中行，字晓湘，笔名沧波，江苏武进人。曾任上海《时事新报》主笔，中央日报社社长，复旦大学教授、新闻系主任，国民党中央宣传部副部长，监察院秘书长，重庆《世界日报》总主笔，香港《星岛日报》总主笔。1951 年到台湾，历任台湾政治大学、东吴大学、台湾世界新闻专科学校教授，"台湾新闻评议委员会"主任委员。

③ 张蓬舟：《大公报大事记》，见《新闻研究资料》总第 7 辑，194 页，北京，新华出版社，1981。

④ 李良荣：《中国报纸文体发展概要》，88 页，福州，福建人民出版社，1985。

⑤ 转引自王淮冰、段镇坤、欧阳柏、杨坤潮：《邵荃麟同志与汉口〈大刚报〉》，载《新闻研究资料》，1980（4）。

从整体上，从关键时刻、关键问题上的持论去把握它的实质。

诚然，在具体作品中，评论什么、如何评论，阐明什么观点和主张，或表示赞成什么、反对什么，是一定立场和世界观的体现。但如果把评论实践与现实社会生活联系起来分析，却又可以发现：一个新闻媒体的评论立场和政治倾向，不仅表现在具体的评论作品之中，而且表现在整体意图上；不仅表现于已经发表的作品中，而且表现在作品之外，如避不评论什么，或“顾左右而言他”等等。某些时候，对于举世瞩目或议论纷纭的问题不予置评，或在一些无关紧要的问题上絮絮叨叨，也代表一个新闻单位的评论立场和政治态度。1930 年 4 月 19 日，上海《新闻报》发表了一篇题为《英埃谈判》的评论，全文如下：

> 英埃谈判现已停顿，吾人但闻其言有难题，而内容如何，则局中人相戒不言，是以无从知其原委，惟知其所争者为苏丹问题耳。
>
> 英埃争执之详虽不得知，但观埃及代表之公报，谓彼等关于苏丹问题之提案至为温和，不意仍难通过，于是意中以为已经成立之协定，遂至停搁，寥寥数语颇耐人寻味也。
>
> 英埃谈判初开时，气象颇佳，良以工党内阁之主张向近于和平，其应付埃及之态度，屡为保守党所抨击，谓其损失英之权利，是以世人观察此事者以为必可顺利，孰意其仍不免隔阂，可知强者自利之心无论如何终不能免，一方以为已极尽㧑谦之能事者，去正义与公道殆仍甚远，盖习非成是之风已久，断非一朝一夕所能挽回也。

韬奋先生在《可以不必做的文章》中，尖锐地批评了这种回避重大问题，顾左右而言他的评论现象，他指出：

> 我们在未读这篇新评之前，不过知道英埃谈判停顿；读了这篇新评之后，所知道的还不过是英埃谈判停顿！作者不知道此事内容，我们不能怪他，不过不知道一事之内容而却提起笔来批评此事给我们看，似乎不能不有一些诧异！
>
> 报纸的评论一方面是舆论，一方面是指导民意，至少也要给读者对某问题获得多少知识和卓见，难道国内就没有需要评论的具体问题，有关本国的国际方面也没有需要评论的具体问题，却拣一件内容“无从知其原委”与“不得知”的别国问题来作使人难于“寻味”的“寥寥数语”！
>
> 我常觉得有许多人立于可为的地位，对于国家社会可有较大贡献的地位，却辜负了那个地位，未免可惜，对于《新闻报》的新评与和《新闻报》新评相类的《申报》时评（稍为比“寥寥数语”长些好些）也常有这同样的感觉。这不仅是记者一人的私言，就平日见闻所及，似乎是社会上一般人的意见，所以我敢说这篇出于善意的批评可以算是“舆论的舆论”，想主持舆论的大主笔先生见了不至吹着

胡子勃然大怒吧？[①]

虽然20世纪30年代的这种“顾左右而言他”的评论现象，与当时的舆论环境不无关系，但主要还是媒体的阶级属性使然。无论是《新闻报》还是《申报》，它们之所以处于可为地位而不为，归根到底其实都是当时民族资产阶级软弱的表现，而客观上则起了转移社会舆论注意力的作用。韬奋先生揭露和抨击这一评论现象，看来主要在于提醒这类媒体莫因自身的软弱而干出转移舆论视线乃至为虎作伥的事情。

当然，强调新闻评论的意识形态性质和党性倾向，不等于说隶属于不同阶级、政党和社会集团的媒体，在一切问题上的看法都判然有别，更不等于都相互对立。世界上的事情，并不都是非白即黑、非此即彼，黑白之间还可能有中间色调，彼此之间也会有交叉地带。事实上，在某些具体问题上，不同甚至是对立的阶级、政党和社会集团之间，是可能存在共同利害关系，形成类似见解和主张的。比如，在抗日战争时期，当民族矛盾成为主要矛盾的时候，中国共产党主办的报刊、电台的评论，不仅与进步报刊有共同语言，而且在某些具体问题上与《大公报》一类的资产阶级报刊，甚至国民党控制的报刊、电台，也有共同或近似的看法。在当代世界，尽管新闻领域的斗争依然十分尖锐，但在某些人类共同关心的具体问题上，如环境保护、反恐怖主义、反对贫困等方面，却也常常有近似的见解和主张。只是这些共同或类似的见解和主张，又都是它们各自一贯立场和世界观的组成部分；反过来也一样，具有共同立场和世界观的新闻媒体，也不见得在一切问题上都持共同的看法。换句话说，基本立场不同的媒体间的评论，在具体问题上的“同”，并不改变它们在整体上的“异”或对立；立场相同或相近的媒体评论之间的“异”，也不改变它们在整体上的“同”和根本问题上的一致性。这是具体地、辩证地理解新闻评论性质的另一重要方面。忽视这一点，就可能为某些局部的、暂时的异同所迷惑，从而影响对新闻评论的意识形态性质和党性倾向的全面理解。

二、新闻评论的社会功能

与新闻评论体裁性质联系在一起的，是它肩负些什么社会功能。从理论上说，这大致可以概括为：

1. 认识功能

认识是主体有目的、有计划地主动收集目标客体的属性和规定知识，分析发现主体生存和发展面临的现实危机、矛盾和问题，探索解决矛盾和问题的方法、路径的行为。每个人都可以成为认识的主体，但普通公众受能力、经验、条件等的局限，不一

① 《韬奋新闻工作文集》，220页，北京，新华出版社，1985。

定能够实现对诸多社会现象、社会思想的全面准确的把握。而新闻媒体凭借其拥有的丰富智力资源和社会条件，通过对事物、现象的全面把握，可以形成更具深度和广度的判断，新闻评论则是把这种判断有效表达出来的重要载体。

新闻评论通过对新闻事件、社会现象、社会思想的分析、判断，帮助人们洞察其本质，明确其现实意义（正面的或反面的）及影响，把握其原因和发展趋势，并引出可以举一反三的规律性认识。新闻评论的认识功能对于实践意义重大，比如 20 世纪 70 年代末《光明日报》《实践是检验真理的唯一标准》引发的“真理标准”大讨论，90 年代初《解放日报》一组“皇甫平”文章引发的关于“姓社姓资”的大讨论等，其意义都在于通过讨论，澄清认识、统一思想、推动实践。这些评论文章在中国改革开放进程中发挥出的作用，是不可抹杀的。

2. 教育功能

把新闻工作当作一种教育途径，是中国共产党在发展中形成的宝贵经验。早在 1940 年，毛泽东在《中国工人》发刊词中就写道：“《中国工人》应该成为教育工人、训练工人干部的学校。”① 1944 年 3 月 22 日，毛泽东在谈到报纸是指导工作、教育群众的重要工具时，称“看报比吃饭更重要”，他生动地说：关于报纸，现在高级领导同志，甚至中级领导同志都有一种感觉，没有报纸便不好办事。饭来了，报来了，他们有些人是先看报、后吃饭的。② 邓小平在 1950 年 5 月 16 日召开的西南局新闻工作会议上提出，拿笔杆是实行领导的主要方法。③

与一般教育教授知识、传递文化不同，新闻评论通过对思想观念、政治主张、伦理准则等的把握，作用于人的思想，进而又作用于一定社会的实践活动。近年来，新闻评论在教育功能的发挥上也积累了丰富的实践经验，例如对“九八抗洪精神”、“抗震救灾精神”、“奥运精神”的提炼，对民主法治精神、“社会主义核心价值体系”的弘扬，以及对“新时期的雷锋”郭明义精神的倡导，对社会价值观、社会思想、社会心理的塑造产生了积极的影响，有利于国家的稳定和社会的进步。

3. 导向功能

新闻评论是社会舆论的集中反映，同时又强有力地引导着社会舆论。新闻评论反映社会舆论、引导社会舆论的巨大作用是建立在马克思主义唯物论的反映论基础上的。新闻评论是一定的社会舆论的一种反映，它不是人为地制造出来的。新闻评论反映舆论不是消极的、机械的，而是能动的、有目的的，它将存在于社会之中的分散的、零乱的有时是互相矛盾的舆论加以集中和概括，通过去粗取精，去伪存真，形成的一种正确的、系统的观点，这就形成了对舆论的导向。离开了唯物论的反映论，以为舆论可以人为地制造、随意地引导是错误的。蒋介石曾经说过：“舆论，舆论，我拿三百万

---

① 《毛泽东新闻工作文选》，48 页，北京，新华出版社，1983。

② 参见上书，112 页。

③ 参见《邓小平文选》，2 版，第 1 卷，145 页，北京，人民出版社，1994。

元开它十个报馆，我让它说什么它就说什么，什么狗屁舆论，我全不信”①。事实证明，做到“我让它说什么它就说什么”与反映和引导社会舆论是背道而驰的，反而加速了国民党统治的灭亡。由此可见，新闻评论因事立论，乍看似乎分歧杂错，其实“未尝没有一贯的中心思想”，或在一个时期内提倡什么、反对什么的基本设想，因此可以给予社会舆论不同程度的影响和引导，直至形成某种主导性舆论。

新闻评论要有效地发挥导向功能，既要讲究“术”，还要把握“度”。如何做好评论，本书相关章节多有涉及，此处不再赘述。

4. 监督功能

现代社会的民主制度赋予了新闻传播活动实施监督的使命和合法性。新闻评论的监督功能主要是通过分析时政、世风乃至人们的思想行为倾向，对于政治、经济、文化等各个领域的活动发表批评性意见来实现的。事实证明，新闻媒体的监督，在促进政府提高工作效率、揭露社会弊端、保证公共领域的正常运行等方面发挥了积极的作用。

值得强调的是，新闻评论的监督功能是建立在事实基础之上的。古语云：“君子之言，信而有征。”（《左传·昭公八年》）可靠而且有证据是言论立得住、有说服力的基础。在这一点上，中西方有着共同的认识，美国社论撰稿人大会《基本准则声明》也指出：“社论撰稿人应当诚实、全面地提供事实。把社论的基础建立在只具部分真实性的报道之上是一种欺骗。”② 相当一部分普利策社论写作奖的选题来自于评论作者的调查研究。通过深入、细致的调查，不但可以发现问题，还有助于提出切合实际的解决方案。比如，2002 年《洛杉矶时报》的亚里克斯·瑞克辛和鲍伯·赛普琴关通过对精神病患者这一弱势群体全面、深入的调查，给出了对街头露宿的病患实施具体的救助措施和相关立法的建议。又如，2009 年《星星邮报》的马克·马奥尼针对政府隐瞒真相、侵犯市民知情权的现象进行了充分调查，掌握了大量事实，使得作品在对“敏感”问题的判断上无懈可击。此外，类似“勇敢地报道了……”、“有力地揭露了……”、“深入地调查了……”、“坚持不懈地报道了……”这样的表述常常出现在获奖理由中，也体现出普利策社论写作奖对开展调查、发现问题的重视，有利于新闻评论监督功能的发挥。③ 当前我国媒体的常规做法是，以媒体既有报道提供的事实为评论对象，评论作者极少对事实做进一步核实，这难免会因事实不准确导致判断上的偏离。2011 年“八毛门”事件中，相当一部分评论者仅仅基于陈姓父亲“八毛钱治好十万元的病”的一面之词，就不假思索地对深圳儿童医院口诛笔伐。这些不核实基本事实，不对事件做常识性和专业性判断的评论，不但给当事医生和医院造成了极大的负面影响，更加剧了医患间互不信任的社会心理。新闻评论缺乏更深入的调查研究和更广范围的事实

---

① 转引自冯玉祥：《我所认识的蒋介石》，见甘惜分：《新闻理论基础》，64 页，北京，中国人民大学出版社，1982。

② ［美］康德拉·芬克：《冲击力：新闻评论写作教程》，7 页，北京，新华出版社，2002。

③ 参见李舒、姜波：《普利策社论写作奖 95 年历程及其启示》，载《现代传播》，2012（11），52～54 页。

积累，其危害不仅仅在于做出了错误判断，误导社会公众，降低公众对评论的信任感；更在于评论者放弃了发现问题的责任和机会，无法践行推动社会进步的时代使命。

正是由于新闻评论具有上述社会功能，所以不仅新闻媒体，而且社会各个阶级、政党、社会集团无不重视这种舆论形式。但是，体裁本身拥有的社会功能，并不等于媒体评论活动实际发挥的社会作用。二者之间是否一致，取决于掌握媒体、运用体裁的人们的立场、世界观，即借评论所表达的见解和主张是否顺应时代、社会的发展潮流。顺应潮流，则体裁的功能与实际社会效果趋于一致；反之，即使某些具体作品流行一时，也势必两相背离，甚至"南其辕而北其辙"。梁启超政论作品的历史命运，也许有助于理解新闻评论的体裁功能和社会效果的这种关系。他前期的政论文章曾经风靡全国，有些作品如《少年中国说》[①] 等迄今仍有引人的魅力。但其与《民报》论战的作品，却随着时代的发展逐渐沦为政论史、思想史上的反面材料。前后不过几年，其政论文章的命运落差如此之大，根本原因就在于前期他站在时代的前头，代表了当时的先进思想，后期则落在时代的后头，成了革命思潮传播的障碍。梁启超政论的成功和失败，实际上是资产阶级改良主义思想由进步而落后、而反动这一蜕变过程的反映。这说明，社会各阶级、政党、社会集团和他们所掌握的新闻媒体，虽然尽可以按自己的愿望运用某种舆论形式，但效果如何，却是不以他们的主观愿望为转移的，而取决于其见解和主张与时代、社会发展的总趋势是否一致。

抗日战争时期，我国曾经同时存在三种立场、世界观不同的新闻评论，它们的社会效果，也判然有别。中国共产党的报纸、通讯社和电台的评论，主要阐述中共的纲领、路线和方针政策，揭露和抨击国内外反动派，动员和鼓舞人民群众奋起为争取民族解放、人民民主而斗争。尽管处于敌人的军事包围、经济封锁以及舆论钳制的困难条件下，这些媒体的新闻评论传播的见解和主张，仍然不胫而走，其影响和引导社会舆论的作用远远超过解放区的范围。在国民党统治中心重庆出版的《新华日报》之所以被誉为"红色灯塔"，同它的迅速及时而且有理、有节紧密联系在一起。这些评论以其深刻中肯的洞察力，高屋建瓴的气魄，纵横捭阖的论辩，尖锐泼辣的战斗风格，在我国评论史上写下了不可磨灭的篇章。国民党统治区的民营进步报刊，通过发表评论议论时政，抨击时弊，揭露日本帝国主义的侵略本质。它们虽然经常面临国民党当局的挟制、迫害，多数只能隐隐约约表达自己的观点，重要的内容常常不得不开"天窗"，可是由于表达了人民的心声，仍然发挥了不可低估的舆论影响。国民党新闻检查局曾在一份报告中哀叹："各报纵是违检被罚停刊，且认为光荣，读者复多予同情，每每一报被禁，立即身价十倍"[②]。而国民党办的或为国民党控制的报纸、通讯社、电台，尽管拥有当时先进的设备和传播工具，但它们的许多评论往往被人们唾弃，而且客观上教会人民从另一面看问题、想事情；有的即使能骗人于一时，但终究是一戳即穿的纸老虎。从整体上说，一切逆时代潮流的新闻评论，都只能起到与体裁本身的功

---

① 载 1900 年 2 月 10 日《清议报》第 35 册，见王振业、李舒选编：《新闻评论作品选》，341 页。

② 方汉奇：《中国新闻事业简史》，225 页，北京，中国人民大学出版社，1983。

能和运用者的主观愿望背道而驰的社会效果。

思考题

❶ 什么是新闻评论？如何理解和看待关于新闻评论的不同见解？
❷ 新闻评论的新闻性特征有哪些具体内涵？如何理解它们之间的关系？
❸ 新闻评论的政论性特征有哪些具体内涵？如何理解它们之间的关系？
❹ 为什么说新闻评论是具有鲜明意识形态和党性倾向的新闻体裁？
❺ 新闻评论的社会功能有哪些？
❻ 试述新闻评论的一般社会功能及其同实际社会效果之间的关系。

第二章 新闻评论的文体发展

本章学习要点

1. 中华文化源远流长的政论传统是我国新闻评论赖以发育的肥沃土壤。论、说、论赞、传注、评点等诸多表达观点的文学体裁或形式是新闻评论体裁发展的渊源所在。

2. 我国新闻评论的发展已走过130多年的历程。按体裁特征的变化，大致可以分为政论主导期、新闻评论形成期、语体化时期、个性化时期四个阶段。新闻评论发展语体化与个性化的过程尚未结束。

3. 王韬、梁启超、严复、章太炎、陈独秀、李大钊等的评论实践对新闻评论的体裁发展起到了推动作用，同时也对中国社会的发展产生了深远影响。

如同其他新闻体裁一样，新闻评论也有自己的发生、发展过程，而且仍将随着社会需求的变化而不断演进。常说“藏往知来”，“鉴往知今”，大致了解这一体裁的昨天、展望它的明天，弄清它从哪里来、将到哪里去，无论对于更好地掌握和运用这种体裁，还是进一步发展、完善其体裁特征，都是必要的一环。也许正是基于这种考虑，“学习新闻评论，应该学一点新闻评论史”①。不过，这里不可能全面介绍新闻评论的历史，而只能提供一些有关体裁发育的历史线索。

① 范荣康：《新闻评论学》，36页。

第一节 | 新闻评论的孕育

新闻评论这种新闻体裁虽然诞生于西方，但在我国的新闻评论实践中，却大量地从本民族的丰富文化遗产和政论传统中汲取养料获得发展。可以说，中华文化源远流长的政论传统，以及诸多表达观点的文学体裁成为我国新闻评论赖以发育的肥沃土壤和渊源之所在。

一、文化孕育：源远流长的政论传统

我国具有悠久的政论传统。刘勰在《文心雕龙·论说》中，说“群论立名”始于《论语》，又称“说之善者”当推“伊尹以论味隆殷”、“太公以辨钓兴周”等等。其实，论、说本不可分；从现存的文献资料看，早在殷商时期就已经出现了较为完整的论说（政论）文章了。《尚书》中的《盘庚》三篇（公元前11世纪时商王盘庚说服臣民迁殷的训词），就是一个有力的例证。①

不过，政论的大量出现却是春秋战国时期的事情。当时，社会处于大动荡、大变革时期，华夏大地诸侯纷争，各种思想、政治主张纷然而出，形成了历史上所说的“百家争鸣”的局面。诸子百家为推行自己的主张，不仅致力于政论创作，而且开始了探讨有关文章写作的理论。其中墨子提出的“三表法”，对于以后的论说文体的发展尤其具有深远的影响。所谓“三表法”，就是《墨子·非命上》所说的：

> 有本之者：于何本之？上本之于古者圣王之事。
> 有原之者：于何原之？下原察百姓耳目之实。
> 有用之者：于何用之？废以为刑政，观其中（“中”：动词，去声，意为“符合”）国家百姓人民之利。②

---

① 参见《中国大百科全书·中国文学卷》（中国大百科全书出版社，1986，695页）：“《盘庚》三篇，是盘庚动员臣民迁殷的训词，语气坚定、果断，显示了盘庚的目光远大。其中用‘若火之燎于原，不可向迩’比喻煽动群众的‘浮言’，用‘若乘舟，汝弗济，臭厥载’比喻群臣坐观国家的衰败，都比较形象。”

② 转引自郭绍虞：《中国文学批评史》，13页，上海，上海古籍出版社，1979。郭注：“天鬼之志”，系据《非命中》补。

墨子强调“言必立仪”，认为“言而毋仪，譬犹运钧之上而立朝夕者也，是非利害之辨，不可得而明知也”。“仪”就是标准；发表意见如果离开一定的标准，就像站在转动不定的东西上面观测方向一样，根本不可能正确判明是非利害。在认识论上，“三表法”的第一、第二表说的是间接经验和直接经验，第三表则强调实际社会效果，显然属于唯物主义经验论的范畴；而从文章学的角度说，它实际上开了“言之成理”、“持之有故”论说理论的先河。所以有学者认为“这是墨家对科学的论辩文的一种贡献”①。

而稍后于墨子的荀况、韩非，则以他们的一系列作品，奠定了政论文体的基础。荀子认为言论、论辩十分重要。他说：“志好之，行安之”，还要“乐言之”，所以“君子必辩”（《荀子·非相》）。他的文章长于说理，尤其长于辩驳。正面论述时，往往先提出论点，然后加以反复论证，如在《性恶》中以“人之性恶，其善者伪也”立论，接着从正面、反面反复论证辩驳。而进行辩驳时，则往往先列谬论，然后以“是不然”三字作为转折，加以驳斥，如《正论》各段都是如此。下面是第二段的开头部分：

> 世俗之为说者曰：“桀、纣有天下，汤、武篡而夺之。”是不然。以桀、纣为常有天下之籍则然，亲有天下之籍则不然，天下谓在桀、纣则不然。

紧接着列举种种理由说明为什么“桀、纣无天下，而汤、武不弑君”。有的辩驳则只阐述正面理由，令人先信服，然后点出反对者，达到不辩而胜的目的，如《乐论》对墨子的批评就是如此。在这篇文章中，他从不同角度阐述音乐的教化作用，然后用充满感情的调子一再说：“墨子非之，奈何！”“而墨子非之！”让人感到墨子“非乐”简直不可理解，也不值一驳。善于运用比喻也是荀子文章的一大特色，如《劝学》全文千余字，却连续用了 60 多个比喻，比喻套比喻，比喻证比喻，大大增强了文章的生动性。

韩非的说理散文，思想犀利，文字峭刻，逻辑严密，在先秦诸子中具有独特的风格。他在阐述一个问题时，常用归纳的方法，即先举论据，再作论证，最后得出合乎逻辑的结论。如《五蠹》，先提出上古、中古和近古历史发展的事实，说明“今有构木钻燧于夏后氏之世者，必为鲧 、禹笑矣；有决渎于殷、周之世者，必为汤武笑矣”，继而转入本题：“今有美尧、舜、汤、武、禹之道于当今之世者，必为新圣笑矣”。在作了这些充分的论证之后，即顺理成章地得出结论：“圣人不期修古，不法常可，论世之事，因为之备。”后文的“世异则事异”、“事异则备变”、“尝莫如厚而信”、“罚莫如重而必”等著名论点，也都是使用同样的论证方法得出的。韩非的辩难不像荀况那样用“是不然”的断然口气否定论战的对方，而是从容、冷静地分析问题。对不同的意见，总是用“或曰”来提出异议，有时还连用几个“或曰”，客观地列举几种说法，引导读者共同进行分析。《难一》至《难四》诸篇可以说是这类辩难的范例。他还善于运

---

① 郭绍虞：《中国文学批评史》，14 页。

用矛盾律的原理，“以子之矛，陷子之盾”，使对方进退失据；至于对寓言故事的运用则已臻于自如的境地，如“郢书燕说”、“买椟还珠”、“守株待兔”等，更成为后人常用的成语典故。

荀况、韩非的论说，堪称集先秦诸子之大成。先秦诸子的文章大多尚用，为当时的社会现实服务，但致用的途径有所不同，如儒家尚文，认为“言之无文，行而不远”；墨家尚质，注意防止“以文害用”。荀况、韩非则既讲究文采，也注重推理逻辑，善于调动各种手段为表达内容服务。所以有研究者指出：“如果就论说文的形式来说，《荀子》和《韩非子》在战国诸子中是成就最高的。它们说理周密而又讲究文采，两千多年来的政论文和学术论文都继承了这个优良的传统，产生了大量的有典范性的文章。”① 先秦诸子开创的这个传统，一代代延续下来，不断发展，始终是我国政论传统的主流，对于报刊政论的勃兴和新闻评论的发育产生了直接而深刻的影响。严复、章太炎的政论直接取法先秦，就是“时务文体”的旗手梁启超之所以能突破桐城“义法”的束缚，也得益于由荀、韩集大成的先秦论说传统。梁启超曾说荀子的文章“论理之剖析刻入处，读之能令思考缜密，遇事能断”；韩非文章的长处，在于“壁垒森严，能自立于不败之地以摧敌锋”，“今日尤宜学之”②。如果说他的文章既“略无检束”又不失锋颖犀利的特点，与取法于优秀政论传统有密切关系，那么他有的文章出现浮词赘语、前后扞格一类的毛病，也许可以归因于背离“思考缜密”、“壁垒森严”的论辩经验。

二、体裁孕育：“论赞”、“传注”与“评点”

在中国古代，表达观点的文学体裁有很多，常见的有：

“论”。“论”是析理推论的常见文体。《昭明文选》所载：“论有两体，一曰史论，乃忠臣于传末作议论，以断其人之善恶。如《史记》后的太史公曰……二曰政论，则学士大夫议论古今时世人物或评经史之言，正其谬误。”如贾谊的《过秦论》、苏洵的《六国论》等。

“说”。“说者，释也，解释义理而以己意述之也。”（《文章辨析序说》）“说”与“论”无大异，通常语言更通俗也更适于诵读，近代以来统称说理辨析一类的文体为“论说文”。如韩愈的《师说》、《马说》、《捕蛇者说》，梁启超的《少年中国说》，袁枚的《黄生借书说》等。

“原”。“原”取推究本原之意，通常是对某种理论、主张、政治制度或社会习俗从根本上进行考察、探讨，因此理论性较强。如韩愈的《原毁》、黄宗羲的《原君》等。

“辩”。“辩”即辨别是非，判定真伪，通常是批驳一个错误论点或澄清某些含混认

---

① 中国科学院文学研究所：《中国文学史》，第 1 卷，72 页，北京，人民文学出版社，1979。

② 梁启超：《要籍题解及其读法》，见《饮冰室合集》（专集第 72 册），47、52 页，上海，中华书局，1936。

识。如韩愈的《讳辩》、柳宗元的《桐叶封弟辩》等。

此外，在中国古代还有一些应用文体，其在实现某些实际功用之“表”下，也不乏表达观点之“里”。常见的有：

“表”。“表”是古代向帝王上书言事的一种文体，在不同的历史时期有各种不同的名称。战国时期统称为“书”，如乐毅的《报燕惠王书》、李斯的《谏逐客书》。到了汉代，这类文字被分成四个小类，即“章”、“奏”、“表”、“议”。刘勰《文心雕龙·章表》解释为：“章以谢恩，奏以按劾，表以陈请，议以执异。”统观众多表文，常常“动之以情”，即在观点表达时特别注重情理交融，诸葛亮的《出师表》、李密的《陈情表》都是情理交融的佳作。此外还有一种专门议论朝政的文章叫做“疏”，“疏”是臣下向皇帝分条陈述意见的一种文体，如贾谊的《论积贮疏》。到魏晋南北朝时期，这类文章又统称为“表”。

“序”。“序”有“书序”和“赠序”两种。书序产生比较早，多为叙述著作者的意趣、写作缘起等，如《太史公自序》等。赠序始于唐朝，性质与书序不同，一般是文人之间以言相赠，表达离别的某种思想或感情。赠序往往因人立论，阐明某些观点。如韩愈的《送孟东野序》、宋濂的《送东阳马生序》等。

“书”。“书”即书信，古人的书信又叫“尺牍”或曰“信札”。唐宋以后，在一些文人的笔下，尺牍的实用功能明显淡化，审美意识日益强化，有些尺牍刻意写成纯粹的文学作品。尺牍文学内容性质多样，除了抒情、写景、叙事外，也常常表达观点，比如司马迁的《报任安书》、嵇康的《与山巨源绝交书》、欧阳修的《上杜中丞论举官书》等。尺牍不一定都用“书”字标明，如苏轼的《与子由弟》、《答秦太虚》。

上述不同类别的以阐述观点、见解为主要内容的散体文，对于新闻评论体裁的发育都有着不可忽视的影响。若说对新闻评论这种新闻体裁的发育影响最直接的，莫过于司马迁开创的“论赞”传统，汉代开始兴盛的“传注”，以及明末清初的“评点”。

1. 论赞

论赞是史论的一种，发端于《史记》的“太史公曰”。“太史公曰”有两种：一种用于本纪、世家、列传末尾，是司马迁概括自己对于有关历史事件或历史人物看法的文字。如下面这一段：

> 太史公曰：吾闻之周生曰：“舜目盖重瞳子”，又闻项羽亦重瞳子。羽岂其苗裔邪？何兴之暴也！夫秦失其政，陈涉首难，豪杰蜂起，相与并争，不可胜数。然羽非有尺寸乘势，起陇亩之中，三年，遂将五诸侯灭秦，分裂天下，而封王侯，政由羽出，号为“霸王”，位虽不终，近古以来未尝有也。及羽背关怀楚，放逐义帝而自立，怨王侯叛己，难矣。自矜功伐，奋其私智而不师古，谓霸王之业，欲以力征经营天下，五年卒亡其国，身死东城，尚不觉寤而不自责，过矣。乃引“天亡我，非用兵之罪也”，岂不谬哉！（《史记·项羽本纪》）

这短短二百多字的文章，高度概括地揭示了项羽前期所向披靡和后期分崩瓦解的原因，批评项羽至死不悟、把失败归因于“天亡我”之荒谬，同时间接交代为什么用对待帝王的规格（“本纪”专写帝王）对待项羽。这种文章体例的优点，在于“事无重出，文省可知”（《史通》卷四），即避免重复纪传，文字既简约而又易于理解，同时还便于把客观记述和主观评论区别开来。另一种置于表、书的开头，实际上是以议论统率事实，起类似导论的作用，如《高祖功臣侯者年表》卷首的“太史公曰”共三段，第一段概述古代封爵制度，第二段概述汉初分封情况，第三段指出：

> 居今之世，志古之道，所以自镜也，未必尽同。帝王者各殊礼而异务，要以成功为统纪，岂可绲乎？观所以得尊宠及所以废辱，亦当世得失之林也，何必旧闻？于是谨其终始，表其文，颇有所不尽本末；著其明，疑者阙之。后有君子，欲推而列之，得以览焉。

着重强调从诸侯由尊宠到废辱的变化中吸取鉴戒。

后代史学家大都承袭这个体例，虽然有的冠以“论曰”，有的称为“赞曰”，实际上都是依附于记述、就可资鉴戒的史实所作的评论。“论赞”的这种处理记述和评论关系的方式，后来直接为新闻界所借鉴，演化成为“时评”和“编者按”、“编后”一类的评论样式。“时评”主要继承“论赞”因事立论的传统，“编者按”和“编后”则偏重承袭其形式。陈景韩的《不了之局》，也许可以说是力图把二者结合起来的尝试。这篇“时评”共四段，全部沿用“论赞”先叙后议的方式。下面是其中的一段：

> 粤汉路事，一不了之局也。股东斗气，互相争执。官吏无能，徒事反覆。账目不清，群起口舌。争其一指，失其肩背。于粤然，于湘亦然，于汉亦然，虽有心人，如之何哉？
>
> 冷曰：祛其私见，存其公道，清其账目，慎其用人，速其工事，缓其口舌。常念自办之福，勿忘争回之难，了之不得已之下策也。①

这一段包括两部分，前一部分概括叙述事实，列举粤汉铁路管理中的四项弊端；后一部分属于议论，用“退一步说”的口吻，指出解决问题的办法。虽然持论有点隔靴搔痒，但并非无病呻吟，形式也颇为新颖。

“论赞”后来发展为独立成篇的史论，王夫之的《读通鉴论》、《宋论》就是其代表作。前者对《资治通鉴》记载的自战国到五代的重要史实依次加以评论，后者则评论宋代的重要史实。史论从选题、立论到谋篇布局，都为报刊政论和新闻评论提供了可以师法的经验。所以，直到 20 世纪 30 年代，张季鸾还把《读通鉴论》和《宋论》作为案头书；而徐铸成在 20 世纪 80 年代写的《漫谈新闻与新闻评论》一文中，甚至说：

① “冷”是陈景韩的笔名。见王振业、李舒选编：《新闻评论作品选》，336 页。

"两位'司马'先生——司马迁和司马光应是我们的祖师爷，而王船山则是新闻评论的杰出的代表。"①

2. 传注

传注这种文章形式大约起于战国，汉代以后日渐兴盛，主要用于解释经典。刘勰把传、注纳入"论"的范畴，说"论"用于"释经"则与"传、注参体"；又说"传者转师，注者主解"（《文心雕龙·论说》），分别阐述前人见解和解释经义。其实，传、注是同一性质的文体，虽然"传"偏重作整体诠释，"注"则侧重于解释词语或概念，但目的都在于阐述、解释原义，帮助人们确切理解事物。

传注有事传和义传两类。《春秋》三传中的《左传》，以事释经，属于事传。如《春秋》记载"夏五月郑伯克段于鄢"，是一条只有九个字的大事记；《左传》则以五六百字的篇幅，详尽地叙述事件的发生、发展过程及其前因后果。且看这一片段：

> 遂置姜氏于城颍，而誓之曰："不及黄泉，无相见也！"既而悔之。颍考叔为颍谷封人，闻之，有献于公，公赐之食。食舍肉，公问之。对曰："小人有母，皆尝小人之食矣，未尝君之羹，请以遗之。"公曰："尔有母遗，繄我独无！"颍考叔曰："敢问何谓也？"公语之故，且告之悔。对曰："君何患焉，若阙地及泉，隧而相见，其谁曰不然！"公从之。公入而赋："大隧之中，其乐也融融。"姜出而赋："大隧之外，其乐也洩洩。"遂为母子如初。
>
> 君子曰："颍考叔纯孝也！爱其母，施及庄公。《诗》曰'孝子不匮，永锡尔类。'其是之谓乎。"

这是叙述郑伯在"克段"之后如何调整同母亲关系的一段。其中，关于母子关系的调整过程是叙事，就是对颍考叔的评价也用引语而不是自己的论断，从表现手段上说，仍然属于叙事范畴。《公羊传》、《穀梁传》则侧重于阐发《春秋》的微言大义，属于义传。《公羊》解释"郑伯克段"说：

> 克之者何？杀之也。杀之，则曷为谓之克？大郑伯之恶也。曷为大郑伯之恶？母欲立之，己杀之，如勿与而已矣。
>
> 段者何？郑伯之弟也。何以不称弟？当国也。其地何？……

而《穀梁》的解释则为：

> 克者何？能也。何能也？能杀也。何以不言杀？见段之有徒众也。

① 徐铸成：《新闻丛谈》，146页，杭州，浙江人民出版社，1983。王船山，即王夫之，中国朴素唯物主义思想的集大成者，与黄宗羲、顾炎武并称为明末清初的三大思想家。王夫之晚年居南岳衡山下的石船山，著书立说，故世称其为"船山先生"。

> 段，郑伯弟也。何以知其为弟也？杀世子母弟目君。以其目君，知其为弟也。段，弟也而弗谓弟；公子也而弗谓公子，贬之也。段失子弟之道矣，贱段而甚郑伯也。……

它们解释同一历史事件，但方法、见解都有所不同。以后的传注，主要沿着释义的方向发展；刊行方式也由原先的与正文分开、单独刊行，变为以夹注的形式附于正文相应的文字之下。

释义性传注对于报刊政论和新闻评论的影响，不像论赞那么直接、那么明显。不过，它注重概念，注意从解释概念入手推导其内在含义、表达自己的见解，致力于探微索隐、解惑释疑。这些日渐严密的阐释方法，为新闻评论所汲取却是不可忽视的事实。章太炎的《解辫发》几乎全文都运用阐释的方法，下面是文章的开头一段：

> 《后汉书·西南夷传》：哀牢夷种人，皆刻画其身，象龙文，衣箸尾。尾者，其今满洲之辫发乎？《汉书·终军传》：解编发，削左衽。师古曰：编读曰辫。斯其来远矣。[①]

再看梁启超《变法通议》中的这一段：

> 法何以必变？凡在天地之间者，莫不变。（例证略）故夫变者，古今之公理也。[②]

章太炎是小学家，用这种方法写政论，也许只能当特例看，但出现在其他作者的文章中，却不能不认为是传注之影响使然。此外，今天广播电视谈话评论中的大量的阐释性评论，其注重关键概念、且叙且议、解惑释疑的特征，也与传注的影响不无关系。

3. 评点

这是一种对文章进行分析、批评的方式。按刊行的方式，又可分为夹批、眉批、旁批等。评点盛行于明末清初，李贽、金圣叹堪称这一领域的杰出代表。

李贽（1527—1602），字宏甫，号卓吾，是明代“离经叛道”的思想家。他用夹批的方式，评点了一系列重要的哲学、历史和文学作品，如《四书》、《墨子》、《水浒传》、《西厢记》等。他的评点文字，往往言简意赅、切中要害，而且通俗易懂、富有幽默感，颇得嬉笑怒骂皆成文章之妙。在《四书评》中，有这么几段（见表2—1，表中括号中的文字，系《中国思想通史》著者按语）[③]：

---

① 《章太炎政论选集》，148页，北京，中华书局，1977。

② 1896年8月9日《时务报》，见《梁启超文集》，1页，北京，燕山出版社，1997。

③ 参见侯外庐：《中国思想通史》，第4卷，1079页，北京，人民出版社，1963。

表 2—1　　《四书评》中对《论语》原文的评点

《论语》原文	李贽批语
曾子曰：慎终追远，民德归厚矣。	归字妙，可见厚是故乡。今之刻薄“小人”俱是流落他乡之人，可怜可痛！（此为反言，借以嘲笑曾子之言无谓。）
子曰：吾未见好德如好色者也。	原不望人不好色，只望人好德如好色耳。（此为“正言若反”之正言，意思是说：孔子也好色。）
子曰：色厉而内荏，譬诸小人，其犹穿窬之盗也与？	照妖镜。色厉内荏，便是小人，何必又譬诸小人？（校改孔子用语不当。）

在评点《水浒传》时，则眉批、旁批、尾批并用，如对第二十三回写武松打虎一段，他于眉批说：

> 武松视虎如蚁，后来梁山一班好汉视童、蔡辈为虎而冠者也，所以急欲以景阳几拳与之。①

把童贯、蔡京比作吃人的老虎，把梁山好汉比作打虎英雄，是非分明、耐人寻味。又如在第三十八回《及时雨会神行太保　黑旋风斗浪里白条》的尾批中，他写道：

> 李生曰：凡言词修饰、礼数闲熟的，心肝倒是强盗。如李大哥（李逵）虽是卤莽，不知礼数，却是情真意实、生死可托。所以孔夫子曰：“巧言令色，鲜矣仁”；“君子不可小知而可大受也”。上大人，丘乙巳，真是个人精，真是个人极。

像这类三言两语的议论，在李贽的评点著作中比比皆是，一般都写得尖锐泼辣、诙谐幽默，深受当时人们的喜爱，也被统治者视为洪水猛兽。他的评点作品多数被明清统治者列为禁书，结果越禁流传得越快越广泛，以至于坊间屡屡出现伪托其名的书籍。金圣叹的评点侧重于文艺批评，不像李贽那样具有浓厚的思想、政治色彩，其对报刊政论和新闻评论的影响也不像李贽那么直接。

李贽生活的时代盛行小品文，他自己也是行家里手。他的小品文眼光锐利、见解深刻，不仅走在同时代作品的前头，而且为现代杂文开了先河。《题孔子像于芝佛院》就是一例：

> 人皆以孔子为大圣，吾亦以为大圣；皆以佛、老为异端，吾亦以为异端。人人非真知大圣与异端也，以所闻于父师之教者熟也；父师非真知大圣与异端也，以所闻于儒先之教者熟也；儒先亦非真知大圣与异端也，以孔子有是言也。其曰“圣则吾不能”，是居谦也。其曰“攻乎异端”是必为老与佛也。

① 《明容与堂刻水浒传》第 38 卷。容与堂为明代万历年间杭州著名书坊，该版又称《李卓吾先生批评忠义水浒传》。

> 儒先亿（同“臆”）度而言之，父师沿袭而诵之，小子朦聋而听之。万口一词，不可破也；千年一律，不自知也。不曰“徒诵其言”，而曰“已知其人”；不曰“强不知以为知”，而曰“知之为知之”。至今日，虽有目，无所用矣。
>
> 余何人也，敢谓有目？亦从众耳。既从众而圣之，亦从众而事之，是故吾从众事孔子于芝佛之院。（《续焚书》卷四）

在这篇不到300字的文章里，作者把造成人们“皆以孔子为大圣”的原因，由近及远、由浅而深地层层剥了出来。而引用孔子的话来形容盲从者的昏聩，以自嘲的反语结束全文，更是于风趣中见深刻，相当耐人寻味。

评点对新闻评论的影响主要体现在两个方面：一是从形式上看，其与编者按语（包括编前、编后和文中按语）有着不可割裂的内在联系；二是今天大量的评论以非篇章的形态出现（如报纸上的“一句话点评”、广播电视新闻节目中一些兼具串联功能的口播评论、新闻论坛或微博中的评论等），评点当中言简意赅、切中要害的说理，能给这些非篇章形态的评论在如何取得好的说理效果方面以极大的启发。

从根本上说，我国报刊政论和新闻评论的主要渊源是一脉相承的优秀政论传统，特别是先秦诸子、汉魏和唐、宋古文家，以及明、清之际启蒙思想家如黄宗羲、顾炎武、王夫之的文论主张和政论作品。迄今为止的所有知名的报刊政论和新闻评论家，没有一个不是从这个传统中汲取养料、寻求借鉴，从而形成自己独特风格的。上面之所以较多地强调论赞、传注、评点这些具体形式，主要着眼于体裁的演化，而不是政论或新闻评论的写作及其在社会发展中所发挥的作用。这是需要明确的，否则上面的阐述就有舍本逐末之嫌了。

第二节 | 新闻评论的产生

在广播、电视媒体出现以前，新闻评论是报刊新闻体裁。但是，它不是报纸与生俱来的体裁，而是在报纸适应社会需要的发展过程中逐渐孕育，并形成相对稳定的体裁特征的。可以说，新闻评论是现代报纸的产物。

一、我国新闻评论的发展脉络

世界上第一份报纸到底是什么时候出现的，虽众说纷纭，但中国是最先有报纸的国家却是不争的事实。早在秦代（公元前3世纪），中国就建立了幅员辽阔的统一国家，产生了广泛传播官方信息的需要，建立了四通八达的驿传系统。而古代的四大发明中的造纸术和印刷术，则为报纸的产生提供了必要的物质条件。在古代世界，中国远远走在前头，最早具备了出现报纸的社会需要和物质条件。今天一系列文献和文物考证，已经证实了这一论断。①

不过，这些古代报纸与现代意义上的报纸之间，存在着很大的距离。从唐代至清代，无论官方或民间的报纸都是封建的、自然经济的产物，它们只限于面向封建官僚、士大夫等少数人传递朝廷政事、诏令、奏章之类的东西，没有它们不可能提供广泛的新闻报道，更不可能成为孕育新闻评论的土壤。

历史以雄辩的事实证明，新闻评论是现代报纸发展到一定阶段的产物，是在现代报纸的土壤中孕育、成长并日趋成熟的。

17 世纪前半叶，随着资本主义的产生，欧洲开始出现现代报纸的雏形。1609 年，在德国沃尔芬比特尔出版的《通告报》(*Aviso*)，被认为是欧洲迄今保存的最早的印刷报纸。嗣后，欧洲许多主要城市也纷纷出版报纸。不过，在报纸上刊登评论文字，则是 1640 年英国资产阶级革命以后的事。《美国新闻史》记载了约翰·米尔顿在 1644 年 11 月 24 日发行的《阿雷奥帕吉蒂卡报》的一段言论：

> ……虽然各种各样的学说都可以在大地上恣意流行，因此，即使真理也参战，吾辈却以发许可证和禁令的办法待她（真理）不公，怀疑她的力量。那么，让她与谬误搏斗吧！谁见过在自由而公开的对抗中，真理会一败涂地呢？

米尔顿的言论在当时并没有产生什么影响。在英国，被尊为“社论之父”的并不是米尔顿，而是半世纪之后的《鲁滨逊漂流记》的作者丹尼尔·笛福。笛福在安娜女王统治时期创办《评论》杂志，几乎包揽了它自 1704 年至 1713 年发表的全部稿件；1717 年至 1720 年，又编辑出版了《雾都日报》，经常在报纸上“以极其动人和极有说服力的文笔探讨各类问题”②。从此，报纸上的评论文字开始引人注目，笛福也因此被权威人士称为“社论之父”。即使这样，英国也直到 18 世纪末期，才正式形成社论体制，并称之为 Leader，即首席文字。美国报纸有社论一类的评论文字，大约是进入 19 世纪以后的事情，称为 Editorial，意思是编辑的文章，含义比 Leader 宽，兼指社论和社论性文章。法国报纸长期只登新闻，不登评论，它的新闻评论出现得更晚一些。这些事

① 《中国新闻事业通史》指出：“中国早在上古时期，就已经有了报纸的萌芽；早在中古时期，就已经有了报纸的雏形。”在对《敦煌进奏院状》进行了细致考察之后，更具体地说明：“唐代的报状（即进奏院状）是一种从官文书游离出来的原始状态的报纸。进奏官们既负责承接、递送和本镇有直接关系的诏令、文牒等官文书，也经常以进奏院报状的方式，向藩镇长官传报与本地区无直接关系的朝廷政事新闻。这种报状虽然还残留有某些官文书的痕迹，但已不同于官文书，反映了由官文书向早期官报转化的历史轨迹。从某种意义来说，它十分接近于 16 世纪诞生于欧洲的‘新闻信’。和后者一样，都是现代报纸的原始状态，但早于后者约 800 年。”并推断“其起始时间，大约不晚于唐玄宗开元初年，即公元 8 世纪初”。在唐以后的各个朝代，这种形诸文字、传播官方新闻的媒体又不断有所发展。如宋代开始定期发行，明代则发展成为日刊；至迟到南宋初年（12 世纪）、明代崇祯年间（17 世纪 30 年代），分别出现了雕版和活版印刷报纸。总之，不仅最早的报纸，而且最早的雕版印刷和活版印刷报纸都出现在中国。参见方汉奇：《中国新闻事业通史》，第 1 卷，28、62 页，北京，中国人民大学出版社，1992。

② ［美］埃默里：《美国新闻史：报业与政治、经济和社会潮流的关系》，17 页，北京，新华出版社，1982。

实说明，包括社论在内的新闻评论，是现代报纸发展到一定阶段、应社会的需要而产生的，而不是与现代报纸同时出现的。

我国的现代报刊一开始就有论说。这与由英国传教士创办的第一批中文现代报刊有关。最早的中文报刊是 1815 年在马六甲出版的《察世俗每月统纪传》，它实际上是一个中文月刊，英文名称为“*Chinese Monthly Magazine*”。余也鲁在《杂志编辑学》中认为：“‘察世俗’可能是 Chinese 一字的音译，同时又兼顾到这本刊物的出版宗旨；‘统纪传’当有无所不征，借此广播的意思。”①《察世俗每月统纪传》把英国的办报模式搬过来，用来为传教布道服务，作为灌输精神鸦片的工具。在所刊登的文章中，伦理道德方面的说教占有很大的比例，如所谓《论仁》、《仁义之心人皆有之》、《论人之知足》等等。此后相继出版的中文报刊，也都沿用欧洲的办报体例，都有社说或论说一类的文章。

18 世纪 20 年代以来陆续出现的中文报刊的论说，实际上是沿袭欧洲办报体例的结果。但是，办报体例毕竟不能与包括论说在内的报刊体裁直接相等同。因为任何文章体裁都离不开时代和社会的需要，也只能根植于民族文化传统的土壤之中。从这个意义上说，欧洲办报体例充其量不过是一种触媒或催化剂罢了；我国的新闻评论体裁，归根结底是在我国自己的报刊实践中、在民族文化的哺育下形成和发展起来的。

早在 1927 年，戈公振先生就在他的开创性著作《中国报学史》中，概括地叙述了我国报刊评论的发展状况：

> 同（治）光（绪）间之报纸，因受八股盛行之影响，仅视社论为例文。经甲午（1894 年）、庚子（1900 年）诸变后，康（有为）梁（启超）辈之“新民”“自强”诸说出，始为社会所重视。革命派之报纸，则以社论为主要材料，执笔者亦一时知名人士；惟其有明确之主张，与牺牲之精神，故辛亥革命乃易于成功耳。当光绪末，宣布预备立宪时，各报均延学律之士主笔政。《时报》创始后，曾于社论外别立时评一栏，分版论断，扼其机枢，与今之模棱两可，不着边际者，截然不同，故能风靡一时。民国初元，报纸之论调，虽以事杂言庞为病，然朝气甚盛，上足以监督政府，下足以指导人民。乃洪宪（袁世凯称帝时年号）以后，钳口结舌，相率标榜不谈时政，惟以迎合社会心理为事。故其或以营业为宗旨，不欲开罪于人；或以党派与金钱之关系，不敢自作主张。于是人民无所适从，军阀政客无所顾忌；造成今日之时局，报纸不能不分负其责也。②

在这段文字中，作者述评式地勾画了自同治（1862—1874）至北洋军阀统治时期报刊评论的发展脉络，实际上把整个过程划分为四个阶段，即：

(1) 同治至甲午（1862—1894），报刊论说处于形同虚设的“例文”状态。

---

① 余也鲁：《杂志编辑学》，27 页，香港，香港海天书楼，1980。

② 戈公振：《中国报学史》，284 页，北京，三联书店，1955。

（2）甲午至《时报》创刊（1894—1904），改良派政论活动处于主导地位，报刊论说“始为社会所重视”。

（3）辛亥革命前后（1905—1913），革命派报刊政论蓬勃发展，前期为辛亥革命做了舆论准备，后期虽“事杂言庞”但“朝气甚盛”。

（4）北洋军阀时期，报刊“钳口结舌”，以“迎合为事”。

戈公振的概括，着眼于内容方面的评价，虽然有的地方多少存在着简单化、绝对化的缺陷，但基本上反映了这一时期报刊评论的发展态势，对于认识我国新闻评论的发展过程有重要参考价值。

台湾地区有学者在探讨新闻评论发生、发展过程时，以辛亥革命为分界线，把1919年以前我国报刊历史划分为两个时期，即政论本位和新闻本位时期。与此相应，前一时期的报刊论说主要是政论，即使偶尔有类似新闻评论的作品也为政论所淹没；后期评论与新闻报道联系日益紧密，新闻评论终于从政论中分化出来，成为独立的新闻体裁。从体裁演变的角度说，这样划分基本上符合历史的实际。但是，新闻评论从政论中分化出来，并不意味着新闻评论已经停止了自己的发展步伐，因此“两期”说[①]也存在着明显的缺陷，至少是没有回答1919年以后新闻评论体裁发展趋向的问题。

如果从《循环日报》[②] 创刊算起，我国的报刊论说体裁已走过130多年的历程。在这一百多年中，社会和社会的新闻需求、新闻媒体和新闻文体都处于急剧的发展、变化之中，新闻领域里的论说体裁当然也不例外。既有的分期即使是合理的，也已经不能反映迄今为止的发展状况，因此我们在充分考虑既有见解的基础上，按体裁特征的变化把整个过程划分为下述四个时期：

（1）政论主导时期。以1904年《时报》创刊为大致分界线。在这以前，报刊论说基本上是政论的一统天下，在这以后新闻评论逐渐崭露头角。

（2）新闻评论形成时期。新闻评论从报刊政论中分化出来，成为独立体裁，是一个渐进的过程，几乎没有严格的起点和终点。但大致可以说，辛亥革命以后，它已成为报刊论说的主流。

（3）新闻评论语体化时期。评论语体化实际上是白话文运动在新闻领域的反映，它的发展与整个新文化运动是一致的。辛亥革命前后，秋瑾、林獬（白水）都曾创办“白话报”，率先以白话写作评论。但直到五四时期白话文运动兴起，新闻评论才开始走上语体化历程，形成不可逆转的发展趋向。

（4）新闻评论个性化时期。个性化是广播、电视先后问世以后提出的新问题，但影响遍及所有新闻媒体的评论。由于认识的滞后性，人们并没有适时提出个性化问题，当然也不可能自觉、能动地处理实践中不时出现的新课题。从这个意义上说，新闻评论目前仍然处于这一发展阶段。

---

①　参见林大椿：《新闻评论学》。

②　《循环日报》系王韬于1874年2月4日在香港创办的报纸，由中华印务总局印刷出版。

二、政论与报刊的结缘

早期的中文报刊，虽有社论、社说之类的“报首论说”，但的确如同戈公振所说的只是“例文”而已。这些论说不论时政，不触及当时社会关注的敏感问题，不仅死气沉沉，而且琐屑无聊。即使比较重视论说的《申报》，虽然在“条例”中规定刊登“实有系乎国计民生”、“上关皇朝经济之需，下知小民稼穑之苦”的“名言谠论”①，实际上却奉行不及时政的言论宗旨。它甚至公然鼓吹：“吾愿世人之为新闻纸者，填勿品评时事，臧否人物，以撄当世之怒，以取禁止之羞，岂不彼此有益，各行其是哉？”这固然有清政府钳制言论的因素，但也可见其论说内容的一般取向。比如，它竟然以《时命论》、《论孽缘》为题，大肆宣扬富贵贫贱由命、姻缘前世注定之类的宿命论，而在《论东洋男女同浴》中竟借嘲笑日本风俗公然倡言男女授受不亲！②

真正把“报首论说”当作政论经营，使政论成为报刊战斗体裁的，是试图通过办报推动社会变革的中国先进知识分子，包括资产阶级改良主义和革命民主主义宣传家。其中王韬、梁启超、严复、宋教仁、章太炎、章士钊等对报刊政论的发展贡献尤其显著，影响尤为深远。下面择要做点介绍：

1. 王韬

王韬（1828—1897），本名利宾（一说原名“瀚”），字长弢，又字紫铨，号弢园。早年受雇于英国人麦都思，在上海墨海印书局从事编译工作。1862 年因化名上书太平天国，为其出谋划策，遭清政府通缉，被迫流亡香港，在那里从事著述、翻译和办报活动。1874 年在香港创办《循环日报》，开始运用政论体裁，比较系统地宣传“强中以攘外，诹远以师长”③ 的改良主义思想。在他亲自担任主笔的十年间，这家报纸共发表政论 800 篇左右，几乎全部与当时的内政、外交密切相关，并多数出自他本人之手。虽然他的政论仍然没有摆脱“中体西用”、“变法不变道”的思想藩篱，但毕竟接触了时弊，不仅大声疾呼宣传社会变革，给封建顽固派以严厉的批判，而且开始注意揭露洋务运动中的混乱和弊端。因此，《循环日报》被后人誉为我国政论报刊的先驱，王韬也因而成为我国第一位杰出的报刊政论家。

王韬怀着强中攘外、变法自强的明确宗旨办报。为了寻求表现新思想的新形式，他突破统治当时文坛的桐城“义法”和八股程式的束缚，以自己的政论实践，为这一文体确立了影响深远的原则。这就是他在晚年写的《弢园文录外编·自序》所强调的：

……文章所贵在乎纪事述情，自抒胸臆，俾使人人知其命意之所在而一如我

---

① 《申报馆条例》，见戈公振：《中国报学史》，67 页。

② 参见李良荣：《中国报纸文体发展概要》，20 页，福州，福建人民出版社，1985。

③ 王韬：《上潘伟如中丞》，见《弢园尺牍》，205 页，北京，中华书局，1959。

怀之所欲吐，斯即佳文。至其工拙，抑末也。鄙人作文窃秉斯旨，往往下笔不能自休……

正因为坚持这一原则，所以他的政论文章多数洋溢着一股不拘一格、明白朗畅的清新气息。当代的文学史研究者曾经高度评价他的政论作品，说他肯定了社会化的报章日用散文，使文章通俗化，在散文史上是有划时代的意义的。[①] 有的研究者则指出，他的“那些社论、时评作品，法事、俄事、越事、台事、琉事……却显示此人到底谙熟‘夷情’，通晓世事，见多识广，头脑远比帝国处理各国事务的那班亲贵大臣清楚。他对当时国际国内大事件的分析和判断，也处于同时代一般学者之上。因此，他虽自以为这些‘言洋务’的文章难以传世，而历史却恰好证明这是他在中国近代思想界留下的最有价值的文献”[②]。

2. 梁启超

梁启超（1873—1929），字卓如，号任公，广东新会人。他自幼熟读经史，“《史记》之文能成诵者八九”；青年时期师从康有为，成为他的入室弟子，后一起参加资产阶级政治改良运动，是改良派的主要报刊活动家。他从 1895 年创办《中外纪闻》开始，到 1920 年“正式脱离报馆生活”，在长达 25 年的报刊生涯中，先后主编的报刊达十种以上。在主编《时务报》期间，以犀利的笔锋、慷慨淋漓的议论而名重一时，成为与康有为并称的改良派政治领袖。

《时务报》创刊于 1896 年 8 月。这时只有 23 岁的梁启超，怀着对国家民族命运的关注，对国内外时局独具的敏感，倾注全部精力和深厚的中西学识于《时务报》的笔政，撰写了一系列风靡全国的政论。据统计，《时务报》前后共在“论说”栏发表 112 篇政论、在“时务报馆文编”栏发表文章 21 篇，其中 60 篇出自梁启超之手。在创刊号上，他发表了两篇政论——《论报馆有益于国事》和《变法通议》。前者开篇第一段就直截了当地指出：

觇国之强弱，则于其通塞而已。……上下不通，故无宣德达情之效，而舞文之吏因缘为奸；内外不通，故无知己知彼之能，而守旧之儒反鼓其舌。中国受侮数十年，坐此焉耳。

虽然没有触及问题的根本，但在当时却不无振聋发聩的力量。那么，怎样“去塞求通”？他认为应以办报为“导端”，因为报纸“有助耳目喉舌之用而起天下之废疾者”。如果说这是资产阶级改良派的办报纲领，那么《变法通议》就是他们的政治纲领了。这篇长约七万字的文章，在《时务报》上连载 21 期。全文以 80%的篇幅论学校，因

① 参见游国恩：《中国文学史》，北京，人民文学出版社，1997。

② 朱维铮：《弢园文新编》，10 页，北京，三联书店，1998。

为在他看来，“亡而存之，废而举之，愚而智之，弱而强之，条理万端，皆归本于学校”。在这篇文章中，他甚至不惜以激烈的言辞，发出震撼民族心灵的呼号：

法者天下之公器也，变者天下之公理也。……变亦变，不变亦变。变而变者，变之权操诸己，可以保国，可以保种，可以保教。不变而变者，变之权让诸人，束缚之，驰骤之。鸣呼，则非吾之所敢言矣！

如此愤激的语言，如此淋漓的情感，怎能不令刚经历民族巨创的国人“为之歆动”，“为之蹶然奋兴，横涕集慨而不能自禁？”① 当时的著名诗人、政治家黄遵宪，则称赞他的言论“惊心动魄，一字千金，人人笔下所无，却为人人意中所有，虽铁石人亦应感动。从古至今文字之大，无过于此者矣”②。

在主编《时务报》的短短两年中，梁启超以一系列慷慨激昂、气势磅礴的政论文章，打动了不少读者，以至于“自通都大邑，下至僻壤穷陬无不知有新会梁氏者”，成为风靡一时的“时务文体”的代表人物。“时务文体”的特点，用梁启超自己后来的话说，就是“纵笔所至，略不检束”；“务为平易畅达，时杂以俚语、韵语和外国语法”；“条理明晰，笔端常带感情”③。如果说改良主义思想不过是昙花一现的历史过客，那么这种令人耳目一新的政论风格的影响却要深远得多。正如郭沫若在《少年时代》中所说的那样：“二十年前的青少年，可以说没有一个没有受过他的思想或文字洗礼的。”

不过，梁启超的政论，并不都是精品，有的甚至粗滥到纰漏百出、令人不能卒读的地步。康有为、严复都曾批评过他的草率，他自己后来也承认写文章“随感情而发，所执往往前后矛盾。……世多以此为诟病，而其言论之效力亦往往相消，盖生性之弱点使然也”④。其实，他的草率主要由于他片面地鼓吹煽动的宣传方法，甚至认为为了达到宣传目的“虽稍激焉而不为病”⑤，哪里是什么“生性使然”？

3. 严复

严复（1854—1921），字几道，福建侯官（今闽侯县）人。早年赴英国留学，接触了西方的自然科学和社会科学。回国后先后在福州船政学堂、天津北洋水师学堂任教习、总教习、总办，同时撰写政论文章，翻译西方社会科学著作，参加改良派的报刊活动。他的政论，前期多发表于天津《直报》，以后主要发表在他自己创办的《国闻报》上。《国闻报》创刊于 1897 年，同《时务报》一样以求通为宗旨：“夫通之道有

---

① 方汉奇：《中国近代报刊史》，38 页，太原，山西人民出版社，1981。

② 转引自孟祥才：《梁启超》，87 页，北京，北京出版社，1980。

③ 胡思敬：《戊戌履霜录》，转引自方汉奇：《中国近代报刊史》，79、142 页。

④ 梁启超：《清代学术概论》，转引自方汉奇：《中国新闻事业通史》，第 1 卷，976 页。

⑤ 《敬告我同业诸君》：“故某以为业报馆者既认定一目的，则宜以极端之议论出之，虽稍激焉而不为病。何也？吾偏激于此端，则同时必有人焉偏激于彼端以矫我者，又必有人焉执两端之中折衷我者，互相倚，互相纠，而真理必出焉。”（《梁启超选集》，336 页，上海，上海人民出版社，1984。）

二：一曰通上下之情；一曰通中外之故。”[①] 这家报纸在百日维新期间共发表 42 篇本馆论说，其中 23 篇出于严复之手。他与梁启超的政治主张、办报宗旨虽一致，政论风格却迥然而异。他鄙薄一般“报馆之文章”，认为那种文章多“粗犷之词”、“鄙俗之气”，不足以传世，标榜自己的文章专“以待中国多读古书之人”，“非以饷学童而望其受益”，因此刻意雕琢，唯务典雅渊博。所以获得当时桐城派古文大师吴汝纶的赞誉，却遭到梁启超的批评：“吾辈所犹憾者，其文章太务渊雅，刻意摹仿先秦文体。”[②]

严复与章太炎，一个是资产阶级改良主义者，一个是资产阶级革命派宣传家，但他们都长期从事政论写作，而且文章风格相当接近。将他们与梁启超略加比较，也许有助于加深对这时期报刊政论的理解。

4. 章太炎

章太炎（1869—1936），名炳麟，字枚叔，太炎是他的号，浙江余杭人。曾任《时务报》撰述，因不赞成康有为尊孔设教而辞职；1903 年因“苏报案”入狱，1906 年出狱后赴日本任《民报》主编。他先后为《民报》撰写了 58 篇文章，成为它的主要政论作者之一。不过，在此之前他就因发表《解辫发说》、《拒满蒙入会状》，强烈表明“不臣满洲之志”而引人注目；孙中山创办的《中国日报》在刊登这两篇文章时，曾加编者按大加赞誉，称之为“有清以来，士气之壮，文字之痛，当推此次为第一”[③]。嗣后又因在“苏报案”中以“志在流血”的决心，在法庭慷慨陈词，在社会上崭露头角。在主编《民报》期间，前期政论仍然虎虎有生气，后期则陷于狭隘的排满主义和国粹主义之中。他的政论笔锋犀利、尖锐泼辣，能够调动自己丰富的文史知识，加上激烈的政治热情，的确有令人为之神往的魅力。但由于“文必法古”，好用典故和古字、奇字、僻字，往往使人难以通晓，甚至连一些学有素养的人也“艰于一读”。所以鲁迅先生说：

> ……回忆三十余年之前，木版的《訄书》已经出版了，我读不断，当然也看不懂，恐怕那时的青年，这样的多得很。我的知道中国有太炎先生，并非因为他的经学和小学，是为了他驳斥康有为和作邹容的《革命军》序，竟被监禁于上海的西牢……
>
> ……我爱看这《民报》，但并非为了先生的文笔古奥，索解为难，或说佛法，谈“俱分进化”，是为了他和主张保皇的梁启超斗争，和“××”（献策）的×××（吴稚晖）斗争，和“以《红楼梦》为成佛之要道”的×××（蓝公武）斗争，真是所向披靡，令人神旺。[④]

---

① 《〈国闻报〉缘起》，见戈公振：《中国报学史》，121 页。

② 转引自方汉奇：《中国近代报刊史》，104 页。

③ 同上书，162 页。

④ 《关于太炎先生二三事》，见《鲁迅全集》，第 6 卷，545～546 页，北京，人民文学出版社，1981。引文中括号中的内容为引者注。

严复和章太炎都是当时思想界的先进人物，他们的政论也都曾经产生了很大的影响，但由于崇尚古奥，不免削弱了文章的社会效果。

在“苏报案”中崭露头角的，还有当时只有 22 岁的《苏报》主编章士钊。他以“爱读‘革命军’者”为笔名，以“来论”的名义发表题为《读〈革命军〉》的文章，盛赞《革命军》是“国民教育之一教科书”。这篇文章从教育谈起，认为“居今日我国而言教育普及，惟在导之脱奴隶就国民”，不能仅仅“以仇满为目的”，而应“灌输以国民主义”，文章于最后一段才进入正题：

> 卓哉！邹氏之“革命军”也，以国民主义为干，以仇满为用，挦撦往事，根极公理，驱以犀利之笔，达以直浅之词。虽顽懦之夫，目睹其事，耳闻其语，则罔不面赤耳热心跳肺张，作拔剑砍地奋身入海之状。呜呼！此诚今日国民教育之一教科书也。李商隐于韩碑，愿书万本诵万遍；吾于此书亦云。[①]

这是章士钊的政论代表作，在当时也是脍炙人口的。

王韬、梁启超、严复、章太炎都是当时论坛的巨擘，我国报刊政论的奠基人。不过，他们所关心的主要是系统阐述自己的或自己所从属的政治派别的主张，反驳对立派别的观点。他们的文章虽然也结合实际，但大多泛指普遍的社会现象，而不是对于具体新闻事件或社会问题的分析。而且不少文章是鸿篇巨制，往往纵笔所至洋洋数千言，梁启超的《变法通议》甚至在旬刊上断断续续连载 21 期。这一切都说明，这一时期的报刊政论与新闻评论还有很大的区别，但政论与报刊的结缘毕竟使得政论有了更广泛的社会影响，也为新闻评论这种新闻体裁的真正诞生开拓了空间。

三、新闻本位的确立

在 1904 年《时报》创刊以前，报刊论说基本上是政论一统天下，在这以后新闻评论逐渐崭露头角。新闻评论的新闻性凸显，从报刊政论中分化出来，成为独立的新闻体裁，是一个渐进的过程，几乎没有严格的起点和终点。但大致可以说，辛亥革命以后，它已成为报刊论说的主流。

事实上，早在王韬的部分政论中，就已经蕴涵着新闻评论的胚芽。比如在关于琉球群岛归属问题的一组四篇文章中，他既直接驳斥日本方面所谓“琉球向归日本”的谎言，也一一批驳西方偏袒日本的种种论调，就时效性和针对性来说，其与新闻评论已经颇为接近。[②] 甲午之后、维新变法时期，这种现象日渐增多。如 1897 年，德国借口一名德籍传教士在山东曹州被杀，派遣舰队强占胶州湾。《国闻报》在报道这一事件

① 《读〈革命军〉》，原载 1903 年 5 月 10 日上海《苏报》。见王振业、李舒选编：《新闻评论作品选》，339 页。

② 如其中的一篇《琉事不足辨》。参见王振业、李舒选编：《新闻评论作品选》，346 页。

的过程中，就陆续发表了《论山东曹州教案事》、《驳太晤士报论德据胶澳事》等七八篇近似新闻评论的“本馆论说”。而在戊戌政变之后不久发表的《论中国禁报馆事》，则甚至可以视为新闻评论。这篇论说针对清政府禁华文报不禁外文报的作为，以嘲讽的口吻责问说：

> ……其（外文报）讥讪中国不留余地殆十倍百倍于华文之报。在台谏政府诸公，目不识旁行之字（指横向书写的外文），口不操重译之音，故虽熟视而若无睹，倾听而若未闻。然自海禁既开以后，五都之市，十室之邑，或士或商，其能读西文报纸者，以人数较之，当百千倍于台谏政府诸公，而欲为之塞聪窒明比于聋瞽，能乎不能？

文章还举例说：

> 上海之《文汇报》曰：“中国之所以不遽亡者，犹赖有杨锐、林旭、谭嗣同等血性男子，节概能死事之人。”夫在中国视之则号为“乱贼”，在局外各国视之，则称血性节概男子，而并以中国之不亡归功于此等能死之人。此诚所谓一先生之说不足以定天下之是非。

这样的文章，与新闻评论已经没有多少区别了。

不过，新闻评论从报刊政论中分化出来，发展成为独立的新闻体裁，并不是上述这种现象的直接延长，而是经历了与报纸由政论本位向新闻本位转化相适应的渐进过程。这个过程包括一系列自觉不自觉的努力，其中对新闻评论体裁的形成具有重要影响的有：

1.“编者按”运用范围日渐扩大

在报刊政论鼎盛时期，已经出现类似现在“编者按”的文字形式。改良派前期的报刊译述和政论并重，它们在译载某些国外报刊文章时，往往加上简短的按语，揭示文章的实质或作必要说明。如较早运用这种形式的《中外纪闻》在译载美国将在上海开设银行的新闻时，于篇末加上这么一段话：

> 按：俄法两国已有商人共合资本，拟来春赴上海开设银行。美领事亦汲汲此事，则其利之厚可知矣。安可以地主而失此利权哉！

抓住美国准备在华开设银行一事，联系俄、法也有类似计划，及时提醒中国人不要坐失利权，让肥水流到别人的田里。《时务报》也常有这类文字，但一般不冠“按”或“论曰”，而以语气与有关文章相区别。如它在译载日本《世界报》的《须以中国为天下贸易之地》的评论时，于译文之后写道：

其论如此，则中国亦当自警，仿日本之例而更新其例也。

这类文字短小精悍、机动灵活，的确可以收到说明译载意图、提示内容实质、引导阅读等效果，因而日益广泛地为其他报刊所沿用。

以后，按语的运用范围进一步扩大到国内的新闻报道，甚至加在政论文章之前。《中国日报》在发表章太炎的《解发辫说》时所加的按语，就是相当典型的一例：

章君炳麟余杭人也，蕴结孤愤，发为罪言，霹雳半天，壮者失色，长枪大戟，一往无前，有清以来，士气之壮，文字之痛，当推此次为第一。隶此野蛮政府之下，追而思及前明，耿耿寸心，当已屡碎矣。君以此稿封寄前来，求登诸报，世之深于世味者，读此文，当有短其过激否耶？本馆哀君之苦衷，用应其请，刊而揭之，俾此文之是非，得天下读者之公断，此则本馆之私意也。

既介绍作者、评价文章，又说明发表意图、引导读者思考，颇得画龙点睛、言简意赅之妙。《新民丛报》则进而发展为新闻报道中的文间按语，如：

贻谷是某中堂最得意之私人，一切阴谋皆彼主持。某日已拟定革职之谕，尚未交发。彼乃哀求某中堂，乃将其名抽出，易以彭青藜代之（按：彭系义和团，然乃无名小卒，各国所开名单，未列其名。某中堂将彼革职，以便告各国政府云政府秉公以断，虽各国未索认，亦照公法办矣，足见朝廷公允之意。）贻谷顷乃上折，请往嘉峪关外蒙古地方开矿……

用这种文间按语点染具体事实，比文前、文末按更为灵活，不但扩大了按语运用范围，而且标志着按语的多样化。

2. 时事短评迅速走向繁荣

时事短评当时通称“时评”。戈公振认为，《时报》“别立时评一栏，分版论断，扼其机枢”①。虽然这种论说形式早在《时报》创刊之前就出现于《新民丛报》、《浙江潮》等刊物上，但分版设置时评专栏，把它作为报纸的主要论说阵地之一，的确是《时报》的首创。

《时报》是狄楚青奉康、梁之命筹办的，1904 年创刊于上海。初期是康、梁在国内的重要喉舌，后来逐渐疏远，乃至转变为狄楚青独资经营。狄楚青（1873—1921），名葆贤，号平子，是维新时期的一位颇有文名的“新学家”。他曾说：“吾之办此报非为革新舆论，乃欲革新代表舆论之报界耳。”② 也许是基于这种想法，他对报纸业务进行了一系列改革。在论说方面，除“论说”栏外，还在一、二、三版另设“时评”栏，

①② 戈公振：《中国报学史》，118 页。

分别由陈景韩、包天笑、雷继兴负责，每日刊登紧密配合新闻报道的短论。其中由陈景韩主持的《时评一》专门评论国内大事，发表了一系列颇能触及时弊的文章。例如下面这一篇：

计国用者不宜与货争价。今之计国用者，何与货争价之多也？请拨广西溢款以赈徐淮，不许；请拨镑余以赈徐淮，而乃许拨广西溢款，如价之争让然也。

奉天将军之截留赈溢，步军统领之电拨各省协费，各部纷纷向度支部之请费，如货物之争先捷足类也。而度支部乃磋磨焉、又磋磨焉，何其治国如市道也？

在短短一百多字的文章中，既具体地揭露了清末财政管理的腐败、混乱状况，又剀切地指出其“治国如市道”的实质，颇见分析问题、驾驭文字的功力。《时报》着力经营时评，的确收到了“革新代表舆论之报界”的效果。胡适在《十七年的回顾》一文中，回忆《时报》的影响时曾说：

那时正当日俄战争初起的时候，全国的人心大震动。但是当时几家老报纸，仍旧做那古文的长篇论说，仍旧保守那遗传下来的老格式与老办法，故不能供给当时的需要……《时报》的短评，在当时是一种创体；做的人也聚精会神的大胆说话，故能引起许多人的注意，故能在读者的脑筋里发生有力的影响。……我们试看这种短评，在这十七年来，逐渐变成了中国报界的公用文体，这就可见他们的用处和他们的魔力了。①

时事短评短小精悍，能够及时配合新闻报道评论人们关心的问题，在当时确实具有一种吸引读者的特殊魅力。这种评论形式的出现和普及，是新闻评论从政论中分化出来，而终于成为独立的新闻体裁的另一重要标志。

3. 社论内容取向的转变

随着报纸从政论本位向新闻本位转变，社论的注意力也逐渐转移到重大的新闻事件上来。这种转变，在资产阶级革命派的报纸，尤其是辛亥革命前后的“竖三民”和“横三民”上表现得越来越明显。

所谓“竖三民”指三家报头竖排的报纸——《民呼日报》、《民吁日报》和《民立报》。它们其实是于右任主办的一个报纸的三个时期。三份报纸前仆后继，直到清朝被推翻，民国成立，而鼓吹革命的评论从未停止过。

于右任（1879—1964），原名伯循，字诱人，右任是其笔名，陕西三原人。在主办“竖三民”之前，曾创办《神州日报》。后来，他自己曾对这四报作过这样的评价和比较：

① 转引自方汉奇：《中国新闻事业通史》，第1卷，771页。

……《神州日报》以沉郁委婉见长，《民呼》、《民吁》则以发扬蹈厉见长，《民立报》时代可算是同盟会运动的急进时代。我们的任务一面在揭发清政府之鸩毒，唤起民众；一面在研究实际问题，作建国的准备。①

这个宗旨体现在论说中，就是比较密切地注视国内外事态、及时评论重大事件，给报纸论说尤其是社论注入新闻性特点。如《民呼日报》针对清政府诸如派“游学监督”监视留学生、以“尚王尊孔”为教育宗旨的弊政，发表题为《论近日奴隶教育之进化》的社说，尖锐指出：“虽谓吾国所有之学堂，悉为制造奴隶之大工场，未为过也。”②《民吁日报》则配合当天的新闻报道《死灰复燃的国会热》，发表题为《呜呼先笑而后号啕》的社论，着重揭露这场闹剧的虚伪性：

吾闻明诏宣布之日，欢呼庆祝声震全国，尝起而为之筮，筮曰先笑而后号啕，盖不知其何祥也。……试思今日筹备立宪之手续，吾民曾得以藉手一事否乎，朝廷于责备吾民以应担义务之外，曾许吾民得于宪法之规定，置喙一语否乎。……呜呼！吾言至此，吾心寸寸断矣。……③

尤其典型的是关于伊藤博文事件的报道和评论。日本前首相、侵略中国和朝鲜的元凶伊藤，于 1909 年 10 月下旬到我国东北活动。在他抵达中国之前，《民吁日报》在《政治的旅行之疑问》的短评中，指出他此行不是“逍遥游”，而是一次“政治调查”。在他到达大连时，又发表社论《伊藤满州旅行之阴谋》，指出他此行的目的“不独为满州，为全中国也，为中国之必将瓜分而思有以固日本之地位而立进取之基也”，提醒人们警惕其阴谋。当这个刽子手于 10 月 26 日在哈尔滨车站被朝鲜爱国志士安重根刺杀后，又连续发表了 20 多篇报道和评论，一方面赞扬安重根的英勇行为，认为伊藤罪有应得、死有余辜；一方面指出暗杀不能解决问题，不能改变日本既定的侵略政策。总之，“竖三民”的社论，已经把政论性与新闻性结合起来，具有新闻评论的基本特征。只是由于受梁启超文风的影响，有的评论仍然偏长，如宋教仁为《民立报》写的一篇题为《论近日政府之倒行逆施》的社论，竟连载了 14 天。

经过一系列大大小小的演化，现代报纸进入新闻本位时期，新闻评论也作为独立体裁发挥着自身的作用。当然，这并不意味着新闻评论取代了报刊政论，也不等于新闻评论停止了自身的发展步伐。事实上，这两种体裁在此后的岁月里都在继续发挥作用，也都有所发展、变化。就新闻评论来说，在以后的半个多世纪的发展、变化中，主要是围绕完善体裁特征这一中心，沿着语体化、多样化和个性化的方向进行的。

---

① 《于右任辛亥文集》，260 页，上海，复旦大学出版社，1986。

② 马鸿谟：《民呼、民吁、民立报选辑》，第 1 卷，58 页，郑州，河南人民出版社，1982。

③ 同上书，461 页。

第三节｜新闻评论的发展

新闻评论成为独立体裁之后，继续围绕完善自身、增强体裁表现功能这一中心，朝着语体化、多样化、个性化的方向发展。这是体裁适应社会需要和媒介发展趋势，保持旺盛生命力的必由之路。

一、新闻评论的语体化

评论语体化实际上是白话文运动在新闻领域的反映，它的发展与整个新文化运动是一致的。辛亥革命前后，秋瑾、林獬（白水）都曾创办“白话报”，率先以白话写作评论。但直到五四时期白话文运动兴起，新闻评论才开始走上语体化历程，形成不可逆转的发展趋向。新闻评论的语体化，包括报刊评论白话化和广播、电视评论口语化两个部分、两个阶段。它们各自有所侧重，但又相互渗透、相互促进。从体裁发展的角度说，它们是一个统一过程的两个部分、两个阶段。

1. 报刊评论白话化

语言是人类表情达意的工具。但书面语言和口头语言的脱节、现代语言与古代语言的分离，给交流思想、倾诉情感带来了障碍。语言问题“初看起来，这都是‘文的形式’一方面的问题，算不得重要。却不知道形式和内容有密切的关系。形式上的束缚，使精神不能自由发展，使良好的内容不能充分表现。若想有一种新内容和新精神，不能不先打破那些束缚精神的枷锁镣铐”[①]。早在 19 世纪后期，不少人就意识到论说的语言问题。黄遵宪在一首诗中，抒发了“我手写我口，古岂能牵拘”的见解[②]；梁启超也注意浅显通俗，常在自己的文章中插入俚语、俗语。随着世界文学进入中国，文学家们更加清楚地认识到文学语言通俗化是潮流所向；资产阶级救亡运动的开展，推动了白话文运动的进程。辛亥革命前十年，随着白话报的诞生，论说白话化趋势日渐明显，出现了一些用白话写作评论的作者，如林白水、邹容、秋瑾等，他们刷新了近代散文的语言，以生动形象、明白晓畅、充满了色彩与情感的文字表达思想，为新闻评论带来了根本性变革，对推动新闻评论的大众化、扩大文章的社会影响起到了重

---

① 胡适：《谈新诗》，见《中国新文学大系·建设理论集》，295 页，上海，良友图书公司，1935。

② 黄遵宪（1848—1905），字公度，清末爱国诗人，杰出的外交家、政治家、教育家。广东嘉应（今广东梅州市）人。自 1877 年出使日本起，足迹遍日、美、英、新加坡等国，留心观察所在国的事物，力主维新变法。戊戌变法失败后，被清政府列为“从严惩办”的维新党人。这里的引语，出自《杂感》一诗的末段：“我手写我口，古岂能牵拘！即今流俗语，我若登简编；五千年后人，惊为古斓斑。”

要作用。

《中国白话报》的创办人林獬，就曾以“白话道人”为笔名，坚持用白话写作新闻评论和其他论说。他在阐述办白话报的宗旨时说：

> 如今这种月报、日报，全是给读书人看的，任你说得怎样痛哭流涕，总是“对牛弹琴”，一点益处没有的。读书人既然无用，我们这几位种田的、做手艺的、做买卖的以及那当兵的兄弟们，又因为着从小苦得很，没有本钱读书，一天到晚在外跑，干的各种实实在在正正当当的事业，所以见了那种之乎也者、诗云子曰，也不大喜欢去看他。到后来要想看时，却又为着那种奇离古怪的文章，奇离古怪的字眼，不要说各位兄弟们不懂，就是我们，却也觉得麻麻胡胡哩！①

这种白话虽然显得幼稚、笨拙，却充满着自觉的努力。

邹容的政论散文《革命军》，以更趋通俗化的语言传递了火山爆发式的革命热情，那雷霆万钧、叱咤风云的语言气势，催动三军披坚执锐、冲锋陷阵的语言节奏，完全刷新了近代散体文的语言。

女革命家秋瑾创办《中国女报》，为了向妇女灌输民主革命思想，也致力于白话文写作。她在创刊号上发表的《敬告姊妹们》② 就是一篇很出色的白话文政论，且看下面这一片段：

> ……我的二万万女同胞，还依然黑暗沉沦在十八层地狱，一层也不想爬上来。足儿缠得小小的，头儿梳得光光的，花儿朵儿扎的镶的戴着，绸儿缎儿滚的盘的穿着，粉儿白白脂儿红红的搽抹着，一生只晓得依傍男子，穿的吃的全靠着男子，身儿是柔柔顺顺的媚着，气虐儿是闷闷的受着，泪珠儿是常常的滴着，生活儿是巴巴结结的做着，一世的囚徒，半生的牛马。试问诸位姊妹，为人一世，可曾受着些自由自在的幸福未曾呢？

文字浅白、道理朴实、感情真挚，在当时确实是气息清新、不易多得的好文章。

不过，从整体上说，文言文仍然在当时的论坛上占据着主导地位。直到五四新文化运动兴起，白话文才形成蓬勃的发展势头，在报刊论坛上逐渐取代文言文，并涌现了一批卓有成就的评论家，其中陈独秀、李大钊的贡献尤为卓著。他们从传播新思想的需要出发，自觉地把白话文纳入新文化运动，积极加以倡导，并用白话撰写了许多短小精悍、锋颖犀利的时事评论。

1917 年，陈独秀主编的《新青年》率先打出文字革命的大旗，先后发表了胡适的《文学改良刍议》、陈独秀的《文学革命论》。前者认为文学改良必须从八事入手：“一

---

① 张枬、王忍之：《辛亥革命前十年间时论选集》，第 1 卷，604 页，北京，三联书店，1977。

② 张枬、王忍之：《辛亥革命前十年间时论选集》，第 2 卷，844、845 页，北京，三联书店，1977。

曰，须言之有物。二曰，不摹仿古人。三曰，须讲求文法。四曰，不作无病之呻吟。五曰，务去烂调套语。六曰，不用典。七曰，不讲对仗。八曰，不避俗字俗语。”① 后者虽以声援胡适的名义出现，却直截了当地提出文学革命口号：“旗上大书特书吾革命军三大主义：曰，推倒雕琢的阿谀的贵族文学，建设平易的抒情的国民文学；曰，推倒陈腐的铺张的古典文学，建设新鲜的立诚的写实文学；曰，推倒迂晦的艰涩的山林文学，建设明了的通俗的社会文学。”② 陈独秀在给胡适的信中，甚至强调“白话正宗”没有讨论的余地，他说：“鄙意容纳异议，自由讨论，固为学术发达的原则；独至改良中国文学，当以白话为文学正宗之说，其是非甚明，必不容反对者有讨论之余地，必以吾辈所主张者为绝对之是，而不容他人之匡正也。其故何哉？盖以吾国文化，倘已至文、言一致地步，则以国语为文，达意状物，岂非天经地义，尚有何种疑义必待讨论乎？”③

《文学改良刍议》和《文学革命论》，可以说是白话文运动的宣言书。1918 年，陈独秀将《新青年》改为白话刊物，同年又同李大钊一起创办小型政治周报《每周评论》。陈独秀撰写了许多紧密结合政治事态、明白晓畅的评论，尤其是三言两语的“随感录”，且举两例④于下：

呜呼特别国情

租界上的领事裁判权和警察权，海关的协定税法，世界上受外国这种不平等待遇的，现在只有我们中国一国。若问各国何以待我们这样特别，他们必定爽爽快快答道，就是你们常说的“中国有特别国情”的缘故。

却没有了自己

我曾经遇见一位反对《新青年》和《新潮》杂志的人，问他反对的是哪篇文章哪一种议论。他说：“我并没有看过《新青年》和《新潮》，只听见别人都这样说。”又有一班看过《新青年》和《新潮》的人，他反对的理由，是因为它说的议论和古人所说的不合。我看这两种人只晓得有别人，有古人，却没有了自己。

李大钊比陈独秀更早也更系统地接受了马克思主义，在五四前后已经基本完成从民主主义者向共产主义者的转变。这一时期他以全新的白话文，写作了一系列运用无产阶级世界观分析时事的政论和新闻评论，像《庶民的胜利》、《布尔什维克的胜利》、《战后之世界潮流》等。他的《今》⑤ 现在读来仍然洋溢着清新隽永的气息，如以下这几个片段：

---

① 《新青年》，1917（1）。

② 《新青年》，1917（2）。

③ 《独秀文存》，689 页，合肥，安徽人民出版社，1987。

④ 两文均写于 1919 年。

⑤ 原载 1918 年《新青年》第 4 卷第 4 号。见王振业、李舒选编：《新闻评论作品选》，325 页。

我认为世间最宝贵的就是"今"，最易丧失的也是"今"。因为他最容易丧失，所以更觉得他所以宝贵。

为什么"今"最可宝贵呢？最好借哲人耶曼孙所说的话答这个疑问："尔若爱千古，尔当爱现在。昨日不能唤回来，明天还不确实，尔能确有把握的就是今日。今日一天，当明日两天。"

为什么"今"最易丧失呢？因为宇宙大化，刻刻流转，绝不停留。时间这个东西，也不因为吾人贵他爱他稍稍在人间留恋。试问吾人说"今"说"现在"，茫茫百千万劫，究竟那一刹那是吾人的"今"，是吾人的"现在"呢？刚刚说他是"今"，是"现在"，他早已风驰电掣的一般，已成过去了。吾人若要糊糊涂涂把他丢掉，岂不可惜！

……无限的"过去"都以"现在"为归宿，无限的"未来"都以现在为渊源。"过去"、"未来"的中间全仗"现在"以成其续，以成其永远，以成其无始无终的大实在。……

……吾人在世，不可厌"今"，而徒回思"过去"，梦想"将来"，以耗误"现在"的努力。又不可以"今"境自足，毫不拿出"现在"的努力，谋"将来"的发展。……

这种蕴涵深刻哲理的议论，到了李大钊的笔下，都演变成通俗易懂、可以朗朗上口的文字，的确具有令人如饮甘泉、如沐春风的魅力。他的"随感录"也同样脍炙人口，且录两则于下：

最危险的东西①

我常和友人在北京市里步行。每过那颓废墙下，很觉可怕。怕它倒了，把行路的人活活压死。请问世间最危险的东西，到底是新的，还是旧的？

"中日亲善"②

日本人的吗啡针和中国人的皮肉亲善，日本人的商品和中国人的金钱亲善，日本人的铁棍、手枪和中国人的头颅血肉亲善，日本的侵略主义和中国的土地亲善，日本的军舰和中国的福建亲善，这就叫"中日亲善"。

虽然三言两语，却能发人深省，深刻的思想与通俗的语言相辅相成，新思想借新语言不胫而行，新语言也乘新思想而为人们所接受。

经过五四新文化运动的洗礼，经过一批政论家、评论家的自觉努力，白话论说终于成为不可逆转的潮流。

---

① 载1919年7月6日《每周评论》第29号，署名"守常"。

② 载《新生活》，1919（16），署名"孤松"。

2. 广播、电视评论口语化

20世纪20年代广播问世以后，出现了论说口语化的客观需要。真正把口语化作为重要课题提到日程上来的，始于40年代的延安新华广播电台，其在《工作细则》中明确规定“要用普通话的口语，句子要短，用字用词要力求念起来一听就懂，并要注意音韵优美与响亮”①，并按口语化的要求撰写或改编评论。请带着听的观念，读读陕北新华广播电台在1947年5月9日播出的《评蟠龙大捷》②。在这篇评论中，作者在描述战斗经过和结局之后指出：

> ……震动最大的还是胡宗南自己：他对记者吹过牛说，5月里要在绥德接见他们；他对邓宝珊吹过牛说，要跟他会师；他对蒋介石吹过牛说，自己是怎样的怎样的打胜仗。现在怎么办呢？三条计策：一条是做好汉做到底，继续北进打通从延安到榆林的公路；一条是留兵守住绥德，主力向南回头；再有一条，也是最没有面子的一条，最泄气的一条，就是不守绥德，全部回窜……（胡宗南）采取了最泄气的一条……西北战局的发展完全证明了我们的论断，胡军的凶焰是在下降，胡宗南的指挥无能使这个下降来得更快，更剧烈，更富于戏剧性。我们把蟠龙这一仗编成了一首打油诗：
>
> 胡蛮胡蛮不中用，延榆公路打不通，
> 丢了蟠龙丢绥德，一趟游行两头空！
> 官兵六千当俘虏，九个半旅像狗熊，
> 害得榆林邓宝珊，不上不下半空中。

这则评论不仅语词通俗，而且注意声调、节奏，努力体现口语表达的线性特点，以及便于口说耳听的要求。延安（陕北）新华广播电台在口语化方面的努力，标志着论说语体化开始进入了一个新的阶段。

不过，广播评论的实践在以后的几十年中时断时续，体裁本身并没有得到充分发展；电视这种后起媒介的评论，则仍处于起步阶段。由于媒介和体裁发展状况的制约，论说口语化的问题并没有完全解决。在现在的广播、电视评论中，不是仍然可以发现某些背离口语表达规律的现象吗？比如：不加解释地运用新名词、新术语和缩略词，叠床架屋地堆砌形容词和修饰语，任意使用同音词、生僻词、音译词、古词语和方言俚语，以及长达数十字以至百多字的复合句子，等等。特别值得一提的是，广播、电视、网络评论口语化并不意味着语言上可以不加锤炼、随意使用。近年来，在口语化的过程中，特别是网络诞生后，评论语言出现了表意不准、随意性强，甚至不够规范的现象。种种现象说明，对于新闻评论来说，口语化仍然是一个需要经常引起重视，

① 《解放区广播历史资料选编》，119页，北京，中国广播电视出版社，1985。

② 参见《延安（陕北）新华广播电台广播稿选》，80页，北京，中国广播电视出版社，1985。

而且不可能一劳永逸解决的问题。

二、新闻评论发展的多样化与个性化

新闻评论发展的多样化与个性化是一个正在进行，而且不断向前推进的过程。具体说来主要包括以下几个方面：

1. 载体的多样化

新闻评论这种原本诞生于报章的新闻体裁，也随着新的媒体形态的发展经历了移植和改造的过程。20 世纪 80 年代，广播新闻评论获得长足发展，最能体现广播特色的音响评论大量涌现；90 年代，电视新闻评论获得巨大发展，电视口播评论、图像评论得以初步发展；进入 21 世纪，伴随着互联网的普及，网络新闻评论也获得了巨大的发展，网络评论拓展了人们对评论体裁的认识，大大提升了评论的时效性与开放性，2007 年中国新闻奖开始设立“网络评论”奖项。新闻评论的“跨媒体延伸”和“多媒体生存”，不仅拓展了新闻评论的生存、发展空间，也为新闻评论更充分地发挥社会功能提供了保障。而不同类型媒体的评论也在探寻与媒体自身的传播特质、受众特点相匹配的评论形式、表达方式，这一不同类别的媒体新闻评论“个性化”的过程仍在进行当中。

2. 评论对象的多样化

新中国成立后，党报党刊成为新闻评论的主阵地。在政治被无限放大的特殊的历史时期，新闻评论的视野一度窄化为只有“自上而下”，只有政策、方针的传达与解读，公民、社会的维度被抹杀，这导致新闻评论的新闻性大大削弱，影响力随之降低。改革开放特别是党的十六大以来，新闻工作的“三贴近”原则（贴近生活，贴近实际，贴近群众）得以重新确立。在新闻评论领域，选题也不再局限于“上头”，不再局限于“形而上”的“主义”问题。评论对象的范围越来越广泛，文化教育、医疗卫生等民生话题，经济、军事、国际等专业话题都进入了选题范围。评论对象的多样化使得新闻评论干预、影响社会的能力进一步增强。

3. 作者来源的多样化

随着国家、社会的开放性不断增强，“开门办报”的理念在新闻实践中得以切实体现。反映在新闻评论领域，由评论员、资深编辑撰写评论的局面正在发生改变，新闻媒体开始注重吸引学者、专业人士以及普通公民参与评论，一些媒体还专门培养了来自社会的评论员队伍，或者开设诸如“公众评论”的专栏。互联网的兴起进一步加大了读者参与评论工作的深度和速度，报网（台）的互动可以让来自网络论坛的文章（观点）在较短时间内进入传统媒体，更多的普通公民有了在媒体上发表独立言论的可能。以“平民化”为特征的选题和作者来源的多样化趋势，体现了新闻评论“读者”本位的回归，其更重要的意义还在于，公民通过评论表达意见、反映舆论，有序地参与了民主政治，而党和政府也通过新闻评论增添了一个了解民意、把握舆情的重要渠道。

4. 立场观点的多样化

观点的形成与认识主体的价值观、知识结构、思维习惯、人生经历等直接相关，因此，不同的认识主体面对同一新闻事件、社会现象会产生不同的观察角度，做出不同的判断。评论作者来源的多元使得媒体打破单一视角、呈现多元的观点成为可能。同时，以往单一的、正面的、宣教为主的评论语态也产生了一定的改变，新闻评论既可以赞美歌颂、答疑解惑，也可以批评谴责、实施监督。立场观点的多样化赋予了读者思考的空间，有助于增强新闻评论的传播效果，塑造新闻媒体公正、宽容和自信的形象，进而提升报纸的公信力。当然，观点的多元也可能出现一些偏颇、不理性、不合逻辑的“杂音”，这一问题在网络评论上表现得比较突出，也给舆论引导提出了新的课题。

新闻评论的个性化，是伴随着新闻媒介多样化产生的新课题，关系着评论体裁的命运和发展前景。近年来，不同类型的新闻媒体都在探索适合自身的新闻评论表现形式和运用方式，比如报纸的言论版、广播的音响评论、电视的图像评论、网络的论坛评论等，本书相关章节将做专门的探讨和阐述。

新闻评论的多样化和个性化是新闻评论获得发展的必然趋势，也是新闻评论适应社会需要、保持旺盛生命力的保证。就体裁的发展来说，这是一个新陈代谢、永无止境的过程。

思考题

❶ 略述中国古代优秀政论传统对新闻评论的影响。
❷“论赞”、“传注”、“评点”等形式对新闻评论有哪些影响？
❸ 略述我国新闻评论的发展脉络。
❹“时务文体”有哪些基本特点？
❺ 新闻评论从报刊政论分离出来有哪些主要标志？
❻ 如何认识新闻评论发展多样化和个性化发展的趋势？

第三章 新闻评论的要素与结构

本章学习要点

1. 论点、论据、论证是新闻评论的要素，是掌握和运用新闻评论的基础。三要素相互依存、相互为用，共同构成了新闻评论的有机整体。

2. 按在评论中所处的地位，论点可分为总论点和分论点。新闻评论的论点力求正确、鲜明、新颖、中肯、隽永。

3. 按照材料的性质，论据可分为理论性论据和事实性论据。论据是否充分有力，运用是否得当，直接影响着新闻评论的说理效果。

4. 按照不同的分类标准，论证的方式有很多种，常见的有：证实和证伪，直接论证和间接论证，演绎论证和归纳论证。自觉、灵活地运用多种论证方法，是取得良好说理效果的必要途径。

5. 新闻评论的结构是客观事物的内部联系通过作者的构思在文章中的反映。好的文章结构，既要形式完整，又要条理清晰，二者互为表里。在长期的评论实践过程中，形成了一些常见结构，但这并不意味着要将其奉为圭臬，而是要根据表达观点、说明道理的需要组织作品。

新闻评论的写作是一个需要经历谋篇布局的过程。谋篇以

“言之有物”为目标，侧重于内容构思；布局是以“言之有序”为目标，重点考虑表现形式和方法。具体说来，谋篇布局的过程包括按照内容与形式统一的原则安排论点、选择论据和组织论证等环节。论点、论据、论证是新闻评论的要素，它们虽然带有局部的性质，却是掌握和运用新闻评论的基础。

第一节 | 新闻评论的论点

新闻评论的论点即观点，是评论主体针对新闻事件或社会现象所要表达的某种思想、观点、见解、主张，回答“是什么”、“为什么”、“怎么样”、“怎么办”之类的问题。论点作为一种主观认识，是从一定的立场、世界观出发，分析评论对象及与之相关的人、事、物而得出的结果。所以，具有说服力、经得起社会实践检验的论点，是以主观与客观、理论与实践的统一为根本特征的。

一、论点的分类

按在评论中所处的地位，论点通常可分为两种：总论点和分论点。

1. 总论点

总论点又称中心论点，在评论中处于支配分论点或论断的主导地位。在具体的评论作品中，评论者会根据一定的评论意图和对于所论述事物的总体看法，提炼、安排和表现总论点。如评论《决定现代化命运的重大抉择——论加快经济发展方式转变》[①]旨在阐明一个问题：推动现代化的进程，我国需要加快经济发展方式的转变。文章在开头提出问题：

> 靠什么保证现代化的持续性？靠什么续写“前半程”的辉煌与光荣？中国必须做出抉择。

紧接着，文章给出了清晰而肯定的答案：

> “实现未来经济发展目标，关键要在加快转变经济发展方式、完善社会主义市场经济体制方面取得重大进展。”党的十七大，新的远见开始凝聚。

---

① “任仲平文章”，载《人民日报》，2010-03-01。

接下来，文章围绕加快经济发展方式的转变这一论题，从科学发展的时代要求、新老大国发展的规律、发展方式不转变可能导致的结果、现代化已经历的两次转型等六个方面进行了论证，最后，文章总结了自己的观点：

> 不为任何风险所惧，不为任何干扰所惑，我们一定能在深化改革中实现经济发展方式转变的历史新跨越。
>
> 紧紧抓住机遇，承担起历史的使命，我们将在现代化的历程中创造更加辉煌的中国时代。

该评论从提出问题，到解答论证，再到总结结论，都紧紧围绕总论点进行，凸显了总论点的核心地位。

有些短小精悍的评论，则往往在结论部分概括地揭示总论点，如《"一元钱事业"给我们的启示》①，全文只有三段：

> 广西新近出版的"建设社会主义新农村"丛书，每本只卖 1 元钱，内容却涵盖科学种养、治病防病、政策法规等农民喜闻乐见的内容，被农民朋友亲切地称为"口袋书"。目前，这套农民"买得起、看得懂、用得上"的好书已销售上百万册，经济效益和社会效益双丰收。
>
> 在人们心目中，一元钱似乎微不足道，但广西却创造出令人瞩目的"一元钱事业"。
>
> 建设社会主义新农村不仅要发展生产，帮助农民富"口袋"，还要关心农民朋友的文化生活，帮助他们富"脑袋"。广西的"一元钱事业"启示我们，关心"三农"，满足农民兄弟的需要，把实事做好、好事做实，是了不起的成绩，也能干出一番事业。

第一段叙述新闻事实，第二段分析过渡，第三段议论表明观点。

当然也有些评论把总论点融于论述之中，而不作直接的表述，比如第二章介绍过的李大钊的《最危险的东西》等。

不过，不论具体表现多么不同，总论点总是处于支配全部论述的地位，肩负着集中、确切地概括对事物的基本看法的任务，起着维系所有评论要素的作用。正因为这样，一则新闻评论通常只有一个总论点。总论点超过一个，处理不好就容易导致中心分散，影响人们理解评论内容。但是也有包含两个总论点的评论，如毛泽东为中国人民解放军总部发言人起草的评论《评西北大捷兼论解放军的新式整军运动》②。这篇评论按照"立片言而居要，乃一篇之警策"（《文赋》）的原则，开门见山地指出：

---

① 载《人民日报》，2007-06-25，作者刘飞锋。

② 《毛泽东选集》，2 版，第 4 卷，1291 页。

人民解放军总部发言人评西北人民解放军最近一次大捷称：这次胜利改变了西北的形势，并将影响中原的形势。这次胜利，证明人民解放军用诉苦和三查方法进行了新式整军运动，将使自己无敌于天下。

这其实是两个处于同等地位的论点。紧接着，评论一方面分析西北战场的形势，鸟瞰全国其他战场的态势；一方面通过阐述西北大捷的原因，突出强调新式整军运动的重大意义。“兼论”的用意在于提醒人们着重注意：新式整军运动不仅是西北大捷的主要原因，而且是人民解放军无敌于天下的力量源泉。这篇文章既有助于正确理解“兼论”及其适用范围，同时也从另一方面说明，新闻评论如果不是特殊需要，一般只有一个总论点。总论点超过一个，处理不好就会导致中心分散，影响人们确切理解评论内容。

2. 分论点

分论点又称子论点，它根据总论点论述的需要由总论点派生，并在评论中发挥着体现和支持总论点的任务。分论点是评论主体为了更好地阐述总论点，分设的论述要点。如《小泉的歪理战胜不了公理》①，针对小泉三番五次地参拜靖国神社并编造各种理由，亮出总论点：小泉参拜靖国神社是错误的、有伤地区和平的行为，其编造的理由终究战胜不了公理。为了更加充分地论证这一总论点，作者设了五个分论点：

参拜靖国神社是小泉的“个人”自由吗？根本不是。

“首相参拜也是日本内政”吗？根本不是。

“参拜与中日关系没有关系”吗？根本不是。

“参拜只有中韩两国反对”吗？根本不是。

“参拜是为了和平”吗？根本不是。

五个“根本不是”，对小泉的参拜行为进行了全面的分析和否定，有力地支撑了总论点。

当然，并不是每篇新闻评论都会设置分论点，是否以及如何设置分论点主要看论点表达的需要。一般说来，总论点内涵丰富，则需要设置分论点进行论述。不过，新闻评论篇幅毕竟有限，而且要照顾多数受众的接受条件，分论点一般宜少不宜多；这又反过来制约总论点，要求总论点尽可能集中些、再集中些。如果总论点设置单一明确，则没有设置分论点的必要，那些论题集中、篇幅短小的评论，尤其是专栏评论或署名短论，多数没有分论点，而由总论点统率若干说理层次。

---

① 见新华网，2006－08－15，作者包尔文。

二、论点的要求

新闻评论的论点要做到正确、鲜明、中肯、新颖、隽永，才能挑起一篇评论的大梁。

1. 正确

正确是相对谬误和悖理而言的，新闻评论应该以马克思主义的立场、观点和方法作为分析工具，避免分析片面、孤立、不切实际。2004 年 1 月国内某网站登载了一篇题为《租界史是一部文明史》的评论。该文完全抹杀了近代中国人民为了独立、解放而进行的伟大斗争，把那些认为“租界史是民族屈辱史”的人称之为“人格猥琐”！这样的论点实在是荒谬至极，完全背离了客观实际。新闻评论应该坚持马克思主义的立场、观点和方法，甄别是非，表达符合最广大人民群众根本利益的正确看法，以帮助公众释疑解惑，树立正确的态度。那些在世界观、价值观、评论观上出现根本偏离的文章只能给社会的全面发展带来负面影响，应该引起警惕。

一般说来，不正确的论点通常由以下两种情况造成：一是世界观、价值观或评论观出现了根本偏离，如嫌贫爱富、拾金就要昧、什么赚钱多就要干什么、新时代不再需要艰苦奋斗等观念；二是事实尚未得到全面的证实和解释，评论者依据不完整事实做出的判断往往会出现谬误、失误，导致观点不正确，当论述片面或与现实不符时，将导致对舆论的错误引导。

当然，观点正确并不意味着观点的“绝对统一”，也就是说，认识正确并不排除认识的多样性。对某一新闻事件或社会现象，人们往往结合各自不同的思维方式和知识结构，从不同的角度分析，这些对新闻事件或社会现象的理解、认识是没有什么“标准答案”的。近年来，随着社会开放程度的加大和公民表达观点途径的增多，对某一新闻事件或社会现象，人们往往有各种各样的见解。如 2006 年 5 月 22 日《中国青年报》刊登了一则消息，内容是教育部有关人士将大学生重新定位为普通劳动者①。消息一出，引来一场颇为壮观的社会大辩论。有的评论认为，“这个观点（大学生是普通劳动者）表达得很‘中肯到位’，也确实‘切中时弊’，但亦为‘通理常谈’，应该是每一个大学生都能‘理解’的常识性观点……”② 另一篇评论认为，“为什么一沾‘普通’就让一些人反感呢？说穿了，无非是因为它意味着体力的付出和文化的缺乏，甚至低人一等……”，“对普通劳动者的歧视是社会偏见，与‘以人为本’的发展潮流相悖。随着社会的进步，偏见迟早会消除，普通劳动者的社会、经济地位也会大幅提高”③。还有一篇评论则认为：“……大众化时代的大学生成为普通劳动者，也许是一

---

① 参见《教育部：大学生就业难与扩招无必然联系》，载《中国青年报》，2006-05-22。

② 李宝元：《大学生定位“普通劳动者”何以成了问题》，载《新京报》，2006-05-23。

③ 一刀：《修脚的大学生：普通劳动者不丢人》，载《工人时报》，2006-05-31。

个必然的趋势，但这种‘转型’的巨大成本和痛苦，都由学生及其家长来承担，却未免有点太不公平了。在我看来，教育部在发出这种号召之前，首先应该进行深刻的自我反思，诚恳检讨自己制定和执行的一整套教育政策，并拿出分担成本和痛苦的方案来。”[①]这些评论的观察角度各不相同，观点自然也就不尽相同。赞成、异议、反对都是正常的现象，“兼容并包”的多元化思想，可以使人们对事物的认识更全面、准确。有关对同一个选题“观点各异”现象的理解，本书“立论”部分另有阐述。

2. 鲜明

鲜明是指评论文章要摆明立场和态度，说清见解和想法。在一些关乎全局的重大事件乃至一些敏感问题上，旗帜鲜明地表明立场、态度，对于发挥评论的社会功能意义重大。有的文章在标题中鲜明地呈现出观点，如《治理好污水也是政绩》、《坚决抵制低俗炒作行为》等；有的文章根据说理的需要，观点体现在说理的过程中。文章观点鲜明不仅仅是个表达问题，还依赖于评论者的分析、认识能力。试想，如果作者没有对某一问题的深刻认识，又怎么能够为公众剥去表象，认识背后的本质呢？

观点鲜明，并不排斥委婉、含蓄和讲究论说策略，它排除的只是含糊其辞、模棱两可。如评论《中国慈善要在“透明”中清偿“影藏的原罪”》[②]，单从题目看，作者表达比较含蓄，两个引用让人不易理解。文章首先分析了我国慈善组织的运营现状，接着明确指出：“透明”不是“晒账本”，“透明”需要更多力量的支持；而“影藏的原罪”则代指慈善机构背后可能存在的贪污、腐败现象。可见，观点的表达可以直白也可以含蓄、委婉，但绝不能不知所云，莫衷一是。

正确、鲜明这两个要求本身不难理解，问题在于怎样把认识和表达统一起来，恰当地体现于评论作品之中。认识谬误、是非不明，当然不可能形成正确、鲜明的论点。如有人由“谁不吃？谁不喝？谁不玩？谁不乐？”推导出“无产阶级也要吃喝玩乐”，硬说“吃喝玩乐”是什么“新观念”[③]。这一由似是而非的前提推导出来的荒唐透顶的论点，不就根源于认识谬误或界限不清吗？有的论点站不住脚或令人不明所以，则是由于表达不当。所以，只有同时在认识和表达上下功夫，才是实现论点正确、鲜明的可靠保证。

3. 中肯

中肯以正确为前提，是在正确的基础上突出重点，力求论点切中要害，准确揭示事物本质或问题实质。其对立面包括背离正确前提的片面性，满足于现象的表面性，以及虽然正确却无补于事的“药中甘草”。中肯的论点既要切中要害，又要恰到好处，令人信服。“十一五”末期，一些地方为了完成国家节能减排的预期目标，采取了“拉

---

① 郭松民：《教育部应分担大学生“普通劳动成本”》，载《江南时报》，2006-05-23。

② 2011年11月10日《中国新闻周刊》“社论”。

③ 寸言：《勿做穿凿文章》，载《人民日报》，1985-03-17。

闸限电”的方式，《如此“节能减排”要不得》[①] 针对河北省安平县拉闸减排的做法做出分析：

> 安平节能减排目标完成情况之所以不尽如人意，有如下三种可能：一是节能减排目标制定得不科学、不合理；二是当地节能减排工作很不力，发展了不该发展的高耗能产业；三是前二者兼而有之。不管是其中哪一种可能，主要责任都在政府有关部门。当做的应是对症下药，而不是“无奈”地将工作高度简化，更不应让百姓为政府方面的过失埋单。

文章剖析了“节能减排”未达标原因的三种“可能”，归结起来，责任在于政府没有针对节能减排做好工作部署，导致老百姓“被拉闸限电”。文章最后呼吁“对此，应当警惕、揭露、批判、痛打，不要让荒唐的节能减排措施借了‘无奈’的幌子再次出现”。评论抓住了问题的主要矛盾，一语中的。可见面面俱到地“开中药铺”，或是生吞活剥地罗列时髦名词或故弄玄虚，是无法中肯地概括对于事物的真知灼见的。

正确、中肯、鲜明，这是论点的基本要求，也是检验论点是否存在价值的基本准绳。如果进而力求新颖、隽永，那就等于给论点增添了引人入胜、耐人寻味的魅力。

4. 新颖

新颖即观点具有独到之处，新颖的论点，既要求“惟陈言之务去”（《答李翊书》），避免人云亦云、陈陈相因，也要求“师心独见”，蕴涵非同寻常的见解。林放的《包公与伯乐》[②] 就是以新颖见长的一例。这篇短论一开头就指出，包公与伯乐本来是早已过去的、应当消逝的“旧观念”，现在却又流行起来，这是不正常的。当“包公热”、“伯乐热”盛行的时候，这个开头本身就颇有点骇人物议。接着作者分析了包公、伯乐在旧社会为人们颂扬的原因，表达了自己的看法：“我赞美清官，也赞美伯乐，但是决不羡慕包公、伯乐之所以被突出歌颂的那个时代。”然后笔锋一转，说解放后我们曾经一度忘记了包公和伯乐，因为“共产党就是一个清官党，共产党就是一个集体的伯乐”。文章最后归结道：

> 那么为什么近几年来这个包公与伯乐的旧观念忽然又流行起来呢？这正是值得我们深思的问题。这种不正常的现象提醒我们：还要进一步端正党风，发扬社会主义民主，健全社会主义法制。那样，我们就可以和包公、伯乐告别，彼此相忘于无形。

显然，贯穿于这些议论之中的基本论点，与当时许多议论包公、伯乐的文章并

---

① 载《中国电力报》，2010-09-07，作者蒋学林。

② 1982年1月10日《新民晚报》“未晚谈”专栏。见《赵超构文集》，第5卷，122页，上海，文汇出版社，1999。

不是对立的，但的确有它的独到之处，不仅发掘出新的深度，而且为人们观察思考问题提供了一个更切中问题症结的新角度。当然，新颖也是以正确为前提的，离开正确一味地标新立异，那就可能走上兜售奇谈怪论的歧路，最终丧失了观点的正确性。

论点的新颖可以从两方面入手：

一是找到新的观察和分析问题的角度，言人之所未言。当全国上下学习并贯彻“三个代表”重要思想时，评论者观察到一些政府官员在接受采访或者做报告时，必用“三个代表”这一现象，以“三个代表”应是官员切实地为人民谋利益，而不只是口头上说说而已的角度进行立论，角度新颖，发人深省。文章说：

> ……我们的记者在采访所有的政府官员、政府工作的时候，无论是什么内容，他们言必称“三个代表”，我们的政府官员、公务员在接受采访时、在镜头前发言时，无论是什么具体的工作，也是言必称“三个代表”，我认为，这是对“三个代表”的学习与实践宣传的一种庸俗化，它将导致我们的党员干部，特别是领导干部对“三个代表”的学习与实践的形式主义和表面文章，对我们如何应用马克思列宁主义、毛泽东思想的方法论和实践论去解决当前政治经济的重大的、带根本性的问题，如何真正理解“三个代表”的精髓，是非常有害的。[①]

二是挖掘现象背后更为本质的东西，言人之所不能言。“局长电话一般群众不能打”是某局长接受记者采访时说的一句“雷人官腔”，而评论《“局长电话一般群众不能打”的荒唐逻辑》[②] 的新颖之处就在于不是停留在事情表面就事论事，而是挖掘官腔背后“荒唐逻辑”的本质：

> “群众利益无小事”，不能只停留在口头、书面上，而要落实在疏通民意表达的渠道上。群众打领导的电话，一般反映的是切身利益问题。群众能想到给领导打电话反映问题，往往是因为其他反映问题的渠道不畅通、反映了问题不能及时解决。“局长电话一般群众不能打”，实质上堵塞了民意表达的渠道，其后果必将影响社会和谐稳定，甚至把“小事拖大，大事拖炸”。
>
> “局长电话一般群众不能打”反映了个别官员极其错误的权力观。官员的权力，说到底是人民赋予的。因此，必须让权力在阳光下运行，切实保障人民的知情权、参与权、表达权、监督权。“局长电话一般群众不能打”的背后，意味着一些官员把权力当作“私器”，不是对人民负责，而是对私利负责。

---

① 网友云淡水暖：《“三个代表”不是“万金油”——评一种庸俗和有害的做法》，见人民网“人民论坛”，2003-07-09。

② 见新华网“新华时评”，2011-08-10，作者涂洪长、黄冠。

5. 隽永

隽永指观点耐人寻味、发人深省，能够给人以启发，具有举一反三的内在力量。比如编者按《爱惜我们共有的家园》[1] 中这样写道：

> 在北京南海子麋鹿苑，建有世界灭绝动物墓地。多米诺骨牌一样倒在地上的石块，刻着近几百年从地球上消失的一些动物的名称。清明时节，人们来到这里扫墓，凭吊曾经与我们共存的伙伴。墓志铭上的警句令人震撼：当物种灭绝的多米诺骨牌纷纷倒下时，作为其中一张的人类，就能幸免于难吗？

这则编者按以独特的视角，真挚的情感，以及极富感染力的语言，启发人们警醒：随意污染环境和剥夺其他物种生存权的最终结果，必将是剥夺人类自身的生存权。

隽永的论点不一定“言人之所不能言”，却能使人恍然大悟；不深奥，却能像橄榄那样耐人咀嚼、耐人回味。邹韬奋先生在《硬吞香蕉皮》[2] 的两段议论中，分别以辛辣的讥讽和“哀其不幸，怒其不争”引导人们思考当时的社会现象。一段借军阀吴俊升吃香蕉连皮一起吃的“趣事”引申出以下议论：

> ……其实错了就老实自己承认，倒是精神安泰的事情；文过饰非是最痛苦的勾当。世上像吴俊升这样硬吞香蕉皮还振振有词的虽然不多见，但明知错了不肯认错，还要心劳日拙的想出种种方法来替自己掩饰，甚至把规劝他的人恨的切齿不忘，这种心理似乎是很为普遍。这种人穷则毒害其身，达则兼害天下。因为他所能接近的全是胁肩谄笑的奸佞小人，所最不能容的是强谏力争的正人君子。

另一段是就张宗昌的十六七个姨太太为张服丧所发的议论：

> ……这一大堆供作玩物的可怜虫大有舍不得她们所处境地的样子，在旁人觉得她们原有境地的可怜，在她们似乎还觉得不能保持原有境地之为可怜，换句话说，她们似乎情愿忍受。其实我们如作进一步的看法，在这样社会制度和经济制度之下，她们都是不知自主也无力自主的若干寄生虫而已，说不上什么情愿不情愿。

从两件具体事情，引出可以启发人们作举一反三联想的论点。如果说其中有什么诀窍，那就是着力在提炼论点上下功夫，力求概括规律性认识，防止浅尝辄止、就事论事。

---

① 为《救助“长江女神”白鳍豚》（载《人民日报》，2001－04－17）配发的编者按。

② 《韬奋文集》，第1卷，61页，北京，三联书店，1962。

上述五个方面的要求是论点应具有的综合素质，它们相互联系、相辅相成，切勿把它们割裂开来，孤立地强调或片面地抹杀某一要求。正确是论点成立的前提，鲜明、中肯是对论点的基本要求，新颖、隽永是评论应该追求的更高境界。除正确之外，其余要求并没有什么绝对标准，因此既要注重提炼，也不能勉强从事，否则不是沦于肤浅，就是陷于牵强附会。

第二节 | 新闻评论的论据

从表达的角度说，新闻评论的论据，是用来证明或说明论点的理由和事实的总称。“原夫论之为体，所以辨证然否”（《文心雕龙·论说》）。如果说论点的主要任务，是判断“然否”，表达对于事物的肯定或否定的看法，那么论据的功能则在于“辨证”，也就是通过回答“为什么”的问题，弄清“所以然”或“所以否”。一则评论，只有为自己的论断提供充分的理由和事实，做到言之成理、持之有故，才能令人心悦诚服地接受其中的见解和主张，达到以正确的看法影响和引导社会舆论的预期目的。

一般地说，论据都具有证明和说明论点这两种功能。证明主要为论点提供充分的支持，让人深信它的论断是有充分根据、无可置疑的，从而欣然接受它所表达的见解和主张；说明侧重于解释论点，帮助人们确切理解论断的具体内涵。所以，形式逻辑把论据定义为：“论据就是确认论题的真实性时所根据的判断。”① 这里的“论题”，就是论说中的论点；所谓“确认”，实际上包含论据的证明和说明功能。

新闻评论中的论据究竟侧重于哪一方面，主要以论点的真理性是否得到“确认”为转移。有些阐明新观点或驳斥错误观点的评论，由于论点尚未被“确认”，就需要着重在发挥论据的证明作用方面下功夫；而有些阐述路线和方针、政策的评论，则主要通过论据帮助人们正确理解有关精神。不过，新闻评论毕竟不是学术文章，即使侧重于证明，也应尽量照顾受众理解的需要，避免学究式地引用论据。

一、论据的分类

新闻评论的论据按照材料的性质分为两大类：理论性论据和事实性论据。

---

① 金岳霖：《形式逻辑》，284 页，北京，人民出版社，1979。

1. 理论性论据

理论性论据主要指人类经实践验证而得的理论、经验，如人们发现并公认的自然、社会等的运行规律，以及人们普遍认可的或社会惯习的思想、观点、准则等。运用理论性论据进行论证，实际上是用已经确认的结论或认知的成果，去证实新提出的观点和见解，帮助分析和处理尚待解决的问题。

具体说来，在新闻评论中经常运用的理论性论据主要包括以下几个方面：

一是马列主义、毛泽东思想的基本观点，中国特色社会主义的有关理论，党和政府的纲领、路线、方针、政策，政府的法律、政令。它们雄辩的论证力量，来源于自身具有的真理性。实践证明，善于运用这类论据的评论，往往具有鞭辟入里、高屋建瓴的品格；反之，则可能停留于就事论事。如邓拓在《“胡说八道”的命题》[①] 中引用恩格斯的一段话作为论据：

> ……恩格斯写道：
>
> “高等数学把初等数学的永恒真理看作已经被克服的观点，常常作出相反的判断，提出一些在初等数学家看来完全是胡说八道的命题。固定的范畴在这里消失了；数学走到了这样一个领域，在那里即使很简单的关系，如单纯的抽象的量之间的关系、恶无限性，都采取了完全辩证的形式，迫使数学家们既不自愿又不自觉地成为辩证的数学家。”
>
> 科学史上有无数的事例可以证明，恩格斯的这种论断是十分正确的。事实上，岂止高等数学的命题在刚提出的时候，常常被初等数学家看成是完全胡说八道的呢？还有其他许多科学的命题，当它们刚提出的时候，难道不也是被人看成完全胡说八道的吗？

文章所引恩格斯的话中不仅有论述，还有举例，可谓一举两得。通过理论性论据的使用很好地论证了年轻科研工作者要大胆开拓、解放思想，敢于“胡说八道”地提出新的命题的论点。

又如下面这段论述：

> 近些年来，一些地方的群体性公共事件时有发生，其中的重要原因就是相关部门失职、渎职，致使一些“小事”变大，最终酿成颇具轰动性的公共事件……
>
> 6 月 29 日，中共中央政治局召开会议，审议并通过了《关于建立促进科学发展的党政领导班子和领导干部考核评价机制的意见》。建立促进科学发展的干部考核评价机制，正是为领导干部在处理公共事务方面主动负责、勇于负责，提供了

---

① 载 1961 年 7 月《北京晚报》“燕山夜话”专栏；见《燕山夜话》，139 页，北京，中国社会科学出版社，1997。

> 有力的制度保障。在日益完善的制度建设下，各级领导干部当会时刻把责任牢记在心。①

文章从一次丙肝病毒传染事件中相关部门轻视和疏忽群众意见入手，以中央文件为理论性论据，论证了各级领导干部应该为群众负责的论点。

二是经过实践检验的哲学社会科学理论，自然科学中的公理、定律，以及某些常识性材料。

哲学社会科学的某些理论常常作为理论性论据发挥作用。下面这段论述就是把历史唯物主义的基本认识作为判断的依据，用来说明处理好干部与群众之间关系的重要性：

> 历史唯物主义认为，"历史活动是群众的事业"。群众路线是我们党一切工作的根本路线。领导不是万能的，领导者的正确决策和举措只能来源于人民群众的实践，否则，无论多么高明的领导者，一旦脱离人民群众的实践，他的智慧就会枯竭，工作必然失误。②

自然科学中的公理、定律作论据，在新闻评论中往往会取得意想不到的效果。如《说说关于创新的三道数学题》③，文章写道：

> (一) 创新是什么？如果用数字来表示，创新就是"0＋1"。
>
> "0＋1"，就是从无到有，就是前无古人，就是标新立异，就是实现零的突破。
>
> (二) 创新是什么？如果用数字来表示，创新还是"1＋99"。
>
> "1＋99"，就是从有到优，就是更高更好，就是更美更妙，就是摘下同行同类产品的金牌。
>
> (三) 创新是什么？如果用数字来表示，创新更是"100＋1"。
>
> "100＋1"，就是从优到更优，就是超一流，就是全球同类产品与服务的领跑者，就是新的世界纪录的创造者。

这篇评论用三道数学题把创新这个抽象的概念具体化，揭示了创新就是从无到有，从有到优，从优到更优的本质规律性，通俗易懂，生动活泼。实践证明，自然科学的公理、定律本身与人类社会生活联系紧密，是可以用来证明或说明社会生活中的某些问题的。如系统论的某些观点，对于人们理解社会政治、经济、文化领域的问题，就多有启发意义；热力学第二定律则有助于人们科学地认识和处理诸如能源、资源、生态

---

① 钟一苇：《从无良村医看领导干部问责》，载《光明日报》，2009-07-02。

② 《在转变中赢得大发展——九论用领导方式转变加快发展方式转变》，载《河南日报》，2011-01-21。该篇是9篇系列评论的第一篇。

③ 载《人民日报》，2007-03-15，作者张保振。

环境，以至于人口与社会发展等问题。总之，自然科学中的公理、定律，也是一个值得认真开发的论据领域。

此外，某些知识性、常识性材料也常常在评论中发挥理论性论据的作用。请看下面的例子：

> ……了解到这一背景，再对照达赖的言论，这就让稍微懂得一点佛教教义的人们感到奇怪了。佛教的基本教义就是认为“众生平等”，最忌杀生，达赖不可能不懂。而就捕鲸这件事情来说，事件的一方是为了满足口腹之欲、金钱之利，血染大海、屠戮生灵，达赖对此没有批评指责，写信制止；另一方只是行为上碍了“屠夫”们的一点事儿，攀爬他人船只、毁坏捕鲸“凶器”，达赖居然大动干戈，不惜劳心费神专门写信指责。作为自称“释迦比丘”、“佛门弟子”的达赖，他所推销的这种“非暴力”、“同情心”，是不是太荒腔走板了！①

在这段论述中，作者引用佛教教义作为理论性论据，批判了达赖的行径，起到了“以子之矛，攻子之盾”的效果。

三是前人有价值的思想文化遗产以及成语、格言、谚语等。前人的思想文化遗产是人类认识世界、改造世界成果的积淀，其中固然难免受时代或阶级的局限，但也不乏闪光的真知灼见，恰当地用作论据，既可以支持论点，也可以为评论增添吸引人的特殊魅力。例如下面这段论述：

> 国家的盛衰兴亡，主要不在外患，而在内忧。“灭六国者，六国也，非秦也。族秦者，秦也，非天下也。”杜牧这番话已经受了历史的考验。我们必须接受这一历史教训，下决心把党风整好，下决心抓领导机关长期处理不下去的大案要案。……②

杜牧的《阿房宫赋》总结了秦朝亡国的历史教训，为人们广泛认可，在这里，它被用来支持“国家的盛衰兴亡，主要不在外患，而在内忧”的论断，暗示“内忧”之所在，借以证明抓好党风建设的重要意义，以及抓大案要案的必要性，不仅言简意赅，而且言近旨远、发人深省。成语、格言、谚语、民谣，往往凝聚着人民群众的社会生活经验和智慧，只要仍然具有生命力，就有这样那样的明理作用。在新闻评论中适当运用这类论据，除了可以深入浅出地证明和说明论点以外，还有利于缩短与受众间的心理距离，增强评论的感染力。

又如署名评论《公道自在人心》③，针对诺贝尔委员会将“和平奖”颁给了因犯煽动颠覆国家政权罪而正在服刑的刘晓波一事展开论述，作者最后总结道：

---

① 2010年7月18日《西藏日报》“评论员文章”。

② 1982年9月30日《福建日报》“社论”：《论“老虎”与“苍蝇”》。

③ 见新华网，2010-12-11，作者夏冬梅。

得道多助，失道寡助。主持正义的人们心中自有评判是非的标准，今年的诺和奖已经成为一些人操纵的政治工具，失败是注定的。那些鼓噪者们会沮丧也是必然的。“两岸猿声啼不住，轻舟已过万重山。”中国人民前进的步伐不会停顿，世界进步的潮流不可阻挡。偏见、傲慢、伪善都终将被时代所抛弃。

作者用出自《孟子·公孙丑下》中的名言“得道多助，失道寡助”总结论点，用李白《早发白帝城》中的两句诗“两岸猿声啼不住，轻舟已过万重山”展望未来，为论证起到了很好的助力作用。这类理论性论据赋予了评论文化内涵，增强了可读性，也对人们更好地理解前人思想文化遗产有所启发。

2. 事实性论据

事实性论据，是证明或说明论点的具体的事实材料。这类论据是对客观事物的真实描述或概括，具有直接现实性的品格，因此极具说服力。我们常说“事实胜于雄辩”，就是这个道理。事实性论据大体可分为以下几类：

一是典型事例。如《药品暴利是“倒卖药盒”的根源》[①]，以因查获一批药盒而破获了20亿元假药案为典型事例，进行深入剖析。案件中，医院清洁工“不务正业”，将药盒倒卖给假药贩子，假药贩子私改批号、灌装低档原料药后，贩卖牟取暴利。文章详细地计算了该起案件中药品的“暴利”所在：

去年《医药经济报》曾刊登了抗癌药恩丹西酮的详细成本，恩丹西酮注射剂的规格为8毫克，1公斤原料药可以分装12.5万支。再以恩丹西酮原料药市场价每公斤6万元计，1支恩丹西酮的原料成本不足1元，即使加上包装费、工人工资、管理费等，其成本也不会很高，但实际销售利润率却很高。

问题正在于此。如果一些药品尤其是抗癌药品价格能真正回归本质和理性，不是“萝卜卖出人参价”，把一支约2.5万元的价格降到其真正的药品价值上来，就不可能有使用过的“药品包装盒”竟然也能卖到1 200元的荒唐事。正是疯狂的药价，才让这些“旧盒子”“升值”了。

这一典型事例说明，正是由于“疯狂的药价”，才导致了“倒卖药盒”现象的发生，清洁人员“不务正业”只不过是表面原因。

二是概括性事实。概括性事实既包括诸多事例的概要罗列，也包括统计数字、图表等。如《大写的中国奔向世界》[②] 中运用了大量概括性事实：

举世无双的奥运设施——美丽的奥林匹克公园，神奇的鸟巢，晶莹剔透的水

---

① 载《中国青年报》，2011-11-21，作者毕晓哲。

② 见中国网，2008-08-24，作者黄德劲。

立方，天堂般的航站楼，航站楼般的北京南站……

公平竞争的奥运精神——来自204个国家和地区的代表，引领自己的健儿更快、更高、更强，受伤倒地依然忘不了拼搏的呐喊……

平和从容的国民心态——一瘸一拐的刘翔和“风一样的男人”博尔特同样赢得掌声……

开放自信的大国风范——80多位国家的领导人如约而至，举杯欢谈……

坚韧不屈的民族魂魄——经历了雨雪洪灾的洗礼，经受了地震创伤的考验，经历了“藏独”恐怖的挑衅，经历了内内外外的质疑……

与众同乐的人文理念——“奥运会结束，而大家还要长期生活在这里，要让居民成为奥运会最大的受益者。”我们看到了国家领导人矫健的上篮，也看到了特邀观看开幕式的农民工……

作者列举北京奥运会六个方面的事例有力地证明了中国的发展和进步，并结合奥运盛况展望中国的未来发展：“我和你的新世界，从此刻开始”，中国将奔向世界。

又如《算一算GDP的代价》[①] 中的一段论述：

……前不久，省统计局出具了一份《浙江GDP增长过程中的代价分析》，把浙江经济高增长所带来的负效应和盘托出，并通过新华社公之于众。改革开放25年来，浙江GDP年均增长13.1%，人均GDP从1978年的331元，增加到2003年的2440美元，2004年全省实现GDP预计可达1万亿元，经济总量已居全国第四。与此同时，浙江的耕地面积也减少了726万亩，相当于去年末实有耕地的30.4%；能源消耗水平是世界平均值的1.6倍，高收入国家的2.5倍；2003年，废水、废气和固体废物的产生量，分别比1990年增长84.8%、3倍和1.3倍……

作品引用了大量的数据充分地证明，为了追求GDP，我们付出了惨痛的代价。统计数字的优势在于“证据确凿”，但引用时要注意数据应具有相对的时效性且真实准确。同时，数据也有不形象、不生动、不易理解等相对劣势，因此要谨慎使用。

三是历史事实。从鉴往知来、温故知新的角度说，历史事实也是事实性论据的重要组成部分。不过，由于它们是昨天的事实，与今天的社会现实存在程度不同的距离，一般多作为间接的或辅助性的论据。准确地把握历史事实与客观现实的联系点，适当运用这类论据，不仅可以证明或说明现实问题，还可以启发人们作“通古今之变”的思考和联想。例如毛泽东同志在反驳艾奇逊把中国革命归因于“人口太多”的论调时，曾经先以反问，继以肯定的口吻列举了一系列历史事实：

艾奇逊的历史知识等于零，他连美国独立宣言也没有读过。华盛顿杰斐逊们

① 载《宁波日报》，2004-12-15，作者张登贵。

之所以举行反英革命，是因为英国人压迫和剥削美国人，而不是什么美国人口过剩。中国人民历次推翻自己的封建朝廷，是因为这些封建朝廷压迫和剥削人民，而不是什么人口过剩。俄国人所以举行二月革命和十月革命，是因为俄皇和俄国资产阶级的压迫和剥削，而不是什么人口过剩，俄国至今还是土地多过人口很远的。蒙古土地那么广大，人口那么稀少，照艾奇逊的道理是不能设想会发生革命的，但是却早已发生了。①

2011年中国共产党成立90周年之际，《人民日报》发表任仲平文章《选择，凝聚在信仰的旗帜下》②，文章深情回顾了中国共产党人以青春、热血与生命书写下的信仰：

（二）这些场景或许早已为人熟知，但每每重温依然让人震撼。

他看着前来告别的家人神色从容，在绞刑台高呼“共产党万岁”英勇就义。他曾是生活优裕的大学教授，每月数百元大洋可养活四五十口人，但他却以生命之钟撞响旧中国的黎明。他说“只要我们有觉悟的精神，世间的黑暗终有灭绝的一天”，“试看将来的环球，必是赤旗的世界！”

他将身上的衣服脱下赠给难友，在最后一次慷慨激昂的演讲后，与战友们高唱国际歌走向刑场。他曾是锦衣玉食的富家少爷，有着“鸦飞不过的田产”，家里平均每人“有五十个农民做奴隶”，但他却在“秉志改革”的探寻中为救国救民英勇献身。他说“我们共产党是代表工农人民大众的”，“为了我们子子孙孙争得幸福的生活，就是献出了自己的生命也在所不惜”。

他神态自若地走向刑场，沿途高唱俄文国际歌、红军歌。到达罗汉岭，选一草坡坐下，对刽子手微笑点头：“此地甚好！”饮弹洒血。他曾是才华横溢的柔弱书生，翻译则蔚然成文，治印则卓然成家，本可为渊博学者、文化巨匠，但他却振臂一呼刺向黑暗。他说“一切新的、斗争的、勇敢的都在前进”，“亲爱的同志，你们去算账罢，你们在斗争中勇猛精进着”。

他在狱中最艰苦的环境下，犹殷殷讴歌《可爱的中国》。他说“敌人只能砍下我们的头颅，决不能动摇我们的信仰！因为我们信仰的主义，乃是宇宙的真理！为着共产主义牺牲，为着苏维埃流血，那是我们十分情愿的啊！”

他在敌人的严刑拷打下坚贞不屈，在养育他生命的江西莲花县，在挚爱的亲人面前，被敌人割掉舌头的他，用脚趾蘸着淌到地上的鲜血，写出“革命成功万岁”……

李大钊，38岁。彭湃，33岁。瞿秋白，36岁。方志敏，38岁。刘仁堪，34岁。这是他们从容赴死的年龄。视死如归，义无反顾，只因坚信“人生最高之理

① 《唯心历史观的破产》，见《毛泽东选集》，2版，第4卷，1510～1511页。
② “任仲平文章”，载《人民日报》，2011-06-27。

想，在于求达于真理”。因为这一信念，毛泽东 10 多个亲人献出了生命，2 100 万革命者慷慨捐躯。他们是理想的殉道者，社会的探索者，主义的践行者，是伟大的爱国者，无畏的革命者，无私的牺牲者。

只有从他们开始，从这些共产党人开始，从信仰信念开始，我们才能认清百年中国跌宕前行的浩荡潮流中，那无数难以解释的疑问、荡气回肠的奋斗、惊心动魄的力量。

文章用概括而抒情的笔法列举了革命先烈为了信仰、为了真理舍生赴死的动人事迹。探究中国共产党带领中国取得革命胜利的历史必然性，由史实出发使得文章更具有说服力。

四是假设性材料，包括预定的计划、方案和科学的假设、推导等等。它们所反映的不是实际存在的事实，而是可能发生的事情。这类材料，只要前提可靠，推导合乎逻辑规律，就可以支持并赋予论点某种预见性。《假如都像徐永山》[①] 就是典型的一例，这篇号召人们向这位模范拖拉机手学习的社论，有两组各四条主要由数字组合而成的论据。第一组侧重说明徐永山创造了什么样的业绩：

按规定，耕一亩地用的油，不能超过 0.8 公斤。不少机车超过了 1 公斤，而徐永山只用了 0.65 公斤。

按规定，耕一亩地，机车修理费不能超过一角五分钱，而徐永山只要一分一厘。

其余两条也是这样表述的。每条都包括定额标准和徐永山创造的成绩，有的还有全国的实际平均数字。在精心组织、叙述论据之后，评论作出干净利落的论断：

所有这些，没有高度的社会主义觉悟和技术水平，是根本办不到的。

高消耗不可能有高速度。搞四化必须精打细算，努力降低消耗，增加收入，这是搞四化最实际的行动。

第二组论据是围绕“我们该不该学习徐永山”组织的：

假如都像徐永山，一台拖拉机一年节省柴油 1 吨半，单是 60 万台大中型拖拉机，一年就可节省 90 万吨柴油。

其余三条分别是全国可节省 9 亿多元修理费，全国农民可节省 20 多亿元机耕费，全国 200 多万台拖拉机都可以一台顶两台用。这实际上是一组假设性论据，它的雄辩说服

---

① 1980 年 4 月 20 日《中国农民报》“社论”。

力，来自每个假设都有确凿可靠的前提；在它的支持下，社论关于"假如都像徐永山，实现四个现代化就大有希望，时间也可以大大提前"的结论，也就不容置疑了。这篇社论的成功，既证实了假设性论据的作用，更说明巧妙组织论据，发挥不同材料的互补效应，确实是增进评论说理艺术，增强评论说服力的关键。

某些富有启发意义的哲理故事，也可以看作是一种特殊的假设材料。这类材料使评论文章相对"软化"，更能吸引读者阅读，引人思考。例如，在《"我最看不起'看不起农民'的人"》① 的结尾，作者引述了这样一则故事：

> 一位哲学家与一个船夫之间正在进行一场对话。"你懂哲学吗?""不懂。""那你至少失去了一半的生命。""你懂数学吗?""不懂。""那你失去了80%的生命。"突然，一个巨浪把船打翻了，哲学家和船夫都掉到了水里。看着哲学家在水中胡乱挣扎，船夫问哲学家："你会游泳吗?""不……会……""那你就失去了百分之百的生命。"

文章不是简单地批评看不起农民的人，而是以各种具体的例子，包括上述生动而恰当的故事来加以论证。不难体会到，生动而富有哲理的例子会使文章论证更加有说服力，耐人寻味。

特别要说明的是，新闻评论中有一类事实是"由头事实"，即那些引起了评论人的关注和思考，进而想要发表评论的一个或多个事实。作为由头的事实具有双重功能：一方面是发挥引起议论的作用，另一方面在论证论点时又发挥了论据的作用，所以"由头事实"是一种特殊的事实性论据。

综上所述，新闻评论论据具有多样性和广泛性，只要善于发掘，认真筛选，精心组织，恰当表述，任何正确的论点都可以得到充分的支持和说明。反之，如果在这个环节上掉以轻心、草率从事，再正确、中肯的论点也将是苍白无力的。因为论据毕竟是评论的血肉。

二、论据的选择与运用

在新闻评论中，论据是否充分有力，运用是否得当，直接影响着新闻评论的说理效果。

1. 论据的选择

在论据的选择上应该注意两点：

首先，要选择能证明观点的材料作为论据，材料在证明观点上需具有典型性和充

---

① 载《农民日报》，2007-06-13，作者夏树、汪洋。

分性。列宁曾经说过：挑选任何例子是毫不费劲的，但这没有任何意义，或者有纯粹消极的意义，因为问题完全在于，每一个别情况都有其具体的历史环境。如果从事实的整体上、从它们的联系中去掌握事实，那么，事实不仅是“顽强的东西”，而且是绝对确凿的证据。① 所谓“从事实的整体、从事实的联系去掌握事实”，当然不是要求列举与论点有关的全部事实，说明互相间的方方面面的关系，而是要求从事实的整体与联系中掂量具体事实的分量，坚决排除任何偶然的现象和孤立的事例，要从全局出发，从事物的发展联系中寻求在“质”上典型而充分的材料。

比如，某评论立论于我们应该立足于当前的社会发展阶段，不能不切实际地超越。该论点本无不妥之处，但作者引用了恩格斯的一段话，说明其晚年放弃了共产主义的理想和目标，从而论证没有必要高举共产主义旗帜，而是应该关照当下。这段话是1893 年 5 月 11 日 73 岁的恩格斯在对法国《费加罗报》记者发表的谈话中说的：

> 我们没有最终目标。我们**是不断发展论者**，我们不打算把什么最终规律强加给人类。关于未来社会组织方面的详细情况的预定看法吗？您在我们这里连它们的影子也找不到。②

但作者只引述了恩格斯的一部分谈话，而没有引述紧接着的另一部分：

> 当我们把生产资料转交到整个社会的手里时，我们就会心满意足了，但我们也清楚地知道，在目前的君主联邦制政府的统治下，这是不可能的。③

如果恩格斯放弃了共产主义的理想和目标的话，他不可能说“把生产资料转交到整个社会的手里”。这段话实际是恩格斯对记者提出的“关于德国社会党人在即将举行的选举中成功的可能性问题”及“你们德国社会党人给自己提出什么样的最终目标”的问题的回答。这段论据在选择上存在两个问题：一是作者不了解谈话背景，断章取义而不是全面地理解作者的原意；二是材料不具有证明观点的性质，选择这段话作为论据显然是不恰当的。

用作论据的材料的典型性与充分性主要体现在三个方面：第一，材料本身蕴涵可以证明和说明论点的素质；第二，材料的总和能够为论点提供充分的支持；第三，材料与论点间的逻辑联系符合事物的客观规律。这是形成必然联系的三个不可或缺的条件，任何一方面的不足，都会影响论据的精当程度，削弱论据的论证能力。

论据要“充分”，与其说是量的概念，不如说是质的要求。毛泽东同志在讲到开会和写文件如何处理材料与观点时，曾经强调说：“要学会用材料说明自己的观点。必须

---

① 参见《列宁全集》，中文 2 版，第 28 卷，364 页，北京，人民出版社，1990。

② 《弗·恩格斯对法国“费加罗报”记者的谈话》，见《马克思恩格斯全集》，中文 1 版，第 22 卷，628～629 页，北京，人民出版社，2001。

③ 同上书，629 页。

要有材料，但是一定要有明确的观点去统率这些材料。材料不要多，能够说明问题就行，解剖一个或几个麻雀就够了，不需要很多。自己应当掌握丰富的材料，但是在会上只需拿出典型性的。"[①] 一个"材料不要多"，一个"应当掌握丰富的材料"，乍看似乎矛盾，其实恰恰说明了认识阶段和表达阶段对论据的不同要求。在认识阶段，只有尽可能占有包括正面的、反面的和侧面的等各种材料或论据，才能防止片面性、表面性之类的主观主义毛病，保证观点或论点具有颠扑不破的真理性。而在表达阶段，如何运用材料或论据，主要服从说理需要，遵循贵精不贵多的原则。

其次，要选取有一定的知晓度并易于被受众理解的材料作为论据。论据是用来证明观点的，如果论据没有得到广泛的认可，材料生僻、令人费解，就难以发挥证明论点的作用。

请看评论文章《论责任——公民道德建设关键环节》[②] 的开篇：

> 总有这样一些人让我们感动。
>
> 党的好干部牛玉儒以勤政为民、忘我工作诠释"生命一分钟，敬业六十秒"，桥吊工人许振超在普通岗位上创出世界一流的"振超效率"，乡邮员王顺友二十年如一日在大凉山中用脚步丈量工作的苦乐，公安卫士任长霞以炽热情怀书写执法为民的人生壮歌，导弹司令杨业功用赤胆忠心浇铸共和国的和平之盾，医学专家钟南山在抗击"非典"这场没有硝烟的战争中敢医敢言，科学家马祖光在实验室里以生命之火点燃科学之光，艺术家常香玉用德艺双馨八十人生唱响"戏比天大"……从中，人们无不感受到一种品格，一种境界，这就是对国家、对人民、对事业的责任。
>
> 也有这样一些事令我们痛心。
>
> 一起起惨痛矿难带来人民生命财产的重大损失，一种种假劣食品导致许多无辜百姓受到伤害，一次次严重污染造成难以挽回的生态灾难……从这些安全事故和重大案件中，人们看到了共同的祸根，这就是责任的缺失。
>
> 责任，就这样沉甸甸地摆在我们面前。

短短的三百字，却概括列举了大量读者熟知的事实作为论据，全部围绕着"责任"这个话题展开，使这篇文章一开始就具有令人折服的力量。试想，如果材料生僻、令人费解，或自身倾向有待辨析，又怎么能发挥论据说明论点、帮助受众理解论点的作用呢？

论据是评论的血肉，对于评论的可读性或可听、可视性影响极大。所以，有经验的评论作者在精心提炼论点的同时，都十分注意搜集、评估、筛选论据，讲究论据的表述。这就是为什么有些优秀评论作品的论据，往往不可轻易更易的缘故。

---

① 《毛泽东新闻工作文选》，206页。

② "任仲平文章"，载《人民日报》，2005－09－19。

2. 论据的运用

评论者要能够根据表达的需要，合理、准确地运用论据。对于不同性质的论据来说，防止运用失误应该注意的侧重点也有所不同。

第一，对于理论性论据来说，除了作为论据的判断自身具有毋庸置辩的真理性以外，还要求理解准确、尊重原意，切忌望文生义或断章取义。例如，某评论肯定某地方政府的一项行政措施时说："该县政府之所以敢为人先，成为勇于尝试的'始作俑者'，原因在于……"始作俑者本指做坏事，带来歪风邪气的"第一人"，是贬义词，作者误将其理解为"第一个吃螃蟹的英雄"。又如，某评论批评某地政府发展经济的时候"目无全牛"，不懂得统筹兼顾，协调科学发展。事实上，目无全牛是个褒义词，不是眼中没看到整个牛，只顾局部，而是形容技艺高超。成语属于理论性论据，使用成语本来目的是提高说理效率，直接点明问题的实质，而上面两篇评论在为事实做定性判断的关键时刻却错误地理解了语义与词性，其对说理的负面影响是显而易见的。

此外，理论性论据的使用还要做到引用恰当，既保持原判断的完整性，又突出它与论点之间的必然联系，防止随意肢解原判断或方枘圆凿之类的现象。理论性论据可以适当阐释、引申，自然而准确地揭示其与论点的联系，力求引出超越论据的新见解，切莫以论据代替论点，或用别人的话代替自己的分析。至于如何引用，引用原话或意引，则以论点的需要为转移。

第二，事实性论据要求事实真实无误，不能对事实进行想象或生编乱造，但可以根据论证的需要对事实进行适当的选择、剪裁，防止叠床架屋、断章取义、生拉硬扯等现象。

比如毛泽东的《别了，司徒雷登》①，在论证中国人民包括中国知识分子是有骨气的时候，写道：

> 我们中国人是有骨气的。许多曾经是自由主义者或民主个人主义者的人们，在美国帝国主义者及其走狗国民党反动派面前站起来了。闻一多拍案而起，横眉怒对国民党的手枪，宁可倒下去，不愿屈服。朱自清一身重病，宁可饿死，不领美国的"救济粮"。唐朝的韩愈写过《伯夷颂》，颂的是一个对自己国家的人民不负责任、开小差逃跑、又反对武王领导的当时的人民解放战争、颇有些"民主个人主义"思想的伯夷，那是颂错了。我们应当写闻一多颂，写朱自清颂，他们表现了我们民族的英雄气概。②

文章精心选取了闻一多和朱自清两个人物，并通过适度的剪裁，将其品质概括为一个

---

① 本文发表于1949年8月18日，它和《丢掉幻想，准备斗争》、《为什么要讨论白皮书》、《"友谊"，还是侵略?》、《唯心历史观的破产》四篇文章，都是毛泽东同志为新华社写的对于美国国务院白皮书和艾奇逊信件的评论。

② 《毛泽东选集》，2版，第4卷，1495～1496页。

“宁可倒下去”一个“宁愿饿死”，并形成一种对照关系。通过对事实性论据的剪裁组拼，不用再作过多论述，就有力地证明了“我们中国人是有骨气的”观点。

如果对事实进行错误的剪裁，就很可能使论断走向谬误。2011 年 12 月北大校长应邀在湖南省某中学演讲，这次长达近两小时的演讲被多家当地媒体报道，其中一家媒体报道的标题为《北大校长称美国教育一塌糊涂》，该标题及报道中的一个段落在微博上被广泛引用并引发热议，一些评论员撰文对其观点作出了负面评价，甚至进行了严厉批评。以下是媒体报道中的一段话：

> 对于现在很多人否定中国的教育，周其凤持不同态度，“我认为美国的教育一塌糊涂，他们的每一任总统都不懂得尊重人，总是把自己的意愿强加于别人，如此看来，他们的教育是一塌糊涂的”。周其凤认为中国的教育很成功，理由是中国这些年都在飞速发展，“我们的国家在进步，靠的就是我们的教育培养的人才”。

事实上，该报道犯了断章取义的错误。演讲中，北大校长在谈到中国传统教育思想时，涉及了美国的教育，完整表达如下：

> 现在大家都觉得美国的教育好，我们也在向美国学习，什么哈佛、MIT 等等，其实美国的教育也不是那么好。它有它好的地方。怎么讲？美国的教育对于培养合格的或者说优秀的美国公民，这是很成功的，因为为美国培养了那么多人才，把美国建成为这么一个很霸气的强国。但是如果是从我们现在是个地球村，在培养世界公民这个角度来说，我认为美国的教育是一塌糊涂。它培养的人，也就是说他们感到骄傲的是他们的总统，哪个总统懂得尊重人家？就想欺负人家，就想把它的价值观强加于人，就想按照美国说怎么样就怎么样办。所以，从这个角度来说美国的教育是一塌糊涂，这是我的看法。

该校长接下来表示：

> 我们的教育有我们教育的优势，特别我们中华民族的一些教育思想，是值得我们很好地学习和发扬的。如果我们的教育能这样的话，我们培养的人才能够懂得尊重人家，同时也会尊重自己，不会看不起自己。我们也有的人一天到晚就是看不起自己，一天到晚都是觉得美国什么都好，我们中国自己的什么都不好，要全盘学人家的。其实不是，我们中国的教育思想有很多非常优秀的精华、传统，是值得我们很多地挖掘、学习、继承和弘扬的。

上述报道的引文虽然是该校长的原话，但却不符合“整体真实”，可以说是一篇失实的报道。而一些依据这篇报道中提供的不完整的事实作出的关于中美教育的评论，其论断也无一例外地走向了偏离。由此可见，事实性论据运用不当给一篇评论带来的危害是巨大的；反之，恰当运用事实性论据，不仅可以为论点提供无可辩驳的支持，而且使其抽象内容更易于理解。

第三，要在认识和表达的统一中运用论据。从唯物论反映论的观点看，材料先于观点、论据先于论点，这是不成其为问题的。现在之所以成为需要澄清的问题，主要是由于存在着混淆认识和表达的现象。存在先于认识，正确的论点都是在大量掌握各种各样论据的基础上形成的。所以，在提炼论点的过程中，必须遵循由个别到一般、由具体到抽象、由材料到观点的思维规律，坚持由论据而论点的思维走向。而表达是在论点形成之后进行，表达过程的基本任务，是根据证明或说明论点的需要选择、剪裁、组织和表现论据，它的基本走向是由论点而论据。由于认识与表达之间既有联系又有区别，它们作为一个统一的过程，反映在论点和论据的关系上，就呈现了两种不同的走向，如图 3—1 所示。

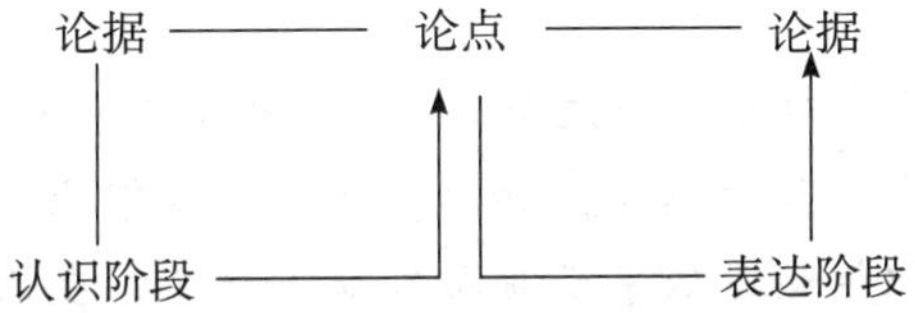

图 3—1　认识和表达过程中的论据

换句话说，认识和表达是一个统一过程的两个阶段，表达中所运用的论据存在于论点赖以形成的各种材料之中，但更为精练简约，与论点的逻辑联系也更为紧密。所以，如果把认识和表达割裂开来，孤立地从表达的角度理解和处理论点和论据的关系，那就可能导致论点先于论据的误解，甚至引出像所谓“找论据”一类的错误观念。这是值得警惕的，否则就可能不知不觉掉进唯心主义的泥坑。

第三节 | 新闻评论的论证

论证是解释论据与论点之间的逻辑联系，使论点得以证明的过程和方法。论证旨在将观点和材料有机地统一起来，形成完整的论述；在有分论点的评论中，它包括用分论点体现和支持总论点。论证的过程实质上正是运用概念、判断进行推理的过程，也是积极思维、调查研究的过程。

一、论证的分类

按照不同的分类标准，论证的方式有很多种，常见的有：证实和证伪，直接论证和间接论证，演绎论证和归纳论证。

1. 证实和证伪

证实是用论据证明或说明自己的论点，这在形式逻辑中称为“论证”；证伪是用论据推翻、否定论敌的论点（也就是敌论），在形式逻辑中则称为“反驳”。在新闻评论中，证实和证伪往往存在于同一论述过程之中，服务于同一论点（包括分论点和总论点），而且遵循共同的逻辑规则。所以，证实和证伪实际上都可以视为论证，差别只在于证实是论证的肯定形式，而证伪则是否定形式。

为说明问题，且以韬奋先生的《无所不专的专家》[①] 为例。这是一篇驳论性评论，其主旨是揭露“无所不专的专家”这种现象的实质和危害。围绕这一主旨，评论首先概括地指出专家的社会作用：

> 天下无万能的人，也很少一无所能的人（除非自己糟蹋掉），倘知各就自己天赋能力的大小及趋向，加以培植，加以修养，加以学力，加以经验，各自用得其当，就所专攻的学识经验以从事专业而贡献于社会，在己则能使固有之天才获最大限度之发展，在社会则能因此而获得最大限度的裨益，此专家之所以可贵。

这是论证的肯定形式，为下面的驳论确立了正面的标准。然后，评论依次分析“无所不专的专家”的表现、普遍性、社会危害及原因，最后水到渠成地引出自己的论断：

> 无所不能的人实在是一无所能，无所不专的专家实在是一无所专，即有一知半解，决难有深入的研究与心得，更说不到对社会有真正实际的贡献，不过把浮薄的虚声，大家骗来骗去罢了。

这是对于“无所不专的专家”的否定，从论证上说就是证伪，即论证的否定形式。

2. 直接论证和间接论证

这是按论点和论据的关系划分的两种论证方式。

直接论证是用论据直接证实自己的论点，即直接通过事实说明评论人的想法和见解。如《入世十年，我们最大的敌人还是自己》[②] 认为，十年的入世经历证明，中国那些看似弱小的产业，真正惧怕的并不是自由的竞争，而是以往过度的行政管制。其中，针对中国的产业不怕自由竞争，作者举例如下：

> 在农业领域，在取消了对美国 7 个州的小麦出口禁令、放开美国六千多家肉

---

① 见《韬奋文集》，第 1 卷，31 页。

② 载《南方周末》，2011－12－08，作者李铁。

类加工厂对我国的出口之后，我国的农民并没有被美国农场主的大拖拉机打垮，在内需和细分市场中找到了自己的生存和发展空间。

在零售业里，财大气粗的沃尔玛们并没有横扫全国，国内的零售企业在“与狼共舞”中完成了企业运营和管理经验的飞跃，诞生了苏宁、国美等千亿规模的零售企业。中国酒店业的生存也曾经让决策者担忧，但打开国门之后，“招待所”们在竞争中突飞猛进，进化为一批经济型连锁酒店，并成功赴美上市……

而针对中国产业真正怕的是以往过度的行政管制一说，作者又举例：

比如这些年备受舆论诟病的中资银行等央企，在入世十年之后，依然没能真正走入市场。这些企业虽然在中国经济的大发展中盈利滚滚来，但经常被舆论指责为手握特权与民争利。在过度的保护和监管之下，这些领域的创新能力和效率提升都严重不足，貌似体量庞大却根本无力参与国际市场的竞争。

不怕自由竞争、怕行政管制两方面的事例都列举得很有代表性，两方面事例结合在一起，直接论证了作者的观点：入世十年，我们最大的敌人还是自己。

间接论证是与直接论证相对应的论证方式，它或者通过否定对立的论点，来证明和说明自己论点的正确性，或通过证明与错误论点相反的情况是正确的，达到推翻错误论点的目的。如毛泽东在《论人民民主专政》中，为了说明实行人民民主专政的必要性，就运用了间接论证的方式：“为什么理由要这样做？大家很清楚。不这样，革命就要失败，人民就要遭殃，国家就要灭亡。”[①]

又如，评论《可喜的9%和可怕的11.56%》[②] 的作者在论证9%是个可喜的数字时写道：

9%是个可喜的数据。这个数据建立在我国前些年国民经济高速发展的基础上，实现于今年国民经济又好又快的发展中，这个目标是有把握的。发展确实是硬道理。如果没有经济的发展、国力的增强，怎能举办奥运会于北京、世博会于上海？怎能全力以赴抗震于汶川、救灾于舟曲？怎能我军舰艇编队护航于亚丁湾？怎能海陆空联合行动撤3万同胞于利比亚？又怎能GDP位居世界第二？怎能免除农业税？怎能大幅度实施全民医保？发展的成就、经济的繁荣，老百姓都看在眼里，记在心间，喜上眉梢。

作者没有直述经济发展取得哪些成果，而是通过七个“怎能”的反问间接论证了经济发展的成效。

---

① 见《毛泽东选集》，2版，第4卷，1475页。

② 见人民网“观点频道”，2011-05-27，作者李德民。

直接论证和间接论证，可以同时出现在同一论证过程之中，用来证实或证伪同一论点。《人民日报》社论《再也不要干“西水东调”式的蠢事了》，就是相当典型的一例。这篇社论围绕“发展农业靠什么”，分析阐述昔阳县“西水东调”工程的教训。发展农业究竟靠什么，有两种相互对立的答案：一种是体现在“西水东调”工程中的“一靠运动，二靠大干”，另一种是社论所着重强调的“靠实事求是”。面对这两种截然相反的答案，否定其中一种等于间接肯定另一种；反过来说，肯定其中一种，也等于否定另一种。社论根据这一特点，首先批驳“一靠运动，二靠大干”的错误指导思想，指出如果这样，“我国的农业是永远没有指望的”（这本身是直接证伪），从而支持了必须“靠实事求是”的论点（从这个角度看是间接证实）；紧接着对必须“靠实事求是”作了直接论证，这又反过来强化对“一靠运动，二靠大干”的反驳（从这个角度看是间接证伪）。社论的这一论证过程，就论证实事求是这一正确指导思想说，先后运用了间接证实和直接证实；而从批驳“一靠运动，二靠大干”的错误指导思想看，则先后运用了直接证伪和间接证伪。这样把两种论证方式结合起来，实际上就是人们常说的“讲了正面又讲反面”，或“正一反一合”的论述结构。这个例子说明，恰当地配合运用直接和间接论证，往往可以强化对正面论点的支持或对反面论点的批驳，增强评论的说服力和论辩力，也可以使文章显现波澜，增强可读性。

3. 演绎论证和归纳论证

这是根据论证时运用的逻辑推理方式划分的两种论证方式。

演绎论证是运用演绎逻辑进行推理的论证方式，它从已经公认或已经证明的论断出发，经过一定的推理程序，证明和说明尚未形成共识的论点。这是一种从已知推导未知，从旧知推演出新知，从一般前提引申出对于特定事物的看法，即从一般到特殊的论证方式。马克思主义原理，党的纲领、路线和方针政策，经过实践检验的理论观点，都可以成为这种论证的前提或出发点，成为证明和说明新论点的可靠论据。如短评《实践是最好的答案》[①]：

> 如何评价一个国家的政治制度，小平同志有过精辟论述，关键看三条，一看国家的政局是否稳定，二看能否增进人民的团结、改善人民的生活，三看生产力能否得到持续发展。对于这三条，我们60多年的实践已经有了回答。“站起来，富起来，强起来”，人民群众对新中国成立以来沧桑巨变的深情描述，改革开放30多年经济社会的跨越发展，都雄辩地证明，中国特色社会主义政治发展道路，符合各族人民的共同利益和共同愿望。
>
> 适合的才是最好的。中国该实行什么样的制度，什么样的制度能够造福中国人民，实践在检验。不搞多党轮流执政，不搞指导思想多元化，不搞“三权鼎立”和两院制，不搞联邦制，不搞私有化，这是人民的选择，实践的答案。

---

① 载《人民日报》，2011-03-12，作者张金如。

文章从小平同志概括的三条标准出发，联系我国 60 多年的实践和 30 多年的改革开放，推导出中国的政治制度是符合国情的，应该给予肯定，这就是演绎论证。

有时，在同一篇文章中，经过论证的论点，也可以成为推出新论点的论据，如：

“开会就是开会”，正是共产党人“公事公办”的本色。这个原则大可推而广之，蔚成风气；“办公就是办公”，不借办公以营私利；“协作就是协作”，不借协作以摆宴席；“洽谈业务就是洽谈业务”，不借洽谈业务大开后门；“参观就是参观”，不借参观大揩油……①

由于前面已经论证“开会就是开会”是党的传统作风的表现，所以据此推出的“××就是××，不借××以××”，也就无须再一一论证了。而这一段论述的推理中介，其实就是名实相符或言行一致，只不过在评论中被合理地省略了。

归纳论证是运用归纳逻辑进行推理的论证方式。它往往是从多事实、多角度、多侧面切入，运用归纳逻辑得出一个“共识”。与演绎论证相反，归纳论证是一个从特殊到一般的论证过程。请看下面这段论述：

赢得青年，就是赢得未来。从毛泽东把青年生动地比作早晨八、九点钟的太阳，到邓小平鲜明提出，青年一代的成长是我们的事业必定要兴旺发达的希望所在；从江泽民反复强调青年兴则国家兴，青年强则国家强，到胡锦涛在“七一”重要讲话中深刻指出：青年是祖国的未来、民族的希望，也是我们党的未来和希望。90 年来，中国共产党始终注重发挥青年在革命、建设和改革中的作用，始终高度重视青年工作，党的伟大事业才有了继往开来的辉煌。②

文章将几代党和国家领导人重视青年的表述进行归纳，论证了“赢得青年，就是赢得未来和希望”的论点。

又如《仅靠自律是不够的》③ 中有这样两段论述：

在很多人心目中，从事科学研究是一项神圣的事业。容不得丝毫虚假的职业要求，给了科技工作者极高的道德声望。“假如世界上只剩下最后一个诚实的人，这个人很可能是一名科学家，因为诚实对他而言，有如水和空气。”

然而从被贝尔实验室除名的“物理奇才”舍恩，到韩国“民族英雄”黄禹锡；从伪造学历受聘清华大学的刘辉，到“自主创新的造假先锋”上海交大教授陈进，新近发生的学术不端案例提醒我们，离开制度的约束和有效的监督，科学的庭院

① 《湖北日报》，1981－09－23。

② 《人民日报》“评论员文章”：《赢得青年，就是赢得未来和希望——七论学习贯彻胡锦涛同志“七一”重要讲话》，载《人民日报》，2011－07－11。

③ 载《人民日报》，2006－06－19，作者杨健。

里照样会长出欺世盗名的杂草。

“离开制度的约束和有效的监督，科学的庭院里照样会长出欺世盗名的杂草”的论断就是从上述四个事例归纳出来的结果。正因为结论是从一系列事例中概括出来的“同质”，所以它不仅令人信服，而且成为之后的演绎推理的前提。

归纳论证以个别的事物或问题为推理依据，运用时要讲究概率，注意排除偶然的、孤立的、表面的东西，坚持从事物的联系中把握事物，才能保证论点立于颠扑不破的地位。有人怀疑归纳论证的可靠性，认为新闻评论篇幅有限，不可能遍举有关个别事物，只要稍有遗漏就可能动摇结论。其实，归纳论证是否一定要遍举一切，这是值得斟酌的。任何事物都有其基本属性或质的规定性，通过解剖麻雀，把握基本属性就可以以此类推，并不一定要逐个解剖。如果因为事物可能有个别例外而否定归纳的认识价值，岂不是因噎废食了吗?

证实和证伪、直接论证和间接论证、演绎论证和归纳论证，是按照不同标准划分的论证方式类别。它们之间有区别，但并不相互独立、排斥。比如，无论是用演绎还是归纳的逻辑，既可以证实，也可以证伪；又如，无论直接论证还是间接论证，都需要借助某种逻辑推理方式，因此也可能同时是演绎论证或归纳论证等等。

二、论证的具体方法

论证是一个过程。表达中的论证，既是思维的继续，又贯穿于论述的始终。对于这个过程的实质，毛泽东同志在《工作方法六十条（草案)》中，作了精辟的概括:

> 概念的形成过程，判断的形成过程，推理的过程，就是调查和研究的过程，就是思维的过程。人脑是能够反映客观世界的，但是要反映得正确很不容易。要经过反复的考察，才能反映得比较正确，比较接近客观实际。有了正确的观点和正确的思想，还要有比较恰当的表达方式告诉别人。概念、判断的形成过程，推理的过程，就是“从群众中来”的过程；把自己的观点和思想传达给别人的过程，就是“到群众中去”的过程。①

可见，表达中的论证以认识中的论证为前提，是形成论点的思维过程中产生的这样那样的反映。任何一篇评论作品，固然都存在着某种论证。但是，这并不意味着它们都能够实现材料和观点的统一、论据和论点的统一，能够把自己的观点和思想比较恰当地传达给别人。如果离开正确思维这个前提，事实上就不可能有恰当的、有说服力的

① 《毛泽东新闻工作文选》，206～207页。

论证。从这个意义上说，恰当或有说服力的论证，需要具备两个前提条件：第一，论点确切地概括了评论对象的实质，本身具有真理性；第二，论据充分，具备支持论点的基本素质。如果背离这两个条件，即使在论证方面使尽浑身解数，也不可能使评论具有说服力，而只能落入牵强附会、强词夺理的境地。

当然，具备这两个条件，也未必就能够实现材料与观点、论据与论点的统一，就一定有雄辩的说服力。如果不把握材料与观点、论据与论点的必然、本质的联系，不能用恰当方式方法表现这种联系，那么，即使论点本身正确，论据也具备应有的素质，也可能因为缺乏合适的联结纽带陷于逻辑混乱状态，诸如相互脱节、"走题"或相互矛盾等等。正如毛泽东同志所说："把材料和观点割断，讲材料的时候没有观点，讲观点的时候没有材料，材料和观点互不联系，这是很坏的方法。"[①] 所以恰当的论证，除了上述两个前提条件以外，还要遵循逻辑规律，掌握科学的逻辑方式和方法。

论证的方法就是把观点和事实组织起来的具体手段。一定的论证方法要求拥有与论点相适应的论据，运用相应的推理方式。常用的论证方法主要有：

1. 例证法

例证法是用具体的事例论证观点的方法，是新闻评论说理中最常用的方法。举例论证既可以用典型的具体事例作为论据来说明论点，也可通过若干事例，综合它们的共同特点来说明一个具有普遍意义的论点。在《专家哪里去了》[②] 一文中，作者举例道：

> 君不见，"三聚氰胺"从奶粉里跑出来时，"聚二甲基硅氧烷"借洋快餐端上桌面时，"二恶烷"或能致癌的消息从洗发水中流出来时，人们对这些冷僻的化学名词充满了未知的恐慌。致癌，还是不致癌？能吃，还是不能吃？人们期待权威的答案。但在这些事件曝光的很长一段时间里，你可曾见到哪位权威专家主动站出来解答过公众的疑虑？

作者引述三起有关致癌的事例，针对消息传出或事件发生后专家没有及时解答公众疑问的现象，发出质问：专家哪里去了？进而指出，专业人士的缺位，"不是被经济利益左右，为人情圈子所困，便是被行政权力所囿"。

作为例证的事实，不论是典型的还是概括性的，它的证明能力取决于事实本身的素质；而它的说明作用，则与受众的熟悉程度和认知习惯联系在一起。因此选择事例时，要首先弄清楚究竟侧重于证明还是说明。如果侧重于说明，就要从受众的接受能力和接受习惯出发，选择他们比较熟悉或易于理解的事例，运用便于他们接受的表达方法。

① 《毛泽东新闻工作文选》，205 页。

② 载《科技日报》，2010－08－31，作者张显峰。

2. 引证法

引证法是指运用已被实践证明的理论、原理、道理，来证明某个具体论点，这一论证方法主要体现在理论性论据的使用上。如《上海要有更宽广的胸襟》[①] 一文的一段论述：

> 市委主要领导同志为此指出：海不辞水，故能成其大；山不辞土石，故能成其高。海纳百川，才成其为上海。上海是全国的上海，上海今天取得的成就离不开全国各地的关心和帮助，上海今后的发展同样离不开全国各地的支持与合作，上海要以更宽广的胸襟，兼容并蓄、博采众长，大力塑造“海纳百川、追求卓越、开明睿智、大气谦和”的新形象。

作者引用了《管子·形势解》中的一席话，论证了上海今后的发展应该更加重视与全国各地的合作和交往，以更宽广的胸襟，博采众长，才能把上海发展得更好。

又如毛泽东《为人民服务》[②] 中的一段论述：

> 人总是要死的，但死的意义有不同。中国古时候有个文学家叫做司马迁的说过：“人固有一死，或重于泰山，或轻于鸿毛。”为人民利益而死，就比泰山还重；替法西斯卖力，替剥削人民和压迫人民的人去死，就比鸿毛还轻。张思德同志是为人民利益而死的，他的死是比泰山还要重的。

文章引用了司马迁在《报任安书》中的话，旨在突出张思德同志为人民利益而死的价值和意义，同时，批判那些死于出卖人民利益的阶级敌人和民族败类。

运用引证法时需注意以下三点：一是引证要准确，切忌断章取义、牵强附会；二是引证要恰当，不宜过多，不要以别人的观点代替自己的论述；三是引用的材料要力求深刻，引人思考，并且用在最必要的时候和地方。

3. 喻证法

喻证法即运用形象的比喻论证观点的方法。“喻巧而理至”，用人们容易理解的浅显的事物或者道理来说明不容易理解的深奥的事物或者道理，就能降低说理的抽象程度，把道理讲得深入浅出，给人以鲜明的印象，更容易为人所接受。这是一种形象化的论证方法，运用得好，可使论证生动、活泼、发人深省。比如，毛泽东在他著名的《一切帝国主义都是纸老虎》的文章里，把帝国主义比喻为纸老虎，形象而深刻地戳穿

---

① 载《解放日报》，2007－07－09，作者申言。

② 1944年9月8日，毛泽东在中央警备团追悼张思德的会上的讲演稿。见《毛泽东选集》，2版，第3卷，1004页，北京，1991。

了帝国主义外强中干的本质。再比如《一号文件要管“二号文件”》[①] 也运用了喻证的方法，把中央一号文件比作阳关道，“二号文件”比作绊马索，形象地论述了一些所谓的“二号文件”在干扰一号文件的贯彻落实，把道理简单化、浅显化，让人一目了然。

又如《两面镜子》[②] 一文，通篇贯穿着比喻论证，文章在说理中以镜子作喻：

> 人们常照镜子，因为镜子能正衣冠。人们也应以人为镜，因为可以明是非。组工干部也有“两面镜子”：一面是李林森、王彦生、尹中强等正面典型，光照青史；一面是陆正方、王国华、向志清等反面典型，万人唾弃……
>
> 两面“镜子”，高尚与卑劣、大公与自私、伟大与渺小，天壤之别、对照鲜明。我们要把这两面镜子竖在心上，往“实”处照、往“深”处照、往“小”处照，明辨是非、修身正己，自省自励、警钟长鸣。

文章将两类人及其品行比喻成正反两面镜子，告诫组工干部要通过照镜子反思自己的言行，做到无愧于党和人民。

比喻论证能使说理更加形象，富有说服力，但运用喻证法也应注意：第一，比喻是用具有相似之点的乙事物来描写或说明甲事物，需要注意甲乙两者的相似性，即这样比喻论证是否贴切、形象。第二，比喻有直喻、隐喻、类喻等之分，新闻评论重在把问题剖析清楚，所以隐晦的比喻应慎用，避免使读者不明所云。正如列宁所说：“任何比喻都是有缺陷的。”[③] 比喻材料毕竟不是评论对象本身，它与论点之间只有某种间接的联系，而没有全面的、直接的联系，所以一般只能用作论证的辅助手段，而且必须准确把握比喻材料与论点的联系点，否则就可能出现以喻代论之类的偏颇。

4. 类比法

“有比较才能鉴别”，比较是认识也是说明事物的基本方法之一。按事物间的关系，比较可分为类比和对比。

类比法是类似事物之间的比较论证，侧重于求同。类比，从作用上说，它是一种论证方法；从思维上说，它是一种推理形式。类比的两事物，本质越相同，相同处越多越好。如邹韬奋在《国府迁回南京》[④] 中，巧妙地运用了类比的方法。1932 年淞沪抗战爆发后，国民党政府迁到了洛阳，到年底才返回南京。邹韬奋把这件事与 1900 年八国联军进攻北京时，慈禧太后挟光绪逃到西安的事件做了类比：

> 这次政府的“徙”来“徙”去，和庚子祸乱之“逃”来“逃”去，其受帝国主义暴君之胁迫虽同，而不可相提并论者，因庚子祸乱，当道者自言是逃难，前

---

① 1984 年 7 月 11 日新华社“评论员文章”。

② 载《人民日报》，2011 - 10 - 11，作者仲祖文。

③ 《列宁选集》，3 版，第 4 卷，639 页，北京，人民出版社，1995。

④ 见《韬奋文集》，第 1 卷，68 页。

> 清西太后在“行在”时还下诏罪己，这次却大大不同，因为“乃徙”时是为着“长期抵抗”，“东返”时又是为着“长期抵抗”！

南京国民政府的迁地与前清的逃亡，两者具有性质上的相似性，即无力应对国势，而文中的两个“长期抗战”的反话正说，则颇具讽刺意味。

又如评论《留白的艺术》① 中类比论证的运用：

> 莱州拥有山东半岛北部最大的浅滩，面积达 5 500 公顷，浅滩及附近海岸蕴藏的石英砂资源，具有可观的经济效益，可谓寸土寸金。但为了保护海洋生物资源和生态环境，莱州在去年申请设立了省级特别保护区，对一切向浅滩掘金的活动说“不”。面对巨大利益毅然“留白”，“舍”与“得”、“进”与“退”尽在方寸之间，“画”之格调，高下立判。
>
> 发展蓝色产业，要的是高端、高效和生态，开发与保护并重是基本要求。如果说开发是“运笔”，那么保护就应该是“留白”了。
>
> ……据此，在蓝色经济区建设过程中，要将蓝色经济区建设与高端产业聚集区、高效生态经济区建设结合起来，发展高端高质高效产业，上生态环保项目，大力提高资源的利用效率，为资源环境充分留白，在这种意义上，留白的艺术，其实就是科学。

留白本是绘画艺术的手法，作者将经济发展中的问题与绘画艺术中的留白技法相类比，将科学发展的主题阐述得生动而富有说服力。

在运用类比法时需注意：一是类比要恰当，类比事物间是否有相似处，要考虑清楚；二是类比的对应关系要清楚，《国府迁回南京》一文中，抗日战争爆发与八国联军进攻北京的背景、“徙”与“逃”的行为之间的对应关系非常明确，这样读者才能准确把握作品的主旨。

5. 对比法

对比法是在两种截然相反的事物之间，或同类事物在不同条件下的比较论证，侧重于求异。通过比较以便更好地突出事物的本质，更透彻地论证道理。评论《且看分裂分子如何“变脸”》② 中运用了大量的对比论证：

> “我生为新疆人，创业为祖国，死为中国魂，永不变心，永不离开国土。”话音未落，热比娅因向境外组织人员提供情报和资金被判处 8 年有期徒刑。
>
> “千万地，千万地，坏人的当不要上，坏人搞民族分裂，破坏国家稳定，破坏

---

① 载《大众日报》，2010-07-19，作者王学文。

② 载《人民日报》，2009-07-20，作者何振华。

> 人类的幸福。”一脚迈出国门，曾经的誓言就被抛在脑后，热比娅摇身一变，成为“世维会”新一任主席，打着“民主”、“人权”的旗号，不断向中国政府挑衅施压。
>
> 一方面，热比娅不停指责中国政府屏蔽手机和互联网，“掩盖”乌鲁木齐“7·5”事件真相；另一方面，她却自称与乌鲁木齐的“消息源”保持着联系，言之凿凿地宣称“示威者被中国警察开枪打死，一些人甚至被装甲车碾死”……

文章通过对热比娅前后言行进行对比，揭穿了其“爱国”的虚伪面目，暴露出其分裂分子的本质。从中可以看出，对比的方法在揭示事物真相上很有力，通过对比，优劣、是非、善恶读者一读即知。

又如，评论《重“点”岂可轻“面”》[①] 通过对试点村与非试点村的状况进行对比，在反差中反思问题：

> 一段时期以来，不少地方兴起了新农村建设的“试点”热，争办试点成了不少乡镇、村干部的重要工作。试点村和非试点村的区别，可真是太大了。现在的试点村是热热闹闹，非试点村则冷冷清清。试点村新修了路，盖了新房，有了低保，领导还在张罗绿化、亮化、美化的事；非试点贫困村路不平，电不通，老百姓长期喝不上干净水，少见领导探访，更无部门问津。看着这些鲜明的差别，人们不禁对新农村建设的“试点”工程产生了一丝担心。
>
> …………
>
> 现在有的地方办“试点”不是着眼于推进全局，而是把“试点”当“盆景”，导致了试点与整体工作严重脱节。在试点的选择上，有的把距离城边、路边、经济条件好的村庄作为试点；在试点内容上，有的只盯着那些能立即见效、更能彰显领导干部政绩的“盖新房、修马路、刷墙壁、立标牌、搞卫生”等工作上；在推进形式上，往往集中人力、物力，人为地培植超出常规的典型……

结合试点与非试点村、“点”和“面”上的对比，文章最后表达了中心论点：这种重“点”轻“面”，在“点”上越位、在“面”上缺位，忽视了农村整体规划和全局指导的做法，实质上是一种新的形式主义，是一种脱离实际的“政绩工程”，重“点”的同时不应该轻“面”。

6. 反证法

反证法是通过否定对立面证实论点，或通过证实自己的论点否定敌论的论证方法。有的观点找不到正面的例子，或正面材料不足以做出证明，或不便直接从正面证明，就常常需要绕个圈子，迂回地从反面去证明其不是什么，来证明其是什么；或通过证

---

① 载《光明日报》，2007-05-08，作者杨明生。

明其对立面的错误的办法，来证明其正确。反证常常可以增强评论的论辩性和说服力，如毛泽东在《丢掉幻想，准备斗争》中这样写道：

> 共产党是一个穷党，又是被国民党广泛地无孔不入地宣传为杀人放火，奸淫抢掠，不要历史，不要文化，不要祖国，不孝父母，不敬师长，不讲道理，共产公妻，人海战术，总之是一群青面獠牙，十恶不赦的人。可是，事情是这样地奇怪，就是这样的一群，获得了数万万人民群众的拥护，其中，也获得了大多数知识分子尤其是青年学生们的拥护。[①]

国民党对共产党的污蔑多达十条，如果一一反驳，不仅不胜其烦，而且将使文章不可卒读，用反证的方法，只用“事情是这样地奇怪……”这么一句话，概括一个不容争辩的事实，就把一切污蔑统统驳倒，简洁而凌厉。可见，恰当运用反证，有时能获得正面证实或证伪达不到的效果。

不过，反证只有在直接对立、非此即彼的情况下，才是有效的。比如《筷子折射发展观》[②] 从我国与日本对待一次性筷子的不同态度入手进行分析：

> 对于宝贵的资源，是节约，还是浪费？对于资源消耗型产品，是出台法规严格控制，还是遍地开花任其泛滥？对于方便却未必卫生的一次性木筷，是拒绝使用，还是麻木不仁地消费？对于弊多利少的出口，是贪图眼前的小利，还是壮士断腕、谋求长远？不同的选择，折射出不同的发展理念。科学发展观不是一句空洞的口号，它应该实实在在地体现在生活的点点滴滴，体现在生产、流通、消费的方方面面。

通过四组非此即彼的选择，昭示出我们应该持有的正确态度。如果不是非此即彼，不是二者必居其一，那么否定一种就不一定能肯定另一种，肯定一种也不一定能否定另一种。在有多种可能性的情况下，间接论证就只能采用选言法（即逐一排除与论点相反的各种可能性的方法）了。由于选言法通常不是新闻评论的篇幅所能胜任的，所以本书不做详细介绍。

运用反证法进行论证的好处在于增强了论证的力度，加强了批驳的气势，强化了说理的明确性，也使文章起伏有波澜。运用反证法需强调两点：一是自己的论点一定要站得住脚；二是要处理好正反面说理的关系，既要剖析清楚敌论的弊端，又要清晰地呈现出己论的合理和正当性。

7. 假设法

假设法就是在推理时，先假设一种相反或相似的情况来进行论证，然后通过对假

---

① 《毛泽东选集》，2版，第4卷，1485页。

② 载《人民日报》，2005-01-27，作者唐宋。

设情况的否定或肯定，来肯定或否定所要论述的观点的正确或错误。试看《翻翻达赖集团的“悲情牌”》① 中的两段论述：

> 如果只听其言语，达赖集团似乎是世界上最可怜、最无辜的人，与“3·14”事件无关，却受到了中国政府的“谴责”；没想分裂中国，却被“毫无根据”地批判；“一开始”就支持奥运会，却遭到了无端的怀疑。
>
> 然而，如果没有策划煽动暴力事件，那为什么自首的人都招认是受达赖集团指使？如果不追求“西藏独立”，那为什么还一直在组织流亡政府？如果真是支持奥运会，那为什么“藏独”分子会破坏奥运火炬传递？

后一自然段通过运用假设论证来驳斥前一段落中达赖集团“弱者”、“受害者”的“自我标榜”，很好地支持了文章“与其打‘悲情牌’，不如放弃分裂祖国的行为。只有这样，才会获得人们起码的尊重，才不至遭世人谴责、被历史抛弃”的中心论点。

假设法不着眼于现实，而着意在推理，所以能使文章说理更充分、更全面、更有说服力。评论《当学生提不出问题时》②，通篇运用了假设思维，文章尖锐地指出，“学校里充斥着功利的、实用的、工具性的学习与教学”，然后进行假设推理：

> 这种工具性的学习方式和教学，只能造就人的惰性，只能使学生成为流水线上的熟练工或填装知识的容器。他们没有思想、没有激情、没有个性，准确地说，他们也不需要思想，也不可能有激情，也形成不了个性。这样的人，将来或者成为听话的“办事员”，或者成为上传下达的“传声筒”，或者成为左推右挡八面玲珑的“万金油”，或者成为动辄郁闷、厌烦、倦怠的“消极工”。他们成不了创新型人才、创业型人才、创造型人才，很难成就一番大事业。

通过假设推理，让读者做出“当一个人连问题都提不出时，又何谈分析问题和解决问题”的反思。文章假设当前教育弊端得不到扭转的情境持续下去，得出了令人忧心的结果，从而强化了警示作用，引发人们思考教育如何能与社会的发展相适宜。

8. 归谬法

归谬法从本质上说，是一种特殊的假设论证，即在说理时，姑且承认对方的观点是正确的，然后再根据对方的观点，按照逻辑进行合理的引申，直到最终得出不符合事实或违反公理的荒谬的结论，从而把对方驳倒。比如，20 世纪 30 年代提倡白话文和语言大众化，有人走向极端，提出了“作品愈高，知音愈少”的观点。对此，鲁迅先生在《文艺的大众化》一文中予以反驳：“倘若说，作品愈高，知音愈少。那么，推

---

① 载《人民日报》，2008-04-24，作者何振华。

② 载《天津教育报》，2011-06-03，作者吴越。

论起来，谁也不懂的东西，就是世界上的绝作了。”[①] 显然这样的结论是荒唐可笑的，由此人们也可以看出，大家喜欢不喜欢，知音的多与少，并不是衡量作品高低的标准。

又如下面一例：

> 如果《出师表》里表现出的“愚忠”让学生也愚忠，该删，那么《六国论》中“六国破灭，非兵不利，战不善”，如此尚武休文，自然也该删去；《岳阳楼记》中“处江湖之远则忧其君”，也有愚忠嫌疑，也在删除之列；而《陋室铭》中居然说“谈笑有鸿儒，往来无白丁”，则更应大删特删了……若如此删下去，世上几无可选之文，学生几无可学之章。[②]

文章从如果《出师表》表现出“愚忠”的思想应该停用出发，顺此理论得出还有一系列也该“删”的篇章，直至无古文篇章可选、可学的荒谬境地。很显然，仅因为文章有某方面的历史局限性便否定全篇，这种判断标准是不合情理的，正如作者所说：

> ……维纳斯的断臂，虽说让塑像有了残缺，但是它比完好的作品更能启发审美者的心智。因此，尽管有些文章的时代背景较为复杂，但只要教者心中有丘壑，选好今天适合学生学习的主题，以思想为刃，就能刻画出作品的精髓来。

上述几种论证方法是比较常用的，不同的论证方法，有各自的论证功能和适用范围。一则评论作品的说理常常会多种说理方法结合运用。比如评论《慎张“排行榜”》[③] 先是举例论证，从《隋唐演义》中十八条好汉的排行说起，然后讲到梁山好汉的排行榜，再讲到当今人们利用科学手段进行测量、统计，编排出种类繁多的排行榜，诸如世界巨富排行榜、大公司营业额排行榜、报业集团发行量排行榜，还有美女排行榜、体育界的排行榜等等，最后讲到文艺界的排行榜。文章指出：

> 文艺也有它的特性。从总体上说，它很难借助某些科技手段进行检测、衡量。有什么仪器能测出一部作品的思想深度和艺术高度？

在论证文艺的风格是丰富多彩、难分高下的分论点时，作者运用了类比法：

> 在某些艺术精品之间，根本没有可能也没有必要分出谁高谁低谁排前谁排后。李白和杜甫都是伟大诗人，哪一位应该排在前头？

---

① 《鲁迅全集》，第7卷，349页，北京，人民文学出版社，1981。该文最初发表于1930年3月上海《大众文艺》第二卷第三期。

② 王呈传：《由建议停用〈出师表〉说开去》，载《光明日报》，2007-04-23。

③ 载《人民日报》，2001-05-22，作者仲言。

随后使用归谬法使读者自己得出结论：

> 如果搞一个两千年诗人排行榜，在屈原、陶潜、李白、杜甫、苏轼、陆游、辛弃疾等人之间排个座次，恐怕只能贻笑千古。

这些说理方法的灵活运用，取得了形象生动、风趣幽默的说理效果，读后令人称快。新闻评论的说理需要根据观点和表达的需要选择恰当的论证方法。能够正确、巧妙地解释论点和论据间的内在联系，达到有理有据、有雄辩说服力的效果，就是一次成功的论证。

三、要素之间的关系

在新闻评论中，论点、论据、论证三要素就像人体的中枢神经、血肉和骨骼一样。如果说论点是评论的中枢神经，那么论据、论证就如同评论的血肉和骨骼了。它们虽然各有不同的表现形态，处于不同的地位，具有不同的作用，却都是同一整体的有机组成部分。因此，具体理解评论三要素的关系，需要着重注意以下三个层面：

首先，论点表达对事物的看法，论据提供支持论点的理由和事实。它们都是有形的存在，是可以确指的。而论证表现论点与论据之间的联系，它贯穿于整个论述过程，属于无形的存在。所以，人们构思评论，主要琢磨论点、论据和它们的联系；而检验评论作品，则通常以论点是否完备、论据是否充分、论证是否严密为准绳。

其次，论点和论据虽然都是有形的，但它们的性质和作用却判然有别。论点表述对事物的主观看法，属于观念形态，具有一定的概括性和抽象性；论据不论是事实还是理由，都是处于评论作者之外的客观存在，而且都是具体甚至生动的。论点与论据既以各自的抽象性和具体性相互区别，又因之相互为用。明确这层关系，是恰当调动各种手段，得体地处理和表现论点和论据的前提条件。这对于在广播、电视评论中恰当地运用音响和图像尤为重要。音响和图像都具有直观性，拥有强大的再现能力；善于运用音响和图像表现论据，不仅可以支持论点，帮助人们理解抽象内容，而且可以增强评论的可听性和可视性。但是它们的作用也仅仅在于表现论据，假如用来表现论点那就非但不恰当，而且还可能混淆论点和论据的界限。有的广播、电视评论通篇只有别人怎么说，唯独没有评论作者自己对于事物的见解，从某种意义上说，就是过分依赖音响和图像的结果。

最后，三要素尽管有上述种种区别，但都是评论的必要构成因素。论点作为评论的中枢神经，固然处于支配地位，但也依赖于论据和论证；如果没有富于说服力的论据和恰当而严密的论证的支持，再中肯的论点也是苍白无力的。反之，论据一旦脱离论点，论证一旦背离论点和论据固有的逻辑联系，则不仅一切努力都无济于事，甚至还可能弄巧成拙，沦于“以叙代论”、前后矛盾，以至于诡辩的泥淖。三要素相互依存、相互为用的关系，也是三要素关系的本质所在。忽视这一本质，片面强调或漠视某一要素，不是损害评论的品格、削弱评论的说服力，便是使评论不成其为评论。

明确三要素及其关系，这是一个问题的两个方面。三要素不全的评论，当然没有说服力，甚至不能称为评论；三要素俱全是不是就一定有说服力，就是好评论呢？那也未必，正如一个人五官完整未必就漂亮一样。如果不善于恰当处理它们之间的关系，论点形圆，论据形方，论证枘凿，怎能使人既知其然又知其所以然呢？又哪来的说服力呢？所以，必须把要素及其关系作为一个问题的两个方面来理解和对待。

第四节 | 新闻评论的结构

写作一篇新闻评论，不能把各种材料胡乱地堆放在一起，杂乱无章的材料无法表达出鲜明的主题思想。下笔成文之前，心中必先有一个全面的安排，即根据中心思想的要求，把有关内容主次分明、逻辑清晰、有条不紊地组织成一个有机整体。根据论点的需要、体裁的要求，按照事物的内在联系和发展规律，对评论文章进行组织、安排和构造，使之成为一个严密完整的整体，这就是新闻评论的结构。结构是作者的思路在文章中的外在表现，恰当、合理的结构是新闻评论中心突出、说理有效的保证。

新闻评论的结构实际上是客观事物的内部联系通过作者的构思在文章中的反映。也就是说，结构是为一种思想观点找到一个最恰当的表现形式。好的文章结构，既要形式完整，即构成文章的内容项目不残缺；又要条理清晰，即构成文章的各项内容安排符合规律；二者是互为表里的。所以，结构不但是技巧问题，它还反映着作者对事物规律的认识。认识深刻、反映正确，结构就严密完整、条理清晰。因此，写作新闻评论务必在设置科学、合理的结构上下一番功夫。

一、新闻评论的结构要求

新闻评论的结构外在表现为作品的开头、主体和结尾。

一般说来，新闻评论的开头要么是摆出现象，要么是明确中心。许多配发的评论，以及当前广为运用的“时评”常常是从交代新闻由头开始，由叙述生发议论；也有的评论，特别是涉及社会思想、观念的，开头常常开宗明义，结论在先，然后论证中心思想。当然，也有的评论是借事说开，由此及彼；或者竖起靶子，引人深思。

新闻评论的主体也是论证的主要过程，前文提到的三组论证类别以及一些具体的论证方法都会在主体部分得到充分的体现，此处不再赘述。

评论的结尾，亦是全文有机的组成部分。传统的社论、评论员文章，常用褒抑式结尾，对所评论的事实或现象进一步表明态度，或者用鼓励式、号召式的结尾，以体现文章的规格地位。署名短评的结尾方式要更加多样些，有的挽结收口，将文章主旨用精练的语言进行概括总结；有的画龙点睛，将问题的关键点、矛盾点明确地指出来；有的适度点拨，含而不露，耐人寻味。

元代乔吉提出过作文“六字诀”，即凤头、猪肚、豹尾，比喻文章开头要像凤头一样美丽动人，中间要像猪肚一样丰满充实，结尾要像豹尾一样警策有力。明代诗人谢榛认为：“起句当如爆竹，骤响易彻，结句当如撞钟，清音有余。”确实，文章开头平平淡淡，缺少吸引力；结尾拖沓，松散，很不可取。前面说的只是最常见的表达方式，究竟怎样开头和结尾实则因文而异，更在于作者的精心安排，这种安排要考虑以下三个方面的因素：

首先，评论的结构要准确地反映客观事物或矛盾内在联系，这是结构安排的根本性原则。事物间的因果、条件、主从、并列、递进等关系，都是事物间的一种内在联系，或者说，它们是事物间的一种逻辑关系。有的评论逻辑性不强，结构不严谨，往往就是动笔之前没有弄清、理顺论点间的关系造成的。

其次，新闻评论的结构必须服从和服务于表达主题思想的需要。评论文章的论点是全文的中心，材料运用必须全力地为中心论点服务。一则评论，只要存在一个以上的论点，也就伴随着如何处理它们之间关系的问题。论点有总论点和分论点之分，因此，论点间的关系包括总论点和分论点，以及分论点之间的关系。评论的总论点总是统率分论点的，但有的表现为主从关系，有的表现为因果关系。其中主从关系是恒定的，即总论点永远处于主导地位，而分论点则总是处于从属地位。因果关系属于非恒定关系，总论点可以是“因”也可以是“果”，分论点则相应地表现为“果”或“因”。不过，这种因果互易并不改变二者关系的统率和被统率的性质。分论点之间的关系，在同一层次里，通常表现为并列关系和递进关系。并列关系，意味着诸分论点处于同一等高线上，分别从不同侧面或角度为体现总论点服务；在递进关系中，诸分论点呈纵向分布，前一分论点成为后一分论点存在的条件和推理前提。在存在多层分论点的评论中，上、下层次的分论点之间，则形成另一重主从和因果关系。论点间的关系，反映评论内容的内在逻辑联系，在很大程度上决定着评论的结构布局，对评论的写作以至于制作都有重要影响。总之，评论材料丰富、分论点多，但“整枝者依源，理枝者循干”（《文心雕龙・附会》），只要抓住主旨并且紧密围绕其确定文章内容的主次、详略、先后就能做到纲举目张，条理井然。

最后，新闻评论的结构要从读者（听众、观众）的需要出发，适应读者的认识规律和认识水平。比如，对于难以理解的，可以让“文路顺乎思路”，对于需要强调的，可以用“总分总”等等。高水平的评论作者在布局谋篇时，善于把按事物内在联系安排结构与按人们认识事物的心理、习惯安排结构巧妙结合起来，因为只有通过恰当的结构方式和说理方法，才能把思想和观点有效地传递给受众。

综合了以上因素，一篇评论的结构就应该做到：完整、严谨、匀称。所谓完整，是指文章的中心线索要连贯，有过渡有照应，有头有尾，不要顾此失彼、残缺不全。强调的是文章结构的完整性、整体性，不但要求文章不能有主干不全、结构残缺的毛病，使文章是一个完整的有机体，更要求文章首尾圆合，有一股文气贯注于全体，使文章脉络相承、神意相通。所谓严谨，是指结构的精细严密、无懈可击。文章的层次、段落的划分和安排要有内在的逻辑性，各个部分之间、各个环节联系紧凑，顺理成章，自然和谐，既不颠三倒四、前后脱节，也没有顾此失彼、漏洞百出。所谓匀称，则是指层次、段落的大小不能过分悬殊，主次详略得当，各个部分之间的搭配比较得体。评论文章一般比较短，因此一般也应该提倡短段落。既要长短适度，又要开合有致，该长则长，该短则短，长短相间，错落有致，使文章的整体布局匀称、优美。

二、新闻评论的常见结构类型

论点间的关系，一定程度上决定着文章的结构。从这个意义上说，新闻评论的结构是不会固化的，每篇文章结构都不会绝对相同，这也印证了古人“文无定法”的认识。但是在长期的实践中，人们努力寻找恰当的表现形式的内在规律，这样就形成了几种常见的结构类型。所谓“定体则无，大体须有”，下面就把这些“大体”，即常见的结构类型做一简要介绍。

1. 并列结构

并列结构又称横式结构或辐射式结构，指几个分论点或论据同在一个平面上，并无主次之分，它们围绕着中心论点，分别从几个侧面、几个角度去分析论证，发挥同等重要的作用。2003 年“非典”肆虐时期《甘肃日报》的一则题为《微笑，并保持微笑》① 的署名评论就是一篇并列结构的文章。文章将“微笑”作为一种坚定、信心和平静的符号，通过“医生的微笑是一种坚定”、“患者的微笑是一种信心”、“大家的微笑是一种平静”三个层次，以大量事实作支撑，很好地传达了在特殊时期，“微笑就是力量”、“微笑就是感染力”的主题，传达了一种乐观向上的态度，颇具感染力。《发展健康向上网络文化的三个着力点》② 也是一篇分论点并列的评论文章。

发展健康向上网络文化的三个着力点

随着现代信息技术的迅猛发展和网民人数的急剧增加，越来越多的人把网络作为了解信息、浏览新闻、学习知识、发表意见、休闲娱乐等的主要场所，通过

---

① 载《甘肃日报》，2003 - 05 - 22，作者尚德琪。
② 载《人民日报》，2012 - 02 - 06，作者杨永志。

网络进行文化创造和参与文化建设，从而导致网络文化的产生。目前，人们对于网络文化还没有形成一致性的表述，比较有代表性的观点认为：网络文化是指网民借助网络技术在网络空间中从事各种活动的文化表现。网络文化虽然产生时间不长，但由于影响广泛，在文化建设中具有举足轻重的地位。按照党的十七届六中全会《决定》精神，发展健康向上的网络文化，须把握三个着力点。

树立网络阵地意识。当今时代，互联网日益成为文化交流、思潮交汇的平台，成为正确思想与错误思想交锋、先进文化与落后文化较量、意识形态领域渗透与反渗透的新战场和主阵地。在这个阵地上的斗争包括以下方面：一是同国际上各种错误思潮的斗争。当前，一些西方国家为了达到对我西化、分化的目的，通过互联网输出其价值观念，对此我们要有清醒的认识。二是同利用网络制造和传播消极、低俗、腐朽文化行为的斗争。网络文化是文化建设的新领域。目前，网络上的各种信息良莠不齐，一些消极、低俗、腐朽的文化对广大网民尤其是青少年产生了不良影响，需要引起我们的高度重视。三是同网络上各种恶意攻击的斗争。互联网既是信息传播的集散地，也是社会舆论的放大器，这就给一些别有用心者提供了机会。有的人故意制造网络谣言，以损害他人和公众利益为目的；有的人通过网络误导社会舆论，丑化我们党和国家形象。对于这些恶意攻击，我们绝不能听之任之。可以说，网络这个阵地马克思主义不去占领，各种非马克思主义和反马克思主义就会去占领。发展健康向上的网络文化，必须树立网络阵地意识，占领网络信息传播制高点，积极进行正确的舆论引导，旗帜鲜明地应对各种挑战。

强化网络文化管理。网络文化作为一种全新的文化形态，一方面为网民施展文化创造才华提供了广阔空间和技术支撑，是广大网民满足文化需求的重要精神家园；另一方面也存在着先进与落后、健康与腐朽、高尚与低俗、科学与谬误、精华与糟粕等同时并存的问题，还存在着网络欺诈、网络色情等违法犯罪活动。要有效打击网上违法犯罪，净化网络文化环境，为网民提供高品位的文化产品，就绝不能任由网络文化“无限”发展，而必须通过强化管理“规范”发展。网络无疆，自由有度。党的十七届六中全会提出要“加强网络法制建设，加快形成法律规范、行政监管、行业自律、技术保障、公众监督、社会教育相结合的互联网管理体系”。只有切实贯彻落实这些精神，遵循网络文化发展规律来强化管理、科学管理、依法管理、有效管理，才能收获网络文化繁荣发展的丰硕成果。

积极进行价值观引导。高品位的文化不仅能“化人”、“富人”，而且能促进人的自由全面发展。恩格斯曾说过：“最初的、从动物界分离出来的人，在一切本质方面是和动物本身一样不自由的；但是文化上的每一个进步，都是迈向自由的一步。”然而，文化的积极作用不是自在的，必须通过文化自觉活动来实现，必须积极进行价值观引导。人类文化发展的历史充分表明，没有正确价值观的积极引导，文化就不可能健康发展，人也不可能自由全面发展。网络文化是面向广大人民群众的文化，共建共享是其本质特征，健康向上是我国发展网络文化的基本目标。当前，在社会意识多元和文化多样的背景下，网络不仅要成为文化繁荣发展的手段，也要成为传播社会主义核心价值体系、防止思想文化“走偏”的工具。这就要求在发展网络文化时积极进行价值观引导，坚持社会主义核心价值体系在网络文化建设中的灵魂作用，坚持马克思主义指导地位、坚定中国特色社会主义共同理想、弘扬以爱国主义为核心的民族精神和以改革创新为核心的时代精神、树立和践行社会主义荣辱观。坚持贴近实际、贴近生活、贴近群众，加强对网上社会热点问题的解疑释惑，推动网络舆论生态向和谐方向发展，让人民群众对中国特色社会主义的发展充满信心。

文章围绕如何发展健康向上的网络文化，提出了“树立网络阵地意识”、“强化网络文化管理”和“积极进行价值观引导”三点建议，三个鲜明的分论点并无主次之分，放在一起共同完成了对中心的论证，这就是并列结构的应用。并列结构又称“横式结构”，其各个层次的内容之间仍然有内在的逻辑联系。

2. 对照结构

对照结构是指论点或论据之间形成两两对比关系的结构类型。进行对照的目的在于突出或证明其中的一个论点或论据。对照结构中常用类比或对比的手法。林放的《论犹大》[①] 就是这样一篇作品。

论犹大

我曾经有过一部《圣经》，当然，后来是作为“四旧”扫出去了。但是《圣经》里的许多故事，却没法从我的脑子里扫除干净。那些年，在那“棚中日月长”的时候，细细地吟味世态，体会人情，往往就有一些《圣经》中的角色闪过心头。粉碎“四人帮”之后，许多被迫害而冤死的老干部、好同志得到平反昭雪，每次参加他们的平反昭雪大会，也往往情不自禁地联想起一些出现于《圣经》中的人物。

比如说，中外历史或文学，都写过叛徒这种角色。但是最典型的，而且被刻画得最“入木三分”的，我以为莫过于出卖耶稣的名叫犹大的那个叛卖者了。他是耶稣的十二门徒之一。凡是看过名画《最后的晚餐》的，可以发现一个坐在边角上、手攥钱包、半身倾斜的人，那就是犹大。就是这个犹大，从祭司长那里收了三十块银币，出卖了耶稣。而当耶稣在“最后的晚餐”席上向十二门徒预言：“你们当中有一个人，要出卖我了。”众门徒都十分忧愁，纷纷问耶稣：“你说的是我吗?”连这个犹大，也装模作样地问耶稣：“夫子，是我吗?”

可是更足以说明叛徒性格的表演还在后面。当犹大终于带领祭司长和兵丁来捉拿耶稣的时候，犹大跟这些人约好了暗号说：“我前去和他亲嘴的那个人，就是耶稣，你们要马上动手捉他。”说罢，他连忙走上前去对耶稣说：“向夫子请安。”

---

① 见林放：《未晚谈》，上海，上海人民出版社，1986。

跟耶稣亲嘴。耶稣说："犹大，你用亲嘴来出卖人吗？"从此，"犹大的接吻"这句话，就成了文学语言，用以说明一个背叛朋友而又假装得十分亲热的叛徒嘴脸，就像《于无声处》里的何是非，一面出卖老干部梅林母子二人，已经勾结"四人帮"爪牙来抓人了，一面还口口声声叫梅林是"老战友"，是"救命恩人"等等。这就使我想到"犹大的接吻"这句话的确是不朽的警句。试试看，你还能想出什么更妙的警句来表现叛徒的两面派手法呢？而何是非这种犹大式的角色，我们还陌生吗？从那么多含冤负屈而死的老干部那里，我们看到多少"犹大的接吻"呀！

但是，话要说回来。《圣经》毕竟是一部宣扬宗教的"经"书，关于叛徒犹大的最后结局，也是宗教式的，颇不合乎"四人帮"的"帮"情。据说，犹大背叛了耶稣之后，看见耶稣快要被钉死在十字架上，他懊悔了，就拿三十块银币还给祭司长说："我出卖了一个无罪人的血，我有罪。"说罢，就把三十块血钱甩到殿堂里，径自出去，上吊而死。

在我们的十年浩劫里，几曾见到过这样有良心的犹大呢？请看，有多少犹大，不仅卖人，而且自卖，把灵魂卖给"四人帮"，拿战友同志的鲜血来染红自己的帽顶？有哪个何是非像犹大那样懊悔过自己的罪，甩掉三十块血钱，回家上吊呢？从此说来，犹大比何是非倒是老实得多了。《圣经》里的"犹大的接吻"只不过一次，何是非却大有可能作"第二次的接吻"，准备领第二笔卖血钱，这是何是非比犹大更可鄙的地方。

又据《圣经》说，犹大之所以出卖耶稣，是因为魔鬼撒旦在犹大心里撒下邪恶的种子的缘故。这也是宗教气味很浓厚的说法。不过，这种说法颇合于何是非的口味。因为，倘说掀起十年浩劫的魔鬼撒旦，当然就是林彪、"四人帮"。五鬼闹中华，这笔账要记在五鬼身上，"我何是非也不过是中了毒、受了害的人呀！"这么一想，岂不是心安理得？何必懊悔？何必上吊？

这个道理，就是典型的叛卖分子犹大也没有想到的。犹大倘使听到这番话，一定又懊悔自己是个大傻瓜吧！

现在是同心协力搞四化的年代。我赞成团结一致向前看；我更赞成把个人恩怨抛到东洋大海去。但是，我也希望，何是非君也能向犹大学到一点点东西，能够有点懊悔之意，能够承认一下"我出卖了一个无罪人的血，我有罪"。上吊自杀，自然"应毋庸议"！

1980 年 1 月的一天，林放去参加在龙华革命烈士公墓为一位饱受"四人帮"残酷迫害、含冤而死的老干部举行的骨灰盒覆盖党旗仪式。默哀之余，他想到《圣经》中的故事，遂以犹大为镜，通过类比论证，映照出"文革"期间比犹大更甚的"何是非"们的叛徒嘴脸。在文章中，犹大与"何是非"们是两条线，两条线相互对照映衬，紧密交织，共同指向中心论点，像这样安排论据或分论点的结构就是对照结构。

3. 层进结构

层进结构指由一点开始，逻辑上环环相扣，内容安排上层层深入、步步推进的一种结构类型。下面这篇《今天，中国应该坚持什么?》就是层进结构：

今天，中国应该坚持什么?

随着“7·23”甬温线特别重大铁路交通事故所有遇难者身份均已得到确认，这场突如其来的灾难再次向世人宣告了它的惨烈。这39个名字的背后，原本是一个个圆满的家庭，却瞬间分崩离析，剩下无法改写的命运，徒留无法追忆的嘘唏。但是，在这场与死神较量的生命抢夺战中，人们看到了人性美好秉性之下让人折服的两个字：坚持。

值乘D301次动车组的福州机务段动车司机潘一恒，在发生险情时及时果断采取紧急制动措施，并坚守岗位直至生命的最后一刻。当人们在如同废墟的列车车头找到他时，他已经以身殉职，胸口被把闸穿透，当晚接诊他的护士事后回忆说，这是她一辈子都难忘的惨烈。如果没有潘一恒司机的坚持，没有他在生死攸关之际仍以旅客的最大利益为考量，这次的灾难后果恐怕更不堪设想，而对于当晚的D3115次动车组以及D301次动车组来说，破坏力更是摧毁性的。这位令人尊敬的司机，因为坚持，让更多人有了生的希望。

事故发生后的第二天下午5时左右，在有关方面宣布已没有生命迹象之后，两岁半的女孩伊伊获救。此前负责救援的温州特警支队长邵曳戎曾收到指令，将车厢吊起来，放到桥下来清理。是邵曳戎顶住压力坚持在铁轨上原地清理，加上消防战士和特警队员在闷热不堪的车厢里不懈努力，才使小伊伊获救。这个险些被放弃的生命，因为这些人的坚持，等到了活下来的机会，而在这个机会来临之前，事故车厢已经几度被宣布“没有生命迹象，停止搜救”。邵曳戎追问：“你不知道里面还有没有生命，万一有呢？你怎么向人家交代？”他感动了无数的国人。

如果说，要用一个词来形容国人的性格，有一个词当之无愧，那就是——坚持。纵观上下五千年历史，没有坚持，中国何以走到今天？世界上一度曾经有过灿烂文明的古国或民族，不少逐渐衰落乃至销声匿迹，甚至连踪影都难觅了，毫无疑问，是坚持造就了今日的中华民族。想想唐山大地震，想想长江抗洪抢险，想想南方冰冻灾害，想想汶川大地震……坚持，让中国一路走过来；想想几十年前还是半殖民地半封建社会的中国，如今以举世瞩目的速度走到了GDP世界第二的位置……坚持，让中国的成就有目共睹。

那么，到了经济发展迅猛的今天，中国应该坚持什么？我们要坚持以人民的利益为最大依归，以人民的生命为最高命令。比如坚守岗位舍身忘我的潘一恒司机，坚持原地挽救生命的消防战士和特警队员，坚持尊重生命的每一个人。生命是最宝贵的，生命的逝去让人悲痛不已，生命的尊严不容置疑。我们要坚持以公开透明的信息与真相来回报民众对于这个国家的浓厚期许与深重盼望，回馈民众正常质疑之下的合理诉求。昨日，国务院总理温家宝主持召开国务院常务会议时就指出，要抓紧查清事实，依法依规追究责任，调查处理工作要公开、透明，结果向社会公布，给人民群众一个真诚负责任的交代。“一个真诚负责任的交代”胜过所有的安抚与慰藉。

为了科学发展，我们可以把国家经济发展的步伐放慢点，再放慢点，也要等等那些还没跟上来的道德、良知与灵魂，让人民的尊严也能坐上高速驰骋的列车，与社会发展同步飞驰。汪洋书记说："一个只懂经济建设，不懂社会建设的领导，是不能谋全局的领导，是'跛脚'的领导，既跑不快也走不远，甚至还可能会'栽跟斗'。"那么，一个只管经济建设、唯GDP论，而忽略社会建设、人民幸福的国家，也将不会是一个国民安居乐业、幸福洋溢、引以为傲的国度。

坚持应该坚持的，放弃不该执着的，会让中国在明日依旧屹立于世界东方，而他的人民都为这个国家的发展与强大无比自豪。

文章的逻辑层次十分清晰：以甬温线重大事故为由头，从事故发生、事后处理中体现的对于生命的坚持与尊重引出"坚持"这一关键词，进而从根本上探讨这个国家、社会究竟应该坚持什么，而这也恰恰是事故发生的最根本原因。文章从事实出发，从根本上反思了发展过程中的偏离，指出抛弃原有的GDP政绩崇拜，坚持应该坚持的、放弃无谓执着的，让道德建设、社会建设也能跟上经济飞速发展的步伐，这才是中华民族能够继续繁荣富强、国民幸福自豪的正确道路。文章通过层层剥笋式的分析，步步接近问题的本质，逻辑严密，反思透彻，疾呼有力。

这类由简单到复杂、从表象到本质的逐步纵向展开，前后顺序一定，不能随意变动的结构就是层进结构，也叫纵式结构。新闻评论的"纵向"与新闻报道的"纵向"有所不同，新闻报道的"纵"大多强调时间顺序，新闻评论的"纵"则体现了思维的逻辑脉络，这种思维与表达一致的结构，能够引导和启发读者去思考问题，从而接受作者的观点。

4. 总分结构

总分结构指总论点和分论点在分布上形成的一种关系，如先总说后分说，先分说后总说，或者先总说、后分说、再总说等，这种结构在新闻评论中十分常见。请看评论《不是所有弯道都是超越好时机》①：

不是所有弯道都是超越好时机

最近，有个"弯道超越"词汇很时新，诸如"正是弯道超越时"、"超越常在弯道处"等等，常见诸媒体。

"弯道超越"，原本是赛车上的一个术语，指参赛车手在拐弯处比直线跑道上更易超越对手。有人认为，金融危机让世界经济处在了"弯道"上，此时正是跨越发展、超越对手的良机。应当说，经济发展上的每一次危机，都是产业重新布局、企业重新洗牌，新机遇不断涌现的重要时期，以"弯道超越"比喻危中之机，

---

① 载《大众日报》，2009－04－13，作者孙秀岭。

有振奋精神、鼓舞士气的功效。但算算如下几笔账我们能够看到，这种说法也只能算是一种比喻。

成本消耗账。一般情况下，有经验的驾驶员不会弯道超越，他们知道弯道超越更加耗油，更易磨损发动机和轮胎，损耗车辆寿命。赛车选手敢于弯道超越，很大程度因为这本是“烧钱运动”，可以不计后果地“透支”。不过，经济发展是一项长远事业，毕竟不是短暂的赛车。在金融危机还在继续蔓延、市场不确定因素不断增多的背景下，经济运行遇到的困难越来越多，在正常发展都遇到巨大挑战时，超常规发展就得付出更大成本、更多代价。那些以超越的名义乱砸钱、乱铺摊子的作为，那种为一时超越让资源能源难以承受的急功近利做法，是与科学发展观相悖的“歪道超越”。

安全风险账。赛车比赛中，人们不仅能看到精彩的弯道超越，也常目睹弯道车毁人亡的重大事故。换言之，超越常在弯道处，事故也常在弯道处。“弯道处要敢于踩油门”，被一些人喻为超越发展之宝典。其实，赛车手进入弯道的第一个动作是踩刹车而非踩油门。好的赛车手，在进入弯道前必须正确判断形势，若遇到了弯道就急着去超车，不翻车才怪。经济发展的弯道，比赛车场上的弯道更为复杂，充满着变数。弯道之处，最需要实事求是，按科学发展观要求讲方法、重技巧，量力而行，否则一旦用力过猛，很有可能事与愿违，“半路抛锚甚至翻车”。

实力功力账。在弯道能否实现超越，赛车状况和选手技术功力是比拼的核心。一般来说，赛车上的“弯道超越”，以“直道上黏住对手”为前提；若直道上已被对手落下较远，超越纯属妄谈。危机之中，“赶超机遇”的确存在，但能拿到“好牌”的，往往是具有技术领先等优势的企业和地方，而那些落后生产力，受到危机的冲击更为严重。“你开的是拖拉机，别人开的是小汽车，你最该做的是转型换代、积蓄能量”——有经济学家为热火朝天的“弯道超越”泼“冷水”、提建议，不无道理。

细细想来，不是所有的弯道都是超越的好时机，也不是所有的“车手”都可以做到安全超越。金融危机制造的“经济弯道”，有机遇也有险情，能“成”也能“败”，绝不是按照主观意愿想超越就能超越的，要实现“弯道超越”，需要拿出大智慧、大勇气，保持冷静头脑，尊重科学、遵循规律，把一些该算清楚的账算明白、算到位。

“弯道超越”，是一种比喻说法，该文开篇即亮明了观点，作者全面地把握了“弯道超越”的积极效应与负面效应，认为“弯道”之中有机遇也有险情，不是所有弯道都是超越好时机。为了证明这一观点，文章设置了三个分论点，从成本消耗、安全生产、实力功力三个方面作出分析，提醒决策者把应对危机的过程转化为强筋健骨的过程，以更大精力去推动经济转型升级。通常，“总分总”结构的后一个“总”并不是简单地重复前一个“总”，而往往是在第一个“总”的基础上进一步点明实质或宕开一笔。

关于新闻评论的结构，还需要强调三点：

第一，上述只是一些常见的结构类型，新闻评论的结构不是僵化、教条的，在写作时不必把上述结构类型奉为圭臬，而是要根据表达观点、说明道理的需要，灵活、变通地运用这些相对稳定的既有结构。比如，对于某些篇幅较长、容量较大、涉及面较广的评论文章，通常就采用复合式结构。复合式结构是将两种甚至两种以上结构相结合的结构方式，它既注意纵向的逐步推进，又注意横向的互相联系，乃至多条逻辑线索的对比，使文章的论点能得到更为充分和广泛的论述。例如毛泽东的《反对自由主义》，首先提出中心论点，接着分析自由主义的表现、自由主义的危害性、自由主义的根源等，最后指明克服自由主义的方法，不仅提出问题、分析问题，而且完满地解决问题。该文的结构总体上是层层深入的层进式，但在分析自由主义的表现时，分析列举了十一种表现，则是用的并列式。又如《人民日报》的“任仲平文章”，也通常是纵横捭阖，多种结构综合运用。另外，有些小言论、编者按语和编后的话，在写作上一气呵成，也无法用一般的结构形式去要求它们。

第二，结构通常与论证紧密相关，比如：层进结构通常是演绎论证，对照结构通常是间接论证，类比论证通常与对照结构相对应，举例论证通常与总分结构相对应等等。因此说，构造结构时要把结构与论证的类型、具体方法结合起来考虑。

第三，结构不仅要考虑“大块构造”，还要注重过渡与衔接。层次与层次、段落与段落之间的过渡和衔接，文章前后的照应，往往影响着结构的严谨程度。如果处理不好，会导致行文不流畅、突兀、跳跃，影响说理效果。

思考题

❶ 什么是新闻评论的论点？简述论点的基本要求。
❷ 如何选择新闻评论的论据？
❸ 理论性论据包括哪些？使用理论性论据应该注意什么？
❹ 事实性论据包括哪些？使用事实性论据应该注意什么？
❺ 什么是直接论证与间接论证？什么是归纳论证与演绎论证？
❻ 新闻评论论证的具体方法有哪些？
❼ 新闻评论常见的结构类型有哪些？

第四章
新闻评论的基本类型

本章学习要点

1. 实践中新闻评论常常以各种“名目”出现，这是由分类目的和分类标准不同造成的。新闻评论的分类标准不是单一的，而是一个体系，按媒介、按署名、按规格、按内容的性质进行划分是这个体系中的主要分类依据。

2. 立论性评论是从正面直接提出自己的见解和主张，揭示出客观事物的本质和规律的评论类型。立论性评论在写作上坚持因事倡导、因时倡导，强调突出说理重点，并适当地运用驳论。

3. 驳论性评论是以违背当代社会发展主流、阻碍社会进步的事物和观念为批驳对象，通过批评、反驳、揭露、辨别是非，澄清认识，进而确立起自己的主张的评论类型。写作驳论性评论，立论时要选准“靶子”、瞄准“靶心”，能够触及问题的实质，说理时要有理有据、讲究方法、破中有立。

4. 释论性评论就是以重大新闻事件、思想理论或方针政策为论述对象，以阐释、说明为主要论说手段，以帮助人们解惑释疑、正确认识和对待有关事物为论说目标的评论类型。释论性评论既要及时地为公众解疑释惑，又要鲜明地表达观点。

□

新闻评论在适应社会需求的过程中，视野日渐扩大，内容日益丰富多彩，表现形式也日趋多样化。于是逐渐形成了一些内容取向、表现形式和适用范围都有所不同的评论类型。这些隶属于体裁的具体评论类型名目繁多，称谓不一，分类也不尽相同。因此，了解和探讨新闻评论分类问题，明确某些基本评论类型的特点和适用范围，不仅是学习评论写作的必要条件，而且是提高驾驭新闻评论能力的基础。

第一节 | 新闻评论的分类

在分类问题上，新闻评论同其他新闻体裁一样，目前仍然处于众说不一的状态。在各种各样的分类说中间，有的的确不尽科学、合理，但多数不同的分类，却是由于分类目的和分类标准不同所使然。就后一种情况来说，不同的分类并不一定相互对立、相互排斥，其中相当一部分是可以并存、可以相互补充的。所以，面对不同的分类，重要的是弄清情况，客观分析它们的成因（包括分类目的和标准），吸取其科学、合理的内核，舍弃不科学、不合理的成分。这样也许更有利于建构科学的分类体系，在分类问题上形成共识。

一、几种常见的新闻评论的分类

实践中，新闻评论也常常以各种“名目”出现。理论上，新闻评论究竟如何分类，中外学者的说法不尽相同。这里仅做一些概要的介绍和分析。

在西方国家，有的把新闻评论分为五类，每类又包括若干种，即社论、专论、释论（大事分析、时事述评）、短评（专业版评论）和杂志评论。还有一种很有代表性的分类方法，即将新闻评论分为狭义和广义两类，狭义的新闻评论指社论、短评、专栏评论，广义的则包括政治漫画、民意调查、读者投书等等。

这些分类法都包含某些合理的内核，但又程度不同地背离了科学的分类原则。比如五类的划分在同一层次里并立了多项标准，难免因交叉重叠而混淆了各种类型之间的界限，各种类型评论之间就可能你中有我、我中有你，交错难分。又比如广狭义的分类法中，广义的解释显然以是否表达主观见解为依据，但这样一来，岂不是所有表达主观见解的表现形式都可以称为新闻评论吗？显然广义的理解无限扩大了新闻评论概念的外延。

台湾新闻界、学术界的分类也不一致，有人甚至认为新闻评论的分类无成规可循，没有公认的分类法。其中有两种分类比较极端，一种按内容涉及的领域，把新闻评论分为政治评论、军事评论、外交评论、经济评论、文教评论等等。这样划分，社会生活有多少领域就有多少评论类型，不仅不胜其“繁”，而且容易与专业论文混同，对于研究新闻评论体裁的有关问题，掌握写作和运用新闻评论的规律也没有多少实际意义。

另外一种把评论分为解说型、辩论型、启发型、研判型、劝导型、褒贬型、纪念型、建议型，这种分类的标准本身就很不明确，解说、辩论、启发、研判、劝导、褒贬、纪念、建议等等，究竟指论说手段还是论说功能，还是兼而有之？标准不明确，自然难以准确界定不同类型，分类也就失去意义。

比较来说，中国大陆新闻界和学术界对新闻评论的分类较为一致。通常按媒体分为报刊评论、广播评论、电视评论、网络评论，中国新闻奖评论类奖项的评选就是在按媒体划分的基础上进行的。

此外，在新中国成立后很长一段时期内，新闻评论主要是作为报纸体裁运用和发展的，其分类体系也是在报纸评论基础上形成的。这个分类体系包括两个层次：

第一层次分为署名评论和不署名评论。不署名的评论，其实就是以编辑部的名义发表意见和看法。党报和各级电台、电视台的有些社论（本台评论）和评论员文章，甚至是代表一级党组织或政府部门的看法。正因为这样，各新闻单位历来把不署名评论列为评论工作的重点。毛泽东同志强调党委要抓评论工作，主要指抓这类评论，尤其是其中的社论和评论员文章。署名评论中的署名，有的是个人署名，有的则是集体署名。

第二层次主要是对不署名评论的再分类，包括社论、评论员文章、短评（部分）、编者按四种。20 世纪 70 年代后期，广播电台开始比较经常地播发自己的新闻评论，随后电视评论也逐渐增多。广播、电视评论的兴起，标志着新闻评论从报纸体裁转变为各种新闻媒介的共用体裁。不署名评论的各种类型，是按所论述的论题的重要程度划分的。它们的不同名称，首先意味着不同的评论规格。对于新闻媒体来说，准确掌握评论规格是一件不可掉以轻心的事情，因为这不仅反映了对于论题重要性的把握，而且关系到评论工作的组织原则。

现将既有的分类列出，见表 4—1。

表 4—1　　我国新闻评论的常见分类

类别	报纸新闻评论	广播电视新闻评论
不署名评论	社论/编辑部文章 评论员文章/特约评论员文章 短评（部分） 编者按（编前、编后）	本台评论 本台评论员 本台短评（部分） 编后话
署名评论	短评（部分） 专栏评论 述评 来论	本台短评（部分） 专栏评论 述评 来论

当然，随着社会需求的变化和新闻改革的深入，无论是报纸还是广播、电视、网络，在评论领域里都不断有所创新、有所开拓。比如，报纸上的署名短论开始突破“轻量级”格局，出现了像“人民论坛”这类“次重量级”评论，以及任仲平署名的重量级甚至超重量级评论；由个人署名的记者述评、时评大量出现，而社论、评论员文章也出现了个人署名等等。广播、电视评论开始突破体裁的界限，不少与节目融汇在

一起，或者栏目化、节目化。诸如此类的发展变化，势必会对既有的分类体系提出挑战。

二、常见的评论“名目”

在实践中，新闻评论常以各种“名目”出现，这些名目，有的强调评论的规格，有的侧重内容特色，有的表明作者来源，很难用统一的分类标准来进行划分。下面把实践中常见的评论名目做一简要介绍。

1. 社论/本台评论

这是报纸、电台、电视台的最高规格的评论，通常用来论述重大的、全局性的新闻事件和问题。比如，重视和解决好“三农”问题，对于中国这样一个农业人口占据人口总数比例较高的国家来说必须常抓不懈。“十一五”期间，每年的中央一号文件都关注“三农”问题，与之相配合，《人民日报》也每年刊发关于“三农”问题的社论：《扎实推进新农村建设的重大部署》①、《发展现代农业是建设新农村的首要任务》②、《进一步夯实农业基础》③、《越是面临困难越要重视农业》④、《统筹城乡发展　夯实农业基础》⑤，这些社论从不同角度谈论“三农”这一国家重大的、全局性的话题。

当然，所谓重大，所谓全局性，都是相对而言，是综合考虑各种因素的判断。这些因素包括事件或问题本身的分量，它们蕴涵的意义和客观影响，受众的关心程度，以及媒介的性质、所处的地位和肩负的任务等等。例如，2012 年 5 月 4 日是中国共产主义青年团成立 90 周年纪念日，也是伟大的五四运动 93 周年纪念日，《人民日报》以此重大历史事件为选题，发表社论《让青春之光闪耀复兴之路》，文章回顾了共青团 90 年奋斗历程，总结出一条重要经验，就是党有号召、团有行动，要永远跟党走；获得了一个重要启示，就是只有融入广大青年群众中，共青团才能真正焕发出勃勃的生命力与活力；做出一种号召，即号召当代青年与祖国共奋进，投身人民创造历史的伟大实践。文章高屋建瓴，总揽全局，符合党报的身份和地位。又如 2012 年 3 月 15 日至 3 月 19 日中央电视台《新闻联播》“走基层”播发了一组关于贵州省长顺县敦操乡“背篼干部”的报道，在 3 月 19 日该组报道最后一篇《考核分低不纠结　扎实做事最重要》后，配发了一篇题为《“背篼”装满责任心　干群关系更和谐》的本台评论。乡干部背着背篼去工作，就事论事地说也许就是个工作方法的问题，但从全局看这却反映了干部的责任心、工作作风的重大主题。评论敏锐地捕捉到干部背着背篼去工作背

---

① 2006 年 2 月 22 日《人民日报》“社论”。
② 2007 年 1 月 30 日《人民日报》“社论”。
③ 2008 年 1 月 31 日《人民日报》“社论”。
④ 2009 年 2 月 2 日《人民日报》“社论”。
⑤ 2009 年 12 月 29 日《人民日报》“社论”。

后的深刻意义，指出“每个干部肩上，都有一个看不见的背篼，里面装着什么很重要。如果装的是努力推动地方经济社会发展的事业心和让老百姓过上好日子的责任心，那么这个背篼就是货真价实的背篼、能给老百姓带来实惠的背篼。干部自觉背起这样的背篼，老百姓一定会更满意，干群关系也会更和谐”。这种从具体的事实出发，从全局的高度认识到现象背后的重大意义也是社论把握论题的重要思路。

近年来实践中也出现了一个新的现象，就是社评与评论员文章的界限变得模糊起来，这种情况多见于设有“言论版”的都市报。如《北京青年报》的言论版头条是“今日社评”专栏，一般刊登署名评论，作者署名前冠以“本报评论员”。这一做法在两方面有别于习惯认识：一是社论通常都是一些特别重大的题材，因此也就不一定每天都有；二是社论通常代表编辑部意见，一般不署名。这一做法究竟会对社论的地位和功能发挥产生什么样的影响，值得我们关注。

2. 专论

专论是一种规格相当于社论的评论形式，最早出现于《大公报》。1934 年 1 月 1 日，《大公报》在一则“本报特别启示”中说：“本报今年每星期日敦请社外名家撰写‘星期论文’，在社评栏位置刊布。”随后于 1 月 7 日发表了胡适的《报纸文字应该完全用白话》，这是该报的第一篇“星期论文”，也是我国报纸上第一篇相当于社论的专论。据说张季鸾开辟“星期论文”栏的用意之一，是因为“《大公报》每天一篇社论，多数由张季鸾执笔，感觉负担重，组织了星期论文，每星期可少写一篇社评”[①]。由于这种专论都出于“社外名家”之手，所议论的都是他们素日研究的问题，而且在社评位置发表，所以虽然个人署名，却具有堪比社论甚至高于社论的权威性。延安《解放日报》、重庆《新华日报》，也曾经不定期地采用专论这种样式论述某些重大的问题。

解放后，专论转化为理论性文章，分别刊登在有关版面上，相当于社论的“专论”概念也随之消失了。有评论家在解释专论消失的原因时认为：“……从新闻评论学的角度来研究，问题就出在那个‘专’字，‘专’的色彩浓了，离新闻评论所必备的新闻性、政治性、群众性的特征就远了，慢慢地也就被新闻评论除名，挪到专版、专刊上发表了。当然，如果从政治角度去研究，由于‘左’的禁锢，许多名家不愿意写文章，也是一个原因。”[②] 其实，专论的消失还有一个重要的原因，这就是专论由个人署名，被认为不具有代表编辑部发言的权威性，因为它不符合解放后确立的不署名评论代表编辑部的评论体制。

不过，这三条原因是否反映了新闻评论发展的客观必然性，却是值得讨论的。专论固然以“专”为特点，但这个“专”与新闻评论的体裁特征并不是绝对不能相容的。关键在于如何处理专门性内容，只要同社会生活的实际紧密结合起来，善于从群众共同关心的角度深入浅出地进行论述，专论完全可以具备新闻评论的基本特征。同时，

---

① 王芸生、曹谷冰：《1926 年至 1949 年的旧大公报》，见《文史资料选辑》第 25 辑，54 页，北京，中华书局，1981。

② 范荣康：《新闻评论学》，190 页。

评论的权威性取决于立论是否正确、中肯，是否蕴涵令人信服、发人深省的真知灼见，而不在于署名不署名，或声称代表谁。实际上，就权威性或客观效果而言，个人署名的专论未必不如代表编辑部的不署名评论。因此，因专论的“专”或署名而将它剔之于新闻评论之外，与其说是客观必然性的反映，不如说是主观的人为因素使然。至于由于“左”的思想干扰，名家不愿意写文章，就更是人为的不正常现象了。

尽管存在着这些人为因素，专论并没有失去生命力，随着改革开放进程的深入，随着新事物、新观念的涌现，人们不仅需要一般的不署名评论，也越来越需要阐述某些专门领域的更有深度、更具预见性的专论。近年来，专论出现了复苏的势头。20 世纪 80 年代中期，《经济日报》开辟了“周末论文”专栏，在相当于社论的显著位置发表专家、学者论述社会普遍关心的问题的文章。进入新世纪以来，经济、军事、国际政治等领域的话题越来越受到读者的关注，不少报纸也开辟了专栏，约请专业人士就某一领域的话题用便于社会公众理解的表达方式发表意见，专论开始重新走向繁荣。

3. 评论员文章

评论员文章是规格仅次于社论或本台评论的评论类型。它所论述的论题虽然也是重要的、人们普遍关心的，但评论对象一般是地区性或部门性的，带有局部的性质。如《加强专项教育治理　营造良好社会环境》①、《共同促进民航业健康发展》② 都是具有部门性质的论题，两篇文章都署名“本报评论员”，且在同一天发表。这也是评论员文章与社论的重大区别：为了突出社论的地位和论题的重要性，实践中社论通常每期只有一篇，但评论员文章的数量通常没有这个限制。此外各个领域的重大成就和经验，领导作风、工作方法方面的经验和问题，某些需要引起人们重视的社会风尚、社会思潮或行为倾向，关系人们切身利害的社会现象，也常运用评论员文章来分析论述。

近年来，评论员文章的应用范围呈现扩大的趋势，如 1998 年长江发洪水，2008 年四川发生大地震，在抗洪救灾和抗震救灾的头一个月，《人民日报》几乎每天都有一篇评论员文章见报，在鼓舞人心士气和指导救灾工作方面发挥了积极作用。目前，评论员文章多为不署名评论，但有些报纸如《经济日报》、《中国青年报》等已开始尝试运用署名的评论员文章，这是值得注意的现象。

与评论员文章同一规格的，还有一度颇为盛行的特约评论员文章。这类评论冠以“特约”，意在暗示作者身份非同寻常。这种评论样式始于党的十一届三中全会前夕，是适应特定历史时期需要的产物，曾经出现了一些影响深远的作品，如《光明日报》1978 年 5 月发表的特约评论员文章《实践是检验真理的唯一标准》③，在思想理论战线引起了一场遍及全国的大讨论，为其他领域的拨乱反正奠定了思想理论基础。这类文章力图在理论和实践结合的基础上深入地阐述重大论题，对所论述的问题作多侧面或多层次的分析，一般篇幅较长，有的甚至长达一万多字，故有“超重型评论员文章”

---

①② 2012 年 7 月 13 日《人民日报》“评论员文章”。

③ 作者胡福明，当时是南京大学哲学系讲师。这篇特约评论员文章的发表过程参见《亲历者解读〈实践是检验真理的唯一标准〉如何出炉》，见新华网，2008-05-11。

之称。

4. 代论和来论

历史上代论和来论是两种规格相当于社论的评论“名目”。代论是知名人士以个人名义在社论的位置上发表的评论。如延安《新中华报》，就曾经发表过毛泽东、周恩来、张闻天、李富春个人署名的代论；重庆《新华日报》也曾以周恩来个人署名的文章代替社论。来论则是把读者撰写的评论放在社论位置上发表，借以强调其内容的重要性。章士钊的《读〈革命军〉》就是以“爱读《革命军》者”的来论名义，在《苏报》上发表的。章士钊当时任《苏报》主编，他以读者来论的名义发表高度评价《革命军》的评论，等于声明文责由作者个人自负，“本报不担其责”，这主要出于斗争策略的考虑。

代论和来论，都是署名评论。它们之间的区别，在于代论的作者都是具有一定舆论权威性和号召力的知名人士，而来论则主要取决于内容的重要性。它们由于个人署名，具有一定的灵活性和个人的风格特点，既便于处理某些不宜以编辑部名义阐述的重大论题，也可以增强评论的可读性。从这个意义上说，代论和来论是拥有一定舆论优势的。

新中国成立后相当长一段时期，代论和来论也都消失了。就代论说，主要是由于中央领导同志的文章本身就具有权威性，用不着再冠以“代论”的名义；而来论只要论述重大问题，则一般在征得作者的同意的情况下，以本报社论或特约评论员文章的名义发表。此外，来论近些年有所复苏，但其内涵发生了较大的转化，有媒体设立了“来论”专栏，用于刊发非本媒体人员的评论文章。这些“来论”不但署名，而且通常会注明作者的地域、职业等相关信息，规格则多为短评，有的甚至是“来稿摘登”。

5. 编辑部文章

这是一种一度相当盛行、现在已经式微的评论样式。编辑部文章始于 20 世纪 50 年代的《论无产阶级专政的历史经验》① 和《再论无产阶级专政的历史经验》②，这两篇文章是中共第一次对国际共运的重大问题发表独立的意见。发表时特别注明“经中央政治局讨论，由《人民日报》编辑部写成”。有人在论及这种评论样式时指出：“……为什么不用社论这种形式，而用编辑部文章这种形式？我想，是因为觉得社论这种形式还不足以表明文章的分量，就创造了编辑部文章这样一种更权威的形式。以后又用这种形式写了‘九评’③，并加了《红旗》杂志编辑部的名义。到‘文化大革命’，又用这种形

① 载《人民日报》，1956-04-05。

② 载《人民日报》，1956-12-29。

③ 20 世纪 50 年代后期，中共和苏共在有关斯大林的评价、无产阶级专政、无产阶级国际主义等问题上产生分歧。1963 年 7 月 13 日，苏共发表《给苏联各阶级党组织和全体共产党员的公开信》。随后中苏两党围绕国际共运总路线展开大论战。“九评”指论战期间，中共中央在《人民日报》和《红旗》杂志上发表的九篇评论性质的公开信。参见崔奇：《我所亲历的中苏大论战》，北京，人民日报出版社，2009。

式来搞‘革命大批判’，再加上一个《解放军报》的名义，变成了‘两报一刊编辑部文章’。这种文章洋洋数千言，摆出一个‘最高权威’的架势，到处打棍子，无限上纲，杀气腾腾，结果走向自己的反面，由最引人注目的权威性评论变成最令人憎恶的反动性文章，就寿终正寝了。”① 这段论述比较准确概括了这种评论样式的兴衰过程。

6. 短评、时评与专栏评论

短评是一种轻型评论。短评的论述对象一般是某个具体事件或问题，或是事件或问题的具有启发意义的某一侧面、某一层次，甚至是某一点；有时也被用来解剖某种具体观点，或工作、思想、行为中的某种倾向。在发展过程中短评曾经以不署名为主，如今短评基本都为署名评论。

近年来，时评一词颇为盛行，大有取代短评之势。时评，顾名思义，是就对时事发表的评论。时评的传统可以追溯至“时务报”时期，20 世纪上半叶“时评”也一度盛行。这类评论文章因事而评，新闻性强；寓理于事，可读性强。互联网的普及给时评这种千字左右、讲究时效的评论文章以极大的推动，不少网络媒体纷纷开办了以“时评”命名的专栏，如“人民时评”、“新华时评”、“南方时评”等等。对于时评，既要看到它对新闻评论充分发挥社会功能、推动实际工作的积极意义，也要防止形成把新闻评论窄化或等同于时评的错误认识，因为这将对新闻评论的多样化、个性化发展产生不可小觑的负面影响。

专栏评论则是署名短评的专栏化呈现。目前专栏评论的运用主要有两种情况：一种是为某人开设的专栏，如《北京青年报》“专栏·××”，××则是专栏作者的名字；另一种是由编辑部设置的专栏，评论作者不定，如《人民日报》的“今日谈”、“人民论坛”等。署名评论近年来在论坛上占有越来越重要的地位，已经成为新闻评论的重要方面军，而不只是作为不署名评论的“补充”。广播电视媒体上近年来出现的署名评论也大体上移植了报纸专栏评论的做法，以节目的形式诉之于听众和观众。目前实践中也主要有两种情况：一种是电台、电视台为某人开设的专栏，如凤凰卫视为其旗下的评论员每人量身打造了一个个人言论专栏节目，节目的名称中嵌入了评论员的名字；另一种是由电台、电视台设置的专栏，每期参与讨论新闻话题的评论员不定，人数也不固定，如中央电视台的“新闻 1+1”、“今日话题”等。广播、电视评论专栏近年来数量不断增多，社会影响日益增大，不少专栏都拥有相当稳定的受众。

7. 述评

述评兼具新闻报道和新闻评论的基本特点，通常被看做新闻报道和新闻评论间的边缘形式。新闻述评始于 20 世纪一二十年代。当时国内国际形势处于急剧变化之中，人们迫切希望新闻媒介在报道事实的同时，提供对于事实的见解，于是述评这种边缘形式就应运而生了。五四运动前后，许多报刊都开辟了述评专栏，评述国内国际重要新闻事件

---

① 范荣康：《新闻评论学》，192 页。

及其发展态势。如《每周评论》的“国内大事述评”、“国外大事述评”专栏，《湘江评论》的“东方大事述评”、“西方大事述评”专栏等。述评融事实与议论于一体，具有明显的传播优势，一出现就赢得了受众的喜爱，成为新闻传播领域里经久不衰的形式。

近年来，广播电视评论实践中新闻述评被广为运用，这与广播电视媒体具象化的传播不无关系。广播电视述评更加注重提供新闻事实及相关的背景材料，同时也更重视时效性。在表达上，则多运用夹叙夹议的手法，以评驭述。

8. 编者按

在不署名的评论中，这是最简短、最轻便，也是最低规格的类型。编者按本来有两种，一种是介绍性，通常用于介绍作者或提供其他背景材料；一种是议论性的，常以画龙点睛的方法表明对有关事物或问题的看法。这里所说的是后一种编者按，一般置于它所“按”的报道或其他文章的前面。

试看这则《人民日报》1982 年 10 月 8 日就转载《福建日报》的社论《论“老虎”与“苍蝇”》所加的“编者按”：

> 这是《福建日报》的一篇社论。社论针对社会上流传的对打击经济犯罪政策的疑虑、误解以至于蓄意攻击，运用形象生动的比喻，作了深刻的论述和批判。文风活泼、清新，引人入胜。特予转载。

这个“编者按”共四句话，其中第二、三句，既可以理解为说明为什么“特予转载”的理由，即论据；也可以理解为论点，分别对《福建日报》社论的内容和形式作肯定的评价。但如果推敲一下：《人民日报》转载这篇社论，为什么非加这个按语不可？那就只能认为它主要是表述论点，而且是同社论有所不同的论点。《福建日报》的社论把社会上的“你们只打‘苍蝇’，不打‘老虎’的议论，统统称为‘攻击’”，《人民日报》在按语中则把这种议论区分为“疑虑、误解以至蓄意攻击”，这显然是为了纠正原社论缺乏具体分析的缺陷。然而，这么重要的论点却没有直接提供论据，这是否意味着论据可有可无呢？当然不是。“编者按”是一种依附于其他文章的评论形式，它的论据其实存在于它所依附的文章中；如果没有特殊的需要，本身可以只作论断，而不必陈述论据。《人民日报》这则“编者按”的论点，就是以所转载的社论为论据的。人们只要认真读读这篇社论，就能理解“编者按”的论断，接受它对社论的评价，包括接受它对社论失误之处的矫正。所以，即使是“编者按”之类的评论，也同样需要论据，只是它不像那些可以独立存在的评论那样一定要在本文中陈述罢了。

有时也在文章中间加按语，称“文中按语”。类似古代图书中的“夹批”、“夹注”。这类按语通常是对所“按”文章的某一片段或个别提法的扼要评论，运用起来特别灵活。文中按语近年来在实践中已经越来越少见了。

编后也是一种按语，因放在新闻报道或其他文章后面而得名。不过，这种文末按语有时还有所发挥，因而也可以写得更为具体、生动一些。

三、关于新闻评论分类的几点认识

关于新闻评论的分类，还需要明确以下几点：

第一，目前的按媒体划分的分类，是新闻评论这种原本诞生于报章的新闻体裁在媒介形态不断发展、演进过程中的自然产物。这个分类体系既有利于新闻评论的个性化发展，从某种意义上说又便于新闻管理。

第二，署名和不署名评论的划分是在我国长期的评论实践中形成的，不仅为新闻界而且为广大受众普遍接受。这个分类体系的明确，有利于发挥这两类评论的互补作用；此外，以论题的重要程度界定不署名评论，既有利于新闻媒体恰当运用不同的评论名目，建立和健全评论工作体制，也方便受众据以判断评论内容的重要性和权威性。所以，尽管评论工作的多样化乃至创新性实践与既有的分类体系之间会有一定的距离，但既有的分类体系明确界定的评论基本类型和适用范围，对于今后的评论工作仍将具有重要的指导意义。

第三，在丰富的评论实践中，新闻评论常以某些“名目”出现，这些评论样式有的有明确的规格和较为清晰的具体要求，有的则边界模糊，更多地体现为“约定俗成”；有的经受住了社会检验保存下来，有的销声匿迹或者为其他新的形式所取代，有的则可能适应新的社会需要发生了较大的变化。总之，形式多样化是一个必然的发展趋势，至于具体形式的兴衰更替则取决于其在社会发展变化中的生命力。

第四，从写作（包括广播、电视评论的制作）的角度说，既有分类的意义却是有限的。因为署名与不署名，以及评论规格的不同，与表现方式和方法之间并没有必然的联系。因此在评论实践中，常常可以碰到因为某种原因而一字不改地把社论降格为评论员文章，或把评论员文章升格为社论、降格为短评的事情。

讲究文章的写作，归根到底是寻求与内容相适应的表现方式和方法。这当然不能背离内容决定形式的根本原则，问题在于究竟应怎样理解内容决定形式这一原则，以及内容的哪个方面决定形式。就新闻评论来说，内容的重要程度对形式有重要影响，但主要表现在规格的掌握上，报纸的版面处理上（如版面位置、标题字型字号等），或广播、电视的节目安排（如时间位置、声音和图像处理）上，与写作并没有直接、必然的联系，否则怎么可能一字不改地升格或降格呢？内容所涉及的领域对评论形式也不无影响，但主要影响题材的选择、具体材料的剪裁和论说态度，如政治领域的评论更加注意把握时机、掂量轻重缓急和保持说理的严肃性，外交评论注重掌握分寸和策略等等。比较来说，对于评论表现方式和方法影响最大、最为直接的，其实是内容的性质：正面的事物需要堂堂正正地倡导；反面的东西必须理直气壮地反驳；受众不理解的问题需要及时而到位的阐释；研究解决问题需要启发思路、引导思考。不同性质的内容要求采取不同的论说手段和处理方法，这又必然导致结构、语言发生相应的变化。所以，为便于研究写作方面的问题，我们根据内容与形式统一的原则，按内容的性质，将新闻评论分为三类，即立论性评论、驳论性评论、释论性评论。本章的其余部分将按照内容的性质分别阐述不同类别的新闻评论的基本表达规律。

总之，如果把按媒介划分、按署名划分、按规格划分、按内容的性质划分这四种分类结合起来，那将不仅可以完善评论分类体系，而且有利于进一步研究和解决评论写作和运用中的一系列问题。

第二节｜立论性评论

在新闻评论领域里，立论性评论是最常见的一种类型。正确认识和理解立论性评论的基本特点和写作要求，既是得心应手地驾驭这种评论的基础，还可以触类旁通，更好地掌握其他类型的评论。

一、立论性评论及其地位

所谓立论性评论，指从正面直接提出自己的见解和主张，揭示出客观事物的本质和规律的评论类型。

这里的“立论性”，是与“驳论性”相对应的概念。在我国传统文论中，论说文也称论辩文，一般分为两类：一为“论”，指正面阐明自己的见解和主张，其主要作用在于“立”；一为“辩”，即刘勰所说的“驳议偏辨，各执己见”（《文心雕龙·议对》），也就是反驳别人的意见和主张，其主旨在于“破”。所以，凡是从正面直接提出自己对新闻事件、社会现象的见解和主张的评论，不论它属于哪种媒介、哪个规格或者署名与否，都可以称为立论性评论。以倡导为宗旨，以正面说理为主要手段，则是这类评论区别于其他评论的基本特点。

立论性评论历来是论坛的主角。在社会主义时期，这类评论的论述对象和运用范围十分广泛。20 世纪 80 年代以来，立论性评论取得了引人注目的进展，出现了不少影响深远的作品：《光明日报》的特约评论员文章《实践是检验真理的唯一标准》，带动了一场对于促进全党和全国人民解放思想、端正思想路线具有深远的历史意义的讨论；《人民日报》的社论《回答一个问题》多侧面地论述“翻两番”的社会主义经济发展规划，从不同角度澄清了人们的疑虑，收到了统一思想、坚定信心的预期舆论效果；《中国青年报》1981 年 3 月 5 日的社论《再论雷锋》，继 18 年前的《论雷锋》之后，紧密结合 80 年代的实际，重新阐述雷锋精神，有力地促进了全国范围学习雷锋的新热潮……改革开放 30 多年日益丰富多彩的社会生活为立论性评论提供了取之不尽的论题，在社会主义新农村建设，建立和健全社会主义市场经济体制，推进教育、科技和文化的发展，加强社会主义民主与法制建设等方面，都出现了一些具有较强思想性和理论色彩的优秀作品。正确而新颖的思想、理论，各个领域的重要成就和经验，优良的工作作风和工作方法，先进人物的业绩和精神风貌，良好的社会风尚和思想行为倾向等等，是这类评论的重要论述对象。

立论性评论虽然取得了引人注目的进展，但与社会需求相比较，仍然存在着不容忽视的距离。且不说有多少富有生命力的新事物为评论视线所不及，没有得到健康社会舆论的支持和扶植，就是进入评论视野的新事物、新经验、新观念，论述起来也并不都是理直气壮、丰满有力、生动活泼、具有引人魅力的，结果往往“倡”而寡和、推而不广，并没能收到预期的舆论效果。对一些现象、问题的剖析和认识，也存在流于表面，不够全面中肯，难以引发举一反三的思考等问题。因此，繁荣立论性评论，扩大这类评论的视野，增强其说服力和感染力，仍然是新闻评论工作的严峻课题。

二、立论性评论的写作要点

立论性评论在写作上需要着重注意以下几个问题：

1. 坚持因事倡导、因时倡导

立论性评论以倡导为宗旨。这类评论的成败得失，在很大程度上取决于倡导什么，如何倡导。因为，这既是写作这类评论的前提，也是检验作品质量及其社会效果的主要标志。那么，一篇具体的评论作品，究竟怎样才能做到恰当确定的倡导呢?

倡导什么、如何倡导属于主观判断，但却不是拍拍脑袋瓜就能恰当确定的，既要从具体问题出发，又要考虑时代发展、社会变化的总体状况。

2012 年 7 月 21 日白天至 22 日凌晨，北京市遭遇了自 1951 年有气象记录以来最凶猛、最持久的一次强暴雨，暴雨不仅造成交通的瘫痪、财产的损失，而且夺走了 37 条生命。灾害发生后，政府与民间都表现出了各自的努力，既有公职人员恪尽职守、以身殉职，也有大量普通市民自发开展救助行动，在“正能量”得到了普遍赞扬的同时，大量评论也对城市基础设施建设、预警机制等提出质疑，对暴雨中出现的“趁雨打劫”的部分的哥、旅店老板和“一丝不苟”坚持收费的高速公路收费站提出了批评。《人民日报》的评论《暴雨灾害考验城市精神》[①] 则从更高的层面来立论，文章把经济发展与社会道德提升的不平衡作为该评论立论的时代、社会背景，指出“这场倾盆之雨，让我们看到了一个应急组织指挥能力相当强的北京，更感受到了一个充满友爱善良、

---

① 载《人民日报》，2012-07-23。

守望相助的北京。……无数人用自己的行动，洗刷着‘小悦悦事件’[①] 曾经引发的‘路人之耻’与‘社会之痛’”。进而结合转型期社会公众对道德滑坡的忧虑和对道德水准提升的期盼心理，做出了倡导：

> 高尚的公民责任和公民精神，不仅是现代生活和政治文明的基石，更是解决“发展中问题”的智慧源泉。在错综复杂的现代化进程中，少一些冷漠的“看客心态”，就会多一些“热心路人”；少一些逃避和漠视，多一些担当精神，就会少一些负效应，多一些正能量。而这样的正能量，不仅应该在抢险救灾中井喷，更应该汇聚在日常生活中，融入社会发展的方方面面。
>
> 对于成长的公民精神，政府不仅要大力弘扬，更要从中汲取智慧和力量，不断提升政府的公共服务意识和能力。在61年来最大的暴雨中，如果体育场馆也像热心市民一样，打开大门欢迎被洪水围困的民众；如果公车特别是公交车，也能够像热情的私家车主一样组织起来，接送滞留在机场、车站的乘客；如果应急预案再完备一些、措施再得力一些，风雨中无助的人们将更加深切地感受到政府的责任和关怀，感受到以人为本的温暖。

在此基础上，文章更进一步，从社会全面发展的角度，引导人们进一步反思现代化的深刻内涵，并对政府的公共服务提出要求：

> 暴雨洗礼出了城市精神，更给正迈向现代化的中国上了深刻的一课。一座城市的现代化，不仅需要把地上建设得富丽堂皇、气象万千，更需要夯实地下的百年根基；不仅需要普通人呈现出“最美”的道德风尚，也需要城市管理者时刻提醒自己：在日常建设与应急管理中，该怎样做得“更好”甚至做到“最好”。

同样是对北京暴雨灾害的评论，《暴雨之后收获感动更需要反思》[②] 则认为“最重要”的不是已经存在的“温情”与“感动”，而是亟须改造的“大量底层人员”的生存现状。文章立足于转型期社会群体分化的现实，把关照的目光投向金字塔底数量众多的普通民众，从如何把关照的目光真正回归到芸芸大众身上的角度作出了倡导：

> 对于政府而言，危机过后，更应该建立一个反思的平台，让更多危机中的受害者诉说自己的经历，表达自己的意见。然而，一个持续存在的悖论却在于，如

---

① 2011年10月13日，2岁的小悦悦（本名王悦）在广东佛山南海黄岐广佛五金城相继被两车碾压，7分钟内18名路人路过，但都漠然而去，最后一名拾荒阿姨陈贤妹上前施以援手。该事件引发网友广泛热议，一些境外媒体也报道了此事。2011年10月21日，小悦悦经医院全力抢救无效离世。2011年10月23日，广东佛山280名市民聚集在事发地点悼念“小悦悦”，宣誓“不做冷漠佛山人”。后有分析认为，当时光线很暗，看不见是正常的，新闻媒体的报道存在部分失实或先入为主的成分。

② 2012年7月23日《南方都市报》“社论”。

果一些人的遭遇无法列入公共机构的统计列表，那么这些人的问题就可能会忽略，原本的社会问题也就无法成为一个政策层面的问题。

反思需要进入政府议程，却也不应该缺位于民间。换言之，在城市的排水设施完善之前，民间社会需要意识到如何才能更好地形成一套自救、互救的网络、经验，以及如何才能切实推动政府政策的变革。对于民间而言，这既是一次挑战，却更是一次机遇。危机面前，如果民间社会能够尽可能由自己克服，或者能够通过将问题细化，以科学、详细的论证推动相应的政策，那么城市的主体就有了真正的回归。而当城市的主体真正回归到芸芸大众身上，城市的精神也就有了真正的生长土壤。

这两篇文章都直接摆明自己的观点，立论各有侧重，但都引起了人们的共鸣，原因在于作者从事实出发，把判断建立在对“时局”、“大势”以及“社会心理”的准确把握上，这是观点能给人以启发、倡导有力的前提。诸如此类的例子说明，立论性评论倡导什么、如何倡导，并不是随心所欲的。凡是成功的作品，虽然各有自己的特点，但都遵循因时倡导、因势倡导的原则，把注意力集中在正确反映客观实际上头，力求既切合实际，又与时代、社会的需求相一致。这主要表现在三个方面：一是以作为评论对象的客观事物及其内在蕴涵为基础；二是以时代、社会的实际需要为准绳；三是以群众与有关事物的关系，以及他们的感受、反应为目标。这三个方面结合起来，就是从客观存在的事实出发，面向广大群众，倡导符合时代、社会发展趋势的新事物、新经验、新观念和各种思想行为规范。

因事倡导和因时倡导，是两个不可分割的侧面。因事倡导，从作为评论对象的具体事物出发，以恰当的方式倡导事物本身蕴涵的积极因素，这是立论性评论具有说服力和感染力的基础；如果不善于因事倡导，即使它所倡导的东西符合时代、社会的迫切需要，也可能沦于坐而论道、高谈阔论式的说教，不仅达不到倡导的目的，甚至还可能会出现反效果。因时倡导，力求与时代、社会的主旋律合拍，号准社会脉搏，紧紧扣住人民群众关注的重点，则直接关系着这类评论的思想境界和社会效果。如果无视时代和社会需求，不善于从群众共同关心的角度去分析揭示事物的本质，那也容易流于就事论事，从而削弱以至丧失感召力。高谈阔论和就事论事，是立论性评论常见的两种偏向。单独发表的评论，有必要着重防止前一种偏向；配合典型报道的评论，则要在注意避免后一种偏向的同时，防止任意拔高。拔高的后果有时比就事论事还坏，甚至可能毁掉好典型。

2. 突出说理重点

突出说理重点，包含两层意思：一是在围绕一个论题的几方面道理中，突出最重要的方面；二是在讲一层道理时，尽可能删枝刈蔓，把笔墨集中用于核心部分的论述。从防止面面俱到、四平八稳，充分、深入、透彻地揭示事物本质的这个意义上说，这是所有评论的共同要求。立论性评论更需要高度自觉地对待这个问题。因为这类评论倡导新事物、新经验、新观念，它们与社会实践、与处于现实社会生活中的人们，往往存在着多侧面、多层次的联系。在这种情况下，如果稍不自觉，那就容易沦于面面俱到，更难以准确把握重点，恰当突出重点。有些立论性评论虽然道理讲得头头是道，却没能像预期的那样打动人心，究其原因，恐怕就在这里。

至于在具体作品之中，究竟突出什么重点，虽然没有一定之规，却要注重从所倡导的事物的实际出发，选择恰当的角度，致力于揭示事物的本质。立论性评论不论倡导什么，都只能依靠具体、生动、充分的说理，帮助人们正确认识该事物及其社会意义，启发、说服人们心悦诚服地接受，自觉地付诸实践。从这个意义上说，以恰当的角度准确地揭示事物的本质，是实现预期倡导目标的基本保证。录音述评《治理好污水也是政绩》[①] 开篇先交代事实：

> 在日前的一次会议上，平阳县委书记戴祝水向浙江省省长吕祖善汇报工作时，介绍了该县一年来的治理水头镇制革污染的情况。当说到全县经济发展时，列出的一系列数据让人听了大跌眼镜：今年1至9月，平阳县实现GDP70.4亿元，比去年同期仅增长2.8%；财政总收入5.36亿元，比去年同期下降2.2%，经济增长居全省末位。面对这样的政绩，戴祝水显示了他的勇气：
>
> 【录音】我们宁可当一任没有政绩的领导，也要把这个污水治理好！
>
> 省长吕祖善当即接上话题说：治理好污水就是最大的政绩！

作者从会议上敏锐地捕捉到这样一个事实，并体会到这一事实背后深刻的社会价值：近些年来，有些地方政府把“发展观”变成了“增长观”，认为GDP增长得快就是发展得快，于是一些地方出现以牺牲环境为代价的乱发展现象；而平阳的实践恰恰有力地驳斥了这一错误认识，体现了科学发展的理念。《治理好污水也是政绩》从平阳的母亲河——鳌江“变成污黑一片”的严峻现实出发，廓清了“发展”和“增长”两个概念的不同，指出发展包括数量、质量、素质、结构，是一个完整的概念，换句话说，以环境的极度破坏和资源的巨大消耗为代价换来的经济增长是没有意义甚至是得不偿失的，必须以科学发展观为指导，不再以GDP论英雄，才能实现和谐发展。像“治理好污水也是政绩”这样的认识，切中肯綮，能够从事物与社会的主要接合点揭示事物的实质，既出人意料又在情理之中。

当然，强调突出说理重点，并不意味着排斥必要的铺垫和烘托；删枝刈蔓所要剔除的，也绝非生意盎然的“绿叶”。恰恰相反，适当铺垫和烘托，不仅不影响突出重点，而且还是改善说理、充实和丰富评论内容的需要。不妨琢磨琢磨《变三不知为三知》[②] 中的这两段知识性文字：

---

① 2004年12月28日浙江人民广播电台。

② 见《邓拓文集》，第3卷，11页，北京，北京出版社，1986。

三不知这个成语已经流传很久了，历来却很少有人去查究这个成语的来源。到了明代，有一位不太知名的学者，江宁人姚福，在他所著的《青溪暇笔》这部书里，才做了一番考证。他写道："俗谓忙遽曰三不知，即始中终三者，皆不能知也。其言盖本《左传》"，他不但把三不知的含义做了很明确的解释，而且指明了这个成语的出处。

那末，我们无妨翻阅一下《左传》吧。在鲁哀公二十七年的记载中，的确可以找到三不知这个成语的来源。事情是由晋荀瑶帅师伐郑引起的。当时荀文子认为对敌情不了解，不可轻进。他说道："君子之谋也，始中终皆举之，而后入焉。今我三不知而入之，不亦难乎!?"由此可见，所谓三不知原来是说对一件事情的开始、经过、结局都不了解，而所谓三知就是"始中终皆举之"的意思。

这两段文字虽然不直接阐述论题，但却充实了说理依据，改善了说理氛围，为整篇文章增添了色香味。假如删弃这两段文字，也许不影响说理的完整性，但能够像现在这样具有一股雅俗共赏、耐人回味的魅力吗？当然这是杂谈，不能用它来套所有评论，却未尝不可以借鉴，从中获得某种启发。现在有些立论性评论不那么吸引人，有时甚至惹人厌烦，不就是因为少了点色香味，多了些干巴巴说教吗？

那么，怎样才能在说理过程中，恰当地突出重点呢？无非两条：一条是吃透所倡导的事物的本质，弄清楚为了倡导它，哪些道理是非讲不可的；一条是了解读者、听众、观众，摸准他们同这一事物的关系和既有的认识和看法。在这两方面下功夫，对什么是重要的和群众需要的心中有数，才能下决心剔除一切可有可无的东西，调动各种手段讲非讲不可的道理，使说理重点真正处于突出的地位。

3. 适当运用驳论

立论性评论以正面说理为主，强调这一表现特点，并不等于否认驳论手段的作用。驳论是通过驳斥敌论点，证明它是错误的、荒谬的，从而证明自己观点正确性的一种论证方法。事实上，在立论性评论中适当运用驳论，往往可以强化正面说理，可以增强文章波澜起伏、富于变化的表现效果。在某些情况下，驳论甚至是支持正面论点的必要手段。《知识分子应敢于在舆论场说真话》[①] 就适度地运用了驳论。文章关注到了网络舆论场中的一种现象，即：

中国以互联网为中心的舆论场在形成一种偏激的强制力，要求公开发言者把批判体制作为基本价值取向。营造这种氛围的人未必很多，但他们很活跃，形成了声势。不少人感受到了压力，说话变得很小心。还有一些人主动配合之，打造自己"民意英雄"的形象。

…………

① 2012 年 5 月 28 日《环球时报》"社评"。

> 这造成与舆论场接近的一些人，走向所有言论都“批判化”的极端。似乎他们看到的所有现实都是负面的，说的每一句话都愤愤不平，都在控诉“公权力”。这同绝大多数人的真实生活和感受显然并不一致，因为通常一个人不可能从未受惠于国家的进步，眼前永远都一片漆黑。

然后重点分析驳斥一种错误认识并指出这种现象造成的恶果：

> 有人认为这种极端的舆论力量是对官方舆论的有效平衡，认为它有总体的建设性，有助于中国社会真正多元化的形成。
>
> 但真实的情况是，这种舆论倾向的强制力在明显过头，它没有表现出有自我修正的愿望和能力，而且在西方的鼓励和支持下，出现恶性膨胀之势。它开始打击异己，试图建立话语霸权，并且开始实际影响很多中国知识分子的行为。
>
> …………
>
> 现在的危险是，舆论场上的偏激力量已经开始控制知识分子当中的很多人，形成对他们的权威。本应以知识和求真为生的人，开始在舆论压力下“挑着说话”，为取悦舆论说“半真半假的话”，甚至直接说假话。

在此基础上，评论陈述自己的主张：

> 中国需要一批有勇气、有水平的知识分子站出来，敢于同当前不健康的舆论倾向公开斗争，敢于在舆论场上反对西方价值观对中国社会的简单灌输，帮助中国公众建立符合国家现实的价值判断体系。
>
> 知识分子可以赶别的时髦，唯独政治的时髦不能赶。当前西方对中国大搞“政治挂帅”，互联网上跟着起哄的人不少，知识分子应当表现出定力，不重复他们在中国历史不同时期曾反复表现出的软弱和摇摆。

文章的主要论点，实际上是建立在驳论的基础上的。如果抽掉驳论，它的论点即使能够成立，恐怕会令人费解。所以，对于立论性评论来说，问题不在于是否可以运用驳论，而在于如何适当运用驳论。所谓“适当”，就是要坚持驳论为立论服务的原则，发挥二者相辅相成、共同强化正面说理的作用，防止错位、防止游离、防止喧宾夺主。也就是说，是否运用驳论，用在哪里，驳什么，如何驳，都要服从于正面说理的需要，以是否有利于深化论点、增强说服力和感染力为转移。《向我们时代的行动者致敬》①，解读了今天的“雷锋精神”内涵，即“雷锋精神”就是公民精神，是热爱党、热爱祖国、热爱社会主义的崇高理想和坚定信念，服务人民、助人为乐的奉献精神，干一行爱一行、专一行精一行的敬业精神，锐意进取、自强不息的创新精神，艰苦奋斗、勤

---

① “任仲平文章”，载《人民日报》，2012-02-28。

俭节约的创业精神。随后，文章用了下面一段破立结合的文字：

> 我们需要秉持公民精神，正如雷锋一样，他不会袖手旁观社会的发展，而是积极参与这一进程；他会在人们需要的时候挺身而出，而不是权衡再三退避三舍；他会把奉献视为自己的权利和义务，而不是事不关己高高挂起；他会对他人保持诚信、友爱甚至谦卑，而不是见利忘义损人利己。

这段文字既对当下一些是非不清、利己功利行为进行了鞭挞，也激发人们追寻公民所应具有的责任意识、参与意识、人文关怀和家国情怀。这样一正一反相互配合，无疑比单纯的正面阐述，更有力地支持了必须继承和发扬雷锋精神的主张，排比句的运用也为文章增添了起伏跌宕的气势。

尽管驳论具有多方面的作用，但它在立论性评论中，毕竟只是一种辅助性的论说手段。因此，运用驳论要有所节制，一般不宜多，也不宜作长篇大论的论辩。这就需要十分慎重地选择“靶子”，集中击其要害；尽量与正面论述直接联系起来，避免因间隔而脱节或错位；论辩力求精辟中肯、一语中的，防止喧宾夺主，分散人们对正面论述的注意力。总之，在立论性评论中运用驳论，贵在少而精，切忌多而滥。

当然，立论性评论的这些写作要求，只是大体而言。与其他评论的写作要求之间的差别，多数也只有相对的意义，而不是绝对的、相互排斥的。所以，对这些要求千万不要作机械的理解，更不要与其他评论的要求对立起来。

第三节 | 驳论性评论

> 驳论性评论，是新闻评论的另一基本类型，它同立论性评论，就像一把利剑的双刃，经常以各自的方式，共同为社会的健康发展开辟道路。在社会变革时期，这两类评论相辅相成、相互为用的社会作用尤为显著。人们欢迎切中时弊的驳论性评论，丝毫不亚于欢迎深刻中肯的立论性评论。

一、驳论性评论及其地位

驳论性评论是指以违背当代社会发展主流、阻碍社会进步的事物和观念为批驳对象，通过批评、反驳、揭露、辨别是非，澄清认识，进而确立起自己的主张的评论文章。

就论说宗旨和论说手段的特殊性来说，驳论性评论与立论性评论判然有别，是两种相对应的评论类型。但是，相对应并不等于相对立、相排斥。在现实社会生活中，新旧并存，是非交错，正误纷陈，真善美和假恶丑共生，是相当普遍的现象。新事物、新观念、新秩序也总是在旧事物、旧观念、旧秩序的基地上萌发，在与之斗争的过程中曲折成长的。这样，新闻评论在倡导新事物、新观念的时候，就不能不同时扫除旧事物、旧观念。因此，驳论性评论与立论性评论尽管论说宗旨、论说手段不同，却经常并驾齐驱、相互配合，从不同角度为共同的舆论目标服务，它们的运用范围同样遍及社会生活的各个领域。

驳论性评论有悠久的文论传统，体现为古代文论中所说的“辩”。“何谓知言?”曰：“诐辞知其所蔽，淫辞知其所陷，邪辞知其所离，遁辞知其所穷。”（《孟子·公孙丑上》）即通过论辩，识别片面、夸张、错误、闪烁其词之类言论的谬误。王充认为，驳论就是“论世间事，辩照然否，虚妄之言，伪饰之词，莫不证定”（《论衡·超奇》）。当代国内驳论性评论的锋芒，主要指向背离党和国家的基本路线和方针政策、损害人民群众根本利益以及阻碍社会进步的事物、现象和思想倾向。批评、反驳、揭露这一切的最终目的，不仅是否定、铲除它们，更重要的是通过明辨是非，帮助人们增强识别和抵制能力，从而为新事物、正确观念、良好秩序的形成、推广扫除障碍、开辟道路。所以，如果说立论性评论的主要使命，是为新事物、正确观念和良好秩序催生助长，那么驳论性评论则是旧有的、错误的思想、行为的“掘墓人”，也是为新事物、正确观念和良好秩序开辟道路的“清道夫”。明确驳论性评论扮演着双重角色，肩负着双重使命，并自觉地付诸实践，是能动驾驭这类评论的前提。

改革开放以来的评论实践证明，任何成功的社会变革，几乎都离不开驳论性评论为其廓清道路；凡是成功的驳论性评论作品，也无不同时在破旧立新方面显现不可取代的舆论作用。《再也不要干“西水东调”式的蠢事了》[①] 不就是在分析“一靠运动，二靠‘大干’”的错误实质，指出如果把发展农业寄托在这上面，“我国的农业生产是永远没有指望的”之后，进而阐述了坚持从实际出发、实事求是的正确指导思想吗？在这里，驳论无疑起了为进一步贯彻一号文件的精神扫清道路的作用。无数这类的例子表明，越是在变革发展的时期，驳论性评论越是拥有广阔的驰骋天地。

与其他评论类型相比较，驳论性评论具有更为鲜明的倾向性。能否得心应手地掌握和运用这类评论，在很大程度上取决于是否坚持从无产阶级的立场、观点出发，正确划清以下两个基本界限：

第一，要划清驳论性评论与揭丑文章、“大批判”评论之间的界限。

驳论性评论不仅存在着阶级和意识形态的分野，而且在品格上也有正邪高卑的区别。与堂堂正正的驳论性评论并存的，不是有“嬉皮士”式的揭丑文章，有曾经猖獗一时的“大批判”评论吗？前一类也许是“西风东渐”的产物；后一类虽是历史的秽物，但那种颠倒是非、混淆黑白，极尽人身攻击、无限上纲之能事的恶劣影响，并没有完全消除。划清与它们，尤其是与“大批判”评论之间的界限，对于正确掌握和运

---

① 1980 年 6 月 15 日《人民日报》“社论”。

用驳论性评论，发挥这类评论破旧立新、祛邪扶正的积极作用，无疑具有重要的意义。

最根本的一点，就是自觉坚持无产阶级的立场、观点和方法，以高度的社会责任感和实事求是的精神对待客观事物。除此之外，还具体表现在：第一，把着眼点放在面向广大群众上头，以帮助群众明辨是非、提高识别能力为主要目的，而不满足于单纯否定驳论对象。第二，主要针对敌论（包括错误的观点和丑恶的现象等等）而不是论敌，也就是通常所说的“对事不对人”，就是“对人”也主要着眼于“治病救人”，促使其改弦更张。第三，开展有理有据的积极论争，坚持以理服人，即使对于敌人也不施行人身攻击。第四，讲究实事求是的科学分析，反对“无限上纲”。当下某些所谓的“论战”，就是因为辩论的双方最终偏离了这一本质，把落脚点放在否定论敌上，降低了评论的品格和舆论作用，甚至最终丧失了社会意义。

第二，驳论性评论中要正确区分和处理不同性质的矛盾。

驳论性评论的论题，都是现实社会矛盾的反映。而现实社会矛盾千姿百态、错综复杂，客观上存在着性质的不同。不仅论敌有敌、我、友之分，就是敌论也有对抗性和非对抗性的区别。陈旧的、落后的、不健康的事物，显然不能与丑恶的、腐败的、反动的东西同样对待。因此，正确区分矛盾的性质，就成了恰当运用驳论性评论的另一个重要前提。如果在这个问题上掉以轻心，不分青红皂白地“一锅煮”，小则难以准确把握说理的分寸、态度和方法，大则可能因混淆矛盾性质而迷失方向。例如《论“老虎”与“苍蝇”》[①] 中下面这一片段：

> 有些犯罪分子听说我们着重抓的是大案要案，内心颇为得意，认为他们自己是“苍蝇”，国法绳不到他们头上。你一打他，就有人为他打抱不平：
>
> “你们只打‘苍蝇’，不打‘老虎’。”
>
> 这种攻击是吓不倒人的。这既动摇不了我们打“老虎”的决心，也不会从此对“苍蝇”慈悲为怀。

这里，把“你们只打‘苍蝇’，不打‘老虎’”的议论统统斥为“攻击”，显然缺乏具体分析。其实，只要对这种议论稍加分析就不难发现，发这种议论的人中确有蓄意攻击的，但更多的却是由于对党严厉打击严重经济犯罪活动的方针存有疑虑和误解，虽然疑虑、误解也是认识上的错误，但与蓄意攻击在性质上毕竟有所不同。所以，《人民日报》在转载这篇社论时，在编者按中着重指出社论“针对社会上流传的对打击经济犯罪政策的疑虑、误解以至蓄意攻击，运用形象生动的比喻，作了深刻的论述和批判”云云。当然这是个别提法上的混淆，并没有改变文章的正确方向，但对评论的说服力恐怕不无影响。

个别提法尚且不无影响，那么搞错整个矛盾的性质，更是可想而知了。所以，正确区分矛盾的性质，关系到驳论性评论的成败得失，任何时候都大意不得。至于在评

① 1982年9月30日《福建日报》社论。

论中如何具体区分和处理不同性质的矛盾，则需要具体分析。在这方面，《别了，司徒雷登》是不可多得的范例，值得认真学习和借鉴。

《别了，司徒雷登》是毛泽东同志为新华社写的，批驳美国国务院于 1949 年 8 月发表的《美国与中国的关系》白皮书和艾奇逊信件的五篇文章之一。这篇评论揭露了美国出钱出枪，蒋介石出人，替美国打仗杀中国人，借以变中国为美国殖民地的侵略政策，同时批评了国内一些“民主个人主义者”即资产阶级知识分子对于美国政策的幻想。评论严格区分两类不同性质的矛盾，对于美国政府为其侵略政策辩解的种种谰言作了酣畅淋漓、义正词严的驳斥，而对“民主个人主义者”则始终采取说服、争取、教育和团结的态度。评论一方面赞扬闻一多、朱自清“表现了我们民族的英雄气概”：

> 我们中国人是有骨气的。许多曾经是自由主义者或民主个人主义者的人们，在美国帝国主义者及其走狗国民党反动派面前站起来了。闻一多拍案而起，横眉怒对国民党的手枪，宁可倒下去，不愿屈服。朱自清一身重病，宁可饿死，不领美国的“救济粮”。

另一方面指出：

> 中国还有一部分知识分子和其他人等存有糊涂思想，对美国存有幻想，因此应当对他们进行说服、争取、教育和团结的工作，使他们站到人民方面来，不上帝国主义的当。

在论述中文章还通过对诸如美国的科学、技术、“民主政治”以至于金钱的具体分析，帮助他们划清界限，澄清认识。

不过，面对改革开放时期错综复杂的社会现象，在矛盾性质的问题上，宁可谨慎些、适当留有余地，切勿把“弦”绷得太紧，尤其要注意防止重蹈“宁左勿右”、“无限上纲”的覆辙。

二、驳论性评论的写作要点

驳论性评论肩负着破旧立新、祛邪扶正的双重使命。围绕这个目标，写作这类评论要注意体现以下要求：

1. 选准“靶子”，瞄准“靶心”

这里所说的“靶子”和“靶心”，分别比喻驳论对象及其要害之所在。它们实际上是“有的放矢”的“的”的两个层次。准确把握这两个层次，直接关系着驳论性评论的社会效果，这历来是有经验的评论作者首先关心的问题。

驳论性评论的触角，可以遍及一切背离时代潮流、社会准则的社会弊端、腐朽现象和思想倾向。但是，面对现实社会生活中存在的形形色色的陈腐事物、错误观念，任何新闻媒介都不可能，实际上也没有必要一一揭露、批评或驳斥，而只能把锋芒对准具有普遍性的现象和倾向性问题。这就需要本着对党的事业和人民根本利益高度负责的精神，在认真调查研究的基础上，下一番审慎选择的功夫。

在选择过程中，要注意以下问题：首先，要根据社会发展趋势分清主次，把注意重点首先集中于那些背离党和政府的基本路线、方针政策，干扰国家社会发展建设，阻碍国家统一和民族团结，败坏社会道德风尚，以及与人民群众休戚相关的现象和问题上。第二，要从全局出发权衡利害得失，按“投鼠忌器”的原则处理问题，防止“泼脏水连孩子也泼掉”，或因感情用事，图一时痛快而损害国家、人民的根本利益。第三，应与舆论导向的整体目标保持一致，形成一定的舆论重心，切忌“眉毛胡子一把抓”，分散人们的注意力。选择驳论对象是关系驳论性评论社会效果的大事，在这个问题上宁可审慎些、更审慎些，仔细地考虑各种相关因素，千万不能随心所欲、草率从事！

所谓“靶心”，指驳论对象的要害，包括问题的实质、矛盾的症结及其危害等等。如果说“靶子”属于“的”的范围层次，那么“靶心”就是“的”的核心层次了。因此，在确定了驳论对象之后，是否善于瞄准“靶心”，鞭辟入里地剖析其要害，自然就成为决定作品成败的主要因素。1945 年 8 月，日军宣告投降。蒋介石借机部署对解放区新的大规模进攻，但囿于交通被切断，难以行事。10 月 25 日《大公报》发表了《为交通着急》的社评。11 月 5 日，毛泽东发表讲话，揭穿恢复交通不过是缓兵之计的本质。两星期之后，《大公报》发表社评《质中共》[①]，把内战责任归于共产党，并要求共产党交出军队和解放区政权。次日，《新华日报》发表社论《与〈大公报〉论国是》[②]。文章首先归纳出《质中共》提及的三大问题（即内战的责任在谁、“要乱不要变”以及人民武装的存废），以提示下文的论述重点。随后列举国民党进攻解放区、破坏和谈协议的事实，说明内战的责任完全在国民党方面，而在政治尚未民主化的时候，《大公报》要求共产党交出军队，是“借大公之名，掩大私之实；借人民之名，掩权贵之实”，因为“民主的军队，正是民主的事实与民主的空谈的分水岭啊”。社论直截了当地指出《大公报》的基本立场就是“在若干次要问题上批评国民党当局”，而在一切首要问题上“却不能不拥护当局”。后又通过具体分析指出《质中共》对战情和战事的误解，重点强调在 8 月 11 日日军尚未投降之时，蒋介石对所属部队和十八集团军下达的截然不同的命令，揭露了其欲借敌伪军之手消灭十八集团军的居心。一系列的事实，有力地反驳了《大公报》社论中对内战责任的认定，揭示了内战之源，指出“南北朝”之说是国民党的欲念所在。《与〈大公报〉论国是》把《大公报》的社评《质中共》作为“靶子”，同时牢牢把握住了国民党政府部署进攻解放区的行为和真正目的这一根

① 1945 年 11 月 20 日重庆版《大公报》“社评”。
② 1945 年 11 月 21 日《新华日报》“社论”。

本，并将其作为“靶心”，剀切地揭露了国民党意欲打内战的实质。正因为对“靶子”与“靶心”精准把握，在这番论战中《新华日报》争取到了舆论的广泛支持。

驳论性评论确立“靶子”和“靶心”，一定要善于分析、提炼，防止就事论事，停留于表面现象。《“不仁”!》[①] 是就一位粮店职工因实际困难得不到体谅、照顾而自杀所发的谴责官僚主义的评论。钱钟书在解释《老子》的“天地不仁，以万物为刍狗；圣人不仁，以百姓为刍狗”时说，“不仁”之义有二，一是凉薄或凶残，二是麻木或痴顽。这篇短论在引用钱说之后，扼要剖析了这起自杀事件，意味深长地分析道：

> 所以“不仁”之义虽然有两，而运用于人事上却是合二而一的。这些“圣人”的“不仁”，首先是麻木，对于人民的痛苦毫无感受，由麻木而终至于残忍，无慈悯。麻木、痴顽、刻薄、凶残，兼而有之。对于这种“圣人”，我想重申去年论廖秀英案时说过的话：“尸谏无益”，“吞下砒霜药不死老虎”。自杀是教训不了以百姓为刍狗的“圣人”的。

寥寥数语，却包含令人警醒、发人深省的内蕴：既中肯地指出这种对人民群众的疾苦和呼声漠然置之的官僚主义，集麻木、痴顽、刻薄、凶残于一身的实质；又提醒人们“吞下砒霜药不死老虎”，对这些以百姓为刍狗的“圣人”不要太天真了。如果说这是厚积薄发的一例，那么它的“厚积”无非来自两个方面：一是长期观察社会现象的感受，二是由表及里、由此及彼的思考，是二者结合起来分析综合的结果。

2. 触及实质，注意分寸

这似乎是一项不言而喻的要求，其实并不尽然。为什么有的评论虽然言之成理，却并不那么令人信服呢？为什么有的“攻势凌厉”的作品，却未能收到“所向披靡”的效果呢？只要对这类现象略加琢磨，便不难发现在这方面，仍然存在着认识和实践上的差距。

驳论要切中要害，就要把驳论对象放在一定的范围内或事物的联系之中，或者提到一定的思想、政治高度来分析。就事论事，孤立地看问题，当然谈不上深刻中肯；任意联系，层层推论，无限上纲，则过犹不及，岂止不能令人信服！那么，放在什么范围内、提到怎样的高度上，才能合情合理、恰到好处地触及问题的实质、矛盾的症结呢？

分析《“文科有害”，偏颇之论》[②]，也许可以获得一些启发。文理科之争，实际上是一个老话题，这篇评论从某教授微博发表的“学文史哲是文不聪的渊薮，从那里出来的人多半不具有科学世界观，反科学，爱哲学，挺中医，将贻害社会”言论出发，先是从研究方法的“科学性”上驳斥对“文史哲”的错误认识，然后把文理之争的背

---

① 载《新民晚报》，1983-01-22。

② 载《新京报》，2012-06-29。

景还原，指出：

> ……看看作者的文章，之所以对文史哲咬牙切齿，与其长期和北京大学某哲学学术机构的论争有关。作为旁观者和非专业人士，无力探究孰是孰非，不过可以确定其论断，尤其是其产生的具体情景，未必有多少普世意义。至于西方社会中后现代主义者、左翼人士之于右翼、保守主义的对立互搏，照搬到中国，怎么看都有些水土不服，是为争论而争论。

作者把此番论争置于具体的"恩怨"下来认识，并联系西方文理之争的背景，对"文理之争"的意义提出质疑，也为人们正确认识此番论争打下了基础。但在作者看来，这还不是"文科有害论"背后折射出的更本质的问题，评论进一步拓展范围，分析道：

> 实际上，理工科对于文科的优越感并非社会常态。仔细审视下，这种优越感继承着 20 世纪 80 年代以降"学好数理化，走遍天下都不怕"的生存策略，更一以贯之的是 20 世纪中期以来"工业立国"的宏大思路以及教育实践。而这种思路和实践造成的问题与危害，几乎已经人所共知，如易中天先生所言，"中国教育出了严重的问题。丢掉了根本，搞坏了脑子。不能怀疑，不准批判，不会分析，也想不到要去实证，当然不会发现问题、提出问题，更不会分析问题、解决问题。结果是，文科生变成字纸篓，理科生变成机器人。谁都不会独立思考，每个人都丧失了自我"。
>
> 都是单向度之人，却在互相仇视攻击，实在是很荒唐的事情。

这里作者宕开一笔，把论争提到教育的本质问题上观察，即当前的教育不能启发人独立思考，培养人的创造性，使人丧失了自我，脱离了这一严峻现实问题，空对空地争辩文、理谁更有用又有什么意义呢?！文章避免了支持或反对某一方的就事论事，通过拓宽论述范围触及了更为本质的问题，又毫无"无限上纲"之嫌，这样恰到好处的分析论述不能不让人折服。

又如《"人走茶凉"属正常》① 一文并不赞同把"人一走，茶就凉"看成是世态炎凉的"普遍认识"，指出：

> ……对于"人走茶凉"也需作一点具体分析，未可一概而论。"势利眼"者固然大有人在，但不在本文讨论范围之内。我想说的是另外一些因素，如果不加区别，就容易混淆两类不同性质的矛盾，陷入无穷的烦恼之中。

随后通过对自然"降温"和人为"保温"的具体分析，进一步表达自己的"反对意

---

① 载《新民晚报》，1998-09-08，作者范敬宜。

见”：

> 依我看来，“人走茶凉”其实是一种自然现象。何以见得？俄国大文豪托尔斯泰曾有一个妙喻，原话已不准了，大意是说：友谊好比一壶开水，一旦离开炉子就逐渐凉下来了。朋友尚且如此，何况是一般的工作关系？在位时朝夕相处，自然交往频繁，离岗后相见日稀，没有那么多要事向你请示、商量，“茶”的降温便成为一种必然。如果哪位领导干部退下以后，依旧宾客盈门，酬酢不绝，倒有点反常了，对其本人而言，也未必是件轻松愉快的事。
>
> 再说，你退下之后，当然比较清闲，而在位者工作都很忙，哪有那么多时间老是向你嘘寒问暖？如果还期望人家“早请示，晚汇报”，未免有点近乎苛求。记得前几年有篇小说叫《电话》，写的是一位老首长离休之后，因为每天再也接不到那么多电话而闷闷不乐，日见消瘦。了解他心境的老伴只好偷偷关照旧部每天打个电话“汇报工作”。这样做了果然灵验，老首长恢复了奕奕神采，家庭也重现融融气氛。这样的人为“保温”，又有什么意义呢！

这里，把两种不同性质的“茶凉”情况相区分，把自然“降温”和人为“保温”相区分，通过实事求是的分析论述，使人心悦诚服，对这类现象的认识也更符合实际。

这两个例子说明，对于驳论性评论来说，实事求是、恰到好处地分析论述问题，既要从驳论对象的实际出发，又不能局限于对象本身；既要置于事物的联系之中，提高到一定的思想政治高度，又不能毫无节制地随意扩大、层层推论。那么，怎样把握这个“度”呢？这里所说的实际，其实不光是驳论对象的实际，还有社会实际，以及二者之间的必然的联系。总之，只要按照这种必然联系，把驳论对象放在一定范围内分析，就能够中肯地触及问题的实质或矛盾的症结。

驳论性评论除了要敏锐地观察分析事物，力求触及问题的实质外，还要注意对“分寸”的把握。在分析的时候防止“扩大化”和“上纲上线”自然是“分寸”的题中应有之义，此外还有对语言表达包括遣词用语以至于口吻方面的讲究。不妨琢磨一下上述两例的结尾句：“都是单向度之人，却在互相仇视攻击，实在是很荒唐的事情。”“这样的人为‘保温’，又有什么意义呢！”前者表明了立场，虽是批评却并不厉声厉色；后者以步步论证为基础，结论水到渠成，颇具启发意味。可见，把握分寸也要注重语言表达，应当适当考虑受众的思想和心理状态，防止因一味疾言厉色、简单生硬而影响传播效果。

3. 有理有据，以理服人

驳论性评论主要面向广大受众，而不是单纯针对当事人；最终目的在于帮助人们划清界限，促使事物向健康的方向转化，而不满足于否定驳论对象本身。所以，一定要坚持以理服人，坚持有理有据有节的说理原则。

2004 年 4 月，昆明出现一家用年轻美女的赤裸身体作为盛放食品、菜肴的容器，名为“女体盛宴”的餐厅。该餐厅邀请了包括新闻媒体记者在内的众多社会人士参加了开业仪式，次日一些媒体即以大幅照片甚至在显著位置报道了此事件，有的甚至称这种做法为“创新、开放”的行为。一时间人们议论纷纷，莫衷一是。《云南日报》随即发表了署名文章《坚决制止低俗炒作行为》[①]，文章并没有厉声厉色，而是以理服人，通过分析论述耐心地说服读者，帮助人们澄清认识上的模糊和混乱。其中有一段关于为什么企业不能这样做的论述颇有代表性：

> 企业要谋求好的经济效益，要发展，是应当突出经营特色，增强产品对消费者的吸引力。问题的关键在于，创造特色和增强吸引力，必须符合法律法规，要用正当、规范的方式，符合社会道德要求，有利于社会主义精神文明建设。作为餐饮业，要努力弘扬先进饮食文化，坚决摒弃低俗的东西，杜绝违反法律法规的经营行为。我们云南民族众多，各民族都有极富特色的饮食文化，这些饮食文化对消费者有长盛不衰的魅力。只要我们认真发掘，加以提高，就一定能够为我们带来好的经济效益和社会效益。用低俗的炒作来哗众取宠，吸引消费者注意，那只会适得其反，最终害了自己。“女体盛宴”的深刻教训，非常值得商家们引以为戒。

鲁迅先生在20世纪30年代，曾经告诫无产阶级作家：“战斗的作者应该注重于‘论争’。”他语重心长地说：“自然，中国历来的文坛上，常见的是诬陷，造谣，恐吓，辱骂，翻一翻大部的历史，就往往可以遇见这样的文章，直到现在，还在应用，而且更加厉害。但我想，这一份遗产，还是都让给叭儿狗文艺家去承受罢，我们的作者倘不竭力的抛弃了它，是会和他们成为‘一丘之貉’的。”[②] 对于严肃的驳论性评论来说，“注重论争”更是须臾不可背离的原则。因为，舍此就不能破除敌论、折服论敌，也难以让广大受众心悦诚服地接受评论的见解。

所谓“注重论争”，就是坚持摆事实、讲道理，依靠有理有据、合情合理的论辩服人，而不能靠简单地扣“帽子”，靠说话尖酸刻薄或“火药味”，当然更不能靠鲁迅所斥责的“一味鼓噪”的“《三国志演义》式”的战法或“骂一句爹娘，扬长而去”的“‘阿Q’式”战法。即使对于政治上的敌对分子或对抗性敌论，也不能任意扣“帽子”，或施以人身攻击。这自然不是主张与敌对势力“和平共处”，姑息或纵容反动的东西，而是为了争取群众的理解，最大限度地孤立敌对的事物。鲁迅的文章就十分善于通过摆事实、讲道理进行“论争”，比如他的《中国人失掉自信力了吗》[③] 一文针对国民党的御用文人散布“中国人失掉了自信力了”的论调，予以了有力驳斥：

---

① 载《云南日报》，2004-04-19，作者赵金。

② 《辱骂和恐吓决不是战斗》，见《鲁迅全集》，第4卷，452～453页，北京，人民文学出版社，1982。

③ 载1934年10月20日《太白》半月刊第一卷第三期，署名公汗，见《鲁迅全集》，第6卷，117～118页。

“自欺”也并非现在的新东西，现在只不过日见其明显，笼罩了一切罢了。然而，在这笼罩之下，我们有并不失掉自信力的中国人在。

我们从古以来，就有埋头苦干的人，有拼命硬干的人，有为民请命的人，有舍身求法的人，……虽是等于为帝王将相作家谱的所谓“正史”，也往往掩不住他们的光耀，这就是中国的脊梁。

这一类的人们，就是现在也何尝少呢？他们有确信，不自欺；他们在前仆后继的战斗，不过一面总在被摧残，被抹杀，消灭于黑暗中，不能为大家所知道罢了。说中国人失掉了自信力，用以指一部分人则可，倘若加于全体，那简直是诬蔑。

中国近代本来就国运积弱、屡遭凌侮，“九一八”事变又在许多中国人心中投下失败的阴影，国内的悲观论调一时甚嚣尘上。1934 年 8 月 27 日《大公报》社评《孔子诞辰纪念》更是发出了哀叹：“民族的自尊心与自信力，既已荡焉无存，不待外侮之来，国家固早已濒于精神幻灭之域。”鲁迅先生凭着对社会现状的洞悉，运用辩证唯物主义的观点，从历史和现实两方面有力地驳斥了这一错误论调。在这里，历史和现实社会中那些不消极、不沉沦，进行坚韧不拔的斗争的事实，成为作者说理的主要依据，作者在热情赞扬作为“中国的脊梁”的“并不失掉自信力的中国人”的同时，也发出了中国人当自信自强的呐喊。可见，坚持摆事实、讲道理，讲究张弛有度的论辩艺术，才能既把道理讲得“弥缝莫见其隙，敌人不知所乘”（《文心雕龙·论说》），又为对立面转化提供某种条件，或留有适当的余地。

粉碎“四人帮”以后，一味扣“帽子”的评论少见了，但还时常可以见到不善于讲道理的作品。如有的“针尖对麦芒”，失之狭隘；有的一味追究个人责任，动辄“严厉制裁”，混淆了舆论与纪检、司法部门的职能界限；有的絮絮叨叨而不及要害，结果不是隔靴搔痒，就是是非不清；有的盲目追求痛快、“俏皮”，以至于以不文明的方式对待不文明的行为等等。驳论性评论的力量在于严肃、严正、严谨，正如鲁迅所说的，即使“因为情不可遏而愤怒，而笑骂”，也“必须止于嘲笑，止于热骂，而且要‘喜笑怒骂，皆成文章’，使敌人因此受伤或致死，而自己并无卑劣的行为，观者也不以为污秽，这才是战斗的作者的本领”[①]。

4. 选好途径，讲究方法

怎样进行驳论？通常有两种途径：

一是直接反驳，即直接驳斥对方的论点。通常先举出对方的荒谬论点，然后用正确的道理和确凿的事实直接加以驳斥，揭示出谬论与真理之间的矛盾。比如，针对《质中共》提出的三大问题[②]之一的“要乱不要变”的认识，《与〈大公报〉论国是》

---

① 《辱骂和恐吓决不是战斗》，见《鲁迅全集》，第 4 卷，453 页。

② 即内战的责任在谁、“要乱不要变”以及人民武装的存废这三个关键问题。“要乱不要变”中，“乱”指打内战，“变”指搞民主。

就进行了直接反驳：

> 中国只有“变”才不会“乱”；军队国家化是跟着政治民主化来的，军队不“化”于民主的国家，难道还该“化”于国民党的“党国”吗？还该“化”于封建独裁的国家吗？

这段逻辑严密、气势如虹的论述，既亮明了观点，也是分析，是对《质中共》错误认识的直接回击。也有的文章是通过证明与论敌的论点相对立的论点是正确的，来证明论敌的论点是错误的。

二是间接反驳，即通过批驳对方的论据或论证来驳倒对方的论点。一般说来，论据是论点的根据，错误的论点往往是建立在虚假的论据之上的，论据驳倒了，论点也就站不住脚了。此外，还可以通过批驳对方论证过程的谬误来驳倒对方的论点，驳倒了它的论证中的关键问题，也就把谬论驳倒了。

比如，自 20 世纪 70 年代始，美国国务院向国会递交《国别人权报告》，2011 年在其发表第 35 份年度人权报告后，《人民日报》撰文指出：

> 虽然当今世界早已不再任凭某个大国说了算，但美国政府仍然沿用了凌驾于世界其他国家之上的做派：对全球 190 多个国家和地区的人权状况指手画脚，却唯独将美国本国的人权状况剔除在外，凸显美国在人权领域颐指气使的强权与霸道，“人权教师爷”味道十足。①

接下来的论证，文章对美国人权的糟糕状况、美国在国际人权领域扮演的不光彩角色和美国在评判人权问题上采用双重标准三个方面进行反驳：

> 美国自己的人权状况究竟如何？其实，就连美国政府也承认其人权状况“并非完美”，只是这种承认显得欲言又止，其结果便是欲盖弥彰。根据刚刚面世的 2010 年美国全国人口普查，其拉美裔人口已达 5 050 万。在这一迅速增长的族群中，有相当一部分被称为“无证明文件工人”的非法移民，他们绝大多数只能依靠出卖体力谋生，其人权状况堪忧。美国现政府曾经允诺的移民政策改革迟迟未能出台，使得这一状况难有改善。
>
> 美国在国际人权领域扮演着什么样的角色？美国现政府执政伊始，便允诺关闭人权记录极糟的关塔那摩监狱。两年多过去了，关塔那摩监狱关闭一事已变得遥遥无期。不仅如此，美国媒体近日曝出，在美国本土还存在着多个类似关塔那摩监狱的“黑狱”。今年的人权报告中还特别点名批评阿富汗和巴基斯坦，称阿平民 2010 年在武装冲突中的死亡人数较上年增长 15%。而报告又遮遮掩掩不愿更

① 《“人权教师爷”可以休矣》，载《人民日报》，2011－04－12。

多着墨，原因恰恰是以美国为首的北约部队多次造成阿富汗和巴基斯坦无辜平民伤亡。近日，有关美国驻阿富汗第二步兵师第五作战旅“杀人小组”肆意杀害阿富汗平民事实的曝光更加令人震惊。

美国评判人权的内外标准是否一样？在今年的人权报告中，美国再次在互联网自由问题上大做文章。人们还未忘记，去年6月24日，美国国会通过了一项修正案，规定联邦政府在紧急状况下，拥有绝对的权力来关闭互联网。此外，运营网站须经政府许可以及个人身份信息验证。维基解密网站泄密事件发生后，美国国内更为严密的管控措施早已是公开的秘密。而美国对外则喊着“互联网自由”的口号，推动社交网络新媒体成为其外交施压、“政权更迭”和谋求霸权的重要工具。

这三段论证，针对的是美国的人权状况，其逻辑在于，一个不讲人权、对待人权采用双重标准的国家对别国人权状况做出的判断一定是站不住脚的，从而告诫论敌，不要怀揣偏见，傲慢、蛮横地对中国人权状况说三道四。运用间接反驳，从战略上讲颇有些“围魏救赵”的意味。

直接反驳和间接反驳，是从逻辑的角度做出的考虑；而具体的论证方法，则要根据驳论的需要来选择。驳论性评论可以运用的论证方法很多，例如例证法、引证法、假设法、归谬法等都可以根据需要使用。下面这篇批评博士学位与发表论文挂钩做法的文章运用了引证法：

“博士学位挂钩论文”的做法来自哪里？2004年8月28日起施行的《中华人民共和国学位条例》，第六条明确规定：“高等学校和科学研究机构的研究生，或具有研究生毕业同等学力的人员，通过博士学位的课程考试和论文答辩，成绩合格，达到下述学术水平者，授予博士学位：（一）在本门学科上掌握坚实宽广的基础理论和系统深入的专门知识；（二）具有独立从事科学研究工作的能力；（三）在科学或专门技术上做出创造性的成果。”显然，大学“博士学位挂钩论文”的“土政策”，是对“独立研究能力”、“创造性成果”的粗糙量化，隐含着一种简单粗放的“学术GDP”思维。①

而这一篇反对某地设立“禁止午间饮酒办公室”的评论则使用了归谬法进行论证：

诚然，禁止公职人员工作日中午饮酒，绝对是好事一桩，不仅可以改善政府形象，端正工作作风，提高办事效率，有效遏制公职人员酒后误事、乱事、空岗漏岗等现象，还可以在一定程度上减少政府开支。但是，禁酒就禁酒，何必要多成立一个专门机构，多贪恋一块牌子呢？如果为禁酒可以成立一个“禁酒办”，那

① 《“博士学位挂钩论文”当休矣》，载《光明日报》，2012-07-23。

> 么，为禁止上班迟到或工作时间玩游戏、聊天、睡觉，是不是要分别成立“禁迟办”、“禁游办”或“禁聊办”、“禁睡办”呢?①

无论采用哪一种驳论方法，都要以“我”为主，把选择的主动权掌握在自己的手里，以有利于实现驳论目标（包括彻底地否定驳论对象和帮助受众分清是非）为转移，防止被敌论或论敌牵着鼻子走。这里需要注意的是，千万不要把从驳论对象出发与把握主动权割裂开来、对立起来。事实上，如果离开对于驳论对象的深知深解，不了解其要害和薄弱点，那就谈不上什么掌握主动权，这同军事上的“知彼知己，百战不殆”的道理是一样的。

5. 破中有立，立为归依

作为论说手段，立论指正面说理或说正面的理。它与驳论手段虽然相辅相成，但二者在不同类型的评论中具体关系却有不容忽视的区别。在立论性评论中，驳论是立论的辅助手段，它们一主一从，共同为论证某种主张服务。可是，立论在驳论性评论中的作用却不仅仅是辅助性的，它与驳论的关系也不是主从关系所能概括的。

在驳论性评论中，立论具有两方面的功能或者说两种基本作用。一种是作为反驳敌论的理由，起论据的作用。为了彻底否定敌论，不能只是简单地宣布它是错误的，更重要的是要说明它究竟错在哪里，为什么错，这就需要讲正面的道理。比如，为什么要反对特权？特权思想、特权行为为什么要不得？

> ……从根本上说，搞特权同共产党的性质是不相容的。同我国的社会主义制度也是不相容的。共产党人的神圣职责，就是为无产阶级和广大被压迫被剥削人民的彻底解放，为实现社会主义、共产主义而奋斗。共产党员应当吃苦在前，享受在后，全心全意为人民服务。搞特权是党性原则所不允许的，和共产党员的光荣称号是不相符合的。马克思主义的国家学说告诉我们，在社会主义制度下，国家公职人员是人民的公仆，应当勤勤恳恳地为人民谋利益，而不应当享受任何特权。②

在这一席道理面前，特权思想、特权行为的错误就昭然若揭了。在这个例子中，立论手段的作用在于为反驳敌论提供论据，是为揭示谬误的实质、彻底否定敌论服务的。

但是，否定敌论并不是驳论性评论的最终目的。驳论性评论驳斥敌论、批评谬误，目的在于确立正确观念和社会准则，帮助人们划清是非、正误、善恶、美丑以至于敌我界限，正确地认识和处理各种客观矛盾。从这个意义上说，立论手段就不

---

① 《禁酒很好，专设“禁酒办”很糟》，载《新华每日电讯》，2012-04-06。

② 《绝不允许有“特殊公民”》，1980年10月17日中央人民广播电台。

只是起论据的作用，为否定敌论服务，而是在论辩中居于主导地位了。如广播评论《“拜金主义”要不得》[①]，作者多次批驳拜金主义的行为和错误认识，也多次适时地加入立论：

> “艰苦奋斗、克勤克俭是我们中华民族永远值得骄傲的美德。”
>
> “如今发展市场经济，我们依然必须清醒，人际关系决不只是金钱交换。”
>
> “物质和精神，永远是人类文明进步这架天平的两端，失去哪一端，社会都会出现倾斜。”
>
> “‘大款’、‘大亨’、‘大腕’们如果能从酒店歌厅转过身来，看看失学孩子求助的目光，看看农民们的满面尘土，把财富的支配与为国分忧为民造福联系起来，向他们伸出手去，这才叫真正的潇洒和幸福。”
>
> “‘艰苦奋斗’是一面鲜红的旗帜，在我们奔小康、奔四化的路上，让这面旗帜高高飘扬！”

这些正面的论述在批驳错误言行的基础上也为听众指出了正确的方向，使得评论更具备启发意义。

又如，在《“人权教师爷”可以休矣》[②]中，作者在驳论后亦加入了一段立论，这恰恰是本文的归依所在：

> 这份报告的编纂者自称为此“费尽心力”，恰恰说明了人类人权事业的进步与发展。对此置若罔闻者，如果不是浅薄无知，便是居心叵测。国际社会需要相互尊重、理解与合作，这比别有用心的单方面指责更有利于推动人权事业普遍进步。

假如抽掉这些，评论也许不至于因此失去说服力和论辩力，但却丧失了统率全篇的灵魂。

立论手段无论作为论据还是起某种主导作用，其实都是“立言论准”原则在驳论性评论中的体现。所谓“立言论准”，是荀子提出的一个说理原则：“凡议，必将立隆正然后可也，无隆正，则是非不分，而辨讼不决。”（《荀子·正论》）这就是说，要明辨是非就必须首先确立判断是非的标准，否则就会沦于“公说公有理，婆说婆有理”的是非莫辨的境地。由此可见，摆正立论手段的位置，同时发挥正面说理的论据作用和主导作用，对于增强驳论性评论的舆论威力是多么重要。

---

① 1993年4月8日中央人民广播电台。

② 载《人民日报》，2011-04-12。

第四节 | 释论性评论

邓拓在《关于报纸的社论》中曾说："人们通常看到的我们报纸的社论，从它们的基本内容的不同性质来区分，不外三种类型：第一种是关于党和政府对内对外政策路线的解释性的评论，例如关于过渡时期的总任务、全国人民代表大会、宪法、党的全国代表会议、亚非会议等的社论都属于这一种。"[①]邓拓所说的"解释性的评论"的含义，与本节的"释论性评论"有相近之处，又不完全一致。本节将围绕实践中经常运用的以解说为主要目标和手段的评论类型做些简要介绍。

一、释论性评论及其类别

释论性评论就是以重大新闻事件、思想理论或方针政策为论述对象，以阐释、说明为主要论说手段，以帮助人们解惑释疑、正确认识和对待有关事物为论说目标的评论类型。这类评论，虽然也有明确的判断或论断，但以阐释为主，与主要诉之于直接表明立场、观点的立论性评论和驳斥某种做法、认识的驳论性评论有明显的区别，它更多地侧重于阐明、解释，而不是证明自己的主观见解。在实践中，释论性评论既有署名评论，也有不署名评论。

释论性评论在我国新闻评论实践中处于特别重要的地位。在我国，新闻媒体是上层建筑的重要组成部分，新闻评论作为新闻媒介的政治旗帜，肩负着阐明党和政府的纲领、路线、决策、部署，以及方针、政策、法律、政令的重要使命。在改革开放特别是社会转型期，各个领域都处于急剧的发展变化之中，党和政府适应变化着的客观实际，不时调整和完善各项方针、政策，制定新的法律、条例，及时、准确地阐明、解释这一切，帮助广大干部群众正确理解其精神实质，提高贯彻执行的自觉性，并将其转化为具体的社会实践更是新闻评论的经常性任务。可以说，释论性评论是以指导社会实践、推动社会主义事业健康发展为宗旨的评论类型。

依据释论对象的性质，释论性评论的内容、规格、时机也有所不同，实践中释论性评论大致可以分为专题性释论和全局性释论两大类。

1. 专题性释论

专题性释论是指一篇专门阐释某一项或某一领域的具体方针政策的评论。

释论性评论通常首先要准确地概括释论对象的主要内容或性质意义。如《开创青

---

① 《邓拓文集》，第1卷，312页。邓拓说的其他两种是"对各项实际问题和部门问题的评论"和"一般政治宣传的社论"。

年工作新局面的纲领性文献》[1] 开篇就用完整的一段概括释论对象（胡锦涛同志五四讲话）的地位、意义：

> 在纪念中国共产主义青年团成立 90 周年大会上，胡锦涛总书记发表重要讲话。《讲话》思想深刻、内涵丰富，语重心长、情真意切，寄托着党对青年一代的殷切希望，饱含着党对共青团工作的深切关怀，也展示了党对中国青年运动最新的规律性认识，是开创青年工作新局面的纲领性文献，具有重大的理论和实践意义。

随后从四个方面对讲话的内容进行了阐释说明，即：

> 《讲话》揭示了中国青年运动的基本规律。……
> 《讲话》为当代青年健康成长指明了方向。……
> 《讲话》是共青团工作的重要指南。……
> 《讲话》是各级党委进一步做好青年工作的思想武器。……

最后发出号召：

> “党有号召、团有行动”，一代又一代青年凝聚在党的旗帜下，用青春和热血为革命、建设和改革事业书写了彪炳史册的壮丽篇章。今天，继往开来的当代青年，要以学习贯彻胡锦涛总书记的重要讲话为动力，继续沿着党指引的正确道路奋勇前进，在全面建设小康社会、坚持和发展中国特色社会主义、实现中华民族伟大复兴的征程上，创造出更加壮美的青春业绩！

这一结尾是在帮助人们确切理解基本精神的基础上，促使人们自觉付诸实践，推动方针政策的贯彻落实。

有的时候还会根据方针政策贯彻执行过程中的实际情况，对已经阐释过的对象进行后续补充阐释，其目的在于引导人们注意某些重点，防止片面理解，排除可能出现的误解和干扰，加强和完善贯彻执行的措施、步骤和方法。因此一般比较重视分析贯彻执行情况，明确政策界限，突出阐述当前亟须解决的问题，在论说过程中也较注意调动驳论手段。如《反腐败斗争要坚持不懈》[2]，其实是《坚定不移地开展反腐败斗争》[3] 的后续作品。1993 年 8 月，中共中央纪律检查委员会第二次会议具体部署近期反腐败斗争，明确要求着重抓三项工作：加强对各级党政机关领导干部廉洁自律情况的监督检查；集中力量查办一批大案要案；狠刹几股群众反映强烈的不正之风。一年

---

① 2012 年 5 月 6 日《人民日报》“评论员文章”，该文是“学习胡锦涛同志五四重要讲话”系列评论首篇。
② 1994 年 12 月 16 日《人民日报》“评论员文章”。
③ 1993 年 8 月 26 日《人民日报》“社论”。

多过去了，情况究竟怎样？后续评论对此作了估计：

> 目前，从总体上看，反腐败斗争发展势头是好的，成效是明显的。但也要清醒地看到，反腐败工作离中央的要求和人民群众的期望还有不小差距，尚有不少因素影响和制约着反腐败斗争的深入发展。

评论在具体分析差距的表现之后，着重指出：

> 反腐败斗争的形势依然是严峻的。腐败现象不仅在党政机关及其工作人员中仍然存在，而且有的还相当严重。当前最突出的表现是权钱交易，以权谋私，不择手段地侵占国家、集体和群众的利益。这种情况不仅党政机关、经济部门有，执法机关也同样存在……

这种回顾贯彻执行情况、指明今后工作重点的论述，通常是后续性评论内容的必要组成部分，也是这类评论指导性的基础。

2. 全局性释论

全局性释论一般用于阐释党的纲领、路线，党和政府的重大决策、部署，以及重要会议的精神和决议。这类评论通常面向全党和全国人民，其精神普遍适用于各个领域、各个部门。如《把全党工作的着重点转移到现代化建设上来》① 是为当时的十一届三中全会闭幕发表的，它重点论述这次具有划时代意义的会议的基本精神——把全党工作的着重点转移到社会主义现代化建设上来。又如《紧紧围绕主题主线 实现“十二五”良好开局》②，开篇介绍了阐释的对象及背景：

> 这次中央经济工作会议，是贯彻落实党的十七届五中全会精神的一次重要会议。会议认真总结今年及“十一五”时期经济工作，科学分析当前国际国内形势，全面部署明年经济工作，对于统一全党认识、凝聚全国力量，为“十二五”时期经济社会发展开好局、起好步，具有十分重要的意义。

随后从五个方面分析阐释了“十二五”开局之年经济工作的重点：

> 实现“十二五”时期经济社会发展的良好开局，明年经济工作要突出以下重点：
>
> 加强和改善宏观调控，保持经济平稳健康运行。……

---

① 1978年12月25日《人民日报》“社论”。

② 2010年12月13日《人民日报》“社论”。

推进发展现代农业，千方百计争取农业好收成。……

加快经济结构战略性调整，增强经济发展协调性和竞争力。……

完善基本公共服务，切实保障和改善民生。……

加大改革攻坚力度，不断提高对外开放水平。……

这种论述全局性工作的评论虽然为数不多，但权威性强、影响力大，深受各级党政机关和干部、群众的重视，很多海外媒体也将其作为解读中国政治、经济、社会发展方向的重要途径，因此新闻媒体通常会全力以赴、悉心经营。

释论性评论的对象通常具有综合性和复杂性，不似时评的对象那般集中于某一个或某一类事件，因此常常会运用系列评论来完成对某一重大新闻事件、思想理论或方针政策的阐释。系列评论既可以有计划地作全面、深入的论述，又能够使文章短小精悍，避免长篇大论。但需要周密计划、合理安排，以保持整个系列的统一性和基本精神的一致性。比如北京奥运会结束后，《人民日报》发表了一组5篇评论员文章[①]，主题分别为《一座伟大的历史丰碑》、《一次空前的友谊盛会》、《一笔丰富的精神遗产》、《一次重要的发展机遇》、《一次崭新的扬帆启航》，副题则以“北京奥运会成功的启示”统之。这组评论员文章系统、全面地阐述了北京奥运会对世界、对奥林匹克和对中国社会发展的重大影响，各组成部分分之则独立成篇，合之则完整、统一，堪称典型的系列释论性评论。前文提到的“学习胡锦涛同志五四重要讲话”系列评论也是由《开创青年工作新局面的纲领性文献》、《坚持远大理想　创造人生辉煌》、《坚持刻苦学习　造就栋梁之材》、《坚持艰苦奋斗　创造优异业绩》、《坚持开拓创新　贡献聪明才智》、《坚持高尚品行　开创社会新风》等6篇共同完成了对该主题的阐释。

二、释论性评论的写作要点

毫无疑问，全面、准确地理解释论对象，是写好释论性评论的基本前提。但是，理解释论对象、吃透方针政策，只是具备了前提条件，并不一定就能写出好评论，就能赋予作品预期的说服力和感召力。与其他评论相比较，释论性评论要透彻阐明释论对象，特别是有关方针政策的精神实质，把它变成广大干部、群众的自觉实践，这就需要在“精心写作”上狠下功夫。

1. 注重时效性的时间侧面

新闻评论讲究时效，一般侧重于把握时机，但释论性评论却更强调时间这一侧面。对于以新闻事件为评论对象的新闻分析来说，争取时间等于把握了先声夺人的舆论主动权，所以这类评论一向视时间为影响评论社会效果的重要因素。国际台关于美国退

① 2008年8月27—31日《人民日报》“评论员文章”。

出教科文组织的评论，《人民日报》对于卡特反通货膨胀计划的评论，不就是以其迅速及时评述有关事件和现象而赢得人们的好评吗？

如今各新闻机构的新闻分析，多数是就当天的新闻事件发表的。近年来广播、电视媒体甚至把直播点评作为一种“常态”，于是我们经常能够看到“时事评论员”或“新闻观察员”们就坐在直播间、演播室里，对正在发生的新闻进行及时的分析、解释。

就是对于新事物、新问题的述评，在它们处于萌芽状态的时候，及时地针对人们的疑问作必要的解释，也往往可以收到事半功倍的舆论效果。2008 年 9 月，“毒奶粉”事件震惊全国，影响波及世界多个国家。面对这一事件，人们一方面期待政府能够完善食品安全的有关工作，另一方面也在关注着对相关责任人的处理。9 月 22 日，国务院同意李长江辞去国家质检总局局长的职务。同一天，经党中央、国务院批准，免去吴显国河北省省委常委、石家庄市委书记职务，还有众多官员因该重大责任事故而被免职。有媒体评论说，中国掀起了新一轮的问责风暴。当晚，中央电视台《新闻 1＋1》以“问责风暴”为话题，讨论了问责制的意义，以及如何规范、完善，使其常态化、透明化。以当天发生的两起因问责而被免职的事件为由头，探讨、解释了一个人们还不太了解的制度，可以说是将时间和时机两个侧面有机结合起来了，特别有助于释论性评论发挥应有的社会功能。

2. 恰当表现释论对象与客观实际、历史背景的联系

释论对象都不是孤立的，而是相互联系的。以党和政府的任何方针政策为例，这种联系包括现行方针政策之间的横向联系，以及现行的与过去的方针政策之间的纵向联系。在释论性评论中，如果不表现释论对象与社会现实、历史背景的种种联系，自然难以揭示其本质。在《冷战思维下的美国涉华动作》[①] 中，为了准确、清晰地解读美国国防部发布的 2012 年度《涉华军事与安全发展报告》的实质，直接将其与同日发生的“美国国会众议院表决通过一项法案，要求美国政府至少向台湾地区出售 66 架 F－16C/D 战机”事件相联系，指出“美国国会众议院与五角大楼一唱一和，是冷战思维下的躁动与臆语”。除了现实的联系，文章还把《报告》置于历史背景中来认识：

> 《涉华军事与安全发展报告》本身就是冷战思维的产物。冷战期间，美国曾针对苏联每年出台军力报告。冷战结束后，美国产生新的战略焦虑，将迅速发展壮大的中国视为密切关注的对象。从 2000 年开始，五角大楼每年提交报告，妄评中国军力发展变化，毫不掩饰颐指气使、指手画脚的恶习。

通过现实与历史的联系，文章指明了报告的实质和错误的出发点。

在一篇篇幅有限的评论中，把所有现实的和历史的依据统统搬出来，事实上既不

① 载《人民日报》，2012－05－21，作者钟声。

可能也没有必要。因此，究竟表现哪些联系，怎样表现这些联系，只能以有利于说明释论对象的必然性、揭示其现实意义，有助于人们确切理解其本质为标准。事物与现实和历史的联系是多种多样的，表现它们之间的联系当然也不可能有固定的模式。以党和政府的方针政策为例，即使论述同一方针政策，面向全国与面向地方的要求也不一样。面向地方的未必非从全国的形势讲起不可，却一定要紧密联系当地的实际，具体生动地阐明方针政策，而不是“等因奉此”式地生吞活剥有关条文。这是引导人们准确理解、领会方针政策，并将其转化为生动的社会实践的保证。

当释论性评论的对象为方针政策时，要特别顾及方针政策的纵向联系，防止与现行其他方针政策相龃龉，或割断与过去方针政策的历史联系。比如，党的十一届三中全会以来，进行了一系列拨乱反正的政策调整，制定了一系列新的方针政策。它们与过去的方针政策的联系是多种多样的，有的是对过去错误政策的否定，有的是对过去政策中的片面性的矫正，有的则是过去正确政策在新时期的继续和发展。在这种情况下，适当顾及历史联系，分清到底是什么性质的联系，对于正确阐述或理解方针政策是十分必要的。但是，一定要注意从具体的客观联系出发，坚持具体问题具体分析，是什么就是什么，不能一概而论。具体说来，关于知识分子政策，继续沿用“团结、教育、改造”的口号固然不对，但否定这个口号在历史上的作用也不对，所以《当前落实知识分子政策的关键》① 在指出沿用这个口号是“时代的错误”的同时，又说：上述口号，在建国初期针对从旧社会来的知识分子来说是正确的。这样从具体联系出发，才是科学的态度，也才有助于人们正确认识今天的政策与过去政策的区别，也是避免误解所必需的。

3. 鲜明地表达观点

释论性评论以阐释、说明为主要论说手段，并不是说只能跟在释论对象后面亦步亦趋，甚至丧失观点。恰恰相反，释论性评论以“论”为根本着眼点，评论主体对释论对象的阐释不是原意重复，而是主体的一种能动的解读。在《冷战思维下的美国涉华动作》② 一文中，作者对美国国会众议院推动对台军售，五角大楼出台新的涉华军力报告的行为进行了深入解读，最后鲜明地亮出了自己的观点：

> 美国国会众议院推动对台军售，五角大楼出台新的涉华军力报告，说到底，都是大国对抗冲突陈旧逻辑作祟，是“霸主”思维的体现。陈腐的冷战思维与中美两国关于建设相互尊重、互利共赢的合作伙伴关系共识背道而驰。
>
> 中美关系是当今世界最重要、最复杂的双边关系之一，两国合则两利，斗则俱伤。中美两国应当坚定推进建设合作伙伴关系，努力发展让两国人民放心、让世界人民安心的新型大国关系。美国必须摒弃冷战思维，摆脱不合时宜的大国对

---

① 1982年10月21日《人民日报》“社论”。

② 载《人民日报》，2012-05-21，作者钟声。

抗冲突陈旧逻辑的束缚，多做有利于促进中美两国两军关系和双方互信合作之事，而不是相反。

值得一提的是，释论性评论表达观点与立论性评论、驳论性评论更多地直接运用逻辑推理不同，释论性评论往往要提供大量的事实（有时客观叙述甚至是主要的表现手段），通过叙述提供有关事物或事件的主要事实、必要的背景材料，以及社会上既有的见解。释论性评论的观点往往蕴涵在对客观事物的叙述中，换句话说，释论性评论的事实叙述经常伴随着分析，其着眼点在于揭示事物或事件的内蕴，不着痕迹而又毫不含糊地表达自己的见解。评论《警惕GDP升级大战架空中央战略》[①] 不仅客观地介绍了制定“十一五”规划时经济增长率目标被层层放大的事实，而且列举了当前在制定“十二五”规划时已经公开经济增长指标的省份大多也还存在GDP盲目崇拜的现象，客观叙述虽然占据较大篇幅，但却自始至终渗透着相当鲜明的倾向性和不由人不信服的见解：

五年前，在制定“十一五”规划时就已经出现了经济增长率目标层层放大的效应。“十一五”时期，国家规划预期目标是7.5%，但是省级政府规划的目标是8.5%～13%，平均是10.1%，比国家高出2.6个百分点；地级市，根据31个随机抽样样本计算，增长率制定为9.5%～20%，平均数13.1%；县级，根据22个随机抽样样本计算，最低的为9.6%，最高为28.3%，平均数14.2%。这反映出各地区GDP竞赛越到低一层就越激烈，指标就越高，这是我们体制的通病和顽症。

从目前已经公开的23个省（市区）党委关于“十二五”规划的《建议》来看，只有3个省（市区）调门和中央一致，是弱化经济增长指标；有10个省（市区）继续锁定在快速增长的目标上，仍将追求10%以上的高增长；还有10个省（市区），还是要大干快上，追求12%以上的增长率，其中有7个省（市区）提出了翻一番的目标（即增长率要达到14%）。估计全国已经有25个地区在10%以上。我曾问一个省：“10%以上是多少？”回答是在13.5%左右。有的地级市和县还提出五年“GDP翻一番半”的目标（即增长率要达到20%）。

许多地方负责人在北京开会讲的是“北京话”即“科学发展”，回到了本地开会讲的却是“本地话”即“加快发展”，本质上传统发展模式并没有改变 。可以说，大部分地方政府在制定“十二五”规划目标时，仍然锁定在“加快发展”的轨道上，我们称之为“路径依赖”，并“自我锁定”。这是典型的“打左灯，往右跑”，还是“快字当头”，还是“大干快上”。如果中央不及时遏制这一倾向，“十二五”经济增长的层层放大效应只会比“十一五”有过之而无不及，中央提出的转变经济发展方式的目标也可能落空。

---

① 载《人民论坛》，2012（7），作者胡鞍钢。

把这些凿凿有据的数字组织在一起，既说明了一些地方对 GDP 的盲目崇拜，同时也表明了作者对这些指标的看法，更为作者进一步分析这一现象背后蕴涵的深层次危机奠定基础。

寓倾向性和主观见解于客观叙述之中，这是释论性评论常用的表现方法。不过，客观叙述能否为表达主观见解服务，从根本上说取决于主观是否正确地反映了客观实际。如果离开正确认识反映客观实际这个基本前提，所谓客观叙述就不过是兜售偏见和谬误的伎俩。

总之，是否善于一针见血地揭示事物的实质，提供明确、中肯、富有说服力的见解，是新闻评论能否能动引导舆论的关键。释论性评论如果满足于引述他人的见解，唯独没有自己的见解，那就有名无实，形同新闻报道了。当前，一些释论性评论（特别是电视评论）忽视了必要的分析、阐述，仅仅大篇幅地提供事实，有时偶尔引用一下来自权威人士的正确见解，让人感到莫名其妙，难以充分发挥引导舆论的作用，这一现象值得警惕。

4. 充分发挥事实和知识的认识作用

新闻评论解释和说明事物，通常有两种方式：一为“义释”，即运用概念及概念间的固有逻辑关系，揭示事物的实质及其意义；一为“事释”，即利用事实说明事物的来龙去脉及其影响，帮助人们正确认识和对待事物。释论性评论虽然也同时运用这两种方式，但大多以“事释”为主，在二者结合的基础上，尽可能发挥事实的认识作用。在这个意义上甚至可以说，“事释”是这类评论区别于其他评论的主要表现特色。

能否恰当运用“事释”，取决于两个方面：是否充分掌握与论题有关的各种事实；是否善于选择、剪裁和组织事实。前者是基础，后者则是写作艺术的集中表现。它们互为作用，共同决定着作品的成败。《水，让我们重新认识你——北京缺水问题评述》①，可以说是较为成功地运用事实的一例。这篇述评包括导论和三个小标题：“无限循环掩盖着有限数量”，“低廉的价格掩盖着不可替代的作用”，“各自取用掩盖着相互制约”。在导论中，它以提问的口吻，针对某些错误的想法列举种种事实：

你可知道：为了保证北京供水，密云水库去年秋季已停止向天津供水，为此，国家不得不花大量投资，引黄济津，到天津的水每方合一元多钱。

你可知道：为了保证城市和工业用水，京郊水库从去年 6 月就停止给农业供水，为此，郊区 1981 年粮食减产 1.6 亿多斤，大兴县芦城公社因缺水稻谷减产一半。社员说：“一吨水，到我们这里就是一斤稻谷。”

你可知道：北京市一年用水量为 47 亿吨，而 1981 年 6 月至今年 6 月这个年份，只有可用水 32 亿吨，欠缺 1/3。

…………

① 见艾丰：《思考的笔》，50 页，北京，中国新闻出版社，1987。

然后振聋发聩地指出："必须重视水，必须重新认识水，不然，是要受大自然惩罚的。"这个论断的感召力量，显然主要来自事实，来自一方水一元多钱、一吨水一斤稻谷、北京一年欠缺 15 亿吨水这些严峻的事实。然而，这些事实不是信手拈来的，而是在大量拥有事实材料的基础上，经过精心选择、剪裁和组织的结果。述评继导论之后的三个小标题，分别从三个不同的角度澄清对水的认识，主要也是诉诸事实而不是逻辑分析。例如，在"无限循环掩盖着有限数量"这一部分中，述评列举了一系列由数字组成的事实：

> 但水资源不是无限的。地球上共有水 135.6 亿亿吨，似乎多得不得了，但其中 92.7%是海水，除冰山以外，真正可利用的地面和地下淡水只占 0.64%。以北京而论，在这块总面积为 16 800 平方公里的土地上，平均年降水总量为 105 亿吨，大部分蒸发损失掉，部分渗入地下成为地下水，部分形成地表水。北京市地下水为 20 亿～25 亿吨，通过水利工程拦蓄的地表水，每年可利用 22 亿吨，枯水年只有 8.5 亿吨。就是说，北京每年可利用水的总量是 33 亿～47 亿吨。
>
> 那么，需求量呢？据有关单位估算：目前北京工农业及城市用水总量已达 47.5 亿吨，平水年，刚刚够用，偏枯水年和枯水年，便出现紧张或特别紧张的情况，而且，到 1990 年，即使把工农业用水维持在目前水平上，生活用水也不可避免地要增加 6 亿吨，那时，平水年也难以应付了。

这些数字，分开来看各有自己的含义，把它们组合在一起，则为说明北京水资源严重不足提供了单纯逻辑推理代替不了的依据：

> 事实就是这样明摆着，水在自然界的无限循环，很容易给人以错觉，其实它并不能改变一个地区一个时期水的有限数量。

不妨设想，如果离开事实及事实的巧妙组合，这个论断还能够像现在这样，给人以"行于所当行，止于不可不止"，有如水到渠成的强烈印象，能够具有如此清晰而雄辩的解惑释疑能力吗？回答当然是否定的。

从这个例子可以看出，事实之所以胜于雄辩，与其说来自事实本身，不如说是能动驾驭事实，包括占有事实、发掘事实内蕴和选择、剪裁、组织事实等一系列努力的结果。就《水，让我们重新认识你——北京缺水问题评述》而言，作者显然是本着两个原则选择、剪裁和组织事实的：一是"立片言以居要"，也就是以观点统率事实，让事实为说明观点服务，如"但水资源不是无限的……"，"那么，需求量呢……"等等；一是按事实之间的客观逻辑联系安排事实，如以全球水资源烘托北京水资源，北京的近期和远期需求的比较等。这两个原则的结合，其实是主观逻辑与客观逻辑的结合，客观逻辑为主观逻辑的"真理性"提供坚实的基础，主观逻辑又反过来支配客观逻辑。它们相辅相成、相互为用，共同为启发和引导人们正确认识和处理有关问题服务。从这个意义上说，明白了主、客逻辑的相互关系，等于把握了能动驾驭事实的钥匙，从而也就不难找到恰当选择、剪裁和组织事实的具体方法了。

在释论性评论中，也常常会运用到“知识”。知识是人类认识事物的科学结晶，也是认识新事物的钥匙，适当运用既有知识解释有关的事物，不仅可以增强释论性评论的说服力，还可以促使知识普及，改善和提高人们的思维能力。例如，在《深刻理解市场经济是法治经济》[①] 中，知识性材料就占有相当的比重，运用了经济学和法学的知识来说理：

市场经济是自由交易经济，但市场交易有效有序进行的一个基本条件就是法治。法治可以约束经济人的行为，包括产权界定和保护、合同和法律的执行、维护市场竞争等。没有法制的保障，产权就是不安全的，市场主体就不可能致力于通过提供产品和服务获取利益，就不可能形成高效有序的市场竞争环境，就难以实现经济健康发展。只有实行法治，才能充分发挥市场配置资源的基础性作用。……

又如《民主发展的突破口》[②] 一文中在阐释在当前人民群众主要以间接的方式参政议政的具体历史条件下，以一定的方式产生人民群众满意的各级人大代表（党代表）或产生基层党政一把手的方式应当是“竞争性选举”这一观点时，从政治学的角度，明确了何为“竞争性选举”：

竞争性选举是指广大人民群众在多名候选人中择优差额选举代表或党政一把手，它包括候选人提名方式的科学化（合理配置上级党组织推荐、群众推荐与个人自荐的比例）、选举过程的科学化（候选人介绍方式的改进、投票的人性化设计、唱计票的公开化等）以及监督、质询、罢免等相关配套制度的建立。……

这种运用专业知识进行的分析阐释虽然有点枯燥，但的确有助于解释问题、准确说理。

在释论性评论中，知识有时不是作为背景材料出现，而是成为分析的主要工具，使文章具有一种专业的视角。2008 年 7 月 1 日，杨佳持刀进入上海市公安局闸北分局，致使 6 人死亡，4 人受伤。事情发生后，很多评论分析杨佳为什么会有极端的行为，其中的《“心理贫穷”的社会危害性，您知道吗?》[③] 的视角颇为独特。文章运用心理学作为分析的工具，分析了杨佳恶性袭警行为背后的“心理因素”，并由此谈及一个被忽视的重要社会问题——对人的心理状态的关照：

在日常生活中我们也会碰到具有偏执型心理的人。据相关研究，偏执型人格

① 2012 年 7 月 2 日《人民日报》“评论员文章”。

② 载《唯实》，2012（5），作者毛东进。

③ 载《文汇报》，2008－07－25。

> 的特征是：广泛猜疑，常将他人无意的、非恶意的甚至友好的行为误解为敌意或歧视，或无足够根据，怀疑会被人利用或伤害，因此过分警惕与防卫；将周围事物解释为不符合实际情况的"阴谋"，并固执地极度夸大；易产生病态嫉妒；过分自负，总认为自己正确，若遇到挫折或失败则完全归咎于社会或他人；好嫉恨别人，对他人不能宽容；脱离实际地好争辩与敌对，固执地追求个人不合理的"权利"或利益；忽视或不相信与其想法不相符合的客观证据，因而很难以说理或事实来改变其想法。当然，偏执也有程度之别，特别需要说明的是，偏执型人格除了对一点或几点问题极其固执外，在其他方面与正常人没有什么两样，即便是偏执型人格患者也具有完全的刑事责任能力。
>
> …………
>
> 按照心理学的研究，人的行为并不是简单的"刺激—反应"关系，新行为主义心理学家托尔曼提出："中介变量"是介于刺激与反应之间的一种变量，代表着反应的内部心理过程。无数事实都证明，相同的刺激作用于不同的人并不会引起相同的反应。关键是接受刺激的个体是不同心理类型和状态的人，正由于不同的"中介"在起作用，表现出来的行为反应也截然不同。正常人可以淡然以对的小事，在偏执畸形程度不同的人身上会作出极端程度不同的反应。笔者认为，心理学更应当重视对有机体内部条件的研究。介于刺激与反应之间的"中介"是客观存在的。限于目前的科技水平，"中介变量"虽然不能直接观察、测量，但是通过实验设计，加以数量化，就可以被人们间接地推断出来。

这些有关偏执型人格的专业知识，既有助于人们认识事件本身，更警示社会，人的心理需要关注，"人的'心理贫穷'同样会影响社会的稳定"。

现在有的释论性评论之所以缺乏说服力，重要的原因之一，就是满足于一般释义或就概念抠概念，而不善于融入必要的知识。从这个意义上说，运用知识解释事物是释论性评论的一大重要特点，有待于完善和加强。

思考题

❶ 我国新闻评论有哪些基本类型？它们是按什么标准划分的？

❷ 何谓立论性评论？它的写作要点是什么？

❸ 何谓驳论性评论？正面说理在驳论性评论中具有什么作用？

❹ 何谓释论性评论？其写作中如何发挥事实和知识的作用？

第五章 新闻评论的选题与立论

本章学习要点

1．评论价值是各种新闻事件、社会现象、社会思想中包含的具有一定的社会意义，并能够为评论主体能动地发掘的各种素质的总和。有新闻价值的客观事物不一定具备评论的价值，换句话说，新闻价值是评论价值的必要不充分条件。

2．选题具有评论对象和论述范围两个侧面：评论对象是客观存在的特定事物；论述范围是处理和表现事物的“语境”。明确这两个侧面的关系，从评论对象的实际出发适当调整论述范围，是能动驾驭论题的基本前提。新闻评论的选题来自“上面的精神”和“下面的情况”，务必求真、务新、“上”“下”一致。

3．立论是指新闻评论的中心思想和基调。立论的形成要把握好认识深度、分析角度和立论高度三个关键问题。

4．在一般情况下，选题和立论的关系可概括为选题在先、立论在后；选题是立论的基础，立论赋予选题灵魂。“选题趋同，立论互异”是两者之间特殊关系的具体体现。

5．广播电视评论的选题和立论有其特殊性。就选题来说，广播电视评论长于小、短于大，长于广、短于专，长于动态分析、短于全面阐述。就立论来说，广播电视评论应该尽可能集中焦点，讲究角度，节制调子。

一篇新闻评论的形成包括构思和表达两个阶段。构思也就是表达前的酝酿。酝酿是否充分，是否成熟，在很大程度上决定着评论的质量乃至成败。所以，前人强调“未动笔之先，必经营惨淡”（《初月楼古文绪论》），近、现代富于实践经验的评论作者则把酝酿看成新闻评论写作的起点。

酝酿阶段主要解决写什么的问题，其中选题、立论关系着一篇评论的整体，是酝酿阶段的主要环节。

第一节 | 新闻评论的评论价值

新闻评论选题的依据是对评论价值的判断，其确定选题的过程就是一个通过交流、观察与思考，确定评论价值的过程。评论价值之于新闻评论如同新闻价值之于新闻报道，没有评论价值的评论如同无源之水、无本之木，丧失了其存在的社会意义。

一、评论价值的内涵

新闻评论的评论价值是各种新闻事件、社会现象、社会思想中包含的具有一定的社会意义，并能够为评论主体能动地发掘的各种素质的总和。

马克思主义唯物辩证法认为，价值关系是指外部客观世界的事物对于人的需要满足与否的关系。简言之，价值关系由两方面构成，一是主体的需要和利益所在，二是客体的某种属性或性能。新闻评论的评论价值也符合这一规律，主要表现出以下两个方面的特征：

第一，新闻评论来自于评论主体，即组织（媒体和编辑部）或个人的利益诉求。比如，一些以正确宣传党的路线、方针、政策，让各级政府、人民群众更好地理解、领会其实质，提高贯彻执行的自觉性为主旨的评论，从社会和国家的整体利益出发，弘扬主流价值观，促进社会和谐稳定。又如，一些评论从广大群众的关切点出发，通过充分反映群众关心而又缺少表达渠道的“冰点”问题，实现作品的社会价值。因此，无论新闻评论是关照社会整体，还是聚焦某一群体或个体，其利益诉求特征都是很明显的。

第二，评论价值蕴于客观事物之中，不随评论主体的变化而变化。2011 年 4 月 21 日至 5 月 26 日，《人民日报》发表了一组署名“人民日报评论部”，主旨为“关注社会心态”的系列评论①，认为“培育一个健康向上的社会心态，是对各地执政者的时代

① 2011 年《人民日报》“关注社会心态”系列评论共 5 篇，分别是：《“心态培育”，执政者的一道考题》（4 月 21 日）、《以包容心对待“异质思维”》（4 月 28 日）、《用公平正义消解“弱势心态”》（5 月 5 日）、《追求理性从哪里起步》（5 月 19 日）、《倾听那些“沉没的声音”》（5 月 26 日）。

挑战”，在社会上引起了巨大反响。当前中国处于社会转型期和矛盾凸显期，社会群体分化加剧、群体间差距增大、思想观念多元化、社会矛盾日益突出，该系列评论没有回避现实问题，而是将这些客观现象以关怀弱势群体、倾听沉没的声音、维护公平正义等主题表现出来，使得该组作品的评论价值得以凸显。

二、评论价值的判断

新闻评论是由评论作者完成、新闻媒体刊载、面向受众的新闻体裁。因此在对评论价值做判断时必须要考虑评论主体、媒介、受众三个因素。具体说来，新闻评论评论价值的判断，包括以下三个方面的筛选：

1. 重要性筛选

重要性筛选是从评论主体考虑做出的筛选。在这一阶段，评论者的主要任务是从面对的各种各样的事物中，着眼全局，考虑其是否有利于引导舆论、推动经济社会发展等等，经过比较，筛选出他认为重要的、值得加以评论的若干事物。这是关系评论方向的根本问题，绝不能掉以轻心。重要性筛选是其他两重筛选的基础，集中地体现了判断评论价值的横向比较的思维特点。比如评论《美德教育：身教胜于言传》① 就选取了“品德”这个具有重大社会意义的论题，文章从中华民族的传统美德教育应身体力行、亲自示范入手，指出社会诚信缺失首责在政府，社会上扶危济贫的传统资源日渐流失，与带有官方色彩的慈善机构没起到起码的示范作用不无关系，从而告诉我们美德教育任重而道远。

2. 必要性筛选

必要性筛选是从受众考虑做出的筛选。受众同评论者一样，也面对着各种社会现象和客观事物，他们同这些事物有着或直接或间接的关系，并由此萌生这样或那样的看法。由于所处地位、环境不同等因素，评论主体认为具有评论价值的事物未必都是受众关心的，这就需要在重要性筛选的基础上，联系受众的关心点做第二重筛选，即必要性筛选。例如，买车票虽然不是“国家大事”，但逢年过节买票难却让百姓头疼不已。新华时评《越是“一票难求”越要加强管理》② 就从群众关心的票务问题出发，在肯定相关部门工作的同时，提出要加强票务管理，做到票务信息公开，从而得到了公众的肯定。新闻评论是面向广大受众的新闻体裁，任何时候都不能忽视受众这个因素。当然也不能机械性地理解受众因素，片面地以必要性否定重要性。

---

① 载《中国青年报》，2011－11－10。

② 见 http：//news. xinhuanet. com/newscenter/2009－01/09/content _ 10630057 _ 1. htm，2009－01－09。

3. 可能性和可行性筛选

可能性和可行性筛选是从作为载体的媒体考虑做出的筛选。对于国家和社会重要的、对于公众必要的事件，是不是就必然具备评论价值呢？也不尽然，还应考虑媒介的性质、地位、服务对象以及社会环境等因素，做第三重筛选，即可能性和可行性筛选。可能性和可行性筛选，是基于媒介的传播方式、媒介定位、评论主体能力、报道团队配合程度等硬性问题进行的适应性选择。比如，印刷媒体和电子媒体在传播上各有所长，广播的音响评论、电视的图像评论是印刷媒体无法胜任的；而理论性较强的评论，印刷媒体较电子媒体就更胜一筹；即便是媒体擅长的评论形式，评论作者处理不好也会造成评论失败；还有一些评论需要集体完成，若团队配合不默契也会出岔子。

这三重筛选对新闻评论的评论价值有决定性的影响，关系到新闻评论能否发挥应有的社会功能。

三、评论价值与新闻价值的关系

新闻评论作为一种表达观点的新闻体裁，其蕴涵的评论价值与评论对象的新闻价值的关系如何呢？

新闻评论是新闻体裁，具有新闻性的体裁特征，其评论对象具备新闻价值。新闻评论的任务在于启发、引导受众和舆论，受制于重要性、必要性、可行性和可能性的要求，有新闻价值的客观事物不一定具备评论的价值。换句话说，新闻价值是评论价值的必要不充分条件，这通常有以下三种情况：

第一种情况是，事件、现象有新闻价值，但其本质相对肤浅，缺乏普遍性，从重要性的角度看不具备评论价值。这在社会新闻中表现得比较明显，如四川省成都市凉风顶村村民王永碧去鸡棚捡蛋，却看到一枚“巨无霸鸡蛋”，足足有三四个普通鸡蛋那么大，称重后达 4 两多。[①] 此类具有新奇性、戏剧性和人情味的事实，具备明显的新闻价值，但仅仅可以作为新闻报道，远远不具备深度评论的价值。

第二种情况是，事件、现象有新闻价值也具有评论价值，但在实践中往往出现这样一种状况，即评论作品在评论价值的把握上忽略了对必要性的考量，脱离了群众需求，使作品成为没有针对性的死板说教，套话、空话满天飞，背离了人民群众的根本利益，评论价值无从体现。比如，某地发生了群众集体上访事件，出现了两篇不同取向的评论，一篇并未深入探寻事件背后深层次原因，而是从大局和稳定的角度提出集体上访的行为不可取；另一种取向是反思造成集体上访事件的原因，提出要减少此类现象的发生，就应该变群众“上访”为干部主动“下访”。显然，用集体上访的方式解决问题不值得提倡，但由于忽略了对必要性的考量，第一篇作品其评论价值就十分有

---

① 参见《成都商报》，2011－11－13。

限，后一篇评论则具有较强的现实意义，把握住了事件所具备的评论价值。

第三种情况是，事件、现象有新闻价值，但从可能性、可行性的角度看不具备评论价值。如电视评论《揭开医药回扣的黑幕》[①]，利用暗访获得了相关事实，揭开了药价偏高的一个重要原因：医药回扣，取得了较好的传播效果。但是同样的选题，因为无法呈现暗访画面，对于单纯依靠声音符号的广播媒体来说，难以提供具有无可辩驳的说服力的论据，就不具备评论价值了。

充分认识新闻价值和评论价值的关系对于我们更深刻地认识新闻评论，更好地选题和立论，更准确地表达起着重要作用。

第二节 | 新闻评论的选题

新闻评论活动中的选题有广义与狭义之分。广义的选题，指某一新闻媒体在一个时期内重点评论什么，一般以计划的形式出现，又叫“选题计划”。选题计划是特定时期评论指导思想的集中体现，对于具体选题的取舍具有统率、支配作用。狭义的选题又称为论题，它规定一篇评论的评论对象和论述范围，选择所要评价的事物或所要论述的问题，主要解决“写什么”的问题。

一、选题的两个侧面及其关系

选题具有评论对象和论述范围两个侧面。评论对象是客观存在的特定事物；论述范围是处理和表现事物的“语境”，它可以根据评论对象与周围事物的关系做出一定的调整。

选题的两个侧面可以构成三种关系：

一是评论对象的范围大于论述范围。有些阐述方针政策、分析论述社会问题或社会现象的评论就是这种格局。由于评论对象本身的涵盖面宽，为了更好地驾驭论题，往往需要适当缩小论述范围。这个缩小论述范围的过程，实际上就是王夫之所说的“浚而求之”[②] 的过程。“浚求”是思维方法也是表达方法。思维中的“浚求”，指通过由表及里的分析，深入发掘、准确把握事物或问题的本质；表达中的“浚求”，则是集

① 2006 年 2 月 27 日中央电视台《焦点访谈》。

② （清）王夫之《读通鉴·叙论四》：“引而伸之，是以有论；浚而求之，是以有论；博而证之，是以有论；协而一之，是以有论；心得而可以资人之通，是以有论。”（《读通鉴论》，1114 页，北京，中华书局，1975。）这段话是从思维过程和思维方法的角度，概括地说明了《读通鉴论》中所论述的各种论题是怎样形成的，对于研究新闻评论的选题不无借鉴价值。

中力量、透彻中肯地揭示矛盾的症结。经由“浚求”缩小论述范围，这是能动驾驭论题的一种自觉的努力。如果没有这种努力，面对涵盖范围比较宽的评论对象，就可能陷于“老虎吃天——无从下嘴”的被动境地，充其量只能讲些四平八稳、不着边际的空泛道理。

二是评论对象的范围小于论述范围。以典型事例为评论对象的评论就是这种格局。这就要通过由此及彼、由点到面、由个别到一般的种种引申，适当扩大论述范围，赋予典型事例普遍的社会意义，从事物的联系中把握事物的结果，无疑是增强论题社会意义的有效途径，甚至是必由之路。比如评论《社会进步体现在细节中》① 的评论对象涵盖面就很宽，一篇文章要想全面分析社会进步这个论题是做不到的，所以作者从生活中的小事入手，谈有关社会进步这个宏阔话题的一个方面，这就属于评论对象大于论述范围的情况。比如《筷子折射发展观》② 从我国与日本对待一次性筷子的不同态度入手进行分析：

> 对于宝贵的资源，是节约，还是浪费？对于资源消耗型产品，是出台法规严格控制，还是遍地开花任其泛滥？对于方便却未必卫生的一次性木筷，是拒绝使用，还是麻木不仁地消费？对于弊多利少的出口，是贪图眼前的小利，还是壮士断腕、谋求长远？不同的选择，折射出不同的发展理念。科学发展观不是一句空洞的口号，它应该实实在在地体现在生活的点点滴滴，体现在生产、流通、消费的方方面面。

通过小小的筷子，引申到科学发展观，以小见大，增强了论题的社会意义，这是典型的评论对象小于论述范围的情况。

三是评论对象的范围与论述范围大致相当。在论述实际工作中的具体问题时，评论对象往往与论述范围相当。因为这类评论的着眼点就是解决实际问题，只要对问题和解决问题的方向、途径、措施等的论述是切合实际的，评论也就达到了预期目的。

明确这两个侧面的关系，从评论对象的实际出发适当调整论述范围，是能动驾驭论题的基本前提。评论对象无不是客观存在的事物，它只为人们提供要么评论、要么不评论两种选择的可能性。而评论对象与社会现实的联系却是多种多样的，这就为人们提供了调整论述范围的广阔余地。因此，越是善于根据客观实际适当调整论述范围，就越能掌握处理论题的主动权。

新闻评论的选题，不等于评论的题目。选题规定一篇评论的评论对象和论述范围；题目对于评论，就像人的名字有不同寄托一样，可以承担各种各样的任务。它可以反映选题，如《当前落实知识分子政策的关键》，明确地表述了评论的对象和论述范围；《评朱毓芬之死》、《有感于李准改名》，也部分地反映了选题，告诉人们这篇评论将论

---

① 见千龙网，2005－10－23，作者廖祖笙。

② 载《人民日报》，2005－01－27，作者唐宋。

述什么。不过，更多的评论题目却是揭示立论思想，或概括对于事物的看法和态度的，如《绝不允许有“特殊公民”》、《保护和发展民族工业》、《拜金主义要不得》等等。题目也可以同时反映选题和立论，如《回答一个问题——翻两番为什么是能够实现的?》、《从根本上认识社会主义制度的优越性》。总之，选题是选题，题目是题目，把二者简单等同起来，势必影响对选题的确切理解，也影响题目更好地发挥自身的作用。

二、选题的来源

确定新闻评论选题的过程就是依据评论价值对现有评论对象进行取舍的过程。简言之，寻找评论选题就是寻找具有评论价值的对象。

“每天上午9点，在所有成员看完当天的晨报以及《纽约时报》或《华尔街日报》之后，编委会就开会……讨论那些认为报纸应该加以评论的主题。编辑委员会成员根据新闻报道内容及其个人兴趣分配论题。……每次会议上，编委会成员都提出他们计划的论题。然后对每个论题进行讨论。有些论题激不起多少反响，而有些则犹如投下一颗原子弹。有的选题还要投票才能确定。”[①] 这是一段有关西方媒体如何确定新闻评论选题的描述。不同的媒体和评论者因其时代、社会背景和自身情况等的差异，在确定选题的具体过程中会有一些差别，但好的选题有一些共同的要求，应该能够号准社会脉搏，充分反映现实，及时提出攸关社会健康发展、人们共同关心的问题，具有强烈的社会现实意义。邓拓在《关于报纸的社论》中有关于选题的论述：“从最满意的情况来说，它可以找到五个方面的根据，这就是：①党中央和国务院的决定和指示；②地方各级党委和政府提供的情况和意见；③党和政府主管部门提供的情况和意见；④记者提出的新闻报道题目和线索；⑤读者来信反映的情况和问题。”[②] 这五个方面可以概括为“上面的精神”和“下面的情况”[③]。

(一)“上面的精神”

“上面的精神”主要来自国际、国内社会的宏观形势、党和政府的中心工作以及新闻媒体的宣传任务，这是新闻评论选题的重要根据。掌握“上面的精神”，是评论保持正确政治方向，赢得人们的信赖和重视的基本保证。如果离开“上面的精神”，评论的选题就难免局限于一时一地一事，立论也不可能高瞻远瞩、高屋建瓴。这样的评论，即使方向不错，影响和作用也是有限的。

---

① ［美］康拉德·芬克：《冲击力：新闻评论写作教程》，82页，北京，新华出版社，2002。

② 邓拓：《关于报纸的社论》，见《邓拓文集》，第一卷，317页。

③ 范荣康：《新闻评论学》，207页。

1. 国际、国内社会的宏观形势

随着“全球化”程度的日益加深，国际社会政治、经济、文化间的相互影响不断加大，准确判断和把握外部形势是一个国家立足、发展的重要因素。评论选题把握“上面的精神”离不开对国际社会宏观形势的判断。2008 年下半年开始，全球经济经历了自 20 世纪 30 年代以来最为严重的衰退。面对金融危机的冲击，《人民日报》发表评论员文章《化危机为机遇》[①] 对国际国内形势作出分析，呼吁以更加理性的态度应对金融危机：

> 面对国际金融危机冲击，我们必须正确判断形势，充分估计困难，多管齐下，有效化解，把危机带来的损失降到最低。同时更要看到，在这场严重的国际金融危机冲击中，挑战前所未有，机遇也前所未有。应对复杂多变的形势，保持经济平稳较快发展，要求我们辩证对待“危”与“机”，学会在危中求机，努力转危为机，牢牢掌握发展的主动权。
>
> …………
>
> “事不避难，知难不难”。国际金融危机加大了我国经济运行的不确定性和宏观调控的难度，同时也锻炼了我们对复杂严峻局面的判断能力、驾驭能力和应对能力。我们一定要坚定信心，保持清醒，在应对中趋利避害，在逆境中强身健体，化危机为机遇，变挑战为动力，赢得更大的发展空间，提升我国经济抗风险能力和企业整体竞争力，保持经济平稳较快发展的势头。

一年后《人民日报》又审时度势地发表了《迎战国际金融危机的“中国答卷”》[②]：

> 2009 年，国际金融危机巨浪滔天，世界经济跌宕起伏，中国经济险象环生。
>
> …………
>
> 风雨中走过，风暴中挺立。大考之年，中国交出了一份出色的答卷。
>
> …………
>
> 当国际舆论感慨“中国方舟拯救了世界经济”，当外国政要确信“中国缺席的谈判没有任何意义”，当世人惊叹“2009 年的年度大事就是中国突然跻身世界外交和经济舞台最前沿”，我们看到，金融危机重塑了世界经济版图。经济实力、综合国力和国际影响力的上升，造就了中国举足轻重的地位。中国的声音被世界认真倾听，社会主义中国的“国家力量”举世瞩目。

文章充分肯定了我国政府应对金融危机取得的成绩，从历史和现实的角度阐释了中国

---

① 2008 年 11 月 12 日《人民日报》“评论员文章”。

② “任仲平文章”，载《人民日报》，2010－01－05。

经济和政治地位的提高。

2. 中心工作

一个国家在经济、社会发展的不同时期，会采取不同的发展策略，有特定阶段的中心工作。特定阶段国家的中心工作也常常成为评论选题的重要来源。

根据 2011 年中央一号文件《中共中央国务院关于加快水利改革发展的决定》的精神，《人民日报》发表了题为《推动水利实现跨越式发展》[①] 的社论。文章肯定了新中国成立后特别是改革开放以来，我国水利改革发展取得的显著成就，同时指出我国水利投入强度明显不够，建设进度明显滞后，保障水平明显偏低的问题，详细阐释了新形势下水资源的重要作用和水利的战略地位，将中央一号文件精神全方位传达给了广大干部和群众。这一来自于中心工作的选题，有助于各级党委和政府从全局和战略的高度加快水利建设重点领域和关键环节的改革攻坚，破解制约水利发展的体制机制障碍，进一步转变水利发展模式，对水利事业的良性发展和水资源可持续利用发挥了积极作用。

3. 宣传任务

宣传任务是从精神、思想层面对社会和受众进行整合，从而发挥维系、协调本国家、本民族社会关系，推动党和政府方针、政策落实的功能。具体说来，主要包括以下三个方面：

一是对方针政策的宣传。如中央电视台评论《西部扬帆正当时》[②] 围绕党中央、国务院西部大开发工作会议精神，指出西部开发战略实施十年来，西部地区迎来了历史上发展最快的时机，城乡面貌、人民生活发生了翻天覆地的巨大变化，并深刻阐述了西部大开发的丰富经验。该评论对于推动西部大开发再上新台阶，具有十分重要的意义。

二是对思想观念的宣传。如《论责任——公民道德建设关键环节》[③] 由一些发人深省的现象入手，阐述了中国共产党的民族责任意识和中华民族的优良传统，并指出在构建社会主义和谐社会进程中组织和个人如何履行责任。

三是对先进典型的宣传。“雷锋传人”郭明义爱岗敬业、无私奉献，《人民日报》“今日谈”发表的“郭明义精神的五个启示”系列评论[④]深刻阐述了郭明义精神的实质，对于当下社会主流价值观的断层性缺失提出警醒。在价值观念多元的时代，关于先进典型的评论对于弘扬崇高道德观念，凝聚促进社会和谐的精神力量意义重大。

---

① 2011 年 1 月 30 日《人民日报》“社论”。

② 2010 年 7 月 6 日中央电视台“本台评论”。

③ “任仲平文章”，载《人民日报》，2005-09-19。

④ 2010 年《人民日报》“郭明义精神的五个启示”系列评论共 5 篇，分别是：《人人都管事　世上无难事》（11 月 23 日）、《给人温暖就是给自己幸福》（11 月 24 日）、《助人为乐，越助越舒畅》（11 月 25 日）、《能帮一个是一个》（11 月 26 日）、《道德的力量在行动》（11 月 27 日）。

(二)“下面的情况”

“下面的情况”更加丰富而复杂，既包括现实社会生活中出现的新事物、新经验、新情况、新问题，也包括人民群众的意见、愿望和各种各样的看法等。好的新闻评论往往是对现实生活的聚焦，新闻评论能否发挥其社会功能，很大程度上与受众的接受心理有关，而受众最乐意接受的或者是最为关心的就是普通人的现实问题，因此从现实生活中选题是新闻评论选题取之不尽、用之不竭的源泉。

“下面的情况”主要来自以下几个方面：

1. 社会生活

社会生活是新闻评论选题取之不尽、用之不竭的源泉，也是群众观点、群众路线在评论实践中的具体体现。韬奋先生在《“生活”周刊究竟是谁的?》一文中开宗明义地声明：“‘生活’周刊是以读者的利益为中心，以社会的改进为鹄的，就是赚了钱，也还是要用诸社会，不是为任何个人牟利，也不是为任何机关牟利。”[①] 在实践中他也是这样做的，“小言论”专栏深受读者欢迎，是《生活》周刊与群众沟通的重要渠道。韬奋“小言论”专栏的群众意识突出地表现在选题上，他往往选择那些“一般读者所认为最该说几句话的事情”。如《不堪设想的官化》[②]，便是从他参加一场宴席谈起：

> 近有一天在友人宴席间遇着上海银行界某君，听他谈起官化的乌烟瘴气，又引起我来说几句不中听的话。
>
> 这位某君也者，原是上海银行界里一个红人儿，最近被任为不久即可开幕的官商合办性质的某银行的总经理。这个银行本拟国立的，已有了什么筹备处，堂哉皇哉官办的银行筹备处难免有一个大优点，就是官化！

事例虽获取自也许是漫不经心的交谈，但韬奋先生就是在这种闲庭信步间迸发出思想火花，睿智地看到其极大的危害性，进而通过深刻的剖析，批判了官僚主义、任人唯亲、尸位素餐现象以及一些人卑躬屈膝、婢颜奴膝的丑恶嘴脸。韬奋先生还说：“每一篇不到一千字的‘小言论’，在下笔之前，要费很长时间考虑什么是当前大多数人最关心最焦虑的问题。”他的一篇篇“小言论”，在二三十年代的旧中国广为传播，给处于苦闷之中的读者，尤其是知识青年带来光明和希望，也使国民党统治当局为之恐慌。韬奋的评论实践说明，评论在多大程度上触及人们“最关心最焦虑的问题”，就能产生多大的社会影响，收到多大的舆论效果。

林放在《新民晚报》“未晚谈”专栏中的短论，受到当代读者的广泛欢迎，除了言

---

① 《韬奋文集》，第1卷，15页。

② 载1929年12月1日《生活》周刊第5卷第1期。

简意赅等独特风格的吸引力以外，也是论题广泛、深刻地反映社会现实的必然结果。他的文章接触的社会问题非常广泛，眼光是敏锐的，可以说没有一篇是清闲消遣之作。林放主张评论的选题要“广些，广些，再广些”，强调“一不脱离政治，二不脱离生活”，把“深入生活，了解社会，关心人民的衣食住行，知道群众的种种想法”作为选题的主要途径。林放在谈到评论怎样才能吸引读者时说：“一种是你能说出群众的心里话，他想说的你说了；一种是他想不通的，你给他解释了；一种是他不懂的，你增加了他的知识，他也会高兴。”[①] 正因为与社会脉搏一起跳动，与党和人民群众休戚与共，所以林放的短论几乎是《新民晚报》的读者所必读的，具有雅俗共赏的品格。无数优秀的评论者以他们的评论实践反复证明，来源于社会生活的选题，更具现实意义，往往能起到更好地反映舆情、引导舆论的作用。

2. 新闻报道

以新闻报道作为评论选题来源的情况十分常见，近些年兴起的时评的选题多直接来源于新闻报道。此外，配发式评论以及编者按语的选题均来源于报道的事实。如《解放日报》的消息《短短一个月“拒资”十亿元》[②] 讲述了长江隧桥开通后，崇明县一夜间成了投资热点，但该县坚持“世界级现代化生态岛”的定位，短短一个月谢绝了三十多个不符合产业导向的项目（约合人民币十亿元）的事实。配发的编者按《“看淡”一些GDP》指出：

> ……他们敢于向不符合结构要求的投资说“不”的坚定性，却具有普遍的借鉴意义。
>
> 敢于说“不”，首先是战胜自己。……
>
> 勇于说“不”，还要有一种“力排众议”的坚定性……
>
> 我们从崇明“拒资10亿”之中，看到的是一种坚持科学发展的坚定不移。这一份坚持，值得我们欣慰，更值得我们学习。

该编者按密切结合新闻报道内容，点明了崇明县“拒资”的重要意义，强调必须始终坚持科学发展观，统筹经济和社会、人与自然的和谐发展，促进经济社会全方位可持续健康发展。

又如《没有新闻，就别制造新闻》[③] 的开篇便引用了媒体的新闻报道：

> 12月26日，有媒体报道称，用自己拾破烂的双手抱起小悦悦的阿婆陈贤妹，被原来的雇主辞退了，在房东的威胁下不得不搬出在五金城附近租住的房屋，原因是“他们忍受不了那么多的媒体”。对此，陈贤妹的儿子称网上谣言“瞎扯淡”。

---

① 转引自席文举：《赵超构谈言论专栏》，载《新闻战线》，1983（4），25～27页。

② 载《解放日报》，2009-12-04。

③ 载《中国青年报》，2011-12-28，作者曹林。

> 母亲是因不堪骚扰而返回老家，并非被辞工，现在他们还住在原来的出租屋里。（12 月 27 日《广州日报》）

文章以媒体对小悦悦事件中救人的阿婆的不实报道为由头，联系之前一些媒体对北大校长周其凤的演讲断章取义、致使周其凤陷入舆论口水中的不实报道，批评了当下媒体界一种很不好的现象：没有新闻，但为了吸引眼球，就去制造冲突，制造新闻。作者尖锐地指出：媒体对陈贤妹的过度消费，折射出一种并不比不救人让人轻松多少的媒体病态，新闻伦理需要正本清源。这种开篇援引媒体新闻报道作为评论由头的手法已成为当下"时评"最常见的表达方式。值得强调的是，新闻报道毕竟不是"第一手材料"，评论作者有必要对事实进行核实、确认，防止因选题失真导致整篇作品无从立足。

3. 舆论动向

来自基层、来自群众、来自生活的情况比较复杂，那些准确的、完整的、具有普遍性的情况，固然是选题和立论的不可轻视的根据，但个别的、零散的、真伪莫辨的状况，实际上也是舆情的曲折反映，只要善于分析、辨别，何尝不可以成为有价值的根据？韬奋先生不是根据军阀吴俊升吃香蕉连皮一起吞的笑话，写了脍炙人口的《硬吞香蕉皮》[①] 吗？这则"小言论"借此抨击文过饰非的勾当：

> ……世上像吴氏这样硬吞香蕉皮还振振有词的虽不多见，但明知错了不肯认错，还要心劳日拙的想出种种方法来替自己掩饰，甚至把规劝他的人恨得切齿不忘，这种心理似乎很是普遍。这种人穷则独害其身，达则兼害天下！因为他所能接近的全是胁肩谄笑的奸佞小人，所最不能容的是强谏力争的正人君子。

舆论动向反映着社会思想在一定时间内的倾向性。评论选题牢牢把握舆论动向，对于协调"官方"和"民间"两个舆论场的关系，发挥评论润滑剂、减压阀的作用意义重大。例如，2010 年我国房地产行业的发展出现了诸多问题，房价持续走高，群众议论纷纷。新华社回应公众关切，连续发表了有关高房价问题的 6 篇评论[②]，痛批当前房地产市场的根源所在——土地财政以及腐败所酿生的高地价高房价。该系列评论对于国家出台房地产调控政策、稳定社会心态起到了积极的作用。2011 年夏天，中国多个城市在降雨后出现严重内涝、城市交通瘫痪，一些政府部门的解释是"天灾"造成的，而社会公众更多把产生问题的原因指向城市排水系统建设缺陷以及交通疏导、

---

① 《韬奋文集》，第 1 卷，61 页。

② 2010 年新华社关于高房价的系列评论共 6 篇，分别是：《红火景象下的楼市之忧》（3 月 28 日）、《不能让楼市成为投机者的乐园》（3 月 29 日）、《坚决清除房价中的"腐败成本"》（3 月 30 日）、《疯狂的房价叫板土地招拍挂》（3 月 31 日）、《"土地财政"不止　控制房价难见效》（4 月 1 日）、《税收杠杆应发挥更大作用》（4 月 2 日）。

应急处置能力弱。评论《莫把天灾当作事故的“挡箭牌”》[1] 敏锐地捕捉到舆论动向与官方解释的差异。作者结合汛期道路坍塌、动车追尾等其他几个同被归结为“天气原因”的事故，请教了气象专家，并查看了几起事故发生地的降水记录，最终得出结论：事故的发生不应归咎于天灾，人为因素才是主因，在天灾面前人应该端正态度，科学应对。文章牢牢把握住了舆论的动向，分析实事求是，充分体现了新闻媒体的社会责任。

我国正处在经济高速发展期和社会转型期，社会热点问题和某些突发事件对社会心理、群众情绪产生着重要影响。从“下面的情况”选题在反映群众的意见、看法和呼声方面作用尤为突出。比如对于群众普遍关心的缩小贫富差距、看病难看病贵和教育改革等问题，新闻评论就应积极关注，解析问题产生的原因、弊端及可能后果，提醒相关部门重视。当前新闻评论的选题来自于社会基层所占的比例已经越来越大，这从另一方面缓解了群众积压的不满情绪，起到了通达社情民意的作用。

三、选题的原则

任何一篇评论作品评论什么、如何评论，阐明什么看法以至于口吻、分寸如何掌握等等，也就是选题和立论过程中的一切考虑，无不围绕新闻评论的总目标，服从并服务于实现这个总目标——新闻评论的整体任务和社会功能。

列宁认为，政论家的经常性任务是“写现代历史”。这当然不是记述历史，而是正确解释和说明历史，推动历史前进。在他看来，政论作品必须力求赶上事态的发展，作出总结、得出结论，从今天的事件的经验中吸取教训，以便应用于那些明天，应用于那些今天“人民还在沉默”而不久的将来革命的烈火必将以这样或那样的形式燃烧起来的地方。应该给运动的直接参加者和活动在现场上的无产者英雄们带来更多的帮助，能够促进运动的扩展，有助于自觉地选择耗费力量最少而能够获得最大最持久的成果的斗争手段、方式和方法。[2] 他论述的基本精神，对于我们理解在新的历史条件下的政论，包括新闻评论的总目标，仍然具有重要的启发意义。

当然，新闻评论“写现代历史”，不同于历史著作，也不同于一般政论。新闻评论不仅评说已经发生的事件，对事件进行总结和做出结论，而且紧紧跟随历史前进的步伐，以与客观实际变化、发展同步的姿态，迅速及时地分析现实社会生活中正在涌现的新事物、新经验、新情况、新问题，借以指导现实，指导人民群众创造历史的活动，促进和推动社会和社会生活健康发展。也就是说，新闻评论立足并注视着今天的社会现实，着眼点在于指导、促进和推动现实的进步，包括改造社会、改造自然和改造人们主观认识能力的活动。尽管每一篇评论都有自己特定的具体任务，有自己的具体目

---

① 载《中国气象报》，2011-08-26，作者苗艳丽。

② 参见《列宁全集》，中文2版，第9卷，190页，北京，人民出版社，1987。

的和作用，但只有围绕这个总目标，才是有意义、有价值的，也才能收到预期的效果。这也就是韬奋先生反复强调“评论所根据之观察点则不得不有其（一贯）的中心思想以为权衡”的原因。在新的历史时期，也就是紧紧围绕建设中国特色社会主义这个时代的总课题，通过对具体的新闻事件或社会问题、社会现象的分析论述，激发人民群众的主动精神和创造性，把他们的精力和智慧集中到这一伟大事业上来，共同为实现社会主义现代化建设的理想目标而奋斗。如果忽视这个总目标，单纯凭具体的感受来确定选题和立论，那就可能沦于“东一榔头，西一棒子”的境地，不仅难以形成舆论主流，还可能分散人们的注意力。即使偶尔捕捉到重大论题和中肯的立论，也不过是可一不可再的偶然现象，不见得能够引起人们的注意，产生多大社会影响。

服从于上述总目标，新闻评论的选题必须号准社会脉搏，充分反映现实，及时提出攸关社会健康发展、人们共同关心的问题，力求具有普遍现实意义，这是选题的具体目标。选题怎样密切与群众的联系，增强现实意义呢？在影响选题现实意义的许多因素中，最主要的是“真”和“新”这两个因素。

1. 求真

所谓“真”，作为对选题的要求，主要指真实、正确地反映社会现实。在这里，真实与正确是不可分割的，是任何一篇评论的选题必须具备的基本素质，它要求选题不仅提出确实存在而非臆测的问题，而且必须与主要矛盾，即当前的中心工作和人民群众注意力的重心保持一致。一方面，“真”要求选题做到“具体真实”和“总体真实”的统一，违背事件各个具体要素的真实性，当然谈不上真实，也不可能吸引受众，违背“总体真实”的，必然要对党和政府的中心工作和受众认识产生本质和根本上的误导，这甚至会比初始错误产生更严重的伤害。另一方面，“真”要求评论主体要能抓住主要矛盾，正确、准确地判断事件、现象的本质，判断的偏离可能会把不应该成为选题的对象列入评论范畴，干扰中心工作和群众的注意力，其客观效果甚至比闭门造车的虚假论题更坏。

选题的“真”，要求在确定论题的过程中坚持从实际出发，提出现实社会生活中确实存在的亟待解决的问题，排除任何主观臆断或耸人听闻的论题。

2011年深圳市一新生儿家长带其到深圳儿童医院就医，医生诊断称需花数万元做手术，家长拒绝后将孩子转到另一家医院治疗，并声称花八毛钱就治好了孩子的病。这使得深圳市儿童医院一时成为众矢之的。可不久后孩子病情再度恶化，家长将孩子带到武汉的医院，诊断结果与深圳儿童医院完全一致，处置方法也基本相同。家长因此向此前受到舆论冲击的深圳儿童医院公开道歉。关于“八毛门”事件的很多评论未经深入调查便直接将矛头指向深圳儿童医院，导致判断上“失真”。

针对该事件，《中国青年报》发表评论《“八毛门”医患言和，还缺媒体道歉》[①]，批评新闻记者乃至某些媒体只看到一时一地的情况，缺乏统观全局的意识和社会担当：

---

① 载《中国青年报》，2011-10-31，作者曹林。

一个客观的记录者和公正的旁观者，在医患发生冲突时站在不偏不倚的公允立场，用扎实的调查而不是想象的新闻去报道冲突双方的声音，而不能被某一方牵着鼻子走，先入为主地选择站在某一方利益的立场上。问题就在这里，在这起冲突中，不少媒体基本是被声称“八毛钱治好10万元病”的陈刚牵着鼻子走的，缺乏专业的报道和独立的判断，本能地相信他是一个受害者，而医院是乱诊断乱收费的。轻易被“八毛钱治好10万元病”这个爆炸性的、对新闻人极具诱惑力的不实信息所俘虏，带着“抨击医疗乱象”的狂热，完成了一次对医院的“施暴”。

…………

“八毛门”的始作俑者陈刚道歉了，我觉得，那些在此一事件中被牵着鼻子走的、对医院造成伤害的媒体和媒体人也应该站出来道歉——为自己的无知、鲁莽、偏见、肤浅、浮躁、对舆论的误导、对医院的伤害说声对不起。

综观新闻评论在判断上出现“失真”的原因，往往是评论主体没能充分核对事实，急于做出论断。还有的是评论主体为了追求爆炸性效果、吸引受众眼球有意为之，这有悖新闻工作的社会责任，其性质是极为恶劣的。

总之，“真”是选题现实意义的基础。离开这个基础的任何论题，不管来自主观臆断还是来自“本本主义”，都只能是“墙上芦苇，头重脚轻根底浅”，不可能有真正的生命力。邓拓提出“决胜于社门之外”① 的口号，许多老评论工作者也经常强调多看、多听、多想。说法虽然不尽相同，实际上都是强调加强调查研究，把选题建立在对客观实际真知真解的基础上。如果说确定选题有什么诀窍，那么坚持调查研究，坚持运用马克思主义的立场、观点和方法解剖客观实际，就是最可靠的诀窍。

2. 务新

所谓“新”，是指把握当前的社会脉搏和事物发展主流，不失时机地开掘代表事物现状、攸关发展趋势的论题。这一方面要求评论主体不断开辟新领域，挖掘新素材，捕捉现实社会生活中的新问题，即善于发现“例外”；另一方面也要求赋予那些仍然引人关注的“老”论题以新的意义、新的活力，即善于开掘新思路。

有的评论的论题之所以让人感到陈旧，并不是评论对象不新，而往往是由于习惯于“嚼别人嚼过的馍”，甚至用旧观念套新事物。所以，千万不能满足于评论素材新。相反，素材越新，越需要认真分析、筛选和提炼，否则不仅不能形成令人耳目一新的论题，还可能反新为陈，毁掉新素材。

新闻评论也会遇到一些所谓“永恒的主题”，对于老题目如不精心写作，就免不了老话重提，老调重弹。现实社会生活中，不仅爱国主义、艰苦奋斗、廉政建设、雷锋精神等需要不时论述，而且的确存在着一些问题（如官僚主义痼疾、社会公平、“三农”问题等）也需要警钟长鸣。对于诸如此类的话题新闻评论不能置若罔闻，否则就

① 转引自范荣康：《新闻评论学》，208页。

意味着放弃社会责任。但是如果不开辟新的角度，则无异于“例文”，难免削弱舆论功能。比较来说，“老论题”翻新比开辟新的论述领域难度更大，更需要下一番求新的功夫。要善于把普遍意义和当前的现实意义结合起来，选择新的写作角度、新的表达方式。《人民日报》评论员文章《一个古老而崭新的时代话题》① 立足胡锦涛同志关于树立社会主义荣辱观的重要论述，将传统荣辱观置于当下社会背景中论述，体现出了时代精神：

> 荣辱观古已有之，荣辱心人皆有之。不同的时代，不同的民族，持有不同世界观、人生观、价值观的人们，其荣辱观是不同的。恩格斯说，“每个社会集团都有他自己的荣辱观”。社会主义荣辱观，回答的是社会主义社会中，什么是光荣，什么是耻辱。树立社会主义荣辱观，既要发扬优良传统，又要体现时代精神；既要立足本国，又要面向世界；既要把握今天，又要面向未来。

文章结合中国的具体国情、现存的社会问题，进一步论述了确立社会主义荣辱观的重要性，分析说理切合实际、恰如其分。文章结尾自然流畅：

> 在我们的社会里，是非、善恶、美丑的界限不能混淆。否则，社会和谐不起来，经济发展不起来，民族精神振作不起来，国家也强盛不起来，社会主义荣辱观应当成为我们每个共产党员和每个公民应有的价值取向和行为准则。

老题新作，往往更能给人以启发和引导，也更容易对受众深刻理解贯彻国家的方针政策，产生积极影响。

对于选题求新来说，还要随时关注事物的发展变化轨迹，研究事物处于转折时期的各种现象和影响事物发展方向的问题。事物在发展过程中一般都显现出一定的阶段性，因而有阶段交替的转折时期。在这个时期，事物发展变化往往呈现多样性。或是变化急剧，或是相对稳定，于是有静态、动态的不同；或保持正常态势，或以特殊的形态出现，因而又有常态和异态之分。一般地说，转折时期动态显著，异态也容易显现出来，矛盾往往暴露得更充分，是更容易把握特点、发现问题，同时也是人们最需要评论的时候。许多影响巨大、给人们留下深刻印象的评论出现在这个时候，绝不是偶然的。这些评论的选题，大多是在把握事物发展全过程的基础上，着重研究当前这个转折阶段的各种现象的产物。当然，也不能把着重研究转折时期与关注事物的发展变化轨迹割裂开来，更不能对立起来。因为动态、异态不仅存在于转折阶段，也可能存在于事物的一般发展过程中。在后一种情况下，更需要对照静态、常态分析研究动态、异态，才能从比较中发现新苗头，发掘出有见微知著价值的论题。

---

① 2006年3月21日《人民日报》“评论员文章”。

3.“上”“下”一致

这里的“一致”，是指选题的两个来源“上面的精神”和“下面的情况”要方向一致。这种一致性，一方面表现为党和政府的声音集中反映人民群众的愿望，代表人民群众的根本利益，是人民群众普遍关心的；另一方面表现为党和政府的声音只有为人民群众正确理解和接受，变成他们的自觉行动，才能转化为巨大的物质力量。

2011 年 4 月 1 日《光明日报》在头版头条以《只为一个永远的约定》[①] 为题报道了河北农大果树 93（01）班同学信守承诺，坚持 15 年照顾已逝同学父母的感人事迹。《光明日报》、光明网随之先后发表了题为《社会主义核心价值体系的生动诠释》[②]、《团结互助是我们的价值观》[③]、《我们的心田需要滋润和温暖》[④]、《约定背后的精神坚守与价值力量》[⑤]、《唱响和谐社会主旋律》[⑥] 的评论文章对其进行深刻剖析。其中，《约定背后的精神坚守与价值力量》指出：

> ……河北农业大学毕业生默默资助病逝同学父母 15 年的故事，既是核心价值体系建设最朴实、最令人感动的诠释，同时也是中国时代精神与文明进程的缩影。那沉甸甸的约定背后，存在着无法用金钱和物质衡量的价值力量，让我们看到了国家振兴的精神根基，看到了中华民族的未来和希望。

这组评论充分将“上面的精神”和“下面的情况”有机统一起来：一方面深刻贯彻党和国家重视思想文化建设，弘扬和建立社会主义核心价值体系的理念；另一方面也充分回应了市场经济条件下民众对践诺守信、互助奉献等美德的热切呼唤。

“上面的精神”和“下面的情况”是一个问题的两个方面，是不可分割的。“上面的精神”之所以具有普遍的意义，是因为它反映了客观实际，是“下面的情况”的集中和科学概括；“下面的情况”凡是涉及实际工作和社会生活的，也几乎都与“上面的精神”有千丝万缕的联系。网络评论《网上“恶搞”有悖和谐理念》[⑦] 也是上面精神和下面情况相结合的产物。作者把握住了“和谐”这一新时期的主题，并将其作为评判网上“恶搞”行为的准则贯穿于文章之中，通过分析网上“恶搞”行为的三个显著特点——对“搞”的对象不加限制，对“搞”的手段不加约束，对“搞”的内容不负责任，得出“网上‘恶搞’与和谐理念都是相悖的”的结论，提倡“自觉抵制网上‘恶搞’之风，坚持文明办网、文明上网，为建设人民群众喜闻乐见的和谐网络文化做

---

① 载《光明日报》，2011-04-01。

② 2001 年 4 月 1 日《光明日报》“评论员文章”。

③ 2011 年 4 月 2 日《光明日报》“评论员文章”。

④ “光明网评论员文章”. 见 http：//view.gmw.cn/2011-04/01/content_1784541.htm，2011-04-01。

⑤ “光明网评论员文章”. 见 http：//view.gmw.cn/2011-04/02/content_1787594.htm，2011-04-02。

⑥ 2011 年 4 月 7 日《光明日报》“社论”。

⑦ “光明网评论员文章”. 见 http：//www.gmw.cn/content/2006-11/27/content_513840.htm，2006-11-27。

出自己的贡献”。评论作者从观察、分析现实，到捕捉到论题，并形成相应立论思想的过程，都是“上面的精神”和“下面的情况”相结合的结果。所以，任何时候都不能把这两方面割裂开来，尤其不能漠视来自下面的情况，否则就难以避免“歪嘴和尚念错经”的现象。

只有紧密结合来自下面的情况，才能更准确、更深刻地理解上面的精神，也才能创造性地、生动活泼地将其体现在评论的选题之中；也只有正确掌握了上面的精神，才能更好地洞察客观实际，透过现象看本质，正确反映人民群众的呼声，维护人民群众的根本利益，防止被某些表面现象所迷惑。总之，为“上”、“下”两个舆论场的有效沟通发挥作用，是新闻评论的社会价值所在。

第三节 | 新闻评论的立论

立论，在传统文论中也称立意，泛指诗文的思想意境。新闻评论的立论，指一篇评论的中心思想和基调。中心思想，相当于一般文章的主题，它贯穿于评论的始终，起着统率全文所有观点和材料，包括论点和论据，以及其他诠释和衔接文字（或音响、画面）的作用。基调则着眼于适应受众的关注重心、接受能力，是新闻评论这种面向广大受众的新闻体裁不能不特别注意的方面，也是立论区别于一般文章主题的主要因素。任何一篇评论，不论论题大小，篇幅长短，都有自己的立论，即一定的中心思想和基调。差别只在于中心思想是否明确、集中、中肯，基调与受众的接受能力是否相适应。

一、立论的形成

评论主体通过对特定事物的多方面深入分析，选择特定的角度，根据评论的规格和受众特征把握恰当的评论高度，便最终形成了新闻评论的立论。可以说，立论的形成要把握好认识深度、分析角度和立论高度三个关键问题。

1. 解决认识深度

解决认识深度即通过对作为评论对象的特定事物的解剖、分析，力求透彻认识事物，了解它的方方面面。认识得越深，对事物的内蕴发掘得越全面，就越能把握特定事物蕴涵的各种立论可能性。经过这个阶段，出现在作者脑海里的，就不再是事物的外在表现，而是各种各样可能成为立论基础的观点和见解。

立论要“深”，就是要把评论涉及的基本道理与中心论点分析透、论述透。从认识论上讲，就是要透过现象揭示本质，着力分析它的内部联系，尽可能对事物的变化与运动形成规律性的认识。新华时评《少用“不明真相”是地方政府和媒体的责任》①没有停留在群体性事件是“不明真相的群众被极少数破坏分子煽动”这一固有认识上，而是深入挖掘了这一判断背后蕴藏的更为本质的根源，深刻指出：

> 各种公共突发事件和群体性事件虽然诱因复杂，但往往与党委政府决策不当、工作不力、作风不实等问题有关。《关于实行党政领导干部问责的暂行规定》明确，要对“在行政活动中滥用职权，强令、授意实施违法行政行为，或者不作为，引发群体性事件或者其他重大事件”的党政领导干部进行问责。在事件尚未完全平息、人民群众合理诉求尚未得到圆满解决、权威调查结论尚未做出的情况下，一些地方领导干部随意用“不明真相”等词句给事件“定性”，有敷衍视听、推卸责任之嫌。这不利于社会稳定，不利于事件处理，不利于相关责任人吸取教训。
>
> 当群体性事件发生时，少用“不明真相”等词句、少指责成百上千的群众，实际有利于及时化解矛盾、平息民怨。这是新闻媒体的责任，更是对地方政府提出的要求。

作者综观全局，从人民、国家、法治等多方面进行论述，指出改善政府形象、改进政府工作是解决群体性事件的根本，见解颇具深度。

见解深刻以正确为前提，如果判断出现谬误，新闻评论就会失去使人信赖的基础，甚至产生错误的导向，引起人们思想上和行动上的混乱。

立论的两个侧面，承担着不同的任务：中心思想揭示事物的本质，基调规定论述的思想理论深度和高度。它们从不同角度为实现评论的目标服务。新闻评论面向实际、面向群众，它论述某件事、某个问题，既要从评论对象的实际出发，也要考虑它对周围事物的影响，照顾多数受众的关注重心、接受能力。它要揭示事物的本质，并作适当的升华，但不是越深越好、越高越好，因此有个如何控制基调的问题。

2. 确定分析角度

关于新闻评论的“分析角度”强调两个方面：一是思考的角度要全面，二是呈现的角度要新颖。

任一事物都有多面性，只有多角度观察思考，才能准确认识其本质。“横看成岭侧成峰，远近高低各不同”，讲的就是这个道理。随着我国经济持续高速增长，社会问题日益凸显，如群体分化严重、贫富差距增大、群体性事件频发等等，搞不好会影响到社会的稳定，如何有效地协调各方利益关系，保证社会平稳健康发展成为亟待破解的现实问题。《人民日报》针对这一问题，发表了一组主题为“如何协

① 见 http：//news. xinhuanet. com/politics/2009－09/01/content _ 11980041. htm，2009－09－01。

调社会关系”的系列评论[①]，多角度阐述了协调社会关系的重要性以及如何协调的问题。《让“利益杠杆”撬解社会矛盾》从合理协调各方利益关系的角度指出解决措施：

“利益关系是社会关系的本质。”协调社会关系的重要途径，就是要适应利益格局的深刻变化，从利益分配、利益表达、冲突解决等方面，协调各种利益诉求，兼顾各方面关切，进而促进利益动态平衡。这也是为什么胡锦涛总书记反复强调，社会管理是对人的管理和服务，涉及广大人民群众切身利益，要始终坚持以人为本。也是为什么在刚刚过去的全国“两会”上，提高个税起征点备受关注、保障房建设成为媒体关注焦点、最低工资标准吸引众多目光……

《理顺结构才能舒缓“社会焦虑”》从社会结构失衡方面找出社会关系不顺的原因：

正如一副七巧板，拼板如何摆放，决定组成什么图案。社会终究是由不同群体组成，铁板一块没有结构和关系可言。正是在这个意义上，社会结构的变化，也是协调社会关系的契机。正处于急剧变化阶段的中国，未来社会结构的调整会更为剧烈。理顺社会结构、协调社会关系，可谓刚刚破题。

《以“社会共识”涵养公序良俗》从物质层面上升至意识形态领域，认为协调社会关系的关键应是促进社会成员间共识最大化：

“上下同欲者胜”，尤其在利益分化、主体多元的社会格局中，找到认识的“最大公约数”，就有了社会黏合剂、价值定盘星、关系稳定阀、发展推进器。也正是在这个意义上，我们才能更加深刻地理解胡锦涛总书记的论述：社会秩序只有成为全体社会成员高度认同、自觉遵守、共同维护的价值规范，才能真正牢固稳定。

系列评论的最后一篇《让“社会组织”助推社会和谐》综合全局，认为在官方舆论场和民间舆论场之间应有相应的社会组织起作用，缓和矛盾，加强沟通，以达成共识：

实践日益证明，大量社会性、公益性、事务性的社会管理，党委和政府统统都来管，管不了也管不好。各类社会组织，应当也必须成为党和政府推进社会管理的重要资源……

---

① 2011年《人民日报》“如何协调社会关系”系列评论共4篇，分别是：《让“利益杠杆”撬解社会矛盾》（3月24日）、《理顺结构才能舒缓“社会焦虑”》（3月31日）、《以“社会共识”涵养公序良俗》（4月7日）、《让“社会组织”助推社会和谐》（4月14日）。

该组评论四篇文章，从四个角度深刻剖析了当下社会关系紧张的原因所在，并探寻解决办法，既贴近社会现实、贴近群众生活又高屋建瓴，颇具深度。

再来看一例。一段时期以来，有人宣扬“不宜把‘文革’称为‘十年浩劫’”的思想观点，理由是“文革”十年中也有卫星上天、氢弹爆炸等“好事”发生。评论《“十年浩劫”的提法不妥吗?》[①] 对此提出反驳，指出：

> 《关于建国以来党的若干历史问题的决议》已经为“文革”定性，称为“给党、国家和各族人民带来严重灾难的内乱”。那么，对于这样一场持续十年之久的灾难性的社会大动乱，称之为“十年浩劫”有何不可？在“文革”十年中，我国是否全然一团漆黑？当然不是。卫星上天、氢弹爆炸等等，都值得称道，但这些都不能代表“文革”十年国家的整体状况。对此应当实事求是，应当承认那的确是动乱的十年，浩劫的十年。我们党承认了“文革”是一场灾难性的内乱，做出了历史决议，威信不是降低了，而是增高了。

从两种对“文革”的不同评价的方法论上看，前者的分析角度显然单一，判断上犯了以偏概全的错误；后者多角度、全面、历史地看问题，其立论也是求真的。可见，无论评论者最终选择了哪个评论角度，事先都要对事物进行全方位的观察、分析。

新闻评论呈现的角度要新，这里的“新”是认识正确即“真”的升华，失去了正确的认识，“新”就失去基础。正如前人所说：“若不‘异’之‘是’，则庸而已；不‘是’之‘异’，则妄而已”（《艺概·文概》）。新闻评论立论求新，着眼于为受众提供正确认识新事物、辨别新现象、解决新问题的真知灼见、可靠办法和有效途径。强调立论求新，对于开辟评论新局面、活跃新闻论坛，防止“炒冷饭”、杜绝“八股”式的陈词滥调，有不可低估的积极作用。

实现立论的新，要善于打破惯常思维发现新视角，从一般现象中得出新认识。以《为何怕出经验?》[②] 为例，作者本着实事求是的态度，深入基层，广泛收集第一手材料，突破常规思维禁锢，揭示了机关作风中存在的问题。文章从三个方面阐述怕出经验的原因：一是负担重，有了成绩常常又是要加强硬件建设，又是要有专门机构；二是“作文”难，“经验内容上要丰富，思想上要扩张，观点上要创新”，搜肠刮肚，冥思苦索，这样的经验不但变味，而且多半不中用；三是应酬累，经验一旦宣传推广，四面八方来采访的、交流的、参观学习的络绎不绝，单位领导不得不整天忙于应酬，不见怕说架子大，见了又影响生产和工作。文章透过“怕出经验”这一异常现象，看到了被忽略了的新问题。再比如《送“炭”未必下“雪”时》[③]，作者先从“连日来，全国部分地区普降瑞雪，气温骤降”这一事实出发，表达了对“雪中送炭”这一做法的肯定；在第二段又笔锋一转，从更有利于困难群众安全过寒冬的角度出发，提出

---

① 载《北京日报》，2002-12-16，作者贺华泉。
② 载《人民日报》，2003-11-13，作者胡海军。
③ 载《人民日报》2005-01-10，作者常睿。

“我们为困难群众送去更多的‘炭’，不仅在‘雪’后，更应在‘雪’前”的认识，使评论的立论有了新意。

事物是多侧面的，不同的侧面都可能以各自的表象表现本质，立论的角度自然也应该是多样的。角度决定着议论的思路，有助于立论的深化，直接影响评论的质量和社会功能的发挥。

3. 控制立论高度

新闻评论是具有政论性特征的新闻体裁，这就决定了它容量大、内蕴丰富，但是浓缩度高、不易理解的特质。评论主体必须创造条件让抽象观念更易被接受，这就要适度控制立论高度。

控制立论高度主要从受众的状况，包括他们对于特定事物和周围事物的既有认识（正确的、错误的等等），以及认识能力和觉悟程度等出发，确定立论的基调，把立论的思想理论高度或深度控制在多数受众易于接受和理解的范围内。这样才能有效地防止曲高和寡的现象，或重蹈任意拔高、无限上纲的覆辙。如同样是对河北农大果树93（01）班感人事迹的评论，光明网评论《我们的心田需要滋润和温暖》从网络媒体性质和受众特征出发，适当降低了立论高度，语言质朴，说理充满大众情怀。与其相比，光明日报社论《唱响和谐社会主旋律》则从社会主义核心价值体系入手，高屋建瓴，统领全局，大气磅礴，其较高的立论高度与《光明日报》的身份和社论的规格相一致。只有根据不同的情况控制好立论的高度，才能使文章的引导作用和教育意义更加突出，针对性更强。

立论过程中，科学思维方法的使用尤为重要。首先应掌握并自觉地运用唯物辩证法，包括以联系的观点、发展变化的观点、矛盾对立统一的观点观察事物、分析问题。形成实践是主观和客观对立统一的基础、客观事物是多样性的统一、共性存在于个性之中等基本认识，以及掌握由此产生的归纳法和演绎法、分析法和综合法、由感性具体到思维抽象和由思维抽象到思维具体的方法等等。以外，还有必要借鉴某些新兴学科及其思维方法，如系统论、控制论、协同论、耗散结构论等。

有一种说法，认为立论就是提出总论点。其实，它们是两个不同层次的概念。立论与选题同属于评论的整体层次，它并不具体表现在评论中，而是通过包括总论点在内的诸论点表现出来，并为受众所理解。总论点则是居于主导地位的论点，与分论点同属于评论的要素层次。有些只有一个论点的短评论，立论直接表现为总论点。在这种情况下，未尝不可以说二者是相通的，但不能一概而论，不能一般地等同起来。

具体评论的立论过程可能几经反复，一般地说，认真解决好认识深度、立论角度和思想理论高度的问题，评论的思想质量就有了基本保证。至于能否最后实现立论目标，“俾人人知其命意之所在，而一如我怀之所欲吐”（《弢园文录外编·序》），则还需要表达阶段的多方面努力。

二、选题与立论的关系

选题与立论，是构思或酝酿过程的两个基本环节。在一般情况下，选题和立论的关系可概括为选题在先、立论在后，选题是立论的基础，立论赋予选题以灵魂。正如毛泽东所说："一篇文章或一篇演说，如果是重要的带指导性质的，总得要提出一个什么问题，接着加以分析，然后综合起来，指明问题的性质，给以解决的办法"①。这两个主要环节相互渗透，不能截然分开。人们在确定论题时，往往就同时考虑立论了，而在提炼立论思想的过程中也时常回过头来修订选题。尤其是论述重大问题的评论，选题和立论大多几经反复，凝聚着集体的智慧。在这种情况下，它们更是紧密联系在一起，简直分不清孰先孰后。但是，比一般关系更值得注意的，却是二者之间的特殊关系，即"选题趋同，立论互异"。

所谓选题趋同，就是面对一项中心工作，某一重大的新闻事件或社会问题、社会现象，各家新闻媒体都感觉到它的重要性，认为有必要引导受众正确认识和对待它，因此一时间出现许多选题相同的评论。所谓立论互异，即论述同一论题时，不同的读者对象和不同性质的媒体，其中心思想和侧重点并不都是一致的，也不可能和不应该强求一致。

在选题趋同的条件下，立论互异通常有两种表现：

1. 目标一致、各有千秋的互异

对不同媒体而言，总会有这种或那种共同的选题，如一些重要的党和政府的工作会议、重大的节日、重大突发性事件、某一时期群众普遍关心的事件等等，这就需要媒体根据自身的定位和性质选择不同评论规格和立论的角度。

举例来说，2008 年国际金融危机爆发，国内不同性质的媒体针对金融危机的评论角度不尽相同：《人民日报》评论员文章《最重要、最有效的手段》② 针对国务院提出的在应对危机时采取的措施，从总体上阐述应对金融危机的必要性和扩大内需的重要性。《经济日报》的《乘势发力　化危为机》③ 以宏观经济形势为背景，由奇瑞汽车的发展、改革、壮大切入，认为汽车产业"面对国际金融危机，要想'弯道'超车，需要非常时期的'非常之举'，更需要精心准备后的'乘势发力'"。《工人日报》的评论《应对金融危机，"培训工人"更显高明》④ 则指出："与那些把'裁员'视为应对危机不二法宝的企业相比，选择'培训工人'显得更高明，更积极，更富远见……这种做法，最大程度地降低了金融危机对农民工的就业冲击和心理冲击，帮助农民工度过就业彷徨期。"立论的这种互异，其实是新闻单位从各自的性质、肩负的任务和服务对象

---

① 《毛泽东选集》，2 版，第 3 卷，839 页。

② 2008 年 11 月 10 日《人民日报》"评论员文章"。

③ 载《经济日报》，2009 - 04 - 17。

④ 载《工人日报》，2008 - 11 - 17。

出发观察、分析问题的必然结果，也是检验新闻单位社会责任感的重要标志。

实践证明，在选题趋同的情况下，只有在立论方面力求“各有千秋”，才能为自己的服务对象提供更加切合实际的见解，指明正确认识和对待有关问题的途径，同时也才能有效防止人云亦云、千篇一律的现象。

2. 反映不同见解或意见分歧的互异

意见或见解的不同，有两方面的含义：

一是不同意识形态下的媒体立场不同，其表达的意见也必定不同。2007 年 7 月 1 日是香港回归祖国 10 周年纪念日，当天出版的英国各大报纸当中，只有《星期日泰晤士报》等为数不多的几份报纸对香港主权移交 10 周年作出了评论，且篇幅都很小，这些评论无不带有偏见和政治色彩，充分印证了政治立场决定了各国媒体报道和评论的基本立场的认识。与之形成鲜明对比，当天的《人民日报》发表社论《伟大的构想 成功的实践——祝贺香港回归祖国 10 周年》，文章指出：

> 背靠祖国，面向世界，香港具有得天独厚的区位优势，正面临着实现更大发展的难得机遇。现在，求发展、求稳定、求和谐已越来越成为香港社会的共识。香港社会各界人士在爱国爱港的旗帜下团结起来，求同存异，和衷共济，发挥各阶层之智慧，凝聚全社会之力量，一定能够开创香港更加美好的明天。

二是在同一意识形态、政治立场下，不同认识主体也会有不同甚至是截然相反的观点。这种现象在署名评论中较为常见。一个拥有多种声音的社会是活跃的、充满朝气的，如果新闻评论的见解都是“不约而同”、口径一致，从长远来说，对社会的发展和进步并不是好事。

例如，有媒体报道山东枣庄 39 中根据学生成绩好坏，为学校部分班级的学生分别发放红、黄、绿三种颜色的作业本。针对这一做法，媒体各抒己见。《新华每日电讯》发表了名为《“三色作业本” 少年心伤不起》[①] 的评论，指出这一做法是教育不公的表现，会阻碍学生发展，不利于社会健康进步：

> 我尤其佩服学校编理由的能力。搞个绿本子、红本子，被记者问到，都能为了这，为了那，一说就好几套。为了老师了解学生，为了缩小差距，为了挖掘学习兴趣，到底哪一条算数，恐怕自己也说不确切。
>
> 如果无所谓“儿童的天堂”，无所谓“快乐的童年”，人一旦编列成群，就开始规则化，开始白热化的竞争，一路有着不算少数的人被打上失败的标记，这显然不利于社会良性发展，不利于社会健康进步。

---

① 载《新华每日电讯》，2011－11－02。

同样是针对“三色作业本”事件，《中国青年报》却有着不同的声音，评论《别总对教育做隔靴搔痒的抒情》[①] 指出：

> ……可“三色作业本”封面上分别标有字母——绿色标有A，黄色标有B，红色标有C；A类题难度比较大，B类题是每个学生都必须掌握的知识，C类题是巩固基础知识。这是典型的分层教学，有什么值得义愤填膺的呢？

随后作者从真正的教育公平着手，进行总结：

> “三色作业本”不过是最基本的分层教学法，平心而论，老师要付出更多的精力和成本，比清一色的“大红大绿”辛苦得多。在那些总爱对教育做一些隔靴搔痒式抒情的喧哗众声里，又有多少理智而冷静的思维？秉持对教育公平的警惕无可原罪，但警惕过度，难免误伤。当下而言，最要紧的是关注教育权利与自由的公平，以及如何让“差生”实现人生价值的公平，而不是从形式上营造一种“泯然于众”的幻觉。真是热爱教育、热爱孩子，就请分清是非、尊重教育规律，让教育教学方法的创新多一点空间、多一份体恤。

上述两篇评论都立足于维护教育公正，实现孩子的价值，但各自的分析角度和见解完全不同，是一种反映不同意见的“互异”。

种种不同的见解或意见分歧，有的固然有是非、正误之争，有的则是从不同的角度看问题的结果。事物本身就是多面体，受众与事物的联系也多种多样。在立论上自觉求“异”，或提供新的见解，或开辟新的认识途径，既可以完善受众对事物的认识，更好地满足受众多方面的需求，也可以增强评论的引人魅力，丰富和活跃论坛。正如《人民日报》在《致读者》的社论中所说：“这种情形不但不妨碍而且有助于问题的解决，无论问题是由于一种观点战胜了其他观点而解决，或者由于不同观点在争论中相互接近而解决。”[②] 明确选题和立论的关系，对于评论作者完成有价值的评论、提高评论作品的质量、推陈出新具有重要作用，同时也有助于我们全面认识选题和立论在评论写作中的重要意义。

选题趋同、立论互异这一现象说明，选题和立论虽然都是客观外界的这样那样的反映，但相对地说，选题的客观性强些、稳定些，而立论则更为活跃，更具主观倾向性。换句话说，新闻单位和评论作者，在立论方面可以比在选题方面拥有更充分的主导权和能动性。不妨设想一下，一个新闻单位如果对人们普遍关心的问题置若罔闻或避而不论，那将会怎样？那不仅是失职，对社会、对自己的服务对象失职，而且也将引起这样那样的误解，模糊自己的政治面目，因为在其他新闻单位都有所评论的情况

---

① 载《中国青年报》，2011－11－02，作者邓海建。

② 1956年7月1日《人民日报》“社论”。

下，不予置评本身就是一种“评论”，是一种与舆论主流相反的“评论”。但如果只是等因奉此或人云亦云地议论一番，毫无真知灼见，也无异于搪塞受众、搪塞社会。因此，任何一个负责的新闻单位在选题不能不趋同时，都力求在立论方面充分发挥能动性，尽可能就有关问题发表新鲜而中肯的见解。这对于繁荣新闻评论、活跃社会主义论坛，无疑是十分宝贵的努力，亟须继续发扬光大。

第四节 | 广播电视评论选题和立论的特殊性

广播电视评论的选题和立论，同其他媒介的评论大同小异。不过“小异”虽小，却是广播电视评论个性特征的体现，是它区别于报章评论的质的规定。因此，既不能脱离新闻评论的基本体裁特点，片面夸大其“异”，也不能因“异”之小而掉以轻心。

一、广播电视评论选题的特殊性

广播、电视评论在选题方面，必须遵循新闻评论共同的选题目标、选题根据和基本要求，否则就难以保持选题的正确方向。但是，由于受广播、电视媒介传播方式及特点的制约，广播、电视评论在选题上都具有很强的内容选择性，既有特别善于论述的论题，也有特别不善于表现的领域，大概可以概括为“三长三短”：

1. 长于小，短于大

这里的“大”“小”，指选题的角度和论述范围，而不是论题的现实意义和重要程度。选题角度小，接触面有限，问题比较单纯、具体，自然比较便于在有限的节目时间，运用声音、图像做既深入中肯又便于视听的论述。角度太大的论题，如《人民日报》社论或任仲平文章所论述的论题，报纸评论能够胜任，广播、电视评论就很难容纳，音响和图像也难以在理论分析方面取得实际效果。如果勉强去论述，那就可能冗长不堪，或者变成难以消化的“压缩饼干”，或者挂一漏万、流于肤浅，都不能收到预期的社会效果。

“从大处着眼，从小处着手”这一处理选题的方法，对于广播电视评论改变某些不善于论述的题型，有着重要的意义。电视评论《是市场搅局，还是正当竞争?》①，谈的是什么是市场竞争以及市场竞争中政府部门的管理权限的话题，这一论题涵盖范围

---

① 2011年12月29日天津电视台“都市频道”《都市报道60分》。

广，也相对抽象。如果直接从理论到理论地论述，不仅有限的节目时长容纳不了，而且难免干瘪艰涩，难于理解。作者巧妙地从两个具体案例出发，通过菜市场买菜的个体商户的竞争手段以及市场管理者对其做法的态度的呈现，把“面”变成“点”，论述范围也相应缩小，也就比较便于在电视媒体上分析阐述了。事实上，许多评论对象宽泛的论题，经过“从小处入手”的处理，都可以发生类似的变化，或者由宽题变窄题，由泛题变实题，或者由大题变小题，由繁题变简题，成为广播、电视评论能够得心应手论述的论题。

“从小处入手”，当然不能无视“从大处着眼”这一侧面，否则就可能沦于“因小见小”、就事论事，削弱论题的普遍社会意义。但根本问题在于：究竟从哪里入手？这只能从评论对象和社会现实出发，根据评论对象的内部结构及其同周围事物的关系来确定，不能随心所欲。有的评论对象多侧面，蕴涵多层意义，在侧面或层次间的主、次关系相对稳定的情况下，一般可以从主要侧面或层次入手，达到化大为小、化繁为简的目的。有的评论对象各个侧面或层次联系紧密，主次关系因时因地而异，在这种情况下，有条件地突出重点，显然比一般地从主要侧面或层次入手来得恰当。有的评论对象是内涵丰富的思想或行为倾向，如反对官僚主义、以权谋私、贪污受贿和其他腐败现象之类，如果从概念出发，那无异于“老虎吃天”，但如果与典型表现或典型事例结合起来，论题岂不是可以由宽变窄、由泛变实吗？作为评论对象的事物千姿百态，如何从小处入手，从哪里入手，需要因事而异，并没有什么一成不变的模式可循。

2. 长于广，短于专

“广”指广大受众共同关心的问题，比如一般的社会性话题等；“专”指具有一定专业性的论题，比如探讨国际政治、宏观经济的论题等。“广”题不仅有广泛的受众基础，而且问题的焦点比较集中、显豁，一般比“专”题易于论述得深入浅出、雅俗共赏。对于很少一部分人关心或感兴趣的专业性论题，连一些报纸评论尚且避免讨论，何况直接通向千家万户，面向基层群众分析论述问题的广播、电视评论呢？一般说来，社会性的话题相比专业性的话题更适合广播、电视评论。

前文提到，“上头的精神”是新闻评论选题的一个重要来源，广播电视媒体概莫能外。对于那些立足于各级党委和政府机构的工作中心，讨论宏观形势的论题，是不能消极回避的，回避这类论题，相当于放弃了用言论影响、引导舆论的责任。问题是从什么角度看待这类论题，从党政部门，还是从群众角度？角度不同，论题的性质、类型，以至于立论和论述都将随之发生变化，传播效果也将有所不同。例如《致富路上说养猪》[①] 这篇评论，像是与某个农民促膝谈心似的，一边掰着手指头算账，一边聊家常，把道理讲得头头是道，让农民听得声声入耳。它的成功得益于多方面的因素，但都与从农民的角度看养猪问题息息相关。农民是怎样想的？有哪些思想疙瘩？怎样帮他们解开？把这一切梳理成一条辫子，形成养猪是一条积少成多、利家利国的致富

---

① 1984年8月7日吉林省梨树县广播站。

之路的论题，从而把一个工作问题、业务问题变成农民关心的话题。如果从领导机关、业务部门的角度看待和处理这个问题，情况将会怎样？能不能论述得这么娓娓动听、引人入胜，引起普遍关心和兴趣？广播、电视评论是面向广大受众的，社会主义事业是人民的事业，凡是需要面向广大受众阐明的宏观论题、专业论题，原则上都应当也可以从群众的角度选题，使之成为广大群众关心和感兴趣的共同话题。这样只会增强而决不会削弱广播、电视评论的舆论导向作用。

3. 长于动态分析，短于全面阐述

广播电视评论特别是广播电视口播评论和谈话评论在论述动态型论题方面，的确拥有不可忽视的优势。当前在广播电视媒体中，在新闻报道后直接连线评论员进行分析点评的做法已经十分普遍，有的还在某一事件的直播过程中约请评论员根据事态的发展变化进行实时的分析点评，就是某些多人座谈式的电视谈话也基本上实现了当天的新闻当天评。这种动态的分析时效性强、容量大，它的实现源于广播电视媒体的传输特点与有声语言的优势。而某些需要做长过程或多侧面、多层次分析的论题，在电子媒介的传播条件下，则往往难以得心应手地处理，比如报章评论经常用系列评论来论述某一宏观的、深刻的、复杂的论题，这对于电子媒体来说就比较难于实现。

对于广播电视评论来说，关注和把握好事物的转折点，是弥补短于全面阐述性的评论选题的重要方法。我们知道，事物发展变化过程中的转折点是连接事物过去和未来的关键环节，也是各种现象和矛盾的交会点。对于事物的转折点来说：第一，它代表事物的现状，有利于某些论题向动态型转化；第二，它作为事物发展的关键环节，便于重点突破，抓一环带动整个链条，从而克服不善于作长过程分析的弱点；第三，它作为各种现象和矛盾的交会点，更是一个多方位的窗口，通过这个窗口可以发现各种各样的典型材料，可以更准确地把握矛盾的症结等等。所以，在不能全面、综合论述某一复杂问题的情况下，有选择地关注转折状态，就成为广播电视按照自己的传播规律改变论题类型的有效方法，就可以在电子传播的条件下更好地论述某些迫切需要论述的重大论题。

选题方面的这些“长”“短”，是不以人们的意志为转移的客观存在。正因为这样，正视“长”“短”，注意“量体裁衣”，向来是广播电视评论选题的重要原则，是选题特殊要求的重要表现。但是，这只是问题的一面，问题还有另一面，这就是如何在正视“长”“短”的基础上向前跨进一步，突破那些自己不善于论述而又亟待论述的论题，尤其是那些人们普遍关心的重大论题。这是更加重要的一面，也是探讨“小异”、研究广播电视评论选题特殊要求的主要着眼点。

二、广播电视评论立论的特殊性

广播电视评论立论的特殊性，不是追求特殊的立论目标，而是如何按照广播、电视的传播特点和听众、观众的接收状态，精心体现新闻评论的共同立论要求。围绕这个核

心问题，除了自觉求真和求新以外，还要着重注意以下几个方面：

1. 焦点尽可能集中些

立论要集中，这是一个适用于所有新闻评论的普遍原则。对于广播电视评论来说，立论集中，不只是一般地集中在一个问题上，即所谓“一题一论”，而是集中在“靶心”上，即着力抓问题的关键或矛盾的症结。因为只有集中再集中，才能在有限的节目时间内，通俗易懂、有血有肉地阐明问题。

论述“宽题”或大论题要力求立论集中，否则不是冗长便是肤浅，这容易理解。“窄题”或小论题是不是也要讲究集中呢？这类论题评论对象具体，便于集中立论，但这是不可能自动实现的，如果离开自觉的发掘、提炼和升华，那就可能适得其反。在广播、电视评论实践中，不是不时可以看到窄题窄论或窄题散论的现象吗？窄题窄论，从张三的事讲起到张三（或对张三）该如何如何为止，乍看似乎集中，其实是就事论事。窄题散论，从一人、一事或一个具体问题引出多个互不统属的意思，几个意思几条线，拧不成一股绳，结果只能是“水过地皮湿”，当然谈不上集中，更无所谓透彻。从这方面看，小论题尤其需要自觉讲求集中立论，着力发掘其中深层的、具有普遍启发意义的含义，这样才能收到因小见大的预期效果。

怎样集中？前人的经验是“宽题走窄路，窄题走宽路”。这条经验把选题和立论结合起来，强调根据论题的实际情况，采取不同的立论方法。“宽题走窄路”，要求在立论过程中，把精力主要用于寻求恰当的突破口或切入点上，突破口小，切入点准，立论就能直截了当地触及事物的本质或问题的要害。窄题的评论对象单纯、具体，论题的接触面本来就比较小，立论要因小见大，就要走宽路，适当拓宽视野，从事物的联系中引出规律性认识。

2. 角度更加讲究些

客观事物多为“多面体”，因此一个论题往往有多种立论角度，可以导致不同的立论效果。有的角度切中要害，如《“拜金主义”要不得》①、《绝不许亵渎英雄，歪曲历史》②突出错误思想、行为与社会发展的矛盾，颇有高屋建瓴、势如破竹的气势；有的新巧，抓住了就可以避免一般化，《阻止道德滑坡：需要一脚刹车、三脚油门》③、《是市场搅局，还是正当竞争?》④ 能够化陈熟为新生，老论题写出新意，就是得益于准确地把握了社会现实，从时代的视角确定角度；有的精微、分寸感强，像《道德向善呼唤媒体理性传播》⑤、《严禁酒驾带给社会的启示》⑥ 等从一类现象入手，有褒有贬，合情合理，恰当地

---

① 1993年4月8日中央人民广播电台《新闻和报纸摘要》。
② 2006年12月30日浙江人民广播电台。
③ 2011年11月20日山东广播电视台“广播新闻频道”《新闻焦点》。
④ 2011年12月29日天津电视台“都市频道”《都市报道60分》。
⑤ 2011年11月20日苏州广播电视总台“社会经济频道”《社会传真》。
⑥ 2011年2月26日上海人民广播电台“新闻广播”《990早新闻》。

体现了政策，把握了准确的方向。如此等等，说明当面对多种立论的可能性时，慎重选择角度很重要。这是广播电视评论发挥立论能动作用、克服自身传播劣势的重要途径。

哪种角度恰当，取决于多种因素，其中主要有三个方面：一是评论的性质和论题的类型；二是广播、电视的传播特点；三是听众、观众的一般思维习惯和心理状态。在角度选择问题上，要综合考虑各种因素，全面权衡得失，而不能草率从事，信手拈来。

3. 调子适当节制些

立论的调子到底高些还是低些好，这是评论工作中经常碰到的问题。其实，立论调子贵在恰当，偏高偏低都不是好现象。所谓恰当，就是一要与党的基本路线和基本原则保持一致，二要切合评论对象的实际。背离这两个标准，调子偏低，不免削弱立论的思想性，流于浅薄鄙俗；调子偏高，把理想当政策，超越客观实际，则容易陷于曲高和寡、欲速不达的境地。比较来说，唱高调的倾向更加值得警惕。对好事一味拔高，对坏事无限上纲，不仅无助于倡导或反对，甚至可能走向反面，带来意想不到的负面作用和反效果，这方面的教训难道还少吗？季米特洛夫曾经讲过一个“共产党员竟然宣传不过法西斯的演说家，他得到的是听众的哈欠和失望，而法西斯居然赢得‘掌声雷动’的实例”①。在希特勒上台以前的一次失业工人大会上，到会的人都聚精会神地想听听共产党人的见解和主张，可是这个共产党人却对听众说：

> 同志们！共产国际执委会的全会刚完结。全会指出了拯救工人阶级的道路。同志们，全会在你们面前提出的最重要的任务，就是“夺取工人阶级的多数”。（笑声）全会认为，应当使失业工人的运动“政治化”。（笑声）全会号召把失业工人运动提高到更高的阶段。（笑声）

共产国际执委会的决议要求共产党人“夺取工人阶级的多数”，无疑是正确的。但是，正如王中教授指出的：“那位党员要失业工人饿着肚皮去夺取工人阶级的多数，这是对党的宣传工作的嘲弄，结果连法西斯都竞争不过。”② 为什么落得这样的结果呢？重要的原因就是不善于控制立论的基调，不善于把共产党的正确决议变成不同对象容易接受的道理。演讲如此，评论也是如此。不讲道理或者不善于看对象讲道理的评论，不可能让受众理解，接受自己的主张和见解。

广播、电视评论的调子，尤其需要有所节制。因为它面向思想水平、觉悟程度以及理解能力相差悬殊的各类听众、观众，要为他们中的多数人理解和接受，就不能不照顾多数人的“容受可能性”，否则就可能失去一部分听众和观众，削弱评论的舆论效果。

总之，在求真和求新的基础上，尽可能集中焦点，慎重选择角度，适当节制调子，这是广播、电视评论按自身传播特点体现立论要求的基本方面。至于如何具体运用于评论写作、制作之中，则因评论对象、社会需要和受众状况而异，只能具体情况具体处理。

---

①② 《宣传指南：季米特洛夫论宣传的群众化》，载《新闻大学》，1982（3），3～4页。

其中听众、观众的状况是个重要而经常被忽视的因素，值得格外重视。

思考题

❶ 新闻价值和评论价值的关系如何？两者如何区分？
❷ 选题的两个侧面有哪三种关系？
❸ 选题来自哪里？
❹ 新闻评论的立论是如何形成的？
❺ 如何理解“选题趋同，立论互异”的现象？
❻ 广播、电视评论选题与立论的特殊性主要体现在哪些方面？

第六章 广播评论

本章学习要点

1. 广播评论形成完善的个性特征，是一个不断发掘自身特点的长期过程，具体包括适应听众的广泛性、正视内容的选择性和探索形式的特殊性三个方面。

2. 广播口播评论指播出主体（播音员或作者本人）单纯以有声语言面向听众的评论形式。其写作应把握好以下几个方面：一是要通过“省意”突出重点，二是要为听众理解抽象内容创造条件，三是要用“类交流”的方式说理。

3. 广播谈话评论是由广播媒体播出的，由主持人引导，以谈话参与者双方或多方交谈的方式，面向社会公众分析阐述对于新闻事件、社会现象等的看法的新闻评论形式。制作广播谈话评论要注意明晰角色关系，厘清谈话线索，并有意识地拓展谈话空间。

4. 广播音响评论是以音响为表现内容的必要材料或手段的广播评论形式。制作广播音响评论必须注重发挥论述语言的主导作用，扬长避短地使用好音响，并处理好论述语言与音响的关系。

广播媒体在传播迅速、接收便捷等方面有其不可替代性，拥有相当数量的听众。广播评论在反映引导社会舆论，促进社会和谐、健康发展方面发挥着巨大的作用。广播评论如何扩大社会影响力，获得最佳传播效果，值得认真思考和探讨。

第一节 | 广播评论的个性发展

新闻评论体裁的发展是一个不断推进的过程，多样化、个性化是当前新闻评论体裁发展的基本特征。广播评论的发展实质上是新闻评论体裁在广播媒体上实现个性发展的过程，这一过程受制于多种因素的共同作用。

一、广播评论个性发展的制约因素

广播评论个性发展的制约因素来自三个方面：媒介、受众和体裁。广播评论的特点离不开其传播载体——广播独特的媒介特点，离不开其听众的构成和收听状况，也离不开评论作为新闻体裁的特征。广播新闻评论以其独特的媒体特征和符号系统，在实践中探索自身的发展规律。上述三个因素互为作用，影响和决定着广播评论个性的发展方向。

1. 广播媒介

广播作为一种多功能的传播工具，主要运用由电波传送的声音（包括有声语言和音响）表情达意，以听为基本传、受手段。广播信息的传送包括四个基本环节：广播节目的采集、编辑和后期制作；广播节目信号的发射和传输；听众通过接收设备收听广播节目；听众参与广播节目，或者给出反馈和评价。

广播用以表情达意的声音尤其是有声语言是人类社会最常用，也是最有效的交流工具：用有声语言表达情感、传递思想，不必借助其他媒介，比形诸文字来得直接、便捷；在有效的听知时间和范围内，可以同时把一件事情、一个意思、一种看法传达给所有在场的人，一次传送的范围比文字广泛得多；几乎可以不受接受者的文化教育程度的限制，可能的受众也比文字传播多得多；表现方式之丰富多彩，表现能力之强，也是文字所望尘莫及的。概括起来，有声语言表情达意，具有直接便捷、传送范围广、可能的受众多、表现能力强的长处或优点。

不过，有声语言又有它不如文字的短处或弱点：它稍纵即逝，只能即时听知；不能或不易保存，多次转述容易走样，甚至面目全非；不能作微观选择，听众不容易把握重点，往往因处于被动状态而易受外界干扰；由于不面对说话人，听众除了听别无其他理解途径，而且往往处于无意收听状态，比直接交谈更加容易受到外界干扰。有声语言的短处，在直接交谈的情况下不一定构成传播的障碍，在广播中却是不能不正视的传播劣势，而且是只能弥补而不能根本消除的劣势。这些短处或弱点虽然不是绝对的传播障碍（如在一对一交谈的情况下就不一定会造成障碍），却是与它的长处并存的，并经常起着抑制长处发挥传播优势的消极作用。

综合起来，可以说有声语言表情达意的特点，正是广播媒体特征的长处和短处、优势和劣势的对立统一。

广播从业人员应该在采、编、播的过程中着力于语言的表现力，以单一的形式表现出最丰富的内容。广播曾是先进科技的产物，同样，它的发展也要依靠科技的进步。当下手机、互联网技术与广播的结合应用给广播挖掘自身蕴藏的巨大潜力提供了新契机。广播应当重新衡量自己的价值，发挥独特优势，以积极创新的精神，勇敢应对挑战。

2. 广播听众

传播作为一个过程，它的客观效果是通过受众实现的。受众的状况如何，以及如何适应这种状况，对于传播效果，尤其对于以说服为目的的新闻评论的传播效果影响极大。早在两千多年前，亚里士多德在关于修辞学的论文中就写道："一篇讲演是从它对某个人的效果来判断的。"而影响说服的三个条件是："演说者的品质"；"对听众造成某种态度（的机会）"；"论点本身（所提供的证明）"。施拉姆和波特认为，亚里士多德所分析的说服因素，"虽然经过了许多世纪，他的这些意见仍然是这样完美。他的关于传播的许多基本论点是许多世代的聪明人也会同意的"①。对于一般传播和新闻评论如此，对于广播和广播评论也莫不如此。因此分析听众状况是探讨广播评论个性特征至关重要的一环。

在媒体传播过程中，"受众"角色的变化经历了四个阶段：第一阶段为大众受众时代。这一阶段媒体扮演着"大众情人"的角色，力图吸引所有的受众，因此电台节目类型五花八门，以满足各层次人群的需要。第二阶段为分众受众时代，这一阶段电台不再立足于讨好所有的听众，而是将受众的需要进行分类，以期满足一部分特定人群，并牢牢把握住这部分市场。第三阶段是适位受众时代，这个时期，电台更加"专一"，一些类型化电台从分众中进行二次细分。第四阶段即受众的"一对一"时代，受众进一步具备掌控力——你给我的未必是我想要的，所以我向你索取我想要的。从技术上说，网络电台数字广播已经为进入这一阶段提供了物质条件。

20世纪90年代中后期，我国进入分众受众时代，受众开始有选择地获取信息，因此，广播电台大都办起了系列台，这个时期的系列台仍然是侧重于某类型的综合台。2002年中央人民广播电台推出的"音乐之声"揭开了从分众时代向适位受众时代过渡的序幕，"音乐之声"并不期许所有喜爱音乐的听众关注，只满足流行音乐发烧友，将

① ［美］韦尔伯·施拉姆、威廉·波特：《传播学概论》，219～221页，北京，新华出版社，1984。

受众的年龄段定位在 15 岁至 40 岁之间。目前我国电台设置基本处于分众受众阶段，部分节目设置走向“适位受众”。

对受众进行研究的最终目的是要解决广播节目“向谁说”、“说什么”，这个“谁”究竟“有多少”、“想听什么”的问题。简言之，就是要找到广播节目的目标听众群，并研究针对目标听众群如何有效地制作与播出广播节目。根据央视—索福瑞媒介研究有限公司针对 2010 年全国网基础调查数据[①]显示，2010 年：

①中国广播听众规模为 412 464 000 人，占全国 10 岁以上人口总数的 35.9%；其中城市地区广播听众规模为 198 033 000，占全国城市 10 岁以上人口的 51%；农村地区广播听众规模为 214 431 000 人，占全国农村 10 岁以上人口的 28.1%。

②广播听众的受教育程度构成城乡差异明显，这与全国城乡人口受教育程度差异较大相一致。在城域听众中，具有高中、大学及以上文化程度的听众比例分别为 27.8%和 21.5%，远高于乡域听众中 16.6%和 5.6%的比例。而未受过教育、小学文化程度听众的比例在城域为 3.2%和 14.9%，远低于乡域的 8.6%和 25.3%。

③城乡听众的职业分布差异显著。在城市听众中，学生及无业人员占最大比例，达到 35.3%；而在农村听众中，以农民为主的其他职业类别听众的比例最大，达 39.8%。

④无论是城市听众还是农村听众，个人月收入在 1 500 元以下者占绝大多数。在城市听众中，个人月收入在 1 500 元以上者所占比例为 24%，而在农村这一比例仅为 16.1%。

广播听众除了数量多，还具有层次多、平均接受能力较低，以及经常处于无意的半收听状态等特点。广播的传播方式也在很大程度上影响，甚至决定着听众的收听状态。广播诉诸听，而且是在电波传递的条件下诉诸听。这一方面使广播拥有众多的听众，因为在现代的电子技术下，人们可以边做别的事边收听，不必像读报那样心无二用、目不旁顾。另一方面，它又使广播听众经常处于无意的半收听状态，比报纸读者更易受外界干扰，从而影响对传播内容的完整接收和准确理解。

《传播学概论》介绍的一个实验颇值得思考。广播员曾试验过在一定的时间里播送多少条新闻最有效。他们发现的结果正好和预测的一样。在一个节目中大约可以把 20 条新闻记得清楚并很少错误。如果他们把每条消息缩短以增加条数，听众能记住的条数很少增加，如果播出的消息超过 40 条，实际上比播送 40 条以下的消息传送的信息要少。因为听众对更多条会理解得不正确。[②] 这个实验结果启发我们，要重视听众收

① 参见王兰柱主编：《2010 年中国广播收听年鉴》，6～10 页，北京，中国传媒大学出版社，2011。

② 参见［美］韦尔伯·施拉姆、威廉·波特：《传播学概论》，245 页。

听状态和传播效果的关系，要把广播的传播方式同听众的收听状态联系起来思考。只有时时刻刻注意从内容到形式方面适应广播的传播方式和听众的接收状态，才能把众多无意的半收听状态的听众，转化为有意的专注收听者。

就某个个体听众来说，其年龄、文化程度和接受能力、收听状态，不是一成不变的，但就整体构成来说，其主要标志却是相当稳定的。也就是说，在相当长的时期内广播要考虑，如何更有效地为层次多、平均接受能力较低、处于半收听状态的众多听众，提供包括新闻评论在内的不同性质、各种形态的信息服务。

3. 新闻评论体裁

新闻评论的新闻性体裁特征主要关系着内容选择，而政论性体裁特征则直接关系着内容表达，同时又反过来给予内容选择以不同程度的影响。政论性特征对于广播、电视个性发展的影响，显然比新闻性特征更显著，也更直接。

所谓政论性，主要指以说理为基本手段，着重从思想、政治或伦理角度阐明对于事物的看法。任何说理都是以逻辑思维为基础的，都必须运用概念、判断和推理等逻辑方法，也都带有一定程度的抽象性和概括性。而概括和抽象的结果，一方面可以扩大作品容量、增强作品的思想深度，另一方面也可能给受众带来理解的困难。对于广播评论来说，如何使它的政论性内容易于理解，更是异乎其他广播新闻体裁的严重问题。

听众状况对广播评论的影响，也远远超过对于其他广播新闻体裁的影响。如果说听众数量多，是各种广播新闻体裁都可能享有的优势，那么听众层次多、平均接受能力较低和经常处于无意的半收听状态，则为广播评论政论性内容的处理提出了这样那样的难题。政论性内容怎样满足不同层次听众的需要？怎样处理才能让接受能力较低的听众也能理解？怎样才能使说理娓娓动听、引人入胜，吸引听众进入有意的专注收听状态？这些都是广播评论需要认真对待、恰当处理的问题，否则就难以真正拥有众多的听众。而解决这些问题，则必然导致评论内容和形式的一系列发展变化。当然，其他广播新闻体裁，其他新闻评论尤其是报纸评论，也存在着如何适应听众和读者的需要、接受能力和接受习惯的问题，但一般不像广播评论这么尖锐突出，这么同体裁的前途和命运休戚相关。这是广播评论与听众状况互为作用，决定体裁个性发展的表现。

在媒介、受众、体裁相互关系之中，当然只能是体裁适应传播工具、听众状况；如果反过来要求传播工具和听众适应体裁，那就无异于削足适履了。另外，广播的传播优势和劣势，也不能等量齐观。

总之，广播的传播优势是潜在的，它只是提供一种可能性，能否成为实在的优势，在很大程度上取决于广播新闻作品。如果广播新闻报道的是陈年旧事，广播评论议论的是早已解决的问题，所谓迅速便捷的优势不就丧失殆尽了吗？如果新闻报道的是与听众毫不相干的事，评论讲一通听众不感兴趣或听不懂的道理，听众随时可以关掉收音机，或者听而不闻，哪里还谈得上覆盖范围广、听众多的优势？广播的传播劣势恰恰相反，它是实在的，只要不加克服，就必然构成传播障碍，影响传播效果。面对着潜在的优势和实在的劣势，广播评论必须在扬广播之长的同时，着重补广播之短。而所谓补短，绝不是消极地回避说理，削弱以至于取消自己的政论性内容，而是积极寻求既适应广播的传播特点和听众状况，又保持新闻评论固有属性的途径。这样，问题就集中在一个焦点上——怎样在稍纵即逝、不易保存、不能选择的条件下，使广播评论的政论性内容既为多数听众乐于听，又便于多数听众听得明白，理解得透彻。也就是说，关于广播评论个性特征的任何讲究，归根结底，都是为了使政论性内容更易为多数听众所听知，而且是在稍纵即逝、不易保存、不能选择的不利条件下更易听知。这是广播评论在发展自己的个性、完善个性特征的长途中，必须始终坚持的方向。

二、广播评论个性的发展途径

广播评论形成完善的个性特征，是一个不断发掘自身特点的长期过程，具体包括适应听众的广泛性、正视内容的选择性和探索形式的特殊性三个方面。

1. 适应听众的广泛性

广播评论同其他广播体裁一样，几乎可以不受年龄、职业和文化程度的限制，拥有各种各样的听众。但一则具体的广播评论能够拥有多少听众，与它在多大程度上具有吸引听众的素质成正比。换句话说，就是广播评论能否真正拥有众多的听众，取决于它的内容和形式是否适应多数听众的需要和接受能力、接受习惯。所以，适应听众的广泛性，既是把可能的听众变为事实上的听众的保证，也是广播评论孕育独有特点的途径。

适应听众的广泛性，固然需要从内容到形式作多方面的努力，但根本的一环却是牢固地树立面向基层听众的观念。这是由广播的传播特点和评论的性质决定的。广播直接通向千家万户，这为广播评论直接面向基层听众提供了条件。近些年来广播媒体技术的发展使得广播媒体的移动性和网络化特征进一步凸显，拓展了广播评论的传播平台和受众。广播评论代表人民群众的根本利益，这要求它尽可能面对多数听众，充分利用广播提供的条件，直接向基层听众阐述党的方针政策，与他们讨论普遍关心的问题，为他们解疑释惑，帮助他们与落后思想、错误认识、陈旧观念划清界限……这样，广播评论才能发挥自己的优势，成为报刊评论不可替代的舆论手段。反之，如果局限于“各级党组织应当如何如何”、“广大干部必须怎样怎样”，那岂不是“画地为牢”，自己缩小听众面，限制自己的影响和作用吗？弄得不好，甚至可能造成思想和情感的隔膜，扩大与多数听众间的距离，哪里还谈得上适应听众的广泛性？所以，这个“面向谁”的问题，是关系广播评论发展前途的根本问题，是任何时候、任何一篇评论作品都不可掉以轻心的问题。

树立面向基层听众的观念，必然促进广播评论朝着适应多种听众收听状态的方向变化和发展。从大的方面说，这种变化和发展将包括：第一，扩大评论领域，更加注意研究实际，论述现实社会生活中听众普遍关心的问题；第二，丰富评论角度，为听众着想，从听众易于理解的角度论述问题，促使角度多样化；第三，摆正与听众的关系，把广大听众当作地位平等的同志和朋友，而不是上下级关系，更不是毫不相干的“路人”关系；第四，端正说理态度，抛弃居高临下、颐指气使的态度和指令式的口吻，坚持用平易近人、促膝谈心、交换意见、商量问题的态度说理；第五，改进说理方式，应用听众易懂的语言、熟悉的材料，能够理解的论证方法论述问题，讲浅显易懂的道理，使听众既知其然又知其所以然；第六，从整体上为听众创造收听条件，包括在评论中作必要的交代、说明、解释，帮助听众更好理解评论内容，以及在节目安排、节目预告、内容提要和播音方面为听众收听提供方便。当然还可能导致其他变化和发展，不过这几个方面是主要的、基本的，是树立面向基层听众观念以后的必然趋向、必然结果。反过来说，如果没有这些变化和发展，那么所谓面向基层听众，就不过是说说而已的空话罢了。

此外，还要树立面向特定听众的意识，这是适应听众广泛性的新的着力点。近年来，广播媒体呈现出专业化和类型化的发展趋势，抓住这一关键，面向特定的人群，在内容和形式上做适应性的变化、发展，也能使广播评论在适应特定听众的需要和接受能力、接受习惯的过程中，逐步形成自己独有的特点，赢得越来越多的听众。

2. 正视内容的选择性

内容选择，也就是内容的取舍。内容选择性通常有两种表现：一种是基于需要的选择，即从一定的目的出发，在权衡利害得失、轻重缓急的基础上，确定写什么或要不要写；一种是基于可能的选择，这是从体裁特点出发的选择，主要考虑体裁能不能胜任，能不能表现好。任何文章，实际上都经过这两种选择。

广播评论的内容选择，从需要的角度看，与其他新闻评论没有什么不同。但是，由于受广播的传播特点、听众状况和新闻评论基本特点等因素的制约，广播评论基于可能的选择，却比其他新闻评论严格得多。也就是说，与其他新闻评论相比，广播评论既有自己特别善于表现的内容，也有自己特别不善于表现的题材。比如，1983 年 12 月 28 日，美国正式决定退出联合国教科文组织，国际台在 12 月 30 日用几十种语言播出《美国决定退出教科文组织说明了什么?》的新闻分析，抨击美国的霸权主义立场，维护联合国的基本原则和第三世界的利益，收到了先声夺人的效果。这种跨空间、突破语言限制的优势，是报刊评论所没有的。而另外一些内容，比如像《实践是检验真理的唯一标准》这类论题，则是广播评论难以胜任的。虽然有长有短，但总的说来，广播评论在内容选择方面受到的限制，超过其他媒介尤其是报纸的新闻评论。所以，在完善个性特征的过程中，不能不重视内容选择方面的问题，不能不特别注意处理需要与可能、内容与形式之间的关系。

严格地说，广播评论的内容选择，是在新闻评论基础上的再选择。在新闻评论所能表现的内容中，广播评论有所能、有所不能，或者说有自己的“特长”，也有自己的

“特短”，这是无可置疑的实际情况。因此，在论述什么的问题上，既不能简单地与报刊评论攀比，勉强地论述自己不善于论述的问题；也不能无所作为，消极取舍，甚至回避那些迫切需要论述的问题。正确的方针应当是也只能是积极地扬长补短，能动地处理内容选择方面所面临的各种问题。

强调广播评论有所不能，决不意味着它所能表现的内容，注定比报刊评论狭隘。现实社会生活丰富多彩，每日每时都有新情况、新经验、新问题出现，广播评论尽可以发挥自己的特长，在需要与可能、内容与形式统一的基础上，开拓广阔的评论领域。事实证明，只要积极扬长，广播评论善于表现的内容，就像现实社会生活一样丰富多彩。即使那些自己不善于表现的内容，只要需要，广播评论也不是无能为力的，它完全可以通过积极补短，克服形式的局限，变不可能为可能。不管从哪方面说，正视内容选择性不但不会导致内容狭隘化，而且恰恰是扩大评论领域的有效途径。

3. 探索形式的特殊性

这里所说的形式，指的是广播评论从属于体裁的具体形式，包括评论的具体样式、结构和语言。近年来，广播评论呈现出口播评论、谈话评论、音响评论三种主要样式共同发展的局面，对于这些形式的特殊要求，将在随后的几节里分别介绍，此处不赘述。下面着重谈谈广播评论各种样式对结构的共同要求。

新闻评论的结构，一般要求开头“开门见山”，主体丰腴严谨、层次分明，结尾有力、耐人寻味。广播评论除了遵循这些要求以外，还应该做到以下几个方面：

第一，结构要单线条而有变化。为了便于听，广播评论一般要求单线展开，甚至一个论点贯穿始终。但是，如果忽视在单线展开中求变化，就容易平铺直叙，沦于单调。这是广播评论中常见的毛病。其实，单线结构不但可以有变化，还可以富于变化。要精心构思作品，做到笔墨有浓有淡，口吻有强有弱，道理有张有弛，避免因单调乏味影响说理效果，这是广播评论的一个不可忽视的结构要求。

第二，结构要少层次而有波澜。广播评论不宜多论点、多层次，这是没有疑问的。问题是怎样在精练论点、精简层次的条件下，避免平淡，以及只见文章拉长，不见意思深化之类的毛病。评论是否能有点波澜，当然有结构方法、语言文字技巧的问题，但主要还是对事物的认识是否透彻的问题。有的文章“一句兜底”，从开头到结尾，始终停留在一个意思上，其实是囫囵吞枣的结果。假如对自己所议论的事物的内里了解得多些、细些，就不会翻来覆去都是一个意思了。有的文章乍看也有内容的推进，但进一步、退两步，写来写去还是在原地兜圈子，不但意思没有深化，而且给人以“剪不断，理还乱”的感觉，这其实也是没有弄清事物内在含义的关系，没有理顺思路的反映。有的文章“一马平川”、“一平如镜”，激不起人们收听的兴致，则与不善于突出矛盾、突出重点联系在一起。如此等等，表现虽然不同，根子却都是对事物、对自己所议论的问题缺乏真知真解。假如不在吃透内容上下功夫，那就既下不了精练论点、精简层次的决心，也写不出波澜起伏的文章来。

第三，结构要虚实相间而层次分明。为了帮助听众更好地理解抽象的道理，广播评论需要讲究应用事实，力求虚实结合。这样，在结构上，怎么处理虚与实，即说理与叙事的关系，就亟待研究了。易犯的毛病有两种：一种是事归事，理归理，虽然有虚有实，但虚实并没有结合起来并形成统一的说理层次，不是水乳交融，而是油水分离，给人以“两张皮”的感觉；另一种，事实与道理倒是交错在一起了，但由于没有弄清楚事实与道理的内在联系，没有抓准联结点，没有形成恰当的说理层次，结果不是显现不出层次来，就是导致层次紊乱。

严格说来，广播评论的结构并不是单纯的形式问题，它紧密联系着内容选择和内容表达，关乎广播评论的传播效果，应该予以高度重视。

第二节 | 广播口播评论

广播口播评论，指播出主体（播音员或作者本人）单纯以有声语言面向听众的评论形式。

广播口播评论通常有两种表现形式：一是由播音员播送，以电台的名义阐述对于评论对象的看法的不署名评论。二是由作者本人直接面向听众，以个人的名义阐述对于有关事物的看法的署名评论。前者是写、播分离的，因此特别要建立为说、听而写的观念，缩短文字表达与口语表达之间的距离，乃至实现二者的统一；后者是“我手写我口”，作者自己把文字转化为声音之前对评论内容已经“了然于心”，“出声”时要特别地把握好口语表达的分寸，能动地利用音节、声调、节奏等辅助手段，增强言语的感染力，适应听众的接收状态。

一、广播口播评论的特点

广播口播评论通常要求话题具体单纯，说理浅显，表述平易。这有利于缩短评论与听众之间的距离，有利于把文字表达方式与口语表达方式统一起来，使评论更加适应听众的听知习惯。

早在 1947 年，恽逸群先生就广播风格及其主要特点，比较系统地讲了自己的看法。他指出广播应该有自己的风格，这个风格的主要特点是“短、浅、软”。短，大家都晓得了；浅就是通俗，使人一听就懂；软就是轻松、风趣，使听众在文化娱乐中不知不觉地接受你的观点。[①] 这些看法，是针对当时延安（陕北）台的播出情况而讲的。以“短、浅、软”概括广播体裁的风格特点，这在 20 世纪 40 年代是独到的，在现在

① 参见恽逸群：《新闻学讲话》，全国图书馆文献缩微复制中心，2009。

也不失为中肯的见解。只有“短”、“浅”，才能适应大多数听众的接受能力和收听状态。“软”作为一种与生硬相对应的表达方式，有利于调动听众的收听兴致，使听众从半收听状态进入自觉的收听状态。所以，“短、浅、软”是广播口播评论更好地适应传播特点和听众状况的必要条件，也是在新闻传播过程中克服广播的固有劣势、发挥优势的重要保证。除此以外，广播口播评论还应“为听而写”，语言上要做到易播适听。

1. 短小精悍

广播口播评论的首要特点，就是力求篇幅短小、内容精悍。原因何在？广播口播评论是线性结构，受众注意状态的持久保持也有一定的时限，一旦拖沓冗长，引起收听疲劳，听众可以选择转台、关机，这甚至会长远地影响到频道整体的收听率。另外，篇幅降下来也有利于增强评论的时效性。近年来，广播口播评论出现了大量具有较强时效性的短小精悍的评论作品，如下面这则短评《家门口就业是民众的最好福利》[①]，全文只有不到200字：

> 外出打工虽然解决了生计问题，却使一家人天各一方，无法享受居家生活的幸福。年迈的父母，留守的儿童，离多聚少的夫妻，完满的人生不能缺乏天伦之乐，只要看看不堪重负的春运中人们回家的渴望，就会切身感受到家门口就业的幸福。家门口就业，不光是省去租房、交通、吃饭等方面多余的开支，工资的实际价值大大增加，更是解决一系列社会问题、节约资源、实现民生幸福、和谐发展的好思路，是科学发展观、以人为本的生动实践。

短评配合新闻《河南各地出台优惠措施　让农村劳动力在家门口就业》播发，表明了就近就业的经济、社会意义，虽然短小却不乏启发意义。

从根本上说，篇幅短小、内容精悍是从受众需求角度做出的选择。当然，广播口播评论的长短还依据内容来决定。因此说，短小精悍本身不是目的，只是实现广播口播评论最佳效果的必然要求。

2. 深入浅出

就是要以浅显通俗、让人一听就懂的方式表现深刻的内容。“深入”，要求恰当揭示评论对象的实质；“浅出”，要求将其实质表达得让听众一听就能比较确切地理解，就能明白其“所以然”、“所以否”。

口播评论单纯以评论主体的言语表达内容，这赋予它一些固有的表现或传播优势。言语可以脱离客体而反映客体，显然比音响更便于迅速及时地就重大问题发表见解，争取先声夺人的舆论效果，同时言语兼具叙述、议论、抒情等表现功能，便于深入浅出地揭示事物的实质。且看下面这一片段：

---

① 2012年1月30日中央人民广播电台“中国之声”《新闻和报纸摘要》。

> 其实，真正的名人不一定在《名人录》里，而是在人们的心中。除钱老之外，科学家有如华罗庚者，文学家有如巴金者，艺术家有如梅兰芳者，哪个不知，谁个不晓，用得着上《名人录》吗？……名人一旦需要借《名人录》来炫耀自己，这名人就该打引号了。而今有些草台班子，经常煞费苦心地引诱人们掏钱往《名人录》里挤。在这种情况下，人们还真得多一点不图虚名但求实际的定力。[①]

这是就科学家钱学森拒绝上《名人录》一事引申出来的一段议论，它涉及了时下颇为盛行的两种现象——“借《名人录》来炫耀自己”和“引诱人们掏钱往《名人录》里挤”，同时也给听众留有一定的思考空间。类似这种以有限的言语表现丰富内涵的例子不胜枚举，既证明言语比音响更有利于深入浅出地表现抽象内容，也彰显了口播评论基于言语表现功能的固有优势。

广播口播评论尽可能浅显的原因，还在于力求让部分文化水平不高、接受能力较低的成年听众，也能听懂它的政论性内容。这除了要开门见山地回答问题和通俗化、口语化以外，还要为听众理解抽象内容创造条件，要深入浅出地处理政论性内容，通过比喻和举例等各种说理方法，将抽象的道理论述得具体形象，易于为听众理解。

3. 易播适听

广播口播评论要大众化，播起来要顺口，听起来要顺耳，理解起来要易懂好记。与报刊评论不同，广播口播评论的语言要简短明快、生动形象，亲切自然、平易近人。与此同时，广播口播评论的内容逻辑性要强。只有内在逻辑性强的内容，才适合广播媒体的传播方式，也才能激发听众持续收听的兴趣。

概括地说，上述三个特点是相互依存、相辅相成的。广播口播评论短小精悍、浅显通俗，适应听众的收听耐久力和接受能力，可以为多数听众创造方便的收听条件；同时生动活泼、轻松风趣、娓娓动听、引人入胜，则可以激发听众的收听兴趣，使听众进入乐于听的境界。语言的易播适听，将使广播口播评论收到更好的听知效果。忽视其中任何一个特点，则必然削弱其他特点的作用。

二、广播口播评论的制作要点

为了使得广播口播评论能够在内容上短小精悍，表达上深入浅出，传播效果良好，其写作需要把握以下几个要点：

1.“省意”式表达

实现文章篇幅短小，历来有两种不同的方法：一是省文，二是省意。

---

① 2005年11月4日上海人民广播电台《990评论》。

“省文”就是尽可能节省文字，力求言简意赅。这种方法用于广播评论，固然可以使文章短而有物，但却可能增加听知的困难。广播评论的政论性内容本来就不怎么便于听知，要是单纯在节省文字上下功夫，把三句话并成一句说，把一大堆内容硬塞进有限的篇幅里，岂不像压缩饼干一样，更加不容易消化和理解？例如下面这段文字：

> 我们要建立高度的社会主义民主，最根本的是要使全体人民在共同享有对生产资料不同形式的所有权、占有权、支配权和使用权的基础上，充分享有管理国家各种事务的最高权力。（据收听录音）

在这几十个字中，塞进了多少概念！光是对生产资料的这种权那种权，就有四个之多，不要说一些群众听不懂，理解不了，就是有相当文化水平的干部和知识分子，恐怕也不见得都能透彻理解“四权”的区别。“省文”，实际上是让内容俯就形式，在别的文体中也许不无积极作用，在广播评论中却常带来不易听知的消极后果。凡事都有一个度，刻意追求文字的节省，三句拼成一句，短是短了，可是听众同样也会云里雾里，不知所云，也就矫枉过正了，起不到好的收听效果。

所谓“省意”，就是在谋篇布局的时候，只突出强调最主要的问题，集中讲非讲不可的道理。只有这样，才能实现突出重点、字字铿锵的效果。实现短而有物、短而易知的目标，“省意”无疑比“省文”更有利于政论性内容的听知。

2010 年，广州市于亚运会前宣布，公交地铁全部免费乘坐，引起了全国关注。该政策实行数日就被紧急叫停。多家媒体就此事件发表了评论，广播评论《政府“拍脑袋”决策，好事也难办好》① 全文如下：

> 广州市政府昨晚（6 日）紧急叫停刚刚实行了一周的“亚运公共交通全民免费”政策，取而代之的是向市民发放现金交通补贴，补贴的标准是户籍家庭及居住半年以上外来家庭每户 150 元，集体户口每人 50 元。
>
> 朝令夕改，政府的决策显得儿戏，无形中暴露了现在政府运作中的一大软肋：决策缺乏科学的程序，即便是给老百姓谋福利的好事，也不一定能把好事办好。
>
> 惠民的好事也需要科学决策。但在部分官员的脑子里，公共交通全民免费也好、现金补贴也罢，反正是政府给老百姓的，我政府爱怎么给就怎么给。
>
> 知错能改，显示出政府应有的勇气和魄力，但对现代政治文明来说，这还远远不够。现代社会的基石是法治，权力只有在完善的监督下才能发挥良好的作用。政府如果还不能够明确和恪守“凡是涉及公众利益的事情必须征求民意”这个原则，不把好现代社会中政府必须走的“程序关”，好事就不一定能办好。政府“拍脑袋决策”这种瞎折腾不仅会造成社会资源和财富的巨大浪费，还极大地影响着政府形象，进而危及社会运行秩序。

① 2010 年 11 月 7 日广东人民广播电台“新闻频道”《午间半小时》。

对这涉及上千万人出行的公共政策决策的明显失误，评论紧紧抓住决策失误根源在于缺乏科学的决策程序这一根本性问题，略去了其他原因。用四百多字论述一个重大议题，而且有理有据、易于理解，不就是“省意”的结果吗？“省意”照顾了听众专注收听的耐久力，通过在关键处的反复说理，使听众理解了非理解不可的道理。

省意式集中表达是正视内容选择性的必然选择。在一般内容上，广播评论尽可以根据自己是否善于表现，或取或舍；在重大问题上，就要慎之又慎，使需要与可能、内容与形式一致起来。通常，重大问题的涉及面比较宽，与周围事物联系比较复杂。如果铺开论述，纵横交错，篇幅不允许，也不便于听；压缩式的论述，把许多内容硬塞进有限篇幅，则难免空泛。面对这类问题，广播评论虽然不能改变其内容，却可以在透彻理解内容的基础上，改变内容的外在形式，使它变得可以论述。有的可以突出重点，把多侧面、多层次变为单侧面、少层次，这样评论便可以集中力量讲非讲不可的道理，在有限的篇幅内具体、充分地阐明问题的实质或事物的本质。如广播评论《阻止道德滑坡：需要一脚刹车、三脚油门》① 触及的是社会主义核心价值体系这一重大选题，如果按照传统党报社论的思路来做，不仅篇幅不允许，也不适听。该评论在对核心价值全面理解的基础上，从“最美烟台女孩”刁娜②舍己救人说起，客观地分析造成中国社会道德滑坡的深层次原因，并提出要从法律、社会保障体制和文化三个方面促进社会道德水平的提升。整个作品有理有据，既批驳了错误思想，也激发了听众的道德自省，取得了较好的社会反响。这篇只有 7 分钟的广播音响评论，能够比较充分地论述这么重大的问题，不能不说是在充分理解了论题的基础之上，突出重点、化繁为简的结果。不过，这是内容上化繁为简，而不是形式上的简化硬缩。

有些重大问题不便于化繁为简，则可以把问题分割成若干互有联系又相对独立的侧面或层次，有计划、有步骤地分别论述。这就是通常所说的化整为零、一题一论的连续评论或系列评论。只是广播与报纸不同，化整为零的连续评论，要更加注意保持每篇评论的相对独立性，同时为听众创造连续收听的条件。关于如何为听众创造连续收听的条件，美国的马克·霍尔在《广播新闻》中曾介绍他在构思一组连续报道时，是怎样设法吸引听众完整听完整组报道的。他特别强调引言和结尾的写作，对于搞好连续评论不无借鉴价值。这组连续报道共 5 篇，每篇引言是这样写的：

第一篇：

本市高中和初中存在着严重的吸毒问题。根据警察局的统计，每 3 个六年级学生中就有一个吸大麻叶、食用 LSD（麦角酸二乙基酰胺，一种麻醉药物）、吞食镇静剂，或喝烈性酒而酩酊大醉。现在播送关于本市青少年吸毒问题的五篇连续

① 2011 年 11 月 20 日山东广播电视台“广播新闻频道”《新闻焦点》。

② 2011 年 10 月 24 日晚，刁娜和丈夫开车经过龙口市通海路时，看到一名女子遇交通事故受伤倒在路上，便立即停车进行紧急救助。在指挥过往车辆绕开受伤女子时，刁娜不幸被一辆躲闪不及的车辆的后视镜剐倒，造成右腿严重骨折。事发时刁娜是龙口市南山旅游公司的一名销售经理，24 岁。

报道的第一篇。其余各篇——每天播 3 次，到星期五播完——将分别谈为什么年轻人要吸毒，毒品对他们产生什么影响，以及对这个问题该怎样办。

第二篇：

在本市青少年中存在着吸毒问题。由于他们大部分时间都在学校，因此老师、校长和监护人对吸毒问题有着自己独特的看法。今天播送的是一组关于青少年吸毒问题的五篇连续报道的第二篇，将谈谈学校里的吸毒情况。以后各篇——每天播 3 次，直到星期五为止——将谈这个问题的其他方面。

第三篇：

不论是老师、父母亲，还是警察当局，他们都说，本市存在着青少年吸毒问题。但青少年们呢？他们否认这一看法。在这一篇报道里——关于青少年吸毒问题的五篇连续报道的第三篇，请听青少年们谈他们吸食毒品的体验。其余两篇——到星期五为止将每天播送——将报道父母亲们的意见和卫生当局的劝告。

第四篇：

大家知道，在父母亲们看来，年轻人存在着吸毒的问题。也正是父母亲们，他们感到吸毒问题最难处理。本篇是关于吸毒问题的五篇连续报道的第四篇，报道面对自己的孩子吸毒的母亲们和父亲们对这个问题的意见。明天的节目将播送卫生当局提出的对付吸毒问题的建议。

第五篇：

无疑，本市存在着青少年吸毒问题。为了了解能做些什么来对付这五篇连续报道的前四篇提出的问题，我们同各方面的专家讨论了可供选择的做法。

这些引言对各篇内容作了概述，对整个连续报道作了提示，并对后续各篇也都提及，无疑起了便于收听的作用。其各篇的结束语如下：

第一篇：

毫无疑问……至少有关当局认为……本市存在着青少年吸毒问题。如上所述，学校成了大多数非法吸毒行为的中心场所。在明天的节目里——五篇连续报道的第二篇——我们将同老师、校长和监护人谈初中和高中的吸毒问题。

第二篇：

老师们认为吸毒是使学生丧失学习能力的一个严重的问题。但学生们同意吗？明天的节目——五篇连续报道的第三篇——将播送对本市一些青少年的访问记，谈他们是怎样吸毒的。

第三篇：

尽管一些青少年坚持认为吸毒不成其为问题，但他们的父母们却对吸毒问题感到烦恼，有的甚至感到恐惧。父母亲害怕什么呢？他们是怎样对付吸毒问题的呢？明天的节目——五篇连续报道的第四篇——将播送向那些面临家庭成员吸毒问题的父母亲作的访问记。

第四篇：

应采取什么办法来克服父母亲们因自己的孩子吸毒而产生的恐惧？谁也不能作出保证可以解决问题的回答，而明天的节目——五篇连续报道的最后一篇——将报道各方面的权威提出的一些建议。

第五篇：

从这五篇连续报道中，我们看到，本市青少年吸毒问题是一个不易解决的问题。甚至要使大家对这一重要的问题取得一致的意见也是困难的。但是，有一种建议似乎值得考虑——使越来越多的人参加公开的讨论。今天的节目，以及这组连续报道的其他四篇，正是为了促进这一目标的实现而播出的。欢迎提出意见。下周，我们将就今天的青少年面临的另一个问题——日益加剧的早婚问题，作出深刻的报道。

总之，广播系列评论一定要加强预告，前篇适当提示后篇将阐述的问题，引发听众的收听欲，而在后篇则适当复述前篇的重要内容等等。这样就能在某种程度上避免得后遗前、分散零碎的弊病，保证连续收听的效果。

2. 为听众理解抽象内容创造条件

广播口播评论要实现深入浅出，应该适当控制内容的抽象和概括程度，并要尽可能为听众提供理解抽象内容的各种条件。

这首先要求评论写作要选择听众熟悉的材料，要善于把政论性内容与具体材料结合起来，从具体材料出发阐明抽象的道理。广播口播评论中涉及抽象内容时，特别要考虑到受众的接受能力，对听众可能遇到的听知难点进行“化解”。请看《上海明年试点增值税改革，促进经济稳步发展》[①] 的一个片段：

……营业税和增值税的区别在哪里？改营业税为增值税变化究竟在何处？营业税和增值税它们第一个区别是征收的对象不一样。营业税是对在我们国家境内提供劳务、转让无形资产和销售不动产的单位和个人收入要征收相应的营业税；增值税主要是在销售货物、提供加工、提供修理、修配的这种劳务以及进口货物，会征收相应的增值税。最重要的一点就是，增值税的发票是可以抵扣的。换句话说，你购买原料和你销售的产品取得的增值税的发票是可以进行抵扣，也就是说仅对增值额来进行征收，而营业税则是对整个你的营业额来进行征收……

这篇口播评论以国务院决定从 2012 年起在上海试点增值税改革为出发点，分析政策带给相关行业的发展机遇，以及税制改革试点是否会释放宏观政策定向宽松的信号。在谈及营业税和增值税时，为了便于听众理解，评论详细介绍了它们的区别，加入了解释性的背景资料，让不懂经济的读者也能“跟上”这篇评论。

其次，要善于调动各种表现手段（如解释、举例、比喻等）适度地“稀释”抽象的道理，为听众架设经由具体、生动、形象的表述理解抽象内容的“桥梁”。

这里特别要谈谈“桥梁”的选择和把握。借助观众容易理解的内容，使得段落之间构成了出发点—中介—结论的说理链条，起了引导听众从具体到抽象、由浅而深理解评论主题的作用。其中出发点和中介，实际上是通向结论的“桥梁”。如口播评论《想起“雨伞道德”》[②] 中，作者为了论证道德重实践，要将“八荣八耻”的道德规范落到实处，需要每个人从自身做起的论点，搭建了“雨伞道德”作为中介：

英国作家加纳德有篇文章，叫做“论雨伞道德”。讲一个人在下雨时有意用自己的一把破伞调换别人的好伞，被发现后，却假惺惺地说成是无意的。加纳德说，这样的人一般不会强行将手伸进别人的口袋，但却总爱和别人交换雨伞，或者借别人的书总是忘了归还。这样“缺乏雨伞良心”的“不拘小节”的人，社会上并不少见。在加强道德建设中有必要重视“雨伞道德”，“一念之非即遏之，一动之妄即改之”。

中介的搭建能起到举一反三的说理效果，使得广播评论形象具体、易懂好记。假如没有“桥梁”，直接阐明要用行动践行“八荣八耻”，情况将会怎样呢？当然也可以讲清道理，但却不一定能使大部分听众听懂、引发共鸣。

当然，在一篇广播评论中，架设一道从抽象到具体的“桥梁”，不是轻而易举的

---

① 2011 年 10 月 27 日中央人民广播电台“经济之声”《央广财经评论》。

② 2006 年 4 月 3 日上海人民广播电台《990 评论》。

事。这里至少需要三个条件：一是对所论述的问题深知深解，真正把握事物的本质或问题的实质；二是掌握既为听众所熟悉，又能说明问题的具体材料，透彻地理解材料的主要含义；三是弄清楚具体材料与所论述的问题之间的内在联系。这三个条件概括起来，就是"深入浅出"的"深入"，也就是洞察事物的内里，"吃透"评论的全部内容，对从材料到结论之间的所有环节都有透彻的理解。所以，如果说广播评论"浅"的核心问题，是深入浅出地处理政论性内容，那么"深入"就是"浅出"的基础。

最后，通过适当"还原"来克服抽象道理的听知困难。所谓"还原"，就是在评论中恢复分析事物、引出论点或结论的过程，使"文路顺乎思路"。适当应用这种内在逻辑说理，有利于引导听众跟着自己的思路，一步步由浅而深、从现象到本质，或者由此及彼、从局部到整体地认识事物，理解评论蕴涵的抽象道理。延安新华广播电台在1948年10月播发的广播评论《驳斥国民党中央社对长春问题的造谣》①，主体部分就是应用还原的方法论述的。这部分共三个自然段，依次分析郑洞国是在什么情况下率领长春守军投诚的，他的投诚在国民党内部产生了什么影响，中央社如何掩盖真相，然后做出结论：

> 中央社打自己嘴巴的事太多了。他们不是说康泽已经死了吗？后来又活了；他们不是说王耀武也死了吗？后来又活了；这次又说郑洞国死了，可是不久又要活过来的。正如济南、锦州和长春解放后，中央社开头还是厚着脸皮，不肯承认，而后来又不得不承认一样。中央社的造谣，就像胆怯的人，走过坟场吹口哨，只不过越吹越心慌。单是这一点，就可以看出，国民党反动派统治的最后崩溃，已经是越来越迫近了。

由于有了上面的还原式的分析，这个结论就像水到渠成一样自然，既雄辩又具体地揭示了历史发展的必然性。就是对于国民党统治区的听众，包括国民党的军政人员，也是易于理解和接受的。当然还原要恰当，要有节制，否则，就可能变成记流水账，淹没评论的主题和论点。总的来说，广播评论在论述重大问题上虽然有体裁的局限，但并不是无能为力的。

从听众熟悉的材料出发，用各种手段对抽象的道理进行适度的"稀释"，说理思路上进行适当"还原"，有了这三个条件，政论性内容就能既保持必要的抽象，又表现得比较浅显，易于为听众理解。

3."类交流"式说理

在20世纪80年代，一些广播口播评论曾被冠以"广播谈话"② 的名目，即评论主

---

① 延安新华广播电台：《广播稿选》，97页，北京，中国广播电视出版社，1985。

② 本教材在论及20世纪80年代的"广播谈话"时，表述均加上双引号，以示与当前广播新闻评论实践中常见的类别——广播谈话评论相区别。

体顾及听讲对象可能产生的疑惑、反应，文字稿及播讲在思想、情感、语言等方面特别注重与听讲对象的交流。试举“广播谈话”《庄户人也要讲究语言美》[①] 中的片段：

说起语言美，也许有些社员会觉得，这跟咱庄户人关系不大。我就听到这样一种说法：“唉，咱整天价跟石头土块儿打交道，想说什么就说什么，管它什么语言美不美呀！”在他看来，讲究语言美，那只是城里人或干部们的事儿，跟自己不沾边儿。真的是这样吗？其实不然。依我看哪，语言美不美，跟咱们庄户人不仅有关系，而且有很要紧的关系。你要是不相信，就听我先举个例子说说。

……

有人说庄户人说粗话，不讲究，这种说法是没有根据的。其实，我国的农民对于语言美是有很好的传统的。我在农村接触过不少老辈人，他们说起这方面的规矩，可真是一套一套的。比如，母亲叫你的时候，要赶快答应，不要不吭声；父母教育你的时候，不要顶嘴；要是到别人家去，进门以前要先问问屋里有谁，进了屋要大声跟主人打招呼；人家要问外面来的是谁，不要简单地说声“是我”，要告诉人家姓名；根人家谈话，不懂的不要乱说，自己把不准的不要瞎说，更不能花言巧语哄人；不要挖苦别人，不要说不干不净的话。再比如……这些老传统、老习惯，我们应该继承和发扬。

这篇“广播谈话”将“谈话”双方置于平等的地位，语言平易近人、通俗易懂，时时与听话人进行思想、情感上的交流。正因为作者在文字稿写作中处处体现“类交流”的意识，虽然评论是批评轻视语言美的倾向，却可以让人毫不勉强地听下去，并取得心悦诚服的说理效果。

进入 20 世纪 90 年代以后，“广播谈话”逐渐销声匿迹，但其“类交流”、“为听而写”的特点却是广播评论实现有效传播的宝贵的经验，值得继承和发扬。概括地说，广播口播评论要实现“类交流”，应注意以下三个方面：

第一，要把传受双方放到平等的位置，顾及听话人的需求和可能的反应，用他们熟悉的材料、习惯的语言回应他们的需求或疑问，引发他们的共鸣，这是能否形成思想感情交流的前提。

请看广播口播评论《制售假酒“黑色经济”屡禁不止　高利润诱惑致难根治》[②] 的片段，它无论说理还是叙事，都具有一种“类交流”意识，仿佛眼前有一群观众在聆听：

……制售假酒既损害真正的酒厂的利益，同时影响国家税收，最重要的是严重损害消费者的健康，严重的还会有生命危险。制售假酒的黑色经济为

① 1982 年 4 月 19 日山西人民广播电台，作者马德。
② 2011 年 11 月 2 日中央人民广播电台“经济之声”《央广财经评论》。

什么屡禁不止？而且还越来越繁盛？我觉得，有以下几方面原因：第一，假酒制造利润实在是太高了……另外，假酒生产出来也有一定的流通渠道与之配合。

……高额利润诱惑，根治起来难度比较大。首先，假酒生产和流通的产业链已经形成，另外，市场需求存在。假酒为什么这么容易销出去，就是因为有一些人可能知道是假酒，但是还是会买……另外，现在对假酒的执法频率还不够高，一些假酒的生产和销售者铤而走险，觉得可能风险不是很大，被查处的可能性不大，利润又非常大，所以他们有侥幸心理去生产假酒……

像这样时时想到听话人就在跟前，想到他们可能的反应，用他们熟悉的材料、习惯的语言同他们交谈，思想情感的交流不就在其中了吗？如果名为广播口播评论，而心目中却没有特定的听众，没有强烈的对象感，恐怕难以像这篇谈话这样引起广泛的共鸣。因此说，营造一个如同与受众面对面交换看法、促膝谈心的模拟语境，赋予评论“类交流”的品格，这是广播口播评论的魅力所在，也是它的潜在生命力的重要支点。

第二，广播口播评论的语言既要服从新闻评论的语言要求，坚持准确性、鲜明性、生动性，也要服从广播的语言要求，自觉地坚持口语化、通俗化的方向。如果说广播评论的语言有什么特殊要求，那主要表现在上述两种要求的结合上。具体地说，就是怎样用具体、形象、动听的语言表达抽象的道理，怎样把抽象的道理讲得明白如话、娓娓动听。

语言形象化，是广播评论深入浅出说理的重要手段。评论要讲道理，离不开概念、判断和推理。在这种情况下，如果忽视语言形象化，通篇文章从概念到概念，从一个判断推出另一个判断，即使写得很严密，句句是真理，那也难免味同嚼蜡，引不起听众的收听兴趣，更不要说为听众创造理解抽象道理的条件了。因此，语言形象化，对于广播评论来说，绝不是“调味品”，不只起提神作用，而是更好表达内容的不可忽视的基本要求。

在广播评论中，语言形象化的方法多种多样。比喻是应用最普遍的一种，如用“杀鸡取蛋”比喻得不偿失，用“借火点灯”比喻利用外部条件，用“鸡啄米”比喻不敢放胆致富的农民的心理状态，都起到了用形象语言稀释抽象概念的作用。不过，正如列宁所说：“任何比喻都是有缺陷的。”[①] 因为比喻和被比喻的事物本身并不是一回事，它们之间一般只在某一点上有联系。因此，运用比喻要注意准确把握二者的联系点，按人们长期形成的共同理解揭示它们的联系，否则就收不到“喻巧而理至”的说理效果，甚至还可能导致这样那样的误解。

另一种是运用富于动感和色彩的语言，这往往与事实联系在一起。试看“广播谈话”《致富路上说养猪》的片段：

---

① 《列宁选集》，3版，第4卷，639页。

要说养猪没账算，人家好多户还不同意呢！就说杏山乡养猪专业户刘惠民吧，他这两年就是靠养猪发的财。他有 5 头母猪，一年卖 90 来个猪崽，20 多头肥猪，纯收入都在 5 000 元以上。刘家馆乡勿兰村有个张仁，人家养猪很有道（方言，“道”意为“办法”）。他先办了个酒厂，用酒糟喂猪，成本就花不了俩钱。这两个例子说明：养猪要想有账算（方言，“有账算”意为“划得来”），一是得多养，反正一只羊也是赶，两只羊也是放；再就是得会养，想方设法降低本钱。

专业户养猪有利可图，一般户养猪有没有账算呢？有哇！现在各家各户都有承包地。俗话说：“种地不攒粪，等于瞎胡混。”一头猪就是一座小型化肥厂，猪多肥多粮多嘛！一家养个三五头猪，底肥问题就解决了，地还会越种越肥。胜利乡差不多一人一猪，全乡每年少买化肥近千吨，省四万块钱。这还不说，谁家没点泔水，不养猪就得扔，多可惜呀！①

这段论述营造了一个心平气和的谈话气氛，除了话题紧扣农民的疑虑，顺乎农民思路的说理，还特别注重运用农民朋友熟悉的事例和语言，拉近与听话人的距离。这些因素起着促成“类交流”的作用，仿佛是掰着手指头帮农民朋友算养猪收益账，回答他们的一个个疑问。这在吸引农村听众，使他们感觉到自己是谈话的一方，从而进入主动收听、思考状态方面的积极作用是显而易见的。

对于广播评论来说，说理口语化，或者把道理讲得明白如话，本来应该不是什么问题，可是实际情况却恰恰相反，仍然存在着很大盲目性。这就要求在口播评论稿写作时，以“我手写我口”，要严格按口语表达的要求选择词语、组织句子，力求用具体、形象、动听的语言表达抽象的道理，把抽象的道理讲得明白如话、娓娓动听。

第三，要做好论述语言的声音转化工作。广播评论的最终表现形式是声音，但通常要先形成文字稿，这是进行声音转化的基础。广播口播评论的文字稿完成后，作者必须要先朗读几遍，看看是否朗朗上口、悦耳动听。文字表达是声音转化的基础，如果满篇都是长句子，或者佶屈聱牙的文言词语，或者滥用方言、术语、外来语，再高明的口语表达技巧也无能为力。同时做好声音转化工作，对于广播评论的听知效果也具有举足轻重的影响。对于写、播分离的口播评论，播音员或主持人要认真做好播前的备稿工作，透彻理解评论的内容；对于写、播一体的口播评论，评论者要强化自身的口语表达能力，要善于调动声调、节奏等非语词要素，强化对于论述语言深层含义的有声表达。

---

① 1984 年 8 月 7 日吉林省梨树县广播站。

第三节 | 广播谈话评论

广播谈话评论是由广播媒体播出的，由主持人引导，以谈话参与者双方或多方交谈的方式，面向社会公众分析阐述对于新闻事件、社会现象等的看法的新闻评论形式。

相对于“为阅读而写”的书面体文章，谈话体是一种“为听而作”的文体。这种文体源远流长，应用范围遍及一切以说、听为主要传播手段的领域。孔子的《论语》是弟子记录师说的文本，字里行间洋溢着谈话的气氛，其实就是早期的谈话体著作。唐、宋时期的“话本”，本来就是说书人的脚本；明、清时期的“拟话本”，则是模拟“话本”的谈话体小说，即使穿插于其中的说书人议论也堪称谈话体论说①。时至当代，包括广播谈话评论、电视谈话评论在内的“谈话体评论”已成为新闻评论的一种表现形式，这种形式注重听知效果，运用谈话的方式阐述对于事物的看法。

一、广播谈话评论的类别

在广播谈话评论中，主持人是固定因素；评论者则是可变因素，数量不定，身份也不定，既可以是邀请来的领导、专家或当事人，也可以是普通群众。根据不同的谈话组织形式，广播谈话评论通常分为专访式评论和座谈式评论两大类。

1. 专访式评论

广播专访式评论是邀请某一政府官员、专家学者或评论员，主持人以“一对一”访问的方式完成观点表达的广播评论形式。专访式评论一般事先会确定一个话题，并拟出提纲，以保证评论主题突出、逻辑顺畅、用时合度。专访式评论要有一定深度，对听众有启发意义。受访者的身份要权威，熟悉相关话题，其个性要契合节目的风格。

如广播谈话评论《住房保障应采取货币补贴》② 中，著名经济学家茅于轼就住房

---

① 如冯梦龙《警世通言》中《王安石三难苏学士》中的这一片段：“……俗谚又有四不可尽的话。那四不可尽？‘势不可使尽，福不可享尽，便宜不可占尽，聪明不可用尽。’……那聪明两字，求之不得，如何说聪明不可用尽？见不尽者，天下之事。读不尽者，天下之书。参不尽者，天下之理。宁可懵懂而聪明，不可聪明而懵懂。如今且说一个人，古来第一聪明的。他聪明了一世，懵懂在一时，留下花锦般一段话文，传与后生小子、恃才夸己的看样。那第一聪明的是谁？”又如凌蒙初的《二刻拍案惊奇》中《硬勘案大儒争闲气 甘受刑侠女著芳名》的这一片段：“诗云：世事莫有成心，成心专会认错。任是大圣大贤，也要当着不着。……为甚么说个不可有成心？只为人心最灵，专是那空虚的才有公道。一点成心入在肚里，把好歹多错认了。就是圣贤，也要偏执起来，自以为是，却不知事体竟不是这样的了。道学的正派，莫如朱文公晦翁，读书的人那一个不尊奉他？岂不是个大贤？只为成心上边，也曾断错了事。”（注：“成心”即“成见”，或者先入为主的主观主义看法。“空虚”是“成心”的对应词，即不带任何成见看事情、想问题。）

② 2011 年 4 月 3 日中央人民广播电台“经济之声”《天下财经》。

保障的货币补贴话题接受记者专访。记者提出了“保障房分经济适用房、限价房、公租房、廉租房等多种形态，你曾提出保障性住房不应该给产权，为什么这么说?”“这是否意味着你赞同应取消经济适用房和限价房?”“你是否赞同保障房集中建在某一区域的做法?”等问题，茅于轼逐一予以解答。专访式广播评论常常在新闻报道后，用连线采访的形式进行，这实现了对重大新闻的及时报道与深度思考的统一。

2. 座谈式评论

广播座谈式评论是邀请若干与话题相关的评论者，以交谈的方式与主持人共同完成观点表达的广播评论形式。座谈式评论往往节目时间相对长、话题涉及面相对广。

座谈式评论需要事先确定一个话题，话题一般贴近实际，关系民生，能够引起各阶层、各方面人士的关注和参与。确定话题后，还需要拟出谈话提纲，由节目主持人组织嘉宾就该话题展开评论。各位嘉宾从不同角度围绕主题，或互相辩论，或互为补充，展开座谈式评论。

如英国广播公司（BBC）的*NEWS*栏目就“利比亚危机”专门邀请了各方专家就“危机”的根源、矛盾的关键点、如何化解等进行座谈式的评论。近年来，座谈式评论的运用越来越多，话题的范围也很宽，诸如出租车涨价、股市波动、教育公平、农民工欠薪、环境污染等公共问题，常常成为座谈式评论的选题。

在座谈式评论中，有些评论有意让观点完全对立的嘉宾进行针锋相对的辩论，以达到交流思想的目的。这类“论辩式”评论要给予双方平衡的话语权，紧紧围绕主线展开辩论，才能获得最佳的收听效果。不过，由于广播只能以声音对不同的谈话人进行区别，从听知效果的角度考虑，这种辩论式的评论在广播媒体中应用的广泛程度远不及电视媒体。

二、广播谈话评论的制作要点

广播谈话评论的重要特征，就是以谈话的方式阐述对于某个问题、某一事件的看法。其制作要点主要包括以下几个方面：

1. 明晰角色关系

广播谈话评论的参与人，除了主持人以外，还有一位或多位嘉宾，乃至数量不等的听众。他们虽然都有一定的社会身份，但在节目中却是以表达特定内容的角色出现在社会公众面前的。比如，应邀的嘉宾原来的身份可能是学者、专家或党政干部，一旦进入节目即转化为同公众探讨有关问题的分析者；听众代表可能来自不同的社会阶层，有不同的职业、阅历等，他们的提问或反应，除表达自身的感受外，也反映了广大听众的想法，起着为主持人、嘉宾提供模拟对象的作用。

那么，究竟怎样把握主持人与嘉宾、听众之间的关系呢？且看广播谈话评论《高盛全球影响力几十年不会撼动》[①] 中的一片段：

> **主持人：** 工行这次是第三次抛售工行H股了，外界似乎也见怪不怪，但是我们发现一个不太好理解的现象，高盛一方面不否认工行的投资价值，而另一方面又在抛售它的股票，高盛为什么要这么做呢？
>
> **嘉宾（李德林）：** 现在工行是全球市值最大的银行，这个已经无可否认。而高盛是不是真的认可工行，高盛并没有站出来说，那么从高盛的抛售行为可以看得出，间接可以证明对中国的金融业，包括中国的经济还是存在着一定的担忧，所以说在这种情况之下再加上欧美的状况，包括美国的局势不明朗，尤其是高盛现在是作为入选了系统风险性这种银行的话，那么它是需要增加一些资本的，所以说它这个时候回笼资金也是很正常的。
>
> **主持人：** 您刚才提到了对于中国经济中国金融界的担忧还有整个大环境的担忧，除此之外有没有高盛一些自身的内在因素，比如说第三季度高盛亏损了4亿2 800万美元，还有各国对于银行资本要求也在不断地上升，监管更加的严格，经营的环境变得不是特别好，这次抛售有没有这些原因在里面？

谈话中主持人先提出问题，接着嘉宾对问题作相应的分析，然后是承接，即主持人接过嘉宾的话头，强调其中的重点，并推动谈话继续进行。在这一互动过程中，谈话双方交替成为话题深入的推动者，也就是形成了“主从”上的交替关系。

从上面的分析可以看出，从整体上看，在广播谈话评论中主持人作为媒介的代表，负有体现节目意图、实现预期目标的责任，是贯穿节目全过程的整体协调人，需要担当引领谈话的角色。主持人在节目过程中，既可以通过提问、提示、归纳、引申等语言手段，在交谈者之间铺路搭桥，促使话题有序展开、逐步深入；也可以插入预先录制的音响片段，或与现场记者连线，为交谈双方提供背景资料或最新动态，激发他们的思路，推动谈话的进行。同时，从局部上看，在某一个具体的谈话层次中，主持人与嘉宾、观众会交替成为推动谈话深入的力量，形成一种互为主从的关系。

2. 厘清谈话线索

广播谈话评论是面向场外受众的，其效果终究要由他们的理解程度和反应来检验。无论是主持人、嘉宾或是听众，无论是提出问题、解答问题或是做出反应，都需要同时考虑场外受众的关注重点、疑难所在、理解能力等等。

来看《我国将提高中等收入者比重，将成从国富到民富转型起点》[②] 这则广播谈话评论，其谈话线索从中央经济工作会议提出的“牢牢把握扩大内需战略基点”、

---

① 2011年11月10日中央人民广播电台“经济之声”《央广财经评论》。

② 2011年12月15日中央人民广播电台“经济之声”《央广财经评论》。

“提高中等收入者比重”入手，层层深入地分析了“提高中等收入者比重对于扩大内需意义何在”，“减轻老百姓财富缩水感，经济政策如何把握公众民生脉搏”，“建设橄榄形社会，未来 30 年国富、民富能否协同前进”等问题。其谈话逻辑线索单一、层次递进，使得听众容易理解把握评论主旨，并能对谈话内容展开联想和思考。

广播谈话评论不能东拉西扯，将主题漫无边际地外延。为了突出中心论点，谈话过程可以做结构化的处理，在话题末尾做一个小结，以增强谈话的效果；也可以多使用一些承上启下的连接词，突出内容之间的逻辑关系；同时，要避免议论冗长，避免表达含糊和有歧义。

为了实现良好的传播效果，节目主持人在谈话进行前可以做一些协调工作，让谈话参与者明确本次谈话的预期目标、各自的角色以及节目的流程。做好这一环节的工作，为广播谈话评论的录制奠定基础，往往可以收到事半功倍的效果。

3. 拓展谈话空间

相对于其他评论形式，广播谈话评论有两个明显的特点：一是以主持人、嘉宾、受众代表之间的交谈表现内容；二是角色间的交谈通常着眼于表达自己的见解，不仅抽象程度较高，而且带有相当浓厚的主观色彩。由于参与谈话的人数量有限、代表性有限，为了让广播谈话评论的观点和立场能够不片面、不局限，有必要运用一些手段适度拓展谈话空间。

拓展谈话空间的途径多种多样，其中，运用采录资料，搭建各种互动平台等，近年来为很多节目采用。在节目过程中运用采录资料，可以使得评论更显真实和生动，同时方便受众理解，产生更好的收听效果。而搭建各种互动平台，如观众热线、网络短信互动、网络前期预热等，更是充分调动了听众参与谈话，将封闭式的交谈架构转变为顾及场外受众的语境，有效拓展了谈话空间。

总之，广播谈话评论从选择话题到选择谈话人，从剪裁组织材料到遣词用语，都既要服从表现内容的需要，也要顾及听众的需求和感受，只有这样才能增强广播谈话评论的传播效果。

第四节 | 广播音响评论

在我国新闻广播中，音响迟至 20 世纪 80 年代才进入新闻评论领域。音响评论虽然姗姗来迟，却呈现出与日俱增的趋势。如何在评论中恰当运用音响，如何进一步完善这种评论形式已经成为广播评论实践中不可回避的问题。

一、音响的类别与作用

广播音响评论是以音响为表现内容的必要材料或手段的广播评论形式。既然音响是音响评论区别于其他广播评论的主要标志，那么，掌握音响评论的特点自然要从准确理解音响的特点入手。

(一)音响的类别

广播音响评论的声音符号有两大类，一种是解说词，另一种就是音响。按照声音的来源，音响通常可以分为三种：

1. 实况音响

实况音响是能将受众带往新闻现场，最能展现广播传播特性的手段之一，这一手段为报纸、通讯社等平面媒体所不具备。音响是客观存在的，我们所处的世界是个充满音响的世界，从生活中的喜怒哀乐之声，到自然界的小桥流水、大海怒涛，以至海轮的汽笛、飞机的轰鸣等人类活动发出的声音……形形色色的音响组成了我们这个多彩的世界。事实证明，在广播音响评论中，具有新闻价值、审美价值的音响能够引起人们的共鸣，增加评论的感染力、说服力。

从理论上说，只要发生在新闻现场，一切声音都可以用作广播报道的素材。从实践来看，并不是所有的自然音响都是广播音响评论要传递的。广播评论当然要精选有利于表现新闻事件、深化主题、烘托气氛的实况音响。

2. 访谈音响

访谈音响是广播评论声音源极其重要的、不可或缺的部分。人的活动是新闻的主体。在广播评论中，被采访对象的谈话不仅传播新闻事实、背景及其意义，同时因为由“当事人亲口述说”，增强了新闻的可信度和现场感。这一功能是无法由记者或播音员替代的。另外，由于每个人说话的音质、语调各不相同，访谈音响还丰富了广播评论的声音元素。

如音响评论《民意畅达呼唤制度保障——从北京地铁五号线加站说起》[①] 运用丰富、生动的访谈音响，来反映广大市民对轨道交通发展的感受和展望。

【警官】这儿经常堵，以前像星期一啊，第一天上班，肯定是堵车的。

【记者】那您看今天这出奇的好，我觉得，您看。

---

① 2007年11月20日北京人民广播电台。

【警官】是啊，肯定是有影响啊，这缓解地面交通啊。其实坐 5 号线很方便的，快啊，不堵车啊，也经济实惠啊，肯定的。

评论中几个访谈和环境背景音响的运用，使得作品论据充实，论证充分，感染力、说服力强。

又如音响评论《农家书屋建好，更要用好》① 的开篇：

日前，记者“走基层”在玉州、福绵、兴业、博白等县市区的一些乡镇村了解到，“农家书屋”普遍没有发挥作用，成为摆设。

兴业县城皇镇湖村村民黎丽、梁志：

【录音】（村民黎丽）上面有领导来检查，村干部叫大家去看。

【录音】（村民梁志）图书室平时都关门的，那里也没什么书好看的，很久都没见更新了。

“被”看书或想看书而没书看，在记者采访中并不是个别群众的反映。玉州区名山社区居民周建民，小朋友杨扬、陈春：

【录音】（居民周建民）我们村基本没有什么种养了，但图书室里主要还是种养的书为主，最好多些时尚杂志或经营创业类的比较好吧！

【录音】（小朋友杨扬、陈春）我喜欢看安徒生童话，但图书室里又没有；我喜欢看儿童书，儿童杂志。（记者：图书室里多不多?）不多，应该不多。

这段访谈音响的价值不仅仅在于增强了作品的真实感和可信度，更在于发现问题。记者与村民的对话，真实地呈现出部分农家书屋图书不能满足需求、更新滞后和管理落后，甚至成为摆设的问题，为后文深入分析如何运转好农家书屋，发挥其推动农村文化发展繁荣、提升农民科学文化素质的作用奠定了事实基础。

以上两类音响都是伴随具体发生的事件而产生的真实音响。

3. 模拟音响

近年来，在音响评论实践中还出现了非真实声音来源的模拟音响，我们姑且称之为运用音响进行“真实的再现”。比如在音响评论《微博问政：重“做”不重“秀”》② 的开篇就运用了这类音响：

11 月 15 号，2011 年郑州市集中供热开始，今年除了各个供热分公司的咨询热线火爆之外，火爆的还有郑州市城市管理局的官方微博。

【录音】“悲剧了，下班到家发现暖气管漏水，17:45 打 68890222 报修。”

① 2011 年 11 月 5 日玉林人民广播电台“新闻综合广播”。

② 2011 年 12 月 1 日郑州人民广播电台“新闻广播”《549 早间新闻》。

这是当天晚上网友“变身小胖子”发出的关于供暖的一条微博，同时，他还把这条微博@给了郑州市城市管理局。5分钟后，城管局微博给予了回复：

【录音】“亲，您在哪个小区住，我们帮您联系，尽快解决漏水的问题！”

晚上20：48，城管局的微博上又发出了一条跟踪的帖子：

【录音】“朋友，您的问题现在解决了没？”

看到城管局微博一条条温馨的回复，遭遇供暖问题的网友们纷纷跟帖反映自家小区的供热情况。晚上21：02分，城管局微博又发出了一个帖子：

【录音】“目前市区的供热主管网已经热起来，我们会进一步加大工作力度，确保市民暖暖和和过冬。如果有此类问题大家可以随时@我们。”

今年8月16号郑州市城市管理局注册官方微博，在随后3个多月的时间里，他们的粉丝数量迅速激增到55 000多个，接受问题咨询400多个，办理完结的各类问题270多个。甚至一些城管局职能之外的问题，他们也都认真回复、协调，被博友昵称为“万能微博”。

这四条市民与城管局的微博互动被作者处理成了有声版。这种音响不是现实生活中发生的真实的音响，但它依托于真实生活，是广播评论弥补广播媒体符号劣势在音响上进行的创新性运用。对这一“擦边”手法虽然不必持绝对反对的态度，但亦应慎重，防止滥用，以免违背“真实性”这一新闻活动的根本要求。

(二)音响的作用

客观世界许多事物或事件，在发生、发展过程中，都伴随着某种音响。在这种情况下，音响是事物或事件的一部分，可以在一定程度上反映事物或事件的状态、性质，以及对周围事物的影响。如就实况音响来说，嘶哑、缠绵的歌声反映了某种演唱作风，噪声在说明观众席的秩序的同时也表明不良舞台作风的消极影响；就访谈音响来说，大多数访谈音响并不是伴随事件发生的，但由于其同事件有着直接的关系，因此不仅增强了说服力，也使听众从他们的谈话中更真切地感受和领悟到问题的实质。

音响在广播评论中的作用，大致有以下四个方面，下面以音响评论《决不许亵渎英雄，歪曲历史》[①] 为例进行讲解。

一是作为引出论题的“由头”。作品开篇就运用了一段音响：

【录音】潘冬子：我爸说，民族唱法容易上春节晚会，我们唱民族唱法吧，听说刀郎一场演唱会能赚100万，那该多少钱啊？

春芽子：好，民族就民族，我们一起走穴，那能赚多少钱啊？

---

① 2006年12月30日浙江人民广播电台。

潘冬子：对，去年超女那么火，今年也轮到我们了！

作品随即入题：

听众朋友，正在播放的是从网络上下载的恶搞红色经典短片《闪闪红星之潘冬子参赛记》片段。短片中，小英雄潘冬子变成了整日做梦挣大钱的少年，其母亲一心想参加“非常6＋1”，只因为梦中情人是主持人李咏。近来，恶搞红色经典、恶搞英雄、恶搞历史成为一种时髦。一时间，“雷锋是因为帮人太多累死的”、“黄继光是摔倒了才堵枪眼的”、“董存瑞是因为被炸药包上的双面胶粘住了”、“狼牙山五壮士跳崖是假的”、“岳飞和文天祥不能算是民族英雄”等说法甚嚣尘上。搜索网络上所谓的“人品计算器”，雷锋的人品只有2分，岳飞的人品不如秦桧。更有甚者，有人要捕风捉影拍摄电影《雷锋的初恋女友》，《大众电影》竟刊登文章称没有人看见董存瑞托起炸药包的情景，董存瑞的英雄事迹是根据一些蛛丝马迹推测出来的。

恶搞，作为一种新的娱乐形式，本也无可厚非，然而任何娱乐都不能歪曲事实，都必须坚守道德和法律的底线。高尚的娱乐应该给人以健康向上的精神愉悦。如今流行的对红色经典、英雄人物、人文历史的戏说、恶搞，以颠覆历史、丑化英雄为乐事，是对民族精神的亵渎。

作者选取了网上流传的某“恶搞”短片的“音频”作为评论对象的代表，由此展开对“恶搞红色经典”现象的分析议论。

二是用作还原事实，特别是已经逝去的事实的论据。《决不许亵渎英雄，歪曲历史》的作者为了澄清事实，驳斥某些“戏说”，进行了深入调查。通过对雷锋、董存瑞生前战友的走访，揭示了事实真相：

74岁的虞仁昌老人是雷锋生前所在连的连长，说起电影《雷锋的初恋女友》，老人十分气愤。【录音】“雷锋没有谈恋爱，不要说雷锋，像我这个二十七八岁当连长的，看到女同志都脸红，都没谈过恋爱，这个事没有的。”……

原董存瑞生前所在师副政委程持久，当年是师政治部宣传干事。在攻打隆化的战斗中，他正好在董存瑞所在的六连。程持久回忆道：【录音】“对董存瑞这个连攻打隆化中学东北角的全部情况，我都知道，我看他用一只手托起炸药包，把导火线拉了冲着我们喊：‘连长，冲啊！’”“我都愣了，连长喊了一声：‘董存瑞——’，这一声喊得撕心裂肺啊！”

这两段音响的说服力显然要比由记者或主持人转述要强得多。这里的音响其作用相当于事实性论据。

三是作为说理的论据，帮助听众认识现象的本质。在《决不许亵渎英雄，歪曲历史》中，这样的音响也多次出现：

何祚庥院士认为，那些恶搞英雄和历史的人，【录音】“对我们老祖宗当时的奋斗了解的太少了……他们享受着现成的比较富裕的生活，但是没有去认真想一想这个富裕生活是怎么到来的……自己需要承担什么责任，怎么去做一个现代的人。”他更直斥这种恶搞行为：【录音】“等于是亵渎自己的祖宗啊，亵渎自己的先辈啊！”

沈阳军区《前进影视报》前主编刘国彬大校花了大量的心血，考证了董存瑞英雄事迹，维护了英雄的尊严。他对记者说：【录音】“任何一个民族，都是有道德底线的，真善美，假丑恶历来是泾渭分明的。”“圣女贞德是法兰西民族的英雄形象，对她调侃就被视为违反道德的极端行为；在印度，圣雄甘地是一个民族英雄，老百姓对他指手画脚是犯法的；在美国，黑人领袖马丁·路德·金是反种族压迫的无畏战士，对他有不恭敬的言辞，也会受到美国民众的痛斥。我们自己的民族英雄，我们自己一个个把他们全都颠覆了，全都摧毁了、全都歪曲了、全都否定了，这是民族的悲哀。”

这几段权威人士对恶搞英雄、历史现象的解读，也是一种论据。虽然同为论据，但与上述旨在还原事实的音响不同，这些“解读”、“剖析”在作品中的作用更多地体现在帮助读者认识现象背后的本质上。

四是加深听众印象，增强作品的感染力。《决不许亵渎英雄，歪曲历史》的实况音响、访谈音响中雷锋生前战友激动的语气语调、专家学者冷静理性的声音等音响的运用，增强了听众的印象和作品的感染力，为表达观点提供了有力的支撑。

可见在一则广播评论中，不同类别的音响可以巧妙结合，灵活使用，共同发挥作用。

二、广播音响评论的制作要点

音响是广播音响评论中不可缺少的组成部分，它是再现事物或事件发生发展过程的不可分割的环节，或者是人物活动场景的有机组成。如何让音响更好地为说理服务呢？下面结合实例来说明制作广播音响评论需要把握的重点。

1. 发挥论述语言的主导作用

评论音响如何选择、配置，应该以能否充分发挥论据功能，有效支持话题和论点、论断为依据。

发挥论述语言的主导作用，是广播音响评论组织论证的重要环节。语言表述当然有说明和解释音响的作用，如足球赛场上的音响，要是没有必要的说明和解释，听众就有可能不明白这是观众对比赛的喝彩，还是干扰裁判、扰乱比赛的不文明行为。论述语言更重要的任务是揭示音响的内在含义，引导听众把观点和音响联系起来，从而更加具体地理解事物或事件的本质。请看音响评论《善待民工才能够缓解民工荒》[1]的片段：

> 省社科院社会学所副所长杨建华教授认为，"民工荒"的背后，萌发着农民工尊严和维权意识的觉醒，昭示了中国廉价劳动力时代已经结束。
>
> 【录音】"目前的用工荒、招工难，真正的荒，真正的难，还是我们农民工的社会权利荒，难就难在我们的农民工的合理的相应的社会权利没有得到基本的保障。所以对这次用工荒，对我们相应的地方政府，相应的企业都是一个警醒。我们如何来善待农民工？"

该评论先将受访人的观点进行了综合整理，转化成论述语言，再引入访谈音响。这一处理突出了重点，便于听众理解观点。

又如，2011 年 5 月 1 日正式生效的《刑法》（修正案），对"醉酒驾车"和"违反食品安全"都加大了惩处力度，然而相同的法律约束却有着不同的结果：全国醉酒、饮酒驾车同比大幅下降，而食品生产违法行为却屡见不鲜。音响评论《严禁酒驾带给社会的启示》[2] 先是把该现象呈现出来：

> "严禁酒驾"的确已在全社会取得良好社会效果，然而法律同样严格"对待"的食品安全问题，依旧和社会其他领域的许多治理一样，面临着"走不出"的困境。市食品安全委员会办公室副主任顾振华介绍：
>
> 【录音】"上海一年食品安全方面违法案件少说有四五千件，这些查处大部分都是以罚款的形式来进行处罚，上海每年大概有两位数的数字追究刑事责任已经很不错了，酒驾抓到一个就是刑事责任。"
>
> 多年从事法制研究的、上海市社联党组书记沈国明对这一现象也非常感慨：
>
> 【录音】"《刑法》（修正案）八条里既规定了醉酒的问题，也规定了食品安全的问题。而且有个共同点，不管有没有轧死人、不管有没有吃死人，它是不管后果的，只要你有这个行为，就判刑了。它的力度和醉酒是一样的，但是你看连人家知都不知道。说明执法认真不认真，造势情况如何、宣传怎样都很重要。"

然后对为什么"严禁酒驾"能够取得良好治理效果，它带给社会其他领域怎样的治理启示进行了深入剖析：

---

① 2010 年 3 月 24 日"浙江之声"《浙广早新闻》。

② 2011 年 12 月 26 日上海人民广播电台"新闻广播"《990 早新闻》。

不可否认，食品安全的查处难度远远高于醉酒驾车，一件食品安全事件的认定远非像“吹口气”来得那么容易，沈国民认为：食品安全问题，的确复杂，但再复杂的事件也有解决的路径，切断“利益链”让法律做主，很重要。

【录音】“如果我这个企业在什么区，我对它 GDP 贡献很大，区里也不希望我垮掉的。地方政府就这种很微妙的态度，在某种程度上，他们都有保护伞，他不是一对一，不知道背后有多少力量。都有部门利益、地方利益，所以大家基于利益这个角度来权衡对法律的态度，这使得很多法律都不能得到很好的执行。”

法治社会要求：每个人或每个部门都只对法律负责。严查酒驾的“人人平等”，凸显了法律的作用和威严。然而当下，环保、拆违等很多领域在执法时往往强调事物的特殊性。上海市联合律师事务所高级律师江宪和顾骏教授分析说：当总是强调特殊性时，问题就出现了——

【录音】“我们目前走到今天，确实是由于我们在强调事物的特殊性，忽视了法律主要是针对事物的普遍性的。我们现在总是把法律当作一种很实用的东西，我要用的时候用一用；千万不要搞成法律只是治一部分人，却放过另外一部分的。执法者首先必须守法，法律管不住执法者，执法者就管不住普通人。”

改革开放以来，中国加快“立法”建设，基本解决了无法可依的状态。江宪律师说，中国当今的问题不是法制缺失的问题，而是要充分体现法律的公正性和严肃性。

【录音】“我们现在的问题是有法不依的问题。在有些事情上严肃执法了、有法必依了，但有时又有法不依了，这样造成整个社会起起伏伏（沪语）。”

建立一个健全的法制社会，受益的将是社会中的每一个人。而每一个人又都是法治社会的推手。市绿化市容局的一组数据值得深思：今年 1 月至 10 月，本市工程渣土车涉及的交通事故共 50 起，其中 28 起是由助动车主、自行车或行人负主要责任。上海人大法工委主任丁伟说，公众在强调权利的同时不能忽视责任和义务。“警在法在”的现象要改变。

【录音】“现在整个国家法的发展趋势是不断限制公的权力。公权力加以限制我认为是社会进步的标志。相对来讲私权力就扩张了。现在普通社会公众你们准备好了没？如果你们遵法守法意识没跟上的话，那，我认为这个社会也会不稳定的。”

越来越多的事例告诉人们：社会治理没有什么其他办法，唯有依法。

人们只有敬畏法律，把法当真，管理部门像查处酒驾一样来查处所有的违法行为，社会一定有条不紊。

不难看出，这一剖析过程完全由论述语言主导，按照打破利益链条—法律的普遍约束性—依法治理的论述思路推进，音响提供的材料和观点作为论据，发挥辅助说理的作用。通过发挥论述语言的主导作用，使得说理的内在逻辑清晰，表达的效率更高，观点更加突出。

2. 音响使用要扬长避短

音响也有它的局限性，这种局限性体现在：一是音响只是事实的一部分，无论是用作论据或由头，一般都不能不依附于事实，不能不依靠叙述的补充。二是音响的倾向性往往不明显，如赛场观众席上的掌声，如果不加以说明，就不知是赞美、催促抑或是否定。三是某些暴露性音响，通常只能以噪声的形式处理，处理不好可能影响收听效果，甚至产生负面作用。四是音响的瞬时性带来的采录困难。所以，音响固然可以为广播评论增色，但并不是任何事物都伴随着音响，也不是任何音响都可以用于广播评论的。如果忽视它的局限性，任意应用，那就可能导致相反的效果。

广播音响评论首先要根据论点的需要选择和剪裁音响材料，使音响更好地发挥论据的作用。如果为音响而音响，或者脱离论点单纯追求音响本身的表现效果，如清晰度、完整性，那就可能反而冲淡论点，分散听众的注意力。其次，音响评论的音响用在哪里，单独出现还是混播，也得从有利于说理的角度精心考虑、精心处理，防止游离于论点，防止喧宾夺主。有的评论在没有任何说明的情况下，一开头就是数秒钟暴露性音响材料；有的评论以音响为背景，时隐时现，若有若无。类似这样的处理是否有利于说理，恐怕是值得斟酌的。最后，广播评论不用音响则已，要用就要使它成为说理的不可分割的部分，就要与论据的语言表述融为一体。

总之，应该坚持按“少而精”的原则扬长避短地使用音响，处理好音响的“量”与“质”这一对矛盾。“少而精”的原则落脚于“精”。音响的精，有表和里两个方面的要求：“表”即音响的外包装，如清晰度、语言规范程度、音高、节奏等；“里”即音响的内容，主要要求具有强有力的论据表现功能。音响精不精，归根到底要由是否适合文本内容的需求以及其社会效果来检验。能否实现求精的目标，关键在于新闻工作者能否树立全过程观念，在随时采录、积累音响素材的基础上作筛选；能否树立全局观念，从播出文本的整体需要出发取舍音响，甚至舍得割舍那些看似精彩而于话题无益的素材。有经验的广播工作者不仅时刻准备采录音响，而且高度重视精心选择、保存音响素材。

3. 处理好论述语言与音响的关系

音响评论中的音响往往只是事实的一部分，一般不能成为完整的论据，不能代替论据的语言表述。所以，怎样把音响和语言表述有机地结合起来，使它们相互补充、相互强化，是广播评论恰当应用音响的一个重要环节。论述语言不能仅仅停留在说明和解释音响上，其更重要的任务是揭示音响的内在含义，引导听众把音响和事实联系起来，从而更具体地理解事物或事件的本质。广播音响评论要把握好论述语言和音响的关系，只有当音响能够为说理服务的时候，才有存在的价值，而论述语言则要引导听众理解音响，推动说理走向纵深。

在音响评论《呜呜祖拉吹响“中国制造”》[①] 中引用了这样一段访谈音响：

---

① 2010 年 7 月 5 日福建广播影视集团广播“都市生活频率”《都市早餐》。

【录音】“没有知识产权的产品，老外是不会让你发言的。因为很多产品都是他们拿样品过来，让我们按照样品给他生产，贴他们的牌子，那么这个价格定位，他说多少就是多少。如果说这个知识产权是我们自己的，那么研发费的多少、加工成本费的多少，还有对外销售的价格就是由我们来定。所以我觉得转型的另外一个核心是，一定要从最简单的作坊式生产企业，转变成具有销售能力的生产企业。”

随后是一段基于这段访谈的议论：

这只能说明，“呜呜祖拉”在世界杯上的表现其实是中国制造历来积弊的一个缩影。它那127分贝的噪声，对于传统的中国制造而言，是一种警音。近年来，受人民币升值、劳动力成本大幅上升、原材料价格上涨、环保运营成本增大、外贸摩擦日益增多等因素的影响，中国的企业家们已经深切地感受到以“呜呜祖拉”产品为特征，中国制造低端产业已经走到尽头，“中国制造”向着“中国创造”的转型已经成为中国企业、中国政府的光荣使命。

前段采访万利达集团有限公司的海外事业部美洲区副总林毓倩女士的这段访谈音响为后文阐述“中国应该由过去的高消耗高污染的经济模式转向低消耗低污染的低碳经济模式，最终实现中国制造向中国创造的经济转型”的主题起到了很好的铺垫、支撑作用。而论述语言则深化了访谈音响的内容，点明了全篇的主旨。

又如，《从“泰坦尼克号”说起》[①] 巧妙地把音乐引入评论，让其发挥音响增强作品感染力的作用。从1998年3月起，为配合“还北京一片蓝天”环保行动，北京交通广播采制了一系列有关治理汽车尾气的报道。在4月9日电影《泰坦尼克号》在京公映的当天，他们抓住时机，从影片的历史背景跳跃式地联系到世界环保大趋势，以“地球也是茫茫宇宙中的一艘船”作比，批评了漠视环保、浪费资源的现象，为人们敲响了保护环境的警钟。这篇评论开篇先淡出舒缓的《泰坦尼克号》主题音乐，紧接着是男、女播音员的解说词。整个作品音响与言语结为有机的一体，每到上下意群承转之处，都使用《泰》片主题歌作垫乐。这看起来好像是运用了文艺节目手法，实际上由于作者是从《泰》片出发展开的联想，《泰》片从某种程度上体现着作品的新闻性，其主题音乐作为一种特殊的音响被灵活运用于评论作品中也就是自然而然的事了。音乐音响的使用，加之解说词的努力，营造出了清新雅致的评论风格，使作品向思想性与艺术性的统一迈进了一步，在帮助听众透过现象看本质、加深听众印象、增强作品的感染力上起到了很好的效果。

可见，广播评论从音响中导出的，不是事物或事件的过程和场景，而是事物的本

① 1998年4月9日北京交通广播电台。

质、意义、影响等观念性内容。换句话说，广播评论要不要应用音响，应用什么音响，如何应用音响，取决于说理的需要，以是否有益于增强评论的说服力和感染力为转移。这是检验音响是否应用得恰当的准绳。一般情况下，音响多数是事物的外在表现，所以与音响相结合的语言表述应该更多地注意表现事物的内蕴，避免重复音响已经表现的东西，以及作不必要的说明和解释。

思考题

❶ 广播评论个性发展的制约因素有哪些?
❷ 广播口播评论如何做到“省意”?
❸ 广播口播评论在为听众理解抽象内容方面该做哪些努力?
❹ 广播谈话评论的制作要点是什么?
❺ 广播音响评论中音响的作用与局限性分别是什么?
❻ 广播音响评论的制作要点有哪些?

第七章 电视评论

本章学习要点

1. 电视媒体具有用画面和声音两种表现符号，同时诉诸视觉和听觉两个接收通道的双线传播特征，这些既赋予电视评论以独特表现和传播优势，也给它提出了一系列特殊的要求。

2. 电视口播评论指电视媒体中由播报者出图像、主要以口语表达内容的评论形式。写作电视口播评论应做到观点鲜明，说理精要，语言适播，同时还要重视多种符号的最终合成，使其协调一致，为增强说理效果服务。

3. 电视谈话评论是由电视媒体播出的，由主持人引导，以谈话参与者双方或多方交谈的方式，面向社会公众分析阐述对于新闻事件、社会现象等的看法的新闻评论形式。制作电视谈话评论要处理好时效性与评论的准确性、说理的有序性与发言的无序性、观点的多元与社会主流思想、人际传播与大众传播等几组矛盾。

4. 电视图像评论是指综合运用画面、字幕、实况音响和论述语言来表现思想内容的电视评论类型。制作电视图像评论务求各种符号相互配合、协调一致，还要充分发挥论述语言的主导作用，坚持双线互补的结构原则。

近年来，电视评论呈现出数量增多、形式多样、影响广泛的发展态势。如果说完善和繁荣电视评论是电视媒体充分发挥舆论功能的迫切需要，那么探索新闻评论如何适应电视媒体的传播特点，就是电视评论走向成熟的必由之路了。

第一节 | 电视评论及其符号系统

电视评论是电视媒体播出的所有新闻评论的总称，是由电视台制作播发的、以画面和声音表达内容、面向观众阐述对于客观事物的看法和见解的新闻体裁。

一、电视评论概说

把握电视评论的内涵对于发展电视评论意义重大，随着实践的发展，电视评论的内涵还会不断丰富。

1. 电视评论的内涵

准确把握电视评论概念的内涵，离不开以下几个方面：

第一，电视评论是新闻评论。无论它关注的是新闻事件还是客观存在的社会现象、社会问题，也不论运用哪种具体表现形式，都要表达评论者的基本立场、态度、观点，是表达观点的新闻体裁。

第二，电视评论是电视媒体的新闻评论。电视媒体拥有画面和声音两种符号。如果说可以同时调动画面和声音符号表情达意，赋予了电视评论以其他媒介评论所没有的传播优势，那么怎样协调这两种符号、发挥它们相互补充的综合表现效果，则是电视评论需要长期关注的关键课题。

第三，电视评论是面向广大观众的新闻评论。电子媒体不同于印刷媒体，印刷媒体有一定的发行范围，电子媒体则直接通向千家万户，可能的受众数量众多、情况复杂。如何尽可能地挖掘观众的共同关注点，是电视评论取得广泛社会关注和发挥舆论引导功能的前提。

第四，电视评论涵盖多种表现形式。形式上的多样是电视评论的必然发展趋势，也是其吸引观众的魅力所在。在电视评论的表现形式问题上，既不能墨守成规，也不能盲目追新猎异。

2. 电视评论与电视传播

电视的媒介传播特点对电视评论的影响大致可以概括为三个方面：

一是双符号的运用。电视拥有两种表现内容的基本符号——画面（图像）和声音。其中，声音遵循约定俗成的规律，几乎可以不受事物存在状态的影响表现任何事物；画面是事物的直接再现，完全依赖于事物及其存在状态。对于电视评论来说，画面和声音怎样相互配合，共同为表现内容服务是一个关键问题。要端正对这两种符号的性质及其表现功能的认识，克服重画面、轻声音的偏向。

二是双通道的运用。电视运用画面和声音表情达意，意味着同时诉诸视觉和听觉两个接收通道。双通道是否一定能够强化接收效果，目前尚存在着两种截然不同的认识。如何调动双通道为增强说理效果服务，是电视评论必须要解决的另一个关键问题。

三是双线传播的运用。双符号、双通道决定了电视传播的双线性质，即以图像和声音并行的方式传播内容。但是并行并不等于两条线平起平坐，更不等于它们一定能够协调一致共同为表现内容服务。实践中出现的图像、声音"两张皮"现象，提醒我们必须要时时注意这个问题。

电视传播方式虽然可以分解为上述这些因素，但这些因素是作为一个整体制约电视评论发展的。双符号、双通道、双线传播相互联系、互为作用，既赋予电视评论以独特表现和传播优势，也给它提出了一系列特殊的要求。

二、电视评论的符号系统

电视媒体的双符号、双通道和双线传播为电视评论形象、生动地说理，增强议论的说服力和感染力，提供了一种可能性。电视评论能否具有实际优势，在很大程度上取决于能否恰当地调动画面、字幕、音响和论述语言等表现手段，共同服务于说理。因此，如何综合运用各种表现手段充分表现政论性内容，是电视评论必须认真探索的关键问题。

电视评论的符号系统包括视觉符号（画面、屏幕文字）和听觉符号（同期声和解说词）。这些符号一旦与新闻评论的体裁特征联系起来，表意功能都与其他新闻体裁有所不同。也就是说，电视评论虽然没有自己的特殊符号系统，但它对于符号却有自己的特殊要求和处理方式。

1. 画面

电视评论中的画面，按表现功能大致可以分为三类：

一是口播评论的画面。这主要是播音员、主持人或评论员播讲的画面。这类画面展现点评过程，含有表情、动作，可以在一定程度上强化语言的表现效果。这种画面的表现功能，同播讲人对于评论内容的理解和调动非语言的能力成正比。

二是再现事物发生发展过程的画面。这类画面多数摄自事件的现场，直接再现事物、场景及其发展、变化的瞬间过程，可以给予人们身临其境的感受。它主要用来表现事实，支持和阐明论点，具有吸引视听、增强论述的说服力和感染力的强有力的表现功能。

三是再现访谈过程的画面。这类画面以记录访谈过程为主，有时也展现访谈场合。如《温州：望“楼”兴叹》[①] 中在多个楼盘销售现场访问购房者，既呈现了购房者对于高房价、购销双方地位不对等、销售信息不透明等现象的强烈不满，也呈现了温州部分商品房混乱的销售现场、市民彻夜冒雨排队的景象。画面与声音相互配合，为论题提供了具体的时空环境，强化了语词的表现力和感染力，为观众理解高房价的各种不利影响和潜在危险起到了积极作用。

总之，画面在电视评论中可以起各种作用，但主要是提供富有实证力的论据。它以具体、形象的“语言”表现事物、事件及有关的人、事、物、地域等，增强“叙事”的可信度，最大限度地消除人们对于事物认识的不确定性，以及由于文化水平、生活经验等方面的不同而形成的理解差异，满足观众“百闻不如一见”的心理需求。因此，恰当地运用画面，电视评论就获得了一种其他媒介的评论所不具备的说理手段，可以大大增强评论的说服力，使人易于接受。

2. 屏幕文字

屏幕文字是指根据内容需要，在后期制作时，运用电子技术叠加在画面上的文字、图表、图示等，屏幕文字也是电视的视觉符号之一。

电视评论主要运用画面和声音表现内容，但无论画面还是声音，都存在着某些自身难以克服的局限性。如画面善于表现空间，却难以表现时间；善于表现事物的状态，却难以完善地表现事物的内在含义。用声音表达政论性内容，则可能由于声音稍纵即逝的弱点，导致这样那样的听知困难，影响观众从容地理解其中的逻辑联系。适当运用字幕，就可以在一定程度上弥补这类缺陷，使观众通过“视、听、读”三位一体的同向多维感知通道，更加确切地理解和接受政论性内容。

具体地说，字幕的作用主要包括两个方面：一是提示、强调作用。以字幕显示标题、论述重点和主要论点，是电视评论常用的手法。二是补充、说明作用。字幕可以用来补充说明画面无法表现的时间、地点、人物等事实要素，消除画面的不确定性，有利于把论述语言集中用于说理。配合声音适当运用字幕，还可以避免或减少同音词带来的听知困难和理解歧义，或弥补同期声可能存在的缺陷，如录音质量不好（听不清）或讲话人物方音太重（听不懂）等，提高同期声的传播效果。

如在电视图像评论《版权保护——南通家纺市场成功密码》[②] 中，先后出现了 7 条字幕：

①版权保护——南通家纺市场成功密码

②2010 年 7 月 9 日 北京 中国新闻出版总署

---

① 2009 年 12 月 28 日温州市广播电视台《温州房产报道》。

② 2010 年 7 月 9 日江苏电视台“公共频道”。

③行政推动带来版权意识大觉醒

④民间维权带来创意井喷

⑤司法介入构成完善的版权保护体系

⑥南通市知识产权巡回审判庭开庭审理现场

⑦版权保护带来企业自主创新和产业转型升级

其中，①是标题，②和⑥是补充说明画面，③④⑤⑦是概括分论点，为了与其他屏幕文字相区别，概括分论点的字幕用“黑转”（一种电视画面编辑的技法）的方式呈现。通过这几条屏幕文字的提示、强调、补充、说明，无疑可以增强观众对画面和声音所表达的内容的印象，从而更好地把握论述的重点，加深对论点的理解。

总之，屏幕文字的主要功能在于帮助观众看懂、听清评论的内容。它是一种配合画面和声音表情达意的辅助手段，用好了可以收到锦上添花的表现效果，用滥了则不仅无助于增强表达效果，还可能破坏画面的美感或分散观众的注意力。这里重要的是适当控制屏幕文字出现频率，选择屏幕位置（以不影响画面的完整性为原则），掌握闪现的时间。

3. 同期声

同期声是与画面同步出现的各种声音。通常包括两类：一是伴随事物发生的同期声，二是访谈的同期声。它们虽然都与画面同步摄录，但主客观的性质有所不同。

伴随事物发生的同期声一般不以采录者的主观愿望为转移，具有强烈的客观性。比如上文提到的《版权保护——南通家纺市场成功密码》运用了两段现场同期声：一段是世界知识产权组织向全球正式发布《加强版权保护对中国南通家纺产业发展的影响调研报告》发布会现场的同期声，另一段是南通市知识产权巡回审判庭开庭审理现场宣判的同期声。虽然两段现场同期声都是记者为了阐述主题有目的选取的论据，但这两个事件本身发生、发展的过程是不受采录者主观意志为转移的。

访谈的同期声的表现功能，因受访人的身份而异。当事人和目击者的谈话，多数能起到还原事件发生发展过程、恢复事物本来面目的作用，而有关人士或专家、学者，则多数表达他们对于有关事物的看法。访谈同期声因访问而发生，在访谈过程中摄录，有采访人的参与，带有一定的主观色彩，其中的提问、追问更体现了采访人对于有关事物的看法。例如在电视评论《假酒真相》[①] 中有这样一个片段：

【解说】在记者的追问下，更好酒业公司的销售经理，终于透露了葡萄酒如此便宜的秘密。

【同期声】

记者：是不是全汁啊？

---

① 2010年12月23日中央电视台《焦点访谈》。

王敬宇：最低档的不是全汁。我们灌的汁是水多酒少。

记者：酒汁少，这个酒汁啊占百分之五十？

王敬宇：占不上。

记者：大概能占百分之多少？

王敬宇：占百分之二十差不多，百分之二十汁。

记者：其他的是啥呢？

王敬宇：其他的是水呗。

【解说】他告诉记者，酒汁里酒少水多自然便宜，但要当真酒卖，仅仅掺水还不够。从外观到口感，还要用特殊的原料调制。

【同期声】

记者：那颜色怎么弄呢？颜色不淡了吗？

王敬宇：颜色用色素嘛。

记者：那味怎么弄？

王敬宇：味嘛，要加辅料，全靠辅料调呗。

记者：啥叫辅料呢？

王敬宇：这就是里面加酒的成分，调酸、调色的往里加。

【解说】按照我国2003年公布的《中国葡萄酿酒技术规范》规定：葡萄酒必须用100%的葡萄原汁，经过发酵酿造而成。像这种用少量葡萄原汁加水和各种添加剂勾兑出来的葡萄酒，说白了就是假酒。

在记者锲而不舍的追问下，对方的回答终于证明了其生产假酒的事实，支持了采访者做出的判断。这一访谈同期声的运用，增强了论据的可信度。

同期声在电视评论中的作用主要表现在以下两个方面：

一是增强真实感、可信度。由于同期声是与画面同步出现的，同画面所表现的声源保持着不可分割的联系，二者相互配合，就能使观众通过电视屏幕既见其形又闻其声。在电视评论中恰当地运用同期声，让画面人物直接面对观众讲话，或表现与采访对象交谈的内容，或再现新闻现场的声音，无疑将使电视评论更加真实可信。试想如果把上面一段同期声改为记者转述，这一论据的真实感和可信度就会大打折扣。

二是渲染气氛，增强现场感和感染力。这一点在现场评论和以分析新闻事件为主的评论中表现得尤为突出。由于画面和同期声讲话、现场音响是同时录自现场的，二者相互配合，无疑可以更好地再现现场气氛，强化现场感，给观众以更强烈的感受。前面提到的《温州：望“楼”兴叹》运用大量同期声表现群众对房市种种不正常现象的看法，群众表达意见时的语气、语调、情绪对增强作品感染力的效果是显而易见的。

毫无疑问，同期声同画面一样，是电视评论表现论据的重要手段，必须精心处理它与论述语言的关系，使二者榫卯相应、紧密配合，防止重复、脱节或背离，否则不仅是一种浪费，还容易造成相互干扰，影响政论性内容的表达。

4. 解说词

图像评论中的解说词，是与同期声相对应的声音符号形态。一般按解说场合分为现场解说和非现场解说，或按同观众见面的方式分为出镜解说和画外音。

解说词和同期声的区别不在于外部形式，而在于：第一，解说无论以什么形式出现，都是评论主体的声音；第二，解说词的主要功能是随着话题的展开适时评点，揭示事物本质，阐述评论主体对于事物的看法；第三，解说词也可以用于说明、解释画面和同期声。

解说词不是孤立存在的，而是与画面、同期声等其他因素融为一体的。试看电视图像评论《是市场搅局，还是正当竞争?》① 的开篇：

【解说词】李向东是河西区彩虹菜市场卖菜最便宜的一个商贩，但是最近他却遇到了烦心事儿，市场管理方拒绝和他续约，让他搬出去，这是怎么回事呢?

【采访】李向东：白菜一块钱二斤，白萝卜一块钱二斤，黄瓜九毛。

【解说词】在河西区彩虹菜市场里李向东的菜摊前，天天排着长队。

【采访】附近居民：像黄瓜才九毛，外边卖两块。

附近居民：他们这里大葱卖八毛一斤，别人那里一块五到两块一斤，差价太大，所以他们比较贴近老百姓。

【解说词】李向东哥俩是本市静海独流镇人，今年 4 月 13 号来到彩虹菜市场租下摊位卖菜，到 9 月份租约就到期了，可市场管理方却拒绝和他们续约。

【采访】李向东：去了之后他说不和我签合同，让我走，嫌我在这里卖菜卖得太便宜。

【解说词】李向东说的他，指的是市场管理者——河西区挂甲寺街道办事处商业办公室科长王树起。9 月 27 号，记者就此事采访了王树起。

【采访】王树起：(略)

单从语言文字上看，这四段解说词就是断断续续的片段，并不是一篇完整的文章。但与画面、采访同期声等其他因素相配合，就既清晰又引人地完成了对评论对象的表述。试想如果单纯用一段解说词来表述（诸如：彩虹菜市场的商户李向东因卖菜便宜，被视为市场“搅局者”，从而遭到了市场其他商户及市场管理者的排斥），电视媒体视觉符号的长处就不能得到充分发挥，事实呈现的可信度、生动形象的程度就都要打折扣。因此说，图像评论的解说词必须要带着“画面感”，在撰写解说词的文字稿之前，必须对图像评论如何调动声、画表现手段作通盘设计，即进行整体构思，然后按画面、同期声、语言文字紧密配合的要求撰写文字稿，这样才能充分发挥图像评论论述语言的作用，图像评论也才能成为一个完美的、富有生命力和表现力的整体。这也是电视评

① 2011 年 12 月 29 日天津电视台“都市频道”《都市报道 60 分》。

论与其他类型媒体评论写作的不同之处。

第二节 | 电视口播评论

"电视口播评论"专指电视媒体中由播报者出图像、主要以口语表达内容的评论形式。在20世纪80年代中期以前，不署名评论的口播评论是电视口播评论的唯一形式。此后，随着电视图像评论的兴起，口播评论呈现出日渐式微的态势。2003年中央电视台新闻频道开播，中央电视台加大了评论工作的力度。2008年出现了冰冻灾害、汶川地震和北京奥运会等重大事件，中央电视台就此推出了不少口播评论作品，如在汶川地震后的半个月内，《新闻联播》先后播出了7篇"本台评论"①。地方各级电视台口播评论的发展也大致经历了类似的过程。近年来，口播评论因由其时效性强、便于灵活运用等特点在电视评论中占有不小的比例，社会影响也越来越大。

一、电视口播评论的类别

电视口播评论在实践中获得了丰富和发展，其具体类别多种多样，不同的分类标准有不同的分类结果。

1. 按表现形式分

目前，电视口播评论按照具体的表现形式大致可以分为3类，即配合重要新闻播出的口播评论、以常设栏目播出的口播评论、兼具串联功能的口播评论。

配合重要新闻播出的口播评论一般配合当天某一重要新闻播发，没有固定播出周期，既可以是不署名评论也可以是署名评论。

以常设栏目播出的口播评论依托于某一具体的栏目，由于栏目有相对稳定的宗旨和定位，评论也形成了与栏目宗旨、定位相对一致的风格，比如中央电视台的"本台评论"、香港凤凰卫视的"总编辑时间"。

兼具串联功能的口播评论通常作为串联词的一个片段，或图像新闻的"口播导语"② 播出，除了揭示或提示有关新闻报道的深层含义以外，还具有串联或承上启下

---

① 这7篇"本台评论"题目如下：《争分夺秒 抢救生命》（5月13日），《抢救生命 决不言弃》（5月16日），《生命坚强 意志不屈》（5月17日），《哀悼逝者 无畏前行》（5月19日），《温暖的色彩 生命的希望》（5月20日），《亿万双手的力量》（5月24日），《做好本职工作 支持抗震救灾》（5月26日）。

② "口播导语"指在图像新闻前面由播音员或主持人出镜播报的导语。

的结构功能。比如中央电视台的《新闻周刊》设有“一周要闻回顾”、“视点”、“人物”、“特写”等小栏目，小栏目之间主持人的串词通常并不停留于简单地介绍播出内容，而是具有一定解析、思考性质的口播评论。这类口播评论虽然不是一个完整的篇章，实际上却在使整个节目成为条理清晰、脉络连贯的有机整体方面发挥了重大作用，起到了评论事物、引导接收和串联节目的多重作用，是一种颇富潜力的表现形式。

2. 按署名方式分

按署名方式可以分为不署名口播评论和署名口播评论两类。

不署名口播评论通常是由主播播报，以电视台的名义阐述对于有关事物的看法和见解的电视评论样式。在发展初期多数是按照报刊评论的模式撰写的，以“短评”或“编后话”的名目播出。后来逐渐注意体现电视的传播特点，篇幅短小，议论力求集中、切中要害，有时插播与内容相关的图片，并日渐重视语言的规范化、通俗化、口语化。同时，播报者也越来越注意利用出图像的条件，调动表情、动作等非语言符号强化表达效果。

不署名口播评论在 20 世纪 80 年代中期以前，是电视评论的主要形式，在 20 世纪 90 年代前期，一度因图像评论的崛起和评论性节目的创办而有所削弱，进入新千年特别是 2008 年以来重新引起重视。以中央电视台为例，近年来“本台评论”、“本台短评”、“编后话”等不同重量级的口播评论得到了广泛运用。实践证明，这种配合新闻播出的口播评论，无论对于观众理解重要新闻还是及时引导社会舆论、指导社会实践，仍然具有图像评论不可取代的存在价值和社会意义。

署名口播评论是由电视评论员以“我”的口吻播出的电视口播评论样式，其分析见解代表个人看法。很长一段时期，在我国的电视媒体上是没有署名评论的。1996 年，中央电视台《东方时空》在播出 1 000 期后改版，增设了《面对面》栏目，并把它定位为“纯谈话类”栏目。这个栏目“以短小精悍的‘快人快语’形式围绕节目整体或局部内容在整个节目中自由游动，以演播室为基本活动的空间，或由主持人单独评论，或由嘉宾参与评说，或通报相关信息，或阐发精到议论，既独立成篇又与节目密不可分”①。它与其他电视口播评论的区别，主要在于主持人以“我”的口吻阐述对某一问题的看法，实际上是一种没有具体署名的“署名评论”，有的还可能是主持人自己撰写的评论。如在《伤心一跪》这则评论中，主持人面向观众，义形于色地讲述了一件发生在广东珠海一家外资电子公司的事情：它的管理者强迫中国职工加班加点，有一天竟然喝令全体职工向她下跪“反省”。主持人除在叙事中注入情感以外，还直接阐明“我”对这事件的看法：

……我不想再议论这个外国女人，因为我觉得她连被议论的资格都没有。当我听到一百多个中国职工跪下去这个情节的时候，我不知道怎么一下就想到 47 年

---

① 李东生、孙玉胜主编：《东方时空精粹》，20 页，北京，中国人民大学出版社，1998。

前，毛泽东在天安门城楼上说的那句话：中国人民从此站起来了。

这令人伤心的一跪，不是在刺刀的下面，也不是在枪口的前面，而是在一个口袋有钱的外国女人的面前。相信不会有人误解，说这个故事讲完之后，会对对外开放有什么不好的影响。因为我们大家都知道，我们现在过的好日子，是从对外开放之后才开始的。但是曾经的贫穷不该是我们觉得比别人低一等的理由。……在奔向富裕的道路上，我们应当把腰杆挺直。站直喽，别趴下！更不要跪下！①

在这里，主持人不仅运用言语，而且调动声调、节奏和画面形象的表现功能，赋予整个话题情理交融的说服力和感染力。

虽然《面对面》已经为其他栏目所取代，但它在实践中积累的成功经验，尤其是主持人、评论员那种按“自己说话、说自己的话”的要求驾驭话题，力求将“写”与“说”统一起来的努力，却是值得珍惜的“遗产”，为后来署名口播评论的发展积累了宝贵的经验。近年来，不少电视新闻节目在编排时设置了类似“主播点评”的小栏目配合重要新闻播发，就是在署名口播评论上的一种有益探索。2012 年的“两会”报道中，中央电视台策划了“杨禹热议”的评论员署名口播评论小专栏，专栏每天选取一个民生热点进行精要而深入的解读，丰富了“两会”报道信息的层次，受到了观众的欢迎。

二、电视口播评论的写（制）作要点

口播评论作为广播、电视共用的评论形式，有别于供阅读的报刊评论，就是广播口播评论与电视口播评论之间也存在着一定的差别。一般说来，电视口播评论的篇幅普遍控制在时长一两分钟，而广播口播评论有时要长些；电视口播评论有字幕、图表等辅助手段，而广播口播评论则依赖于单一的声音符号完成说理。这些区别决定了运用电视口播评论时应着重注意以下几个方面：

1. 观点鲜明，题中见意

受电视媒体的线性传播特征、口播评论传播符号的单一性、评论的时效性以及观众持久注意状态的保持等因素的影响，电视口播评论通常要适度地控制时长，篇幅以一两分钟为宜。电视口播评论力求短小精悍、深入浅出地阐述公众普遍关心的问题，所以务必直入主题，观点集中、切中要害。请看汶川地震后央视的“本台评论”《哀悼逝者，无畏前行》②：

① 李东生、孙玉胜主编：《东方时空精粹》，223 页。

② 2008 年 5 月 19 日中央电视台《新闻联播》。

> 今天，我们用最庄严的方式，向数万骤然逝去的生命致敬。低垂的五星红旗下，我们并肩而立，表达无尽的哀思。汽笛长鸣，寄托着生者对亡灵的哀悼，也激励着生者继续前行。低头默哀之后，我们昂首挺胸。从亿万国人的胸腔迸发出呼喊：中国，加油！这声音响彻云霄，昭示着一个历经磨难的民族团结奋进的力量。在任何艰难险阻面前，刚毅与坚强，是不变的中国表情。实现中华民族伟大复兴的步伐坚定有力、不可阻挡。

该评论编发于国家为汶川地震逝者举行哀悼仪式的新闻之后，评论包含了两个逻辑层次的内容，即在寄托哀思的同时勉励生者继续前行。评论的主旨在标题中也有所体现，使得作品的中心思想更加突出。

电视口播评论篇幅短小、线性传播，这就要求在表达时要尽可能地提高传播效率，有效地突出中心思想。这其中，特别值得强调的是电视口播评论标题的拟定。电视口播评论的标题力求直接表达评论的中心思想，为突出主旨发挥作用。例如，《媒体要切记社会担当》直接表明了评论主体对传播内容过度娱乐化的态度；《西部扬帆正当时》阐明了西部大开发十年来的成绩与未来的使命；《永不过时的“螺丝钉精神”》点明了前一条新闻中的人物的精神本质并表明了媒体的态度……这些标题都很好地突出了口播评论的中心思想。也有些电视口播评论不注重发挥标题的“点睛”作用。例如，《礼宾改革新举措》、《让人温暖的事实》这样的标题是叙事性质的，不符合新闻评论文体的要求；《书写更加瑰丽的传奇》、《浓墨重彩著新篇》、《闯出一片天》这样的标题则泛泛而谈，给人“万金油”的感觉，丧失了运用标题突出中心思想的机会。

2. 说理精要，不做铺陈

电视口播评论要在有限的篇幅内表达清楚观点，就应集中笔墨，精要说理。上一章讲解广播口播评论时曾经强调过，不能为了降低篇幅而增加听知的困难，这一要求对电视口播评论同样适用。请看下面某电视口播评论的片段：

> 坚定信心，稳中求进，必须明确明年经济工作的总体要求和目标任务。要围绕主题主线，突出“四个牢牢把握”、“四个着力”和稳中求进的工作总基调，努力保持经济平稳较快发展和物价总水平基本稳定，促进社会和谐稳定。

在这段关于某省经济工作的口播评论中，既有“总体要求”、“目标任务”，又有“工作总基调”、“物价总水平”；既有“稳中求进”，又有“平稳较快”；再加上“四个牢牢把握”、“四个着力”…… 在这几十个字中，塞进了多少概念！这对于本来就不怎么便于听知的政论性内容来说，只能是增加了理解难度，无法取得好的传播效果。

与报刊评论相比，电视口播评论的说理多为直接论证。例如，口播评论《连续发力 不断强农惠农富农》就直接阐释了中央高度重视“三农”问题与农业发展、农民致富的关系，表明应继续高度重视农业发展的态度：

自2004年以来，中央1号文件连续9年以“三农”为主题，始终贯穿一条主线，那就是毫不动摇地巩固和加强农业的基础地位、不断完善强农惠农富农政策。正因如此，我国粮食生产实现了半个世纪以来的首次“八连增”，农民收入连年提高，农村民生不断改善。

今年我国经济要实现稳中求进，保障农产品有效供给是重中之重。而提高农业综合生产能力的根本出路就在农业科技创新。中央1号文件抓住发展要害，回应基层关切，丰富发展了新时期党的强农惠农富农政策体系，必将为我国农业持续健康发展注入强劲动力。①

全篇直接论证，旗帜鲜明地表明态度，这是大多数电视口播评论采用的说理方式。

电视口播评论在论证方法的具体运用上也与报刊评论有所不同。一般说来，例证、喻证等有助于直接证明观点的说理方法运用较多，而反证法、归谬法等属于间接论证的说理方法则应慎用。同时，论证过程应尽可能地简要，少作铺陈。试看下面一则题为《节能从我做起》② 的口播评论：

关灯一小时，少开一天车，越来越多的公众开始在日常生活中自觉开展节能行动。个人的节能似乎小小不言，但仅以节能灯为例，如果把全国现在使用的白炽灯全部替换成节能灯，每年就可以节电600多亿度，接近三峡电站一年的发电量。俗话说，“不以善小而不为”，节约能源，让我们从身边的点滴小事做起。

这则配合新闻播发的“本台短评”，在有限的篇幅内“省意”表达，谈了节能这个话题下的一个重要内容——从我做起，从小事做起。为了让说理落到实处，评论为观众算了一笔账，这大大增强了说服效果，但评论者也控制了说理的过程，未作过多的铺陈，以免其超出口播评论的承载能力。

3. 语言晓畅，为播而写

由于电视口播评论是主要诉诸供听的言语而不是供阅读的文字，因此，除了与报刊评论一样要讲究语言规范以外，还应着意追求语言晓畅。也就是说，电视口播评论的语言既要准确地表达观点，又要便于主播播送和观众听知。不妨朗读一下《因地制宜　科学种草种树》③ 的口播稿：

一直以来铺什么草，种什么树，是很多城市在绿化中常常遇到的难题。今天河北石家庄、江西南昌把人们看似不起眼的野花野草和淘汰了的果树请到了城市的门面上。既美化绿化了环境，又节省了大笔开支。相对于一些地方为了绿化不

① 2012年2月1日中央电视台《新闻联播》。

② 2008年6月22日中央电视台《新闻联播》。

③ 2008年6月27日中央电视台《新闻联播》。

惜重金引进外来草种树种，就显得科学又经济。看来绿化一定要因地制宜、用科学发展观来统筹。河北、江西的做法是否值得学习和借鉴呢？

强调“朗读”这段文字，旨在引导读者更好领会朗读稿和阅读稿在表达上的差异。“铺什么草，种什么树”、“城市的门面”是朗读稿的用语，阅读稿也许就成了“绿化品种的选取”、“主干道和重点地段”；“看来”、“是否值得学习和借鉴呢?”是适用于朗读稿的语气，阅读稿也许就成了另外一种缺乏交流感的语气。可见，口播评论的文字稿应为最终的有声作品提供再创作的基础，“为听而写”是广播、电视口播评论写作时须臾不可忘记的一个重要原则。

再来体会一下《温暖的色彩　生命的希望》[①] 的语言：

在地震灾区，到处跃动着鲜亮的色彩：绿色，10 万人民子弟兵在不畏艰险、日夜奋战；橙色，专业救援队员在争分夺秒、科学施救；白色，近 4 万名白衣天使在抢救和呵护每一个受伤的生命；蓝色，数十万顶帐篷为失去家园的群众遮风挡雨。

更有这一面面鲜艳的红旗，广大党员干部率领群众正在用汗水代替泪水，用生命挽救生命。

在残酷的天灾面前，这些温暖的色彩，给人们以希望，让我们更坚强。

如果说这一评论给人以铿锵有力、娓娓动听、引发共鸣的感受（这种效果是供阅读的评论难以享有的），恐怕就得益于执笔人带着诉诸“口说耳听”的自觉意识组织内容、驾驭语言，为口播过程中的“再创作”创造基础条件。其中，排比句的运用增强了有声作品的节奏感，“残酷的天灾”与“温暖的色彩”的强烈对比，为有声转化时情感因素的运用打下了基础。这启发我们，电视口播评论的写作要坚持语言规范化、通俗化、口语化的方向，时时为声音转化着想，尽可能为声音转化创造朗朗上口、悦耳动听的语言条件。如果文稿本身“意不称物，辞不逮意”，或半文不白、佶屈聱牙，口头表达能力再强，恐怕也难以成功地进行声音转化。

4. 多种符号，协调合成

电视口播评论的“成品”应该是一个包含多种表达符号的视听作品，这就要求传播者重视多种符号最终合成这一重要环节，充分调动各种表达符号，使其协调一致，为增强说理效果服务。

在文字稿的有声转化上，一方面要求播音员、主持人熟悉“文本”，透彻理解“文本”含义，特别是它的深层含义，在准确把握评论内容的基础上，驰骋自己的言语创造力，在这个基础上形成声音转化的构想或方案，充分调动音高、声调、节奏等的表

---

① 2008 年 5 月 20 日中央电视台《新闻联播》。

情达意功能；另一方面，还要求播音员、主持人善于调动表情、动作等非语言因素，为有效增强传播效果服务。

在完整作品的合成上，电视口播评论还可以适当地引入视频、图片和文字。以下是口播评论《用创新思维发展文化产业》[①] 和《我们的接班人怎能肌肉乏力》[②] 的视频截图（见图 7—1，图 7—2）：

图 7—1　《用创新思维发展文化产业》的视频截图

图 7—2　《我们的接班人怎能肌肉乏力》的视频截图

① 2011 年 10 月 6 日中央电视台《新闻联播》。
② 2011 年 12 月 12 日中央电视台《晚间新闻》。

两者都没有简单地只出主播的图像，而是调动了多种符号。屏幕文字（包括评论的标题和内容）强化了观点的表达，相关图片的运用凸显了电视媒体的特性，增强了作品的感染力。“杨禹热议”中评论员直接在“两会”会场外发表议论，还用了“一天一事一图一议”的方式，加入图板作为道具，以便于评论员更有效地表达观点。自觉运用媒介提供的各种传播符号为评论工作服务，是做好电视口播评论的题中应有之义。

口播评论能够迅速及时地分析重大新闻事件，随时表明媒介的立场和态度，为观众提供对于有关事物的看法。在图像评论崛起以前，它曾经发挥了重要的舆论作用，今后仍将是图像评论不能取代的重要评论形式。新闻评论的“思辨性内容”，其实主要是依靠声音符号而不是画面符号表现的，这从一个方面证明了口播评论的不可取代性。在西方发达国家的电视台中，口播评论也仍然是重要的评论形式。如美国哥伦比亚广播公司（CBS）的著名新闻节目《60 分钟》，近 40 年来始终保有由专栏作家出镜和“出声”的评论栏目，而且放在节目的“压轴”位置。可见，电视媒体应该重视口播评论，精心撰写、制作、播出口播评论，善于运用口播评论影响社会舆论。口播评论和图像评论是电视评论的两翼，任何一翼受到削弱，电视评论都难以在浩瀚的舆论领域自由翱翔。

第三节 | 电视谈话评论

电视谈话评论是由电视媒体播出的，由主持人引导，以谈话参与者双方或多方交谈的方式，面向社会公众分析阐述对于新闻事件、社会现象等的看法的新闻评论形式。

电视谈话评论具有各类电视谈话的共性，即：除设置主持人以外，还有数量不等的嘉宾或受众代表参与谈话；谈话参与者在预设的场合——演播室或其他场合，以一定的“角色”和相应的方式交谈；主持人同嘉宾交谈，主持人、嘉宾同受众代表交谈，形成双向或多向谈话格局；这种由预定的参与人在预设场合的交谈，属于面对面的直接交流（观众有时也通过手机、互联网远距离参与）；这种直接交谈，同时又是同场外受众交流的“中介”，从而赋予电视谈话“类交流”的特点。

20 世纪 90 年代以后，“广播谈话”逐渐销声匿迹，电视中类似《面对面》的那种带有谈话色彩的主持人评论也已罕见。不过，在电视媒体上，以谈话的方式表达政论性内容的话语形式并没有消失，而是同日益兴盛的谈话节目结合起来，逐渐从文体向节目形式转化，开始在一个更为广阔的平台上驰骋，继续以“类交流”的特点吸引受众，发挥着引导社会舆论的作用。

一、电视谈话评论的特点

电视谈话评论的特点主要表现在以下三个方面：

1. 时效性强

在新闻评论的发展过程中，时效性一直制约着新闻评论功能的发挥，这主要体现在新闻评论与新闻事实的发生之间存在着一个时间差。电视谈话评论制作比图像评论便捷，使时效性的提升有了可能。比如，中央电视台《新闻1+1》的栏目介绍中就对时效性作出了规定——选取当天最新、最热、最快的新闻话题。[①] 又如，凤凰卫视《时事开讲》的开场白是“紧贴时事，现在开讲”，概括了时事评论的基本要素：首先是快讲，当天发生的重大事件要在当晚马上讲；然后要讲透，讲清此条新闻的来龙去脉，对具有代表性的社会舆论进行归纳分析，预测新闻事件的发展走向。有时只要新闻事件发生，电视谈话评论可以在第一时间同步进行。比如2005年4月连战参访大陆，内地与港澳台多家电视媒体进行了直播报道，其中香港凤凰卫视的《直播大中华》就邀请了台湾的星云大师、杨锦麟等评论员，在报道的同时，用谈话评论的方式对连战到访大陆的成果、意义、影响等进行了分析，大大缩短了评论与新闻事件的时间差。电视谈话评论对时效性的追求，从本质上说是对第一解释权的争夺，对于争夺受众、抢占舆论先机、争取好的舆论引导效果意义重大。

2. 观点多元呈现

电视谈话评论的参与者为两位或以上，不同的评论主体认识往往各不相同，这使得电视谈话评论有别于其他电视评论类型，一次谈话中往往呈现出多元的观点。观点的多元呈现通常有两种情形：一是不同的谈话者观察和分析问题的角度和侧重点不同。比如2006年12月18日，朝核问题第五轮六方会谈艰难重开，中央电视台《今日关注》节目策划并于当天播出了电视谈话评论《六人谈六方》，谈话邀请了六位专家，由于六位专家分别专注于中、朝、美、韩、日、俄等不同国家的研究，谈话中六个不同的视角完成了对该国际事件的全面解读。二是不同的谈话者立场、见解不同，甚至分歧巨大。例如凤凰卫视的《时事辩论会》、《一虎一席谈》等节目就是通过思想的交锋完成观点多元呈现的。无论是哪种情形，电视谈话评论多元的观点往往可以给观众以更开阔的思想空间和丰富的思想启迪，有助于获得对事件本质更透彻的理解。

---

① 据《新闻1+1》栏目介绍：“从时事政策、公共话题、突发事件等大型选题中选取当天最新、最热、最快的新闻话题，还原新闻全貌、解读事件真相，力求以精度、纯度和锐度为新闻导向，呈现最质朴的新闻。”见http：//cctv. cntv. cn/lm/xinwenyijiayi/index. shtml。

3. 交互式表达

谈话是一种面对面的人际传播，电视谈话评论把人际传播带入电视媒体这一大众传播平台，使得电视谈话评论也具有一种人际传播交互式表达的特征。这种交互式表达既包括评论现场内主持人与嘉宾、嘉宾与嘉宾、嘉宾与观众之间的交流互动，也包括互联网论坛留言、视频连线、手机短信等交流手段提供的评论现场与场外网友、观众、当事人等进行的交流互动。谈话参与者之间的交流与互动无论表现为相互呼应、相互启发，还是针锋相对、激烈争辩，都有助于讨论的不断深入，有助于增强电视谈话评论的吸引力，从某种程度上还有助于激发观众的参与欲与表达欲。

二、电视谈话评论的制作要点

从数量上说，广播谈话评论，特别是三位及以上谈话者共同参与的谈话评论要相对有限，这主要是由广播媒体线性、单一符号的传播特征决定的。相比而言，电视谈话评论依托于节目，其数量和表现形式都要丰富得多。在策划、制作电视谈话评论时，必须意识到电视谈话评论天然存在的几对矛盾，并在实践中注意处理好这些矛盾。

1. 处理好时效性与评论准确性的矛盾

新闻事件发生后在其他媒体的评论没有出来以前，尽可能快地做出分析解释或表明态度，在舆论上抢得先机固然重要，但也不能为了追求时效而忽略了对新闻事实的全面考量，以牺牲判断上的准确性为代价。近年来，因为追求时效或者轰动效应草率刊发的虚假新闻屡禁不止，如“八毛门”①、“鲁迅文章撤出中学教材”② 等。一些媒体或评论员没有核实基本事实，仅仅以新闻报道为依据，轻率作出判断，迅速发表了错误的评论，其结果是误导了舆论，有的甚至干扰了事态的进展。

对于电视谈话评论来说，时效性与准确性之间的矛盾更加突出。评论员曹景行的体会是：“写新闻评论，再紧张，总有可能再改一遍，看几遍。而在电视镜头前作评论，事先只有些许腹稿，主要是靠现场发挥。每次几分钟，每次都觉得话还没有讲完，觉得有些话还没有说清楚。而且一旦讲了出去，上亿观众都看到、听到，无所逃遁于天下，想改、想收回都不可能。”③

要解决这个矛盾，关键是评论员与主持人在自身修养上的突破，评论工作者必须

① 参见本书第五章“新闻评论的选题与立论”。

② 2010年9月6日，网友刘毅看到了一则网帖说“各地教材大换血”，他据此写了一条微博，里面随意提了一句“鲁迅大撤退”。该微博被大量转发，并被记者关注。8日，某媒体做了题为《网友热议高中课本大“变脸”》的报道，随后某门户网站把该新闻标题改为《各地语文课本删除大量经典文章　鲁迅作品大撤退》并置顶推荐，轰动全国的新闻就此诞生。该新闻引发了社会上一场关于鲁迅文章是否该撤出中学教材的热议，众多媒体与时评作者参与讨论，后被确认为伪命题。

③ 师永刚：《解密凤凰》，41页，北京，作家出版社，2004。

具备明辨新闻事实的能力，如果评论是基于虚假的事实，那就没有任何意义。同时，也应注意培养自己擅长的领域，对于不熟悉的领域要格外注意慎思明辨。

2. 处理好说理有序性与发言无序性的矛盾

新闻评论文章的说理讲究一定的内在逻辑和外在结构，这是有效说理的基础。谈话体评论则完全不同，各谈话参与者的观点表达固然有主持人的引导与分配，但还有许多临场即兴的因素，这使得谈话体评论的观点呈现具有某种“无序”的特征。例如某电视谈话评论中，不断有观众情绪激动地打断主嘉宾的谈话，使其连最基本的观点陈述不能正常进行，影响了整场谈话的节奏和评论效果。即兴谈话的不确定性、突发性能带给观众新鲜感、真实感，但若把握不好控制和调节的度，就会与新闻评论要求的有序、有效说理形成矛盾。

在电视谈话评论中，主持人的总体调度与现场把控能力是协调这一矛盾的关键。一方面，主持人应使谈话者获得相对充分的表达，同时也要通过提问、总结等方式让话语权得以和谐分配，使参与者的谈话能够朝同一个逻辑方向演进。不妨看一个例子，北京时间 2008 年 4 月 10 日上午 9 点，北京奥运圣火在旧金山顺利完成了传递，美国有线电视新闻网（CNN）一档时事评论节目对此进行评论的时候，主持人卡弗蒂使用了相当具有侮辱性的语言，针对这一事件，中国外交部提出了三次严正交涉，要求 CNN 收回恶劣的言论，同时向全体中国人民做出诚恳的道歉。电视谈话评论《关注 CNN 辱华言论》[①] 邀请了中央电视台英语频道主持人杨锐和美国学者庞博达教授围绕这一事件展开讨论。主持人在把握这场谈话时，主要运用提问的方式厘清谈话的逻辑，推进谈话的逐层深入。主持人的 10 个主要问题如下：

①首先第一个问题要问一下庞博达，我知道您上一次来中国做访问学者是作为国际法教授，您对美国的媒体了解有多少？

②当看到卡弗蒂的言论的时候，我想你（杨锐）既有作为任何一个普通人都有的情绪，作为一个媒体人，你当时的反应还有什么？

③这个问题我们请庞博达回答一下，像 CNN 一直是在标榜自己做新闻是客观的以及平衡的，但是又有像《形势观察室》这样的非常激烈的、偏激的观点存在，为什么？

④像卡弗蒂的这些话，他说出来以后，一定是想去满足某个人的需要，迎合一些人或者讨好一些人，谁会看到这样的语言呢？

⑤杨锐，现在有一种观点是说，在《形势观察室》这个节目里头，卡弗蒂扮演的是嘉宾，常常我们也会在一些媒体上面看到这样的字样说“嘉宾的立场不代表本台的立场”，这件事情可以这么理解吗？

⑥其实我们不妨把当时卡弗蒂言论的原文拿出来看一下，看一下我们就不用

① 2008 年 4 月 18 日中央电视台《新闻会客厅》。

空着争论了。那个原文我们也找到，看看这些被横线标注出来的字眼或者是句子究竟是属于一个新闻范畴里边该出现的词，还是说它应该是被杜绝的？来，擅长英语的杨锐。（杨锐回答）……庞教授，在英语当中，在母语是英语的人看来，这些字眼是怎么样的色彩呢？

⑦不管是卡弗蒂还是CNN，对这样的言论广泛传播出来的负面影响没有做过评估吗？他不担心这样，还是恰恰希望会有这样的情况出现？

⑧ 我这里也拿到了一个中国的新浪网做的一个民意调查，也跟庞博达分享一下。第一个题目是“你认为CNN是否真的无意冒犯中国人民”，选择“否”的人比例高达83.59%；“您认为CNN是否他的声明可以作为道歉”，选择“不是”的也高达将近90%；“您对CNN的声明是否满意”，“很不满意”的高达81%；“您觉得CNN要怎样处理才能得到华人的原谅”，“需要更诚恳的道歉”是投票人数最多的；“您认为CNN记者新闻职业道德的公信力如何”，选择“不相信”的也达到了67.51%。这是在28万人的群体当中做的调查结果。庞教授，这样的结果应该不会让你意外吧？

⑨我们把话题再放长远点来看，其实在西方的媒体当中，对于中国的不管是经济问题、军事问题、人权的问题，都存在着偏见，我要问为什么？尤其是近期反华的言论更加鲜明，为什么？（杨锐回答）……作为一个西方人您（庞教授）认为西方的媒体对中国是不是存在着偏见？

⑩我们中国人有一个美德，就是当我们跟别人发生矛盾的时候，即便自己是有理的一方，我们也会尽量从自己身上找找问题，说我们哪些地方做得不够周到，哪些地方我们应该去做调试，就拿这个在西方的媒体当中对于中国有偏见这个事实来说，作为我们中国人，作为中国政府，或者作为中国的媒体我们该做怎样的一些调试？

其中，①②③⑤⑧五个问题都做了明确的话语权分配，⑥⑨在第一问时没有明确答问对象，但随后根据现场情况作了平衡追问，只有④⑦⑩三个问题在提问时没有做话语权的明确分配。主持人恰到好处的把握，有效地解决了这一敏感话题谈话过程内在有序性的问题。在话语体系中实现话语权的公平分配，达成话语力量的均衡，使各方话语主体都有适当的话语空间和话语权，是电视谈话评论获得成功的保障。

3. 处理好观点多元与社会主流思想之间的矛盾

在多谈话主体参与的情境下，电视谈话评论首先要做到多元观点的动态平衡。个人意见的表明是一个社会心理过程，人作为一种社会动物，总是力图从周围环境中寻求支持，避免自己陷入孤立状态。个人在表明自己观点之际首先会对周围环境进行观察，当发现自己属于“多数”或“优势”意见时，便倾向于积极大胆表明自己的观点；当发觉自己属于“少数”或“劣势”意见时，一般人就会委屈于环境压力而转向“沉默”或附和。[1] 在电视谈话现场，那些在观点交锋中表达能力强、现场感染力强的嘉宾总能调动起现场观众的表达欲望，并使自己的观点得到更多人的认可和支持，而那些不善表达的嘉宾会出于环境压力和自我保护的心理转向“沉默”或附和。如果任凭“沉默的螺旋”将话语权分配到“优势”意见者手中，形成一言堂的局面，不能达到观点的多元呈现，就丧失了谈话的意义。谈话体评论应尽量控制那种可能对其他表达者形成压力的“优势”意见，或者借助于主持人的沟通能力，尽量消除谈话者对群体压力和环境的不确定性，在消除疑虑的心理状态下尽量充分表达意见，实现可控范围内各方意见的多元呈现。在话语体系中实现话语权的公平分配，达成话语力量的均衡，使各方话语主体都有适当的话语空间和话语权，是电视谈话评论获得成功的保障。

同时，媒体的社会责任要求不能任由谈话仅仅只是作社会多元思想的简单呈现，还要进行适度的引导，有意识地弘扬社会核心价值，形成主流思想。如，在电视谈话评论《关注 CNN 辱华言论》中，主持人一方面通过环环相扣的问题引导谈话的方向，另一方面也运用了明确的具有启发意义的结论性语言：

> 主持人：很高兴我们今天有这样一个有益的讨论，我想东西方的碰撞，东西方的交流从古至今，在未来也会延续，但是需要记住的是有一个原则，就是尊重彼此，尊重事实。

通过这样一段简短但立场鲜明的表态，巧妙而有力地传达了谈话组织者的意图。

电视谈话评论要牢牢把握方向，传递社会主流思想，这对于凝聚社会思想、促进社会和谐与稳定具有重要意义。要意识到，观点的形成是一个知、情、意、行的复杂过程，当今社会人们的价值认知方式也从以往的以外部权威为主转向了以内部理性为主。因此，要建立多样价值与主导价值相协调的理念，既要给予个体价值追求一定的表达和存在空间，同时又要实施有效的引导，使社会主流思想对多样价值观形成良好的控制力。实践中，电视谈话评论与报章评论的一个重大的差别在于，电视谈话评论往往不是一个闭合的篇章结构，不采用“阐明观点——组织论证”的方式“行文”，而是通过开放的对话，特别是运用“两面型”的说理，启发理性思考，使接受者自主地做出传播者期望其做出的判断。

4. 处理好人际传播与大众传播之间的矛盾

电视谈话评论是人际传播与大众传播的嫁接产品，它通过一种人与人之间自然亲切的交谈方式来实现大众传播的特定功能。人际传播和大众传播这两种传播形态的传播规律迥然不同，甚至还存在相抵牾的地方。对于电视谈话评论必须明确的是，谈话参与者间的交谈其根本目的在于面向场外受众表达特定内容。换句话说，围绕某一新闻事件或社会现象进行的谈话承担着既表现内容，又作为同场外受众交流的“中介”

① 参见郭庆光：《传播学教程》，220 页，北京，中国人民大学出版社，2007。

这两种功能。不过，后一种功能一般处于潜在状态，能否付诸实践，在很大程度上取决于交谈者“类交流”意识的强弱，取决于节目制作者语境转换的能力。

由于“类交流”意识相对薄弱，实践中有些谈话仍然单纯着眼于表现内容，其交谈架构基本上是封闭式的，即多局限于角色间的交谈、交流，而很少顾及同场外受众的间接交谈、交流。所谓语境转换，就是针对这种现象强调的，主要指将封闭式的直接交流语境转换为同时顾及与场外受众间接交流的语境。这当然不是否定角色间的直接交谈、交流，而是说最终要落脚于同场外受众的交谈、交流，即以便于场外受众理解、能够引发他们共鸣，乃至进入思考和联想状态为最终的目标，从剪裁组织材料到遣词用语都既服从表现内容的需要，也顾及场外受众的需求和感受。

要特别注重谈话场内外的互动：一方面要让谈话从谈话现场有效地流向场外受众，使观点的传播产生“溢散效应”；另一方面，要力求从场外获得回应，丰富谈话的内容，使观点的传播产生“共鸣效应”。只有这样，谈话才不至于止步于特定场合的人际传播，才能在更广阔的范围内取得更好的效果。

总之，在制作电视谈话评论时，既应该充分发挥电视媒体的优势，特别是电视媒体多符号的表现优势，尽可能地拓展谈话空间；同时也要注意把握这种电视评论类型的内在矛盾，将其对传播效果的负面影响降至最低。

第四节 | 电视图像评论

电视图像评论是指综合运用画面、字幕、实况音响和论述语言来表现思想内容的电视评论类型。

随着电视新闻事业的发展，电视评论在“自己走路”的实践中，越来越得心应手地运用图像评论这种形式，并越来越显现出其独特的表现优势。同其他媒体的新闻评论相比，电视图像评论的独特之处在于表现手段丰富、多样。除了担任论述、说理的有声语言之外，它还可以借助画面、同期声、字幕等其他媒体所没有的手段表现事实，为分析、议论提供真实、可信、形象的依据，其论据的实证性是独一无二的。

一、图像评论的特点

图像评论是新闻评论体裁与电视媒介结合的产物。作为新闻体裁，它的性质及其在新闻传播中的地位、作用，与报刊、广播评论相同。但由于传播方式的不同，图像评论在内容和表现形式方面，都有其鲜明的特征。图像评论的特点主要体现在以下几个方面：

1. 声画兼备

传播学认为，符号是人类传播的要素。电视评论作为新闻评论“家族”中富有魅力的成员，其体裁特征和传播优势，同它运用的传播符号有着十分密切的联系。

报纸是一种印刷媒介，其传播符号除文字之外，还有新闻图片、美术作品等。人们了解和接受报纸评论的政论性内容，主要是通过阅读文字符号实现的。广播评论主要运用声音符号，包括论述语言和实况音响表达政论性内容。与文字相比较，用声音表情达意，具有迅速便捷、传送范围广、受众多的长处，但又有稍纵即逝、不易保存、不能选择的弱点。这些弱点在一定程度上加剧了人们对抽象的政论性内容的理解困难。因此，克服广播的传播弱点，成为广播评论形成和完善自身特点的核心问题。电视这种现代化的传播媒介可以调动和综合运用所有大众传播符号：它既能像报纸那样使用视觉的文字符号，又能像广播那样使用听觉的语言符号，还可以广泛使用图像符号，借以表现姿态、表情、服饰、色彩、场景、空间等。尽管在使用某一类符号的深入程度上，电视媒体可能不及其他专门运用该符号的媒体，但研究结果表明，综合使用多种传播符号与使用单一传播符号的传播效果是大不相同的[①]，见表 7—1：

表 7—1　　不同传播符号的传播效果研究

传递方式	记忆保持率	
	3 小时后（%）	3 天后（%）
听	70	10
看	72	20
边听边看	85	65

电视评论综合运用图像、解说、同期声和屏幕文字等符号，融形、声于一体，同时诉诸受众的视觉和听觉。这种可以看（画面）、可以听（论述语言和实况音响），甚至可以读（字幕）的评论，拥有经由多通道同时感知的综合表现效果或传播优势，有利于受众以较小的“费力程度”[②] 较好地理解评论的政论性内容。换句话说，只要善于恰当地调动和运用各种符号，电视评论不仅可以表达政论性内容，而且可以表达得易于为人们理解和接受。

2. 视听结合

电视评论是视听结合的新闻评论。这一传播特性决定了它不可偏废“视”与“听”的任何一方面。但以连续画面表现新闻事实和有关事物，诉诸观众视觉，毕竟是电视评论的特点和优势所在。因此，在表现手段上恰当地突出“以视为主”的特点，在“视”字上下功夫，是增强电视评论说服力和感染力的关键。

---

① 参见北京广播学院新闻系编：《实用广播电视新闻学》（下），108 页，北京，北京广播学院出版社，1989。

② 传播学家施拉姆称“费力程度”为受众接受信息付出代价（时间支出、精力消耗）的大小。

这一特点首先要求电视评论尽可能选择易于电视媒体表现的题材，如含有生动、直观、可感形象的新闻事实，画面素材丰富的社会现象等，这是电视评论发挥画面表现优势的重要条件。第二，要善于捕捉可视形象，丰富画面语言，把抽象的分析、议论与可视的形象融为一体。第三，对于那些不适于形象表现的内容，则应尽可能运用相关的影视资料或图片、图表、字幕等，调动各种可视因素，以增强视觉感，丰富画面语言，发挥电视优势，通过满足观众“看”的需求，引导他们更好地理解评论的政论性内容。

需要指出的是，强调在电视评论中恰当地突出“以视为主”的特点，绝不意味着视觉语言可以取代或忽视以诉诸听觉为主的论述语言。电视评论毕竟是评论，它如同其他类别的新闻评论一样，重在通过说理，阐述对所评论事物的思想、观点、见解、态度。而无论是思想、观点还是见解、态度，多数只能依靠论述语言来表达。因此，视觉语言不仅不能取代论述语言，而且必须与论述语言紧密配合。换句话说，强调“以视为主”，目的在于尽可能地发挥电视诉诸视觉的表现优势，以真实、具体、直观、可感的视觉形象支持评论的观点、见解，稀释高度概括、抽象的政论性内容，使受众易于理解。明确视觉语言与论述语言的关系，坚持一切服从说理需要，为说理服务，是在电视评论中恰当地突出“以视为主”特点的前提。

3. 双线互补

电视与广播一样，以线性传播的方式传播内容。不过，电视同时运用声音和图像，诉诸听觉和视觉，它是声音线和图像线并行的线性传播。画面、声音的连续性及其交互作用，赋予电视评论双线互补的特点。

电视评论除口播评论主要诉诸声音以外，其他评论都注意同时调动画面和声音的表现功能。作为“看”的画面，其任务在于以具象符号表现客观存在的事物，如人物的活动、事物的状态、事件的现场以及周围环境等等，为评论所表达的思想、观点提供依据或佐证。作为“听”的声音，包括实况音响和论述语言，前者在评论中的作用类似画面，后者则主要以其逻辑表述力阐述评论的思想、观点。所以，电视评论的线性传播方式，实际上是由双线，即画面线、声音线组成的，它分别从两个感觉通道消除人们对事物认知的不确定性，进而更好地接受和理解评论的政论性内容。

正如英国电视理论家格林·阿尔金所说：“电视不只是一种看的东西，然而也没有必要说音响或图像哪个更重要。在制作一个效果好的电视节目时，两者是相辅相成的。如果说两者中任何一个能独立发挥作用的话，那不是对它的赞扬，相反，却说明这两者还没有很好地结合起来。”① 在这种“双线互补”的声画关系中，声音影响观众对画面内涵的理解，画面则有助于观众具体领会声音所概括的抽象内容。它们相互结合、相互补充，可以收到相得益彰的表达效果。而任何割裂这种互补关系的做法，都会削弱甚至损害政论性内容的准确表达。

图像评论要充分发挥自己的表现优势，不能不比口播评论更加重视题材的选择。

---

① ［英］格林·阿尔金：《电视音响操作》，5页，北京，中国电影出版社，1981。

这是因为，图像评论表现优势的基础在于它拥有可以再现事物或访问过程的画面和同期声，而这两种符号又不能脱离“所指”——所要表现的事物或访问过程。如果题材本身不包含适合于画面和同期声表现的素材，图像评论也将失去表现优势。一般地说，适合于图像评论论述的题材，大致需要满足以下几个基本条件：一是作为评论对象的客观事物，本身包含典型的、能够反映事物本质或代表事物发展趋势的具体事实；二是事物仍处于发展变化之中，可以摄录到反映事物发生发展过程及其现场的画面和同期声；三是当事人、目击者或有关人士适合于出镜，愿意接受出镜采访；四是访问对象的语言表达，便于多数观众听知。总之，图像评论对题材的依赖远比口播评论大得多，对题材的选择也严格得多。这也是为什么它的表现优势具有潜在性，为什么它不能取代口播评论的原因。

二、图像评论的制作要点

图像评论以说理为主，它的画面、音响等表现手段都要为说理服务，按照说理的需要剪裁和组接；而说理则要与画面、音响紧密配合。总之，图像评论的制作有自己的特殊要求。

(一)各种符号相互配合、协调一致

图像评论调动了画面、同期声、屏幕文字、解说词等手段，协调一致地表现内容。其中画面、同期声是主要叙事手段，解说词则兼具说明、解释和论述的功能。图像评论的多种符号相互联系、相互依存、相互配合，才能收到相得益彰的表现效果；反之，就可能相互抑制、相互干扰，也就无所谓多符号的表现优势。

1. 按照视听结合的要求撰写解说词

图像评论的文字稿除了遵循一般评论写作要求外，还应注意体现以下要求：

一要揭示画面内涵，引申、深化画面内容。请看《寻思后府》[①] 中的一段解说词(见表 7—2)：

表 7—2 《寻思后府》的画面和解说词

画面	解说词
后府的现状。 仿后府的现状。 采访乌拉街镇镇长。(同期声略) 采访仿后府的投资者。(同期声略) 采访市旅游局副局长。(同期声略)	这边的真后府因为资金问题而几近倒塌，而乌拉街镇政府在招商引资时，却轻松地花了几百万修了一个仿后府。投资商如此一厢情愿，旅游部门的审批更是简单而草率。只管签字，不管后果，不仅断送了仿后府，更让百年后府难有风光之日。

① 2001 年 12 月 15 日吉林电视台。

这段解说词是依据画面而写的，它画龙点睛地提出了发人深省的问题，深化了画面内容，促使人们对问题的实质作深层的思考。

二要补充交代画面无法说明的内容，提供相关有效信息。画面虽具备直观优势，但它仅仅是事物外在形象的反映，无法体现内在的东西。而文字既可描述具体事物，又可表达抽象内容。因此，一旦作为事实性论据的画面出现难以圆满表达的内容时，文字就要作补充、说明，以完善画面形象。如《家电下了乡服务要跟上》[①] 中的一段解说词（见表 7—3）：

表 7—3　　《家电下了乡服务要跟上》的画面和解说词

画面	解说词
岳大姐家的家用电器。 岳大姐在使用家用电器。	岳大姐家原本有两台电视、一台洗衣机和一台冰箱，前两天新添置了电磁炉和冰柜。 可岳大姐从来都不敢同时开这几样电器，用电磁炉炒菜时就得把冰柜关了，怕电表带不起来。

这段文字解释、交代了画面无法显现的内容，与画面一起说明了家电下乡的配套保障问题。显然，如果没有解说词的说明，单纯靠画面是无法表达清楚主题的。

三要恰当保留听觉空白，给观众留出观看画面和理解政论性内容的时间。图像评论是利用画面与声音两种符号传播事实、表达观点的。在声音（主要是论述语言）和画面紧密结合的情况下，语言文字没有必要再去描绘画面已经表现的新闻事实（通常作论据使用）的现场情景、事物的外在表现等，因而可以保留画面的连续性，中断声音，腾出一段没有声音的时间，让观众观看画面或思考问题，为他们更好地理解政论性内容创造条件。恰当地保留声音空白，是发挥电视画面表现优势，为观众思考和理解政论性内容创造条件的有效手段。

四要深化评论主题，完成说理。图像评论的解说词一般还要承担“点题”的使命，这时与之相配的画面常常是评论者（或主持人）的形象。评论《70 亿维修基金的困惑》[②] 从北京市大兴区金华园小区业主和开发商围绕住宅公共维修基金产生冲突这一具体事件出发，结合北京政协委员关于公共维修基金的提案，分析了住宅公共维修基金管理与使用过程中的突出问题。在作品的最后，有一段演播室里的口播评论：

【主持人】

据了解，为了实施国务院物业管理条例，《北京市物业管理办法》已经列入今年市政府的立法计划，其中将细化专项维修基金的使用与管理，并且提供法律保障。在一些具体的细节上，比如说是不是必须经过业主大会 2/3 以上同意方可生效，都将会适当加以变通，这样，既保持条例的基本原则，又可切实地解决问题。

今天，咱们看到了在复杂的社会环境下，一个大的政策在具体实施中所遭遇

① 2009 年 4 月 9 日天津电视台。
② 2005 年 5 月 30 日北京电视台《今日话题》。

的困惑和尴尬，其实，改革开放至今，很多事物从无到有，没有先例可寻，这些都是正常的。对于政策的超前也好，前瞻也好，大家并无强求。可是关系到百姓切身利益的事情，如果长期滞后，就容易让人联想“不作为”。透过维修基金这件事，检验一下我们的现代管理水平，能否适应这个快速发展的社会，这，才是人们应该深思和记取的。

这段点评在前面分析问题症结所在的基础上，帮助主管部门提出了建设性意见，同时，又作了职能部门应提高管理水平的合理引申。这些实事求是、引人深思的“观点”，是无法通过画面来完成的，必须由解说词来承担。

2. 恰当地选择、运用画面

图像评论要发挥好画面的功能应坚持以下两个原则：

一是要恰当处理同论述语言的关系，使二者相互补充、相互强化，防止不必要的重复和声画分离的现象。究竟用什么画面，从哪个角度用，怎样剪裁、组接，都要服从说理需要，有利于增强评论的说服力和感染力。按照这个原则选择典型的、富于特点的画面，才能使画面成为评论内容的有机组成部分，而不是可有可无的点缀品。大量的没有信息量的万能画面会使画面成为解说词的简单图解，甚至变成有了不多、没有不少的点缀品。下面一例就既重复、又脱节：

【画面】特约主持人。

【字幕】我能拥有汽车吗？

【画面】一辆行驶的小汽车；一辆在海边公路行驶的车；汽车前部（慢镜头）；一个小男孩；一个计价器；一辆驶过小河的汽车；一辆全新的小汽车；一对过马路的中年夫妇（慢镜头）；骑车的中年妇女；一只拿起车钥匙的手；围观一辆小汽车；正在摇下的汽车玻璃；骑车的人（慢镜头）；骑车的人（慢镜头）；骑车的人（全景）；女郎与汽车；车踏板；推操作杆的手；车灯；油表；疾驰在公路上的汽车；车站人群；展览会全景；被展示的汽车与车旁小姐。

数十个组接的镜头，除了让人感到叠床架屋的画面冲击以外，很难捕获什么准确的信息。

二是善于调动各种表现技法和编排组合手段，加强画面自身的论辩力，为说理服务。例如在《会说谎的作文》① 中，将两个班的不同学生几乎如出一辙的作文做成并排的两屏对比，不仅引出了“小学生作文撒谎”的论题，而且使画面自身具有一种不言而喻的论证力量。在《假酒真相》② 中，把昌黎县技术监督局安装的监控摄像头和

① 2010年5月26日重庆卫视《特别关注》。

② 2010年12月23日中央电视台《焦点访谈》。

工人们在这些摄像头底下毫无顾忌地灌装着假冒的名牌葡萄酒、成批的假冒长城牌葡萄酒直接堆放在监控摄像头下的画面巧妙地组接在一起，形成暗示，引发观众积极思考监管不力、不实的原因和危害。可见，调动各种表现技巧和手段，增强画面语言的论辩力，是恰当地运用画面为说理服务的关键一环，电视评论在这方面拥有巨大的有待于发掘的潜力。

总之，要精心写作文字稿和恰当处理画面，把握好文字与图像之间的关系，让画面、同期声、现场解说一起“说话”，以各自的方式说同一意思的“话”，相互补充、相互强化，可以明显增强“话”的分量。切不可片面地夸大某一表现手段的作用，或者盲目追求技巧、故弄玄虚，那样将会增加理解困难，影响和削弱评论的作用。

(二)发挥论述语言的主导作用

图像评论的论述语言，主要指解说词，也包括同期声中有针对性的提问、追问、诘问和插入式的说明、解释。发挥论述语言的主导作用，当然要求同期声的选择和剪裁、画面的取舍和组接与论述语言相一致，防止喧宾夺主，冲淡论述语言的政论色彩。但更重要的是要按电视的传播特点，精心组织论述语言，善于利用论述语言统率和补充、调节画面和同期声，否则就谈不上什么主导作用。

就图像评论的现状看，需要着重注意三个问题：

一是突出论述语言的揭示功能。论述语言虽然具有多种功能，但主要是深入揭示事物的实质，准确而中肯地阐述对于事物的看法。如果淡化这种功能，势必会削弱它的主导作用，甚至使“评论”不成其为评论。在图像评论《道德向善呼唤媒体理性传播》[①] 的结尾有一段主持人点评：

【主持人】

媒体是社会道德向善最有影响力的推手，制度是社会道德最重要的保障，公权力或许是引导社会道德的标杆。我们的社会，并不缺乏道德向善的力量。汶川大地震后，舆论引导得当，社会表现出普遍的爱心，就是最好的例证。透过闹得沸沸扬扬的“八毛门”和“小悦悦”等一系列公共事件的传播方式，媒体需要进行反思，如何才能真实而又有价值地理性传播，在充分报道新闻事实基础上，让人们了解真相，进而通过建设性的价值引导，推动社会和道德的良性发展，承担起媒体瞭望者和守夜人的社会责任。当然，媒体理性传播，最离不开政府对信息公开化透明化的执政理念。社会道德的向善，离不开媒体理性传播，同样更离不开国家强有力的制度和法律保障。

这段评论在前文举证了“八毛门”、“小悦悦事件”等热点事件媒介传播过程中出

① 2011年11月20日苏州广播电视总台“社会经济频道”《社会传真》。

现的事实谬误或非理性情绪，在此基础上，指明了新闻媒体担负着实施真实、理性传播，引导社会道德向善的使命。评论呼应全篇，主旨鲜明，起到了较好的深化作用。相比之下，有些图像评论本应点明主旨、进行价值判断的“编后话”泛泛而谈，随意使用类似“应该引起社会的警示”、“有关部门应该重视”等表述，这无疑是放弃了论述语言的舆论功能，甚至使评论作品形同新闻报道。

二是确切理解论述语言的主导作用。主导作用不是量的要求，而是整合全部内容和联结所有表现手段的中轴作用，贯穿评论始终的主线作用。再来看看电视图像评论《是市场搅局，还是正当竞争?》[①] 的后半段：

【解说词①】李庆振夫妇在和平区新兴街菜市场经营两个摊位，由于薄利多销每天一大早就有很多居民排队买菜。

【采访】

居民：这么说吧，有的菜你要是去王顶堤（批发）市场，可能都比他这贵。

居民：他就是不让挑，跟着拿，西红柿一样的也不烂，西红柿无论大小就是用来做菜做汤，无所谓。

【解说词②】李庆振告诉记者，从新兴菜市场建立起自己就在这儿干，每天就卖一上午，把一车 3 000 多斤菜卖完就回家。记者观察到，除了李庆振夫妇的两个摊位，其他摊位的蔬菜很少有人买，但这里的蔬菜商贩却没有抱怨，他们又是如何找到市场生存空间的呢?

【采访】

商户：咱这里都是细菜比他那多少贵点，他那是粗菜便宜一点。

记者：咱这什么时间来买菜的比较多?

商户：下班时间 5 点到 5 点半。

【采访】

天津财经大学市场营销系主任刘玉斌：

作为经营者而言，第一你看你卖的产品是不是有冲突了，如果冲突我怎么去调节自己，第一个我可以考虑为什么他卖得这么便宜，我卖不到，你的进货渠道是什么，你的利润空间有多大，你从这方面考虑问题，去重新认识这个市场。

【解说词③】新的经营方式的出现，必然会给原来的市场格局带来冲击。这个时候，是选择把新的竞争者清除出去还是改变经营策略，重新进行市场布局？在这当中管理者又该做些什么，哪些是该管的，哪些是不该管的?

【采访】

清华大学教授李楯：

因为市场中所有的参与者，就是所有在市场中卖菜的人应该是平等地位来竞争，那么如果我们采取一种行政的方式或者采取一种市场掌控的方式，说由于你

---

① 2011 年 12 月 29 日天津电视台“都市频道”《都市报道 60 分》。

价格低了，我就要把你清除出去，或者说我说得客气一点我就不跟你续约了，使你实际上没有能力在这卖下去，我认为都是不恰当的。我觉得这里面恐怕有了过多的旧的管理的习惯和思维方式，影响了解决问题的办法，我想我们进入市场经济社会和走向法治国家，在这个过程中，我们应该学到更多的解决问题、协调利益冲突、化解矛盾的办法，使每一个市场的参与者，都能够在这里参与竞争。

【编后④】市场参与者如何应对新的挑战，管理者如何协调利益关系，创造公平的竞争环境，小市场带给我们的是大思考。

在这个片段中，共运用了4段解说词（编号是本书所加）。仔细读读不难发现，作品的内在逻辑就是由解说词来推进的：解说词①叙述并导引出事实，即分析评论的对象；解说词②用提问的方式引导人们从市场参与者的角度进行观察思考；解说词③用提问的方式引导人们从市场管理者的角度进行观察思考；解说词④总结重申一件小事带给人们关于市场竞争这一大命题的思考。可见，主导作用并不意味着非长篇大论不可，更不是板着脸孔、颐指气使地说教。许多成功评论的经验表明，在用画面或同期声“说话”的同时，随时发表画龙点睛式的议论，或在访谈过程中不着痕迹地插入一两句评点，这种颇具夹叙夹议特点的论述方式，往往能够收到吸引视听的效果。

三是正确理解论述语言的完整性。作为贯穿图像评论始终的论述语言当然需要完整，但是这种完整性是建立在各种话语形式（如同期声中的提问、追问、诘问和现场解说、演播室解说）相结合的基础上的，而不是指各种话语形式自身的完整。以提问、追问、诘问“如何获得深度”为例，孙玉胜曾结合一个具体事例的回忆作了相当中肯的阐述：“……好的记者不会按照这些浅表事实去按图索骥，更不会走到表层事实面前就停止了脚步，把别人交给我们的说法作为结论向观众交代。记得还是在《东方时空》的早期，《焦点时刻》曾做过一个‘劣质课本进课堂’的节目，记者展示了课本印刷粗糙、缺页、字迹不清以及书后的答案错漏百出等问题。记者跟踪到印刷厂，印刷厂的厂长面对记者居然哭穷似地说：‘原因是我们的印刷设备太落后，没有钱更新改造……’记者的提问就此打住了，没有再前追一步。我在审节目时说：‘为什么不追问？难道答案错误也是设备的问题吗？’分明是不负责任的态度和利欲熏心的行为，却被厂长一句‘设备落后’给搪塞过去，记者的采访停留在了表层而没有深入。”[①] 此外，解说词不仅是论述语言的主要部分，而且还有多种表现形式，完全可以利用现场解说直接统率和调节画面、同期声，或者利用出镜解说或画外音更加机动、灵活地协调整则评论的内容。

（三）坚持双线互补的结构原则

电视评论的双线互补，绝不是声音、画面齐头并进。电视的线性传受，是图像线

① 孙玉胜：《十年——从改变电视的语态开始》，97页，北京，三联书店，2003。

和声音线双线结合的线性传受。对于图像评论来说，适应电视双线传受这一特点，形成双线互补的格局，是它在整体结构方面需要关注的一个经常性课题。下面结合一个例子来说明如何理解双线互补的结构原则，请看《道德向善呼唤媒体理性传播》[①] 的一个片段（见表 7—4）：

表 7—4　　《道德向善呼唤媒体理性传播》的画面、同期声和解说词

画面	同期声	解说词
演播室主持人 苏州大学教授张成敏博客文章		2011 年 10 月 29 日，中国法律逻辑专业委员会副会长、苏州大学教授张成敏在其博文《蝴蝶振翅》中，综合多种视频和资料，运用证据学和逻辑学知识分析后指出，南方电视台播出的报道，忽略了当时的环境光照因素，视频的亮度和现场当时的光线也有出入，其中还存在有目的的剪辑。所以报道得出小悦悦事件中 18 路人个个“冷漠得当作什么都没看见”的结论，可能还需要更加慎重。为了求证，我们重访了现场。
记者出现场 【字幕】记者　吕劲波	（吕劲波）“我现在就来到了小悦悦悲剧的事发点，现在是下午的四点半，站在这里，我们能够很明确地感受到，这里和外面就亮度而言，不是同一个世界。”	
陈桂伶接受采访 【字幕】陈桂伶　邻近商铺店主	（陈桂伶）“那天就是特殊原因嘛，下雨嘛，下大雨，天很黑嘛。”	
李昱文接受采访 【字幕】李昱文　佛山市南海区气象局副局长	（李昱文）“因为下雨，肯定是没有日照的，（当时）开始天黑嘛，因为下雨会更暗一点。”	
陈阿婆接受采访		救起小悦悦的陈阿婆，事后在接受记者采访时，是这样表述的。
陈阿婆接受采访	“我远远地就看见她躺在那里。”	
陈阿婆朝小悦悦方向走来的视频监控录像		在反复查看视频后可以发现，就在陈阿婆朝小悦悦方向走来的时候，她的身后出现了一辆卡车，而卡车的大灯正好照亮她的前方。
陈阿婆朝小悦悦方向走来的视频监控录像		

① 2011 年 11 月 20 日苏州广播电视总台“社会经济频道”《社会传真》。

续前表

画面	同期声	解说词
新闻播出的视频		我们又将新闻播出的视频和原始视频相对比后发现，在新闻画面中，第十位路人，也就是这名骑摩托车的男子，在停车后画面即被切走。
未经剪辑的原始监控视频		而在原始的监控录像中，他在停车转头看后，右拐到了一家店门口，向店家指示孩子的方向，似乎在告诉店老板什么，随即离去。

理解双线互补的结构原则，主要强调以下三个方面：

一是图像线的持续性。图像线包括画面和屏幕文字，而以画面为主。作为视听媒介，电视的图像线任何时候都不能中断；一旦中断就不能满足观众心理上的第一需求，甚至可能被认为发生了播出事故。图像线的这一性质，在很大程度上决定着图像评论的内容取向、表现形式和结构特点。就结构而言，尽可能拥有所需要的画面素材，是适应图像线持续性的最重要的前提条件。在上面的片段中，图像线提供了认定“小悦悦事件”的所有画面素材，其中既有原始的监控视频和对当事人、见证人访问的画面，也有新闻播出引发误读的画面，多种画面素材为说理提供了丰富的论据。而对上述画面素材进行叙述的主持人播讲、记者出现场的画面又强调了评论主体，增强了叙述的逻辑性。由于画面不能表现过去的事物、拙于表现抽象内容，要获取图像评论所需的足够画面素材，并非轻而易举的事情。正因为这样，保持图像线持续性这一结构要求，又反过来制约评论的内容取向和表现形式，如要求内容尽可能反映正处于发展变化之中的事物，或者较多运用述评的形式、采用访谈的手段等等。

二是声音线的可断续性。就电视的传播特点说，它的连续性主要表现在画面方面，而声音则可以适当间断。充分理解并善于利用声音的可间断性，为观众腾出理解画面或思考声音内容的时间，将有利于增强双线互补的传播优势。图像评论的声音线，由不同形式的解说词和同期声组成。电视声音线的可断续性，是它区别于自己的图像线和广播的声音线的基本特点。问题是怎样认识和恰当利用这一特点，更加充分、有效地发挥声音线的表现功能。在上面的片段中，配合“陈阿婆朝小悦悦方向走来”画面的是一句说明性的解说词“在反复查看视频后可以发现，就在陈阿婆朝小悦悦方向走来的时候，她的身后出现了一辆卡车，而卡车的大灯正好照亮她的前方”。在这句解说词后，既没有解说词也没有同期声，而是短暂的声音空白。利用声音线的可断续性，让观众有一个思考的时间，体会对事实的认定要慎重再慎重的意义所在，有助于更有力地传递作品的主旨。现在不少图像评论中的声音线满满腾腾，这不仅是声画相互重复和脱节的重要原因，而且实际上起着抑制声音自身表现功能的负面作用。

三是发挥声音线的能动作用。前面说过，双线传播既赋予电视巨大的传播优势，也给它提出了如何处理图像线和声音线关系，发挥双线互补、避免相互干扰的难题。对于图像评论来说，处理这一难题，当然需要高度重视画面的摄取、选择和组接，增强图像线的持续吸引力。但是，由于声音线可以断续，也由于评论主体的话语——解说词是声音的主要组成因素，声音线显然比图像线更为活跃，更能发挥调整双线关系、促进双线互补的能动作用。恰当运用声音符号，特别是善于调动声音线的可断续性，对于实现双线互补的结构目标，是与处理好图像线同样重要的方面。

图像评论按双线互补的要求处理双线关系，通常采用两种方式：声画同一和声画对位。在这两种方式中，声音线的能动作用有所不同。

声画同一，其实质就是同期声，特别是访谈同期声，为发挥声音的能动作用提供了广阔的天地。在上面的片段中，有记者、见证者、专家、当事人四段同期声，通过组接既相互印证，还原出现场情况；还有分析思考，对其真伪进行分析鉴定。可见，访谈同期声对于图像评论具有重要作用。

声画对位，指声音和画面围绕同一个政论性内容，在各自独立表现的基础上，又有机地结合起来，共同为说理服务。上面片段中陈阿婆朝小悦悦方向走来的视频监控画面与解说词，新闻播出的视频和原始视频相对比的画面与解说词都是按照严密的声画对位来结构的，其特点是利用声音和画面不同步产生的信息差距，充分调动人的视听两个感知通道，引导人们把声音和画面联系起来加以思考，从而加深对于事物的认识。声画对位的表现效果更是主要取决于声音线，即画外音的处理是否得当。

双线互补是图像评论的基本结构原则。体现这个原则，既要善于运用声画同一和声画对位的方式，更要善于利用声音线的可断续性，发挥其能动作用。后一方面关系着一则图像评论的整体结构，远比声画同一或对位复杂得多，仍有待于作进一步的实践和探索。

思考题

❶ 电视的媒介传播特点对电视评论的影响表现在哪几个方面？
❷ 电视评论的符号系统具体包括哪些因素？
❸ 电视口播评论的写（制）作要点有哪些？
❹ 电视谈话评论的制作要点有哪些？
❺ 电视图像评论的制作要点有哪些？

第八章 网络评论

本章学习要点

1. 网络评论有其独特的表现优势：题材的广泛一定程度上使传统媒体为受众设置议程的局面发生了改变；行文上不拘一格更容易体现出作者的个性甚至形成品牌；超文本写作则有效地增加了网络评论的信息量，有助于改善传播效果。

2. 网页评论在写作上要特别注意几个问题：一是要对事实的“准确性”给予格外关照，避免因“失实”导致评论丧失真理性；二是不能止步于倾向性或情绪的表达，要在寻求“理趣”上下点功夫；三是要重视技术提供的可能，最大限度地体现网络媒体的传播特征。

3. 新闻性 BBS 论坛是一种“互动式评论”，这种全新的表现形式拓展了人们对于新闻评论的认识。加强策划和管理是新闻性 BBS 论坛发挥独特功能的必然要求。

4. 网络评论与社会舆论的互动呈现出反映舆论相对多元、影响舆论的过程缩短、引导舆论的难度加大等特征。网络评论引导舆论应该从转化潜舆论、整合显舆论入手，力求运用合力形成有利于社会稳定和发展的主流舆论。

第四媒体[①]的发展历史不长，作为依托于这一新兴媒体的新闻体裁——网络新闻评论（以下简称“网络评论”）历时更为短暂。目前，网络评论正在经历着适应媒介传播方式而日趋个性化的发展过程。网络评论作为网络舆论场的重要组成，也同时对社会舆论施加着重大影响。

① 1998年5月，联合国新闻委员会正式提出了“第四媒体”的概念。

第一节 | 网络评论及其表达

广义上的网络评论从本质上说是一种意见信息，是个人或组织在网络媒体上首发的就新闻事件或社会现象、社会问题的见解。这种评价性意见主要有两种表现方式：一种是“成文”的评论文章；另一种是互联网上的各种“议论”，即在众多新闻论坛、微博、博客等空间上“不成文”的观点表达。前者的数量虽然没有后者多，但其立论集中、表述完整、社会影响力大，集中体现了网络评论的特点。狭义上的网络评论是指以完整的文章形态首发于网络媒体新闻网页上的评论作品。本节将对网络评论的特点、要求等作些简单的梳理。

一、网络评论的传播特征

网络评论常常在专设的言论专栏里发表。目前，在专设的“观点”、“言论”一类专栏里发表的评论文章大致可以分成三类：一是由网络媒体的编辑撰写的文章，基本代表着网络媒体的观点；二是由特约作者撰写的文章，有的代表媒体的观点，有的完全属于一己之见；三是由网友撰写的文章，类似报纸媒体上的群众言论。

网络评论在传播特征上具有有别于传统媒体的特点，这些特点大致可以概括为：

1. 传播渠道的开放性

互联网被设计成不需要控制中心就可以工作的方式，打破了传统的大众传播媒体单向度、线性的传播秩序，网络信息空间具有高度的开放性。尽管网络评论也有网络媒体的编辑在发挥“把关”作用，但显然人们对待网络言论的态度要宽容得多。普通人在网络中拥有比在传统媒体上自由得多的发布言论的权利，就像尼葛洛庞帝说的那样：“在网络上，每个人都可以是一个没有执照的电台。”① 这些言论立场、观点各异，表达方式各异，客观上拓宽了舆论空间，使舆论表现出前所未有的多元化，但是也带来了一些不和谐的“噪声”，一段时间内可能还表现出一定程度的混乱。

① [美] 尼葛洛庞帝：《数字化生存》，205 页，海口，海南出版社，1996。

2. 传播主体的多元性

传统媒体的新闻评论通常以不署名和署名两种方式面向受众。其中，署名评论固然以个人的名义阐述对于事物的看法，但毕竟需要通过媒体编辑部的层层筛选才能同社会公众见面。从这个意义上说，传统媒体的评论不管以什么名义出现，无不体现媒体既定的评论宗旨，其评论主体本质上是一元的，或者说具有“媒体—群体”一元性的特点。互联网的广容性和开放性使得网络评论作者群来源更为多样，大量的网友评论和特约作者的评论开始出现，新闻评论关注的社会生活领域更加广阔，评论风格也更具个性色彩。作者队伍的变化除了带来评论范围的拓展以外，也带来了评论水平参差不齐的问题，与新闻评论关注社会现实，反映、影响、引导舆论的宗旨相去甚远。

3. 反馈的即时性

为了密切传受双方的交流，传统媒体进行了许多努力，如报纸有“读者来信”专栏，电台设立了热线电话，电视台开办了邀请部分观众参与的各种节目。但这种交流因为技术条件的限制，要么只是少部分的，要么是非即时的，只能获得有限的信息反馈，这使得交流、讨论、论辩过程松散、滞后，互动效果不理想。网络媒体依托万维网，进行超文本①、超媒体②的传播，观点的发表便捷到点击一下“发送”就可以完成。这样，网络评论可以获得即时的反馈，评论作者也可以以此为依托，继续补充论述或澄清误解。了解网络评论的传播特点，对于写作网络评论，以及网络媒体更好地运用网络评论发挥舆论影响力都不无裨益。

二、网络评论的特点

网络评论较大程度上保持了纸质媒体新闻评论的共性，但在实践中也逐渐显现出自身的个性特点。这些个性特点大致可以归纳为：

1. 题材广泛

前文提到，网络传播条件下，网络媒介的把关逻辑也发生了变化。如果说传统媒介的把关逻辑是“只有……才能发布”，那么，网络媒介的把关逻辑则趋向于“只要不……就能发布”。后者比前者宽泛得多，或者说在题材选择上赋予评论主体更多选择权。各种文化类型、思想意识、价值观念、生活准则、道德规范在遵守国家法律、遵

---

① 即 hypertext，一种在互联网上可以将文件彼此连接起来的编码文件系统。一段文字、一张图片可以连接到其他文件上用于打开该文件，形象地说是在文字和图片的背后植入了打开另一个文件的命令以及打开的方式。只需用鼠标点击该链接文字或画面，浏览器就会调出新的文件。通过超文本链接可以在互联网上对感兴趣的内容作垂直式的深入浏览，也可以从一个网站进入另一个网站。

② 即 hypermedia，是超文本的延伸，包括声音、图片、影像在浏览器中显现。

循一般社会道德准则的前提下都能找到立足之地。于是，一些由于种种原因在传统媒体“把关”作用下被滤掉的内容在网络上有了传播的可能。赵薇“军旗装事件”可谓典型。演员赵薇 2001 年 9 月为《时装》杂志拍摄照片时，其着装类似日本海军军旗，但杂志出版三个月并没有引起社会的普遍注意。12 月初，一些网络媒体转载了该照片，旋即引起了网上的热烈讨论，并于 12 月 7 日前后形成高潮，很多网友就此事发表评论文章，内容涉及市场经济条件下对爱国的理解、如何看待历史、怎样定位中日关系等等。接着，网络评论带来的影响扩展到报纸、电视等传统媒体，传统媒体评论也纷纷跟上。在舆论的压力下，12 月 9 日《时装》杂志总策划宣布辞职，赵薇向公众道歉。近年来，像“军旗装事件”这样被传统媒体忽略而由网络媒体干预引起社会普遍关注的事件还有不少，这其中网络评论对公众“议程”的改变作用不小。

美国传播学者麦库姆斯和唐纲德・肖认为，“媒介的议程设置功能就是指媒介的一种能力：通过反复播出某类新闻报道，强化该话题在公众心目中的重要程度”①。一般来说，研究者多从三种机制上考察大众传播的“议程设置”效果：第一种机制称作“0/1”效果或“知觉模式”，即大众传播媒介报道或不报道某个“议题”，会影响到公众对该“议题”的感知；第二种机制称作“0/1/2”效果或“显著性模式”，即媒介对少数“议题”的突出强调，会引起公众对这些“议题”的突出重视；第三种机制称作“0/1/2/……N”效果或“优先顺序模式”，即传媒对一系列“议题”按照一定的优先顺序给予的不同程度的报道，会影响公众对这些议题的重要性顺序作出判断。② 网络评论中，由编辑撰写的代表媒体观点的文章数量毕竟有限，大多数的专栏作者或网友从自身的观察角度出发，其对议题的感知或得出的对议题的关注优先顺序也与传统媒体有所不同。

2. 行文不拘一格

网络评论行文的不拘一格主要体现在文章篇幅和语言文字两个方面。

网上的阅读是一种“冲浪式阅读”，人们在栏目与网址之间跳来跳去，注意力凝聚的时间越来越短。网络评论适应这种阅读方式和阅读心理的改变，往往有话则长无话则短，篇幅不拘长短但短小精悍者居多。精短的网络评论往往能收到胜过长篇大论的传播效果。

从文字上看，网络评论也有其文风活泼、个性鲜明的特点。试看《这个“乡校”能永远地办下去吗?》③ 中的一段：

> 同时，上网一看，哇！有这么多人在忧国忧民，让人油然而生敬意，让人感到国家的兴盛、民族的希望，民心可用啊！这种七嘴八舌议论国政的声音在 2000

① 转引自［美］沃纳・塞佛林、小詹姆斯・坦卡德：《传播理论：起源、方法和应用》，246 页，北京，华夏出版社，2001。

② 参见郭庆光：《传播学教程》，217 页。

③ 2000 年 9 月 26 日人民网“强国论坛・我看强国”。

年前郑国的乡校里听过，郑国人子产就是因为不毁这议论国政是非的乡校，在历史上留下了贤相的大名。而今，网络时代给我们创造了更为舒适的“乡校”，发议论只需要鼠标一点，而不需要摸黑跑到乡校里，黑灯瞎火地去叨咕了。如果当代有“子产”的话，也不必偷偷地蹲墙角里去听，也可鼠标一点，便可知民心的向背，这的确是十分难得的妙事！

多数网络评论都具有上面这段文字的某些特征，如，遣词造句较少修饰，口语色彩浓厚；很少运用长句子或复合句式，多用短句或简单句式等。这些也体现了网络语言的经济性。

此外，网络评论中的很多用语是特有的网络语言。例如，有一篇由 BBS 论坛挑选出来刊发的评论是这样开头的：

在中日关系坛子里泡了一会儿，终于忍不住只是爬墙，也想就赵薇军旗装事件发表一己之见。Btw，不当之处还请诸君指正。

这里，“坛子”指的是 BBS 论坛，“爬墙”是在论坛里看帖子之意，“Btw”则是英文 By the way（意为“顺便说一句”）的缩写。“圈里话”又中英文夹杂，这样的表达如果放到传统媒体中会让人感到十分不习惯，而在网上却没有人感到不适。

巴塞尔·伯恩斯的理论也许可以解释这一现象。他认为，人们在谈话时使用的符号可以分为三类：有限词汇代码、复杂代码、有限句法代码。有限词汇代码是一种仪式性代码，这种交流往往四平八稳，较为肤浅，如见面的寒暄等。复杂代码既表达意图也揭示使用者的个性特征。个体在谋求进一步了解，深层交换意见时就会使用复杂代码。有限句法代码是在一个关系内部使用的仪式性语言代码，相对于有限词汇代码的无意表露，有限句法代码是由于双方相知甚深而使用的一个群体中的习惯语。① 传统媒体评论虽然存在具体作品表达内容的深浅和作者的表达能力、表达习惯的差异，但其语言在符号上属于有限词汇代码和复杂代码，网络评论的语言则不仅包括上述两种代码，还因网络传播的特点和在网络环境下各个群体的交流习惯而使用一些只有在某一环境下或某一群体中较多使用的语汇，上述的“坛子”、“爬墙”、“Btw”就属于有限句法代码。这类有限句法代码的大量使用，一方面一定程度上方便了熟悉这些“习惯用语”的人的网上交流，另一方面也带来诸如不易确切理解等问题，影响到更多人的接收效果。网络语言如何在发展个性特征与符合语言普遍规范之间寻求到一个平衡点，是一个值得关注的问题。

3. 超文本表达

超文本的运用，使得网络评论的信息量进一步拓展。通常，超文本链接的内容主

① 参见［美］迈克尔·E·罗洛夫：《人际传播社会交换论》，23 页，上海，上海译文出版社，1991。

要包括两大方面。

一是评论涉及的新闻事件和相关知识。2001 年 7 月 17 日凌晨 3 时 40 分，广西南丹县大厂镇龙泉矿冶总厂下属的拉甲坡矿、龙山矿发生透水事故。由于矿区老板动用武装封锁和金钱收买死者家属，再加上一些地方官员与之沆瀣一气、狼狈为奸，这一事故居然被隐瞒了半个月之久。7 月 31 日，人民网彻底揭开了事故的盖子，刊发了记者发自南宁的报道《广西南丹矿区事故扑朔迷离》。该事件在社会上引起了强烈反响，人民网的专栏作者和网友也从不同的角度纷纷发表评论。人民网的编辑在编发相关评论的时候，加入了超文本链接，读者在阅读评论时只需点击文中的关键词就可进入人民网特别制作的"广西南丹特大事故"专题，内容涉及事件来龙去脉、死难者名单等等。对新闻事件和相关背景的链接不仅使评论与报道配合更加紧密，拓展了评论的信息量，更重要的是有助于读者对观点的理解，而这些都是在没有增加评论文章篇幅的前提下实现的。

此外，当与持不同观点的文章论辩时也常常使用超文本链接，此时链接的内容成了"敌论"。2004 年 3 月，人民网刊发了一位网友撰写的评论《被杂文家妖魔化了的时评》[①]，文章对当前时评的表现提出批评。几天后，另一位网友即发表文章《别误读了时评》[②]，对前文予以反驳。文章的第一段是这样写的：

> 《被杂文家妖魔化了的时评》一文认为杂文家妖魔化时评。其实，妖魔化时评的并不止几个杂文家，此前就曾看到过多篇对时评的批评文章，认为时评炒新闻现饭，无思想性，格式化。有一篇文章甚至将时评与春晚[③]联系起来，认为时评与春晚一样是"成熟套路里的伪真情、伪眼泪、空叫喊"。这些批评里面，有的是有道理，有的则是在妖魔化时评。何以会妖魔化时评？恐怕缘于对时评的误解。

这 段不仅简述"敌论"以竖起驳论的"靶子"，还对其做了全文链接。这样做读者不必像阅读报章那样去翻寻几天前发表的文章，方便阅读；同时还可以防止读者受文章作者的误导，因为作者对前文的概括有可能出现断章取义、以偏概全的误读，这种误读体现在文章对敌论观点的概括上，就会导致论辩天平的先天失衡，进而影响读者对某一事件或现象形成正确认识。

网络评论虽然脱胎于传统媒介的评论，但具有自身的独特表现优势：题材广泛一定程度上使传统媒体为受众设置议程的局面发生了改变，行文不拘一格从某种程度上说更容易体现出作者的个性甚至形成品牌，超文本写作则有效地增加了网络评论的信息量，有助于改善传播效果。如何在继承传统媒体评论优势的基础上，遵循网络媒体的传播规律并兼顾网络受众的需求，将网络评论独特的表现优势充分发挥出来，是其社会功能得以充分发挥的关键。

---

① 见 http：//www. people. com. cn/GB/guandian/1036/2393931. html，2004 - 03 - 17，作者练洪洋。

② 见 http：//www. people. com. cn/GB/guandian/1036/2410883. html，2004 - 03 - 26，作者谢茂明。

③ 指中央电视台自 1983 年起举办的春节联欢晚会。"春晚"一词近年在媒体和口语中被越来越多地使用。

三、网络评论写作的特殊性

网络评论在一定程度上保持了纸质媒体新闻评论的特点，但是由于其在话题来源和传播渠道上都在很大程度上依托互联网，因此在实践中有一些特别需要注意的问题。

1. 对事实的“准确性”要给予格外关照

网络评论的“话题”相当一部分来自网络新闻，而网络上关于某一事件的各种信息常常是片段的、表象的，有时甚至让人真伪难辨，这就要求网络评论的作者在“真实性”上要多下点功夫。

以下两则案例颇能说明问题。2007 年众多网络媒体转载了一组“老外教中国人遵守交通规则”的照片，一时引起巨大的反响，不少网络媒体都刊发了评论。这些评论文章虽然立论角度各异，但对当事的中国人的态度均持否定态度，一时间舆论呈现了“一边倒”的局面。随之而来的是，网民发动了“人肉搜索”①，将事件中的中国人的家庭地址、电话全部公布到网上，使其正常生活受到极大影响。可事后证明，当事人当时并没有违反交通法规，双方发生的短暂的僵持完全由误会而起。针对这个事件的众多网络评论集体失察现象提醒我们，即便是“眼见”也不一定“为实”。与之相对应的是“深圳网文事件”。2002 年的 11 月 16 日，人民网“强国论坛”和新华网“发展论坛”分别刊发了名为《深圳，你被谁抛弃?》的文章，主要涉及深圳政府的办事效率、电价、改变投资环境和香港 24 小时通关、暂住证等问题。文章一经刊登立即吸引了网友的广泛注意，各网络媒体纷纷转载。该文很快引起了广泛反响：在中共深圳市委三届六次全体（扩大）会议上，与会者热烈地讨论文中触及的问题；2003 年 1 月召开的广东省十届人大一次会议上，《深圳，你被谁抛弃?》再一次成为广东省人大代表关注的焦点，有代表提出要撤除深圳“二线关”，广东省政府也做出同意撤关的决定；2003 年 1 月 19 日深圳市市长与《深圳，你被谁抛弃?》的作者“我为伊狂”会面，共同探讨深圳发展中的问题，并且邀请媒体记者与会旁听。一篇网络评论能够产生如此巨大的社会影响力，在于其分析中肯，提出的意见建议合理合情，但是这一切如果不是以对事实准确无误的掌握为基础，又怎么能够成立呢? 这两个案例提醒我们，无论是作为“由头”还是“论据”，失去了事实真实性的依托，新闻评论也就失去了说服人的力量。

网络的开放性常常使得网络空间传播的“事实”真伪难辨，在这种情况下，真实确凿的信息往往可以使网络评论具有一种无可辩驳的力量。2011 年 4 月 8 日，美国国务院发表向美国国会提交的“2010 年人权国别报告”，这份报告中，美方不改颐指气

---

① “人肉搜索”是近年来在互联网上兴起的一种资料搜索方式，指利用人工参与来提纯搜索引擎提供的信息的一种机制。很多人把它误会成单纯的“寻人”机制，而实际上“人肉”的内涵远不止如此，它更多时候代表着依托的载体而不仅仅是要寻找的目标。

使的偏见与傲慢，对中国人权状况说三道四；4 月 10 日，中国国务院新闻办公室发表《2010 年美国的人权纪录》，回击美国人权报告对中国的歪曲指责。为了进一步驳斥美国的错误言论、揭穿美国鼓吹“互联网自由”的真实面目，新华网发表评论：《撕下美国“互联网自由”的虚伪面具》①，用准确而权威的事实作为论据，逐一驳斥美国对于中国“互联网自由”的指责：

在互联网管理上，美国一直秉承双重标准，可以自己做、不许别人做，“宽以律己、严以待人”，说一套做一套。

对外，美国极力标榜和鼓吹互联网自由，要求别国提供不受限制的“互联网自由”，并以此作为外交施压和谋求霸权的重要工具。2010 年初美国国务卿希拉里·克林顿高调宣布，美国将把“不受限制的互联网访问作为外交政策的首要任务”，并在谷歌退出中国问题上大做文章，批评指责中国互联网不自由、受限制，一副“互联网自由法官”的样子。

对内，美国对互联网却采取相当严格的限制举措。2010 年 6 月 24 日，美国国会参议院国家安全与政府事务委员会通过对 2002 年国土安全法案的修正案《将保护网络作为国家资产法案》。修正案规定联邦政府在紧急状况下，拥有绝对的权力来关闭互联网，再次扩大了联邦政府在紧急状况下的权力。此外，运营网站须经政府许可以及进行个人身份信息验证。今年 2 月 16 日，英国 BBC 刊文指出，美国政府在鼓动“封闭社会”的人民争取互联网自由并对这些国家政府的新闻管制提出质疑的同时，却在本国设立法律封锁，以缓解维基解密网发起的挑战。这说明，即使在西方，人们也意识到了美国“互联网自由”的虚伪性。

不难发现，为了使驳论更具说服力，评论选用了来自美国的“信息源”，以期实现“以子之矛攻子之盾”的效果。而在接下来的论证中，则选用世界“公认”的事实或材料，进一步使文章具有一种无可辩驳的力量。

美国表面上嚷着要推动互联网上的信息流动不受任何制约，其真实的意图却是利用互联网煽动别国内乱，进行政治干预，最终维持并巩固美国的全球霸权地位。2009 年 5 月，微软公司就按照美国政府的授意，切断了古巴、伊朗、叙利亚、苏丹和朝鲜五国的 MSN 即时通讯服务端口。在 2009 年伊朗大选前后，美国通过 Twitter，分化、挑拨保守派和改革派民众，变换模式渗透煽动，导致伊朗发生了大规模的流血冲突。越来越多的国际事件证明，互联网已成为美国实现政治目的、塑造美国全球领导力的有效工具。

“互联网自由”，只是美国说给别人听的，对美国自己，从来就没有什么互联网自由。互联网自诞生之日起就被美国牢牢掌控，美国成为名副其实的互联网霸

① 见 http：//news. xinhuanet. com/comments/2011-04/12/c_121295561. htm，2011-04-12，作者吴定平。

主。目前全球互联网根服务器有13台，均由美国政府授权的ICANN（互联网名称与数字地址分配机构）统一管理。世界各国以及联合国等国际组织都曾要求美国放权，但均遭拒绝。既然美国倡导“互联网自由”，为什么一直拒绝交出根服务器管辖权呢？

可见，同样是准确无误的事实，在不同的情境下具备不同的说服力。网络评论在选取事实时，要特别综合考虑传播环境、受众等多方面的因素，选择准确和更具说服力的事实为说理服务。

2. 在寻求“理趣”上下点功夫

有学者认为，接受主体对新闻文本的理解有三个层次：“知事者得事趣，知情者得情趣，知理者得理趣。”[①]“三知”者得“三趣”，三趣一体得“全趣”。

新闻评论当然希望能够做到得“全趣”，但是相比较而言，获得“理趣”当为首要。网络评论受网络传播大环境的影响，往往容易“激情”有余，“理性”不足。2005年春天，日本右翼势力篡改历史教科书事件导致我国反日情绪普遍高涨，一些网络评论的“过激言论”客观上对这样一种情绪起着“推波助澜”的作用，网上签名反日的人数以几何倍数迅猛增加，生活中还出现了砸日本车、拒买日本货的现象。究竟如何看待中日关系？如何表达我们对日本右翼势力错误做法的态度？东方网、人民网等网络媒体适时地发表评论《不要贸然去参加游行》、《不能因右翼迁怒日本人民》、《我们怎样表达爱国热情》等，劝诫人们爱国要有理性，要以合法有序的手段来谴责日本右翼势力，不要授人以口实，并主张把日本人民和日本的右翼势力分开，盲目反日会伤害中日人民的感情。其中，人民网的评论《我们怎样表达爱国热情》[②] 从中国政治、经济发展的大局和民族长远利益出发，既肯定了群众的爱国热情，又引导网民冷静思考、理性爱国，把精力投入到加快改革和经济建设当中去，引起了不少网友的共鸣，文章连续几天入选人民网网友点击率最高的新闻排行榜和热评榜。冷静、理性，是网络评论获得“理趣”，实现以真知灼见启发人、引导人的前提。也许，网络评论《网络苛评猛于虎》[③] 的几段表述，对于我们如何把握网络评论在“情”与“理”之间的平衡会有所启发：

事实说明，如何让网络舆论的力量成为推动社会进步的力量而不是相反，是我们每个人都应该严肃对待的话题。

我们不怀疑中国网民的善良、正直、真诚和爱国，对一些丑行进行揭露批判也是必要的。但如果每个热点事件都以相同的轨迹发展，对所有的当事人都一概

---

① 郑兴东：《受众心理与传媒引导》，156页，北京，新华出版社，1999。

② 见 http：//opinion.people.com.cn/GB/other4785/4786/3325820.html，2005-04-16，作者丁刚。

③ 见 http：//news.xinhuanet.com/comments/2008-06/20/content_8404947.htm，2008-06-20，作者张如晟。

而论，则网络舆论肯定是陷入了过犹不及的误区。过则苛，而从以上事件的结果看，苛评有时是猛于虎的。

如何让网络舆论走向理性？英国哲人赫尔普斯说：“宽容是对文明的唯一考验。”伏尔泰也说：“宽容从未挑起内战烟火，偏执却能造成尸横遍野。”可见，拥有宽容的人道情怀，是一个社会发达文明的标杆。人谁无过，当容其改。往者不可谏，来者犹可追。但愿今后我们的网络环境能够多一些宽容，多一些理性，少一分绝不宽恕的狠劲儿。

此外，同一事件或社会现象往往“一事含多理”，因此，能否真正得“全趣”，不光要看“三趣”是否俱全，更要看“理趣”层面的认识是否丰富、充分。传统媒体由于篇幅所限和社会对其角色的规定，观察、分析事物的角度往往十分有限。以“孙志刚事件”为例：2002 年 4 月，“孙志刚事件”最先由《南方都市报》披露，此后，传统媒体一直追踪报道事件的后续发展，包括三位法律专业的博士以公民身份上书人大建议对收容条例进行违宪审查。反映在传统媒体上的对该事件的分析评论，也多在司法领域，包括对司法公正、司法实践等一系列问题的思考。而网络评论不仅看到了事件背后涉及的司法问题，还关注到了对人权的尊重与法律保障、中国暂住证制度和户籍制度的合理性等多个问题，与传统媒体相比，认识问题的视角更加丰富，客观上更有利于受众对事件或社会现象的全面认识。

总之，网络评论要想真正得“理趣”，既要有思维的精深与逻辑的严密，防止滑向浅俗与感性的一端，较之印刷媒体，也要有多种视角，实现对客观事物的全面认识。

3. 重视技术提供的可能

与广播、电视新闻评论应该尽可能地体现广播、电视的媒体特征一样，网络评论也应该重视技术手段带来的种种“可能”，最大限度地体现网络媒体的传播特征。

“就目前来看”，网络评论在表现手段上还是以文字符号为主，但在写作方法上已与一般的报刊评论有所不同，“超文本表达”正逐渐由理论走向实践。传统的新闻写作都是在单一层面上完成的，所有信息与材料都是一次展现出来，只是在组织结构上有所不同。然而，很多读者并没有从头到尾阅读完所有信息，因为对他们来说展现出来的信息有一部分属于冗余信息。对于传者，冗余信息占据了宝贵的资源（版面大小、节目长度），造成了资源的浪费；对于受者，一定程度上增加了获取信息时的负担。超文本的存在，在一定程度上可以改变这种状况。在运用超文本方式进行写作时，可以采用将材料分层的做法，把最关键的信息作为第一层次（骨干层次）直接表现在文本中，而相关详细信息作为第二或第三层次（枝叶层次）以超链接的方式提供。新闻评论中经常需要提及相关的背景资料或新闻，对于这些资料和新闻，不同的读者需求程度不同，超文本写作可以把这些背景资料以附加链接的形式放进第二层次，读者可以根据自己的需要决定进入哪一层次进行阅读。但运用超文本方式，应该注意防止其干扰正常的阅读接受过程。超链接虽然加强了信息之间的联系，但有时过多地提供背景资料也会分散人们的注意力和影响正常思维。对此，人民网的做法有一定的借鉴意义，它在文章中用下划线标明超链接的关键字，打开超链接是一个封闭的页面，读者读完后，再回到前一页，也就是刚才中断阅读的地方，从而保证了阅读路线的稳定和思维的连贯性。

之所以说“就目前来看”，是因为IT[①]技术的迅速发展会给网络媒体不断带来新的变化，而这些变化随时可能影响到网络评论的存在形态。比如，目前以静态的文字为主的评论是否会发展为动态的声像兼备的评论，目前的“见文章如见其人”会不会发展成为看着屏幕上作者本人听他发表“高见”，“互动”能否向更高的层次发展等等。而那时，也许又衍生出网络评论的新的表现形式了。

相信随着时代和科技的发展，网络评论的表现手段会越来越多样。但有一点我们始终要明确，任何形式都只是一种手段，而不是目的。网络评论的真正目的是凭借互联网这一新的技术手段，向社会传达正确的观念、思想，实现对社会舆论的引导。因此网络评论在探索形式多样化的道路上要避免走入唯形式、唯手段的误区。

第二节 | 论坛评论及其策划

BBS论坛使新闻评论家族又增添了一种全新的表现形式，它的出现大大拓展了人们对于新闻评论的认识。尽管BBS论坛诞生的时间并不长，但就其已产生的社会影响和发挥的舆论功能来看却不可小觑。

一、BBS论坛及其功能

BBS是英文Bulletin Board System的缩写，中文意思是“电子公告栏系统”。1978年在美国芝加哥的计算机交流会上，克瑞森（Krison）和雷恩（Lane）两人由于对计算机的共同兴趣一见如故，相约保持联络进行合作。一开始两人主要靠电话联络，但是有些问题是很难用语言在电话中表达清楚的，加之芝加哥的暴风雪使两人很难实现每天见面，于是他们想到了借助于当时刚刚上市的调制解调器（Modem）进行联络。他们编写了名为CBBS[②]的程序，利用调制解调器将两人家里的计算机通过电话线连在一起，世界上第一个BBS系统由此诞生。当时，一位软件销售商看到这一成果并立即

---

① IT是英文Information Technology的缩写，意即信息技术。多指与信息有关的一切高科技领域，这一领域的范围与各个国家和地区的科技水平有密切的关系。IT一词在亚洲、欧洲使用普遍，在美国则不常使用。

② 英文Computer Bulletin Board System的缩写，意为计算机公告栏系统。

意识到其商业价值，在他的推动下，由 CBBS 系统加上调制解调器组成的第一个商用 BBS 软件包于 1981 年上市。BBS 诞生后，多个用户可以利用 Telnet 同时登录到同一个 BBS 站点，多人之间的直接讨论成为可能。

BBS 论坛的用户只要连接到国际互联网上，直接利用浏览器就可以阅读其他用户的留言，自由地发表意见与见解，并就感兴趣的问题直接与其他人沟通。这种方式操作简单、速度快，对用户的专业技能几乎没有特别的要求，因而也更容易普及和推广。目前，互联网上的 BBS 论坛形形色色，很难对其明确分类。从其主办者的角度来看，既有由网络爱好者利用免费空间开办的，又有由某一专业机构主办的；既有互联网服务提供商设立的，又有由网络新闻媒体设立的。从其主要内容的角度来看，既有评析国内国际大事和社会现象、社会思潮的，也有互道家长里短和生活烦恼的；既有文学、艺术、电脑、科研等专业类的，也有情感、健身、美容、美食等生活类的。如此等等，不一而足。在各类 BBS 论坛中，新闻性论坛凭借媒体本身的社会影响和公众号召力，加之所讨论的新闻事件和社会现象往往为公众关注，呈现出日益繁荣的发展趋势。本节探讨的论坛评论限于新闻性 BBS 论坛。

新闻性 BBS 论坛信息流动过程的主要功能大致可以概括为：

1. 提供信息和新闻线索，提供评论的选题

网友无论从职业、年龄还是从地域分布来看，范围都要比职业新闻传播者宽泛得多，他们把看到的事发到 BBS 论坛上，就等于做了一回传播者，发布了新闻。2000 年，韩国大韩航空公司麦道货机于上海虹桥机场起飞升空后仅一分钟便坠落的事故，便是由一署名“tiu”的上海网友最先把一则题为“飞机坠落!!”的帖子贴到新浪网的“谈天说地”论坛中的。近年来对舆论产生巨大影响的“微博”，从某种意义上说也是一个“自媒体”论坛，开设微博的个人和组织就是这个论坛的“版主”，当前越来越多的新闻线索来自于微博。

这些帖子往往包含着新闻线索，如果专业新闻工作者从中发现新闻价值，进行深入采访，也许就会写出一篇很有价值的新闻报道。对于新闻评论来说，选题至关重要。好的选题来源于生活。网民在 BBS 论坛上发言，其状态颇似群众的街谈巷议，往往比较接近社会生活现象和社会舆论的真实状态，其内容则紧密联系生活实际，往往具有一定的时代性和社会性。他们议论的话题虽然在观点上可以见仁见智，但经过适当的选择、提炼往往可以成为很好的评论“由头”或选题依据。

2. 汇聚社会舆情

BBS 论坛为广大网友提供了一个对世界形势、国家大事以及社会现象发表看法的场所。2001 年 7 月，人民网刊出了记者对广西南丹县发生的矿难的报道——《广西南丹矿区事故扑朔迷离》，确认了网上传得沸沸扬扬的南丹矿难并率先公布了部分死难者名单。一时间，网友在不同网站的 BBS 论坛上就此事件发表观点、表达意见，展开了广泛的讨论。

论坛的讨论与评论文章不同，不一定会有明确的答案，或者谁说服谁，但是与一篇评论文章通常只有一个角度不同，论坛评论为人们认识事物提供了尽可能多的视角。2012 年伦敦奥运会上，中国羽毛球女双运动员因消极比赛被取消了资格，一时间社会议论纷纷，新华网发展论坛组织了“中国女羽被取消资格你怎么看?”的主题讨论：

> 版主按：包括中国羽毛球女双运动员于洋/王晓理在内的 8 名女子羽毛球运动员，因消极比赛而被取消伦敦奥运会羽毛球比赛的参赛资格。中国羽毛球队总教练李永波也向全国人民道歉，印度尼西亚和韩国代表团都向奥组委提出了上诉。有网友认为，中国女羽被取消资格非常冤枉，利用规则规避本国选手自相残杀是战术和策略的运用，她们是不合理赛制的牺牲品。你怎么看?①

在这场讨论中，有人从体育精神的角度出发，认为“更高、更快、更强”的奥运精神不容亵渎；有人从比赛规则的角度出发，认为新规则存在漏洞，合理地运用规则无可厚非；有人从运动员的角度出发，认为要保护运动员，不应让其成为不合理制度的牺牲品；有人从体育商业化的角度出发，认为体育比赛的商业化取向才是产生比赛“假”行为的关键；还有人将本届比赛针对中国队的诸多事件联系起来，分析西方国家对中国崛起的心态……这些观点和意见，既可以在网友之间互相启发，也可以为党和政府了解舆情、形成决策提供重要参考。

3. 交换意见、影响社会舆论

论坛上的观点、意见经过交流与碰撞，有时可能一种观点说服另一种观点，有时可能求同存异，有时则可能相互取长补短、形成更完善的认识，从而产生这样那样的社会影响，形成某种舆论力量。1999 年 5 月 8 日，中国驻南大使馆遭到美国导弹袭击，激起中国人民的强烈愤慨；5 月 9 日，《人民日报》网络版便开设了“强烈抗议北约暴行 BBS 论坛”，广大网友以高度的爱国热情参与其中；6 月 19 日，“抗议论坛”改版为“强国论坛”，网友围绕这一事件共贴了 9 万余条帖子。论坛由简单的抗议到深入讨论与反思，在交换意见的过程当中形成了就此事件的主流舆论，在影响、平衡国际舆论方面发挥了独特的作用。

BBS 论坛上的言论具有明显的自发性，可控性差，因此在利用 BBS 论坛引导舆论、形成有影响的舆论主流时，要把精心策划、认真管理提到更重要的日程上来。

二、论坛评论的策划

较之传统媒体，BBS 论坛上的言论是一种“互动式评论”，即时性、实时性和互动

① 见新华网“发展论坛”，2012-08-02。

性相结合，开辟了集思广益、凝聚社会舆论的新途径。新闻评论从本质上说，是一种个人或组织就新闻事件或社会现象发表的评价性意见。然而，长期以来，不少人将"政论文"、"政论性新闻体裁"作为其属概念，这是有一定的历史原因的。新闻评论随着报纸的诞生而诞生，依附于传统媒体而发展成为单向传播的文本，研究的内容也大都局限于文本的具体操作方法。这种观点从某种程度上来说，强调了新闻评论作为一种新闻体裁的体裁特征，却忽略了新闻体裁背后隐藏着的评论本身所含有的更为本质的社会行为意义。

从社会学的角度说，评论是全人类共有的"评价行为"的外化。所谓评价，"是人把握客体对人的意义、价值的一种观念性活动"[①]。评价是一种内在的心理活动，是人类与生俱来的本能，是将自然界和人类社会的自在信息同人们的生活状态联系起来的桥梁。人们通过评价确定自己的社会位置、活动目标以及选择达到目标的有效途径。因此，我们也可以说，作为评价行为外在形式的评论，从本质上讲也是来自社会的需要，也是人类为了适应社会生存而逐步形成的社会行为方式。它不仅仅是通常意义上的新闻体裁，更为根本的是它反映着人类发展和社会进步的基本要求。

作为公众参与社会活动的一种行为方式，评论应该体现出"交流性"这一基本特性。评论无论以文章还是其他面目出现，都是要传达一种意见、交流一种观点，人们在交流中拓宽思路、更新观点或者解除困惑。而媒介就是要提供这样一个意见交流的公共场所，大量意见和观点通过一定的媒介汇集、交换和传播。威尔伯·施拉姆在《传播学概论》中对双向的意见传播有过这样的论述："最好把这一过程认作是一种关系，而不是A对B或B对A的某件事情。这是一种关系，它意味着共享那些表示信息和导致一种彼此的了解会聚到一起的符号。即使两个人同意保持不同意见，他们仍然由于讨论了情势而朝着对这种情势共同了解的方向前进了。"[②]

可见，评论的社会意义不只在于传播者传递了什么，还在于双向的交流能否进行，能否体现出个体的社会价值，能否通过资讯的互动达到人类智慧的高度整合。此外，未来新闻评论发展的一个重要方向可能是由媒介提供新闻事实和相关社会观点，并且提供进行双向信息交流的渠道和空间，而把评论权交给全体社会成员，成为真正的"媒介"。

评论由最初的社会化和普遍化的社会行为方式（如古代形诸言语的"街谈巷议"和文字的"揭贴"之类）发展到传统大众传媒上的专业化的媒介话语方式；BBS论坛又把"独白式"的传播方式变为"对话式"的实时交流，使得网络评论又成为大多数社会成员能够使用的话语方式。这不是简单的循环，而是一个螺旋式上升、波浪式前进的过程，从某种意义上说是使得评论的本质——社会化、普遍化由憧憬变为现实。

当然，BBS论坛上也可能出现这样或那样的"噪声"和"垃圾"。因此，开设论坛本身不是目的，设立后如何让其有效地为用户服务，积极地引导舆论，与传统媒体言

---

① 冯平：《评价论》，2页，北京，东方出版社，1997。

② ［美］威尔伯·施拉姆、威廉·波特：《传播学概论》，49页。

论互补互促、相得益彰，实现良性运转成为论坛发展的核心课题，而加强论坛的策划与管理则成为攻克这一课题举足轻重的环节，甚至称之为“重中之重”也不为过。

由于商业网站和传统媒体网站两类网站性质不同，因而设立 BBS 论坛的出发点也有所不同。前者更多地从商业利益的角度出发，侧重于“吸引人”，如果把握不当就可能滑向“迎合人”的一边；后者要发挥舆论引导功能，承担了更多的社会责任，但把握不当也可能变成强加于人，削弱自身的功能。基于不同的出发点，两种网站在对 BBS 论坛进行策划时，也表现出了一定的差异，有各自不同的重点和方向。

1. 论坛的整体策划

论坛的整体策划大致包括论坛的定位、论坛主题的设定和话题的选取三个层次。

论坛的定位包括的内容很多，如指导思想、面向对象、论坛特色、选材范围等等。从周期上来分，BBS 论坛可分为长期设立的常设论坛和临时开办的论坛。如果是常设论坛，在定位时特别要考虑到如何在长期的运行过程中逐渐树立起自己的品牌，使风格特点保持相对的稳定性。

为论坛设计主题要从多角度进行考虑。一方面，要考虑到主题是否具有一定的新闻性和重大性，是否为人们所普遍关心、广为议论，如“廉政论坛”、“西部大开发论坛”、“全球化论坛”、“‘两会’论坛”、“统一论坛”这样的主题论坛。另一方面，媒体也要善于发现尚未引起人们足够重视的问题，引导人们去分析探讨，明辨事理，起到一定的导向作用，如一些公益性主题论坛。此外，借助特定新闻事件还能设立一些临时性的主体论坛，如人民网的“抗议论坛”。对这类临时论坛要充分发挥媒体的控制功能，如什么时候把话题引向深入、什么时候达到高潮、什么时候总结收尾等等都要有一定的设想，并且要能够随着事件的进展、随着讨论形势的变化做及时的、灵活的调整。论坛主题的策划要与论坛的整体定位相符，体现出系统性、科学性。

有了主题只是避免了论坛像普通的聊天室那样无边无际地闲聊，但是同一主题下会有很多话题，为了能让 BBS 里的讨论质量更高，还有必要对话题进行组织策划。比如“强国论坛”就曾经组织策划了有关“三农”问题的系列讨论，包括“新农村运动”、“农业现代化与加入 WTO”、“农村剩余劳动力转移及农民工”、“农民收入和农民负担问题”、“关于农村劳动力流动与农民收入问题”、“关于农村发展的地区差异与农村环境保护问题”、“关于提高农民收入问题”等具体的话题，在网友中引起了巨大的反响，得到了广泛的响应。

选取话题有两种基本途径：

一是借事设题。由于突发事件具有发生的不可预知性和进程的不可逆性，因而往往容易受到公众的普遍关注，成为论坛里的首要话题。目前，相当多的媒体论坛都把新闻事件作为讨论的话题，如朝韩首脑会晤、高考考场舞弊案、中美撞机事件、“神舟九号”载人飞船成功发射等。借事设题要求论坛编辑具有服务意识，能够为网友提供大量的相关新闻报道链接和背景资料，为网友讨论提供便利，从而提高论坛的质量和声誉。

二是因势设题。抓住一些社会关注的热点、焦点、难点问题，这些问题虽然不具有强烈的时效性，但往往是人们议论纷纭、为之困惑的话题，如从SARS看公共卫生建设存在的问题、收容与社会救助两种做法的差异在哪里、艾滋病不断蔓延的趋势将给社会带来什么样的影响等。不失时机地抓住这些话题，解答人们心中的疑难，对于帮助人们正确理解有关方针政策、正确对待和处理问题，是非常有意义的。论坛选题策划是否到位，不仅体现了论坛编辑策划意识的强弱，还直接关系着论坛的访问量，关系着网络媒体本身的知名度和影响力。

2. 运作方式的策划

论坛运作方式的策划主要包括以下三方面的内容：

一是发送方式。目前网络技术所能够提供的发送方式无外乎直接发言和通过E-mail投书进行讨论。前者有利于激发交流热情，缺点是即兴式发言多，深思熟虑、有真知灼见的见解少，管理难度大；后者的优势在于管理主动，易于监控，可以通过选择具有可读性的优秀稿件来保证论坛内容的质量。这两种形式可以综合运用，各扬所长而互补其短。

二是交流方式。对于用E-mail投书进行交流的论坛，媒体网站大多采取来信编号的办法，以方便网友查找，如联合早报网的论坛等。这类论坛一般都公开声明：无法查对信息的真伪，言论也不代表本网站的立场，以及保留取舍、删节权。论坛编辑对情绪化，有人身攻击倾向或借题发挥、指桑骂槐的来信，通常不予刊出或者予以删节。这种交流方式虽然时间上略显滞后，但交流有序，探讨也往往比较深入。实时交流又分为网友的自由上贴讨论和同版主或嘉宾主持人交谈讨论两种方式。借鉴广播、电视节目的做法，约请专家、学者或某一方面的权威人士到论坛发表看法并回答网友提出的有代表性的问题，这种方式可以充分利用嘉宾的影响和声望，发挥人际交流的优势。需要指出的是，与一些商业网站完全出于市场推广的目的，请影视界、体育界名人在聊天室里与网友聊天、吸引“眼球”不同，BBS新闻论坛不仅要考虑网民的关注程度，更要讲究品位，注意从政策层面和社会层面进行研究和探讨。

三是主持人（版主）职责。受众使用论坛的出发点是多种多样的，有的人是为了参加讨论，有的人则是为了表现自我或转换心绪，也有部分网民控制不好自己的情绪，常常由观点的争执而发展到人身攻击，破坏了讨论的气氛，降低了论坛的水准和格调。这就要求主持人不仅仅是简单地删帖，还要善于通过实时的对话进行适当的疏导：要增强服务意识，了解网友的真实想法，为引导讨论健康发展提供建议和服务。主持人究竟应该承担什么职责、怎样履行职责都应该在策划里有所体现。

要想保证论坛讨论的质量，具体运作时还有很多工作要做，如先期预告讨论主题、讨论时间，辅以网上调查，如果是请嘉宾参与讨论，还要适当提供嘉宾的个人情况、有关著作或文章，让网友对他们有初步的了解，以提高论坛讨论的质量。此外，网上的很多言论十分有价值，如果能实现媒体之间的联动，保留下BBS论坛里的精彩言论放到报纸或新闻网页上去，让更多的受众分享，将会对党和政府等决策部门有所启发。比如，为把《人民日报》和人民网打造成与读者、网友良性互动的平台，从 2006 年 3 月 2 日起，《人民日报开》设“人民网网友留言板”，摘编网友对《人民日报》前日所载报道的评论。微博兴起后，《人民日报》言论版还开设了“微博之论”专栏，专门刊发来自微博的精彩观点。这些做法，持之以恒将可以收到提升 BBS 论坛社会影响的效果。

三、论坛评论的管理

随着新闻性论坛的影响逐步扩大，一系列的问题也随之而来。如，论坛上的发言是否应该同传统媒体一样进行严格的事前审查？如何引导网民正确行使言论自由权利？如果论坛中出现虚假信息或不良言论由谁负责？论坛管理者删除不良信息和言论是否有悖互联网的本质等等。正如阳光下也会有阴影，对于 BBS 论坛引发的各种各样的问题，我们不应该回避，当然也不能因噎废食，将脏水和孩子一起泼掉，对于网络论坛来说，解决问题的出路在于加强和完善管理。

BBS 论坛的管理大致可以分为三个层次：国家有关部门对 BBS 论坛的宏观管理、网络媒体对所开设的论坛实施的具体管理和论坛使用者对自己行为的自我管理。

1. 宏观管理

与传统大众媒体不同，对 BBS 论坛的信息控制是一个微妙而复杂的问题。通过华文网络媒体对 BBS 论坛的积极探索，人们意识到，为引导 BBS 论坛健康发展，应该加大宏观管理力度，尽早立法，制定规范，使组织者和参加者都有法可依。

2000 年 11 月，信息产业部发布了《互联网电子公告服务管理规定》（以下简称《规定》）。《规定》指出，电子公告服务提供者开展服务活动和上网用户使用电子公告服务系统，应对所发布的信息负责，都要遵守法律、法规。国内一些知名网站负责人在接受记者采访时普遍对此表示欢迎，他们认为，网站和网民双方都应承担起网上交流的社会责任，共建网上绿色家园。《规定》的出台为电子公告服务的规范化提供了依据，并未像有些人担忧的那样降低了网民上网交流的热情。《规定》约束了少数网民不负责任的言论，让 BBS 论坛的传播有章可循，从某种意义上说，还促使论坛参与者的真知灼见在更广的范围内得以有效传播。相信，随着实践的发展，有关法律法规也将不断完善。

2. 具体管理

对于论坛的组织者来说，在实施具体管理时既要有原则性又要灵活，既要立场坚定也要讲究方式与方法。网络对于我们来说还是新生事物，网络媒体对于 BBS 论坛的管理更是在探索之中，需要在实践中不断发现问题，解决问题，总结经验，在实践中不断增强规律性的认识和完善制度化的管理措施。

综观国内外 BBS 论坛的管理状况，大致可以分为基本不管、有限管理和严格管理三类。

第一种情况出现在西方一些网络媒体中。他们自称网站对论坛言论是完全不管的，以证明所标榜和鼓吹的“言论自由”。《纽约时报》网站、CNN 网站和“YAHOO!”都有论坛。CNN 和“YAHOO!”的论坛叫“留言板”，而《纽约时报》网站的论坛就叫“论坛”。这些论坛都有几十到几百个话题，由读者自行上贴。虽然各论坛都有自己的服务规定，提出不得上贴违法、有害、侮辱别人、内容淫秽的文字，不得使用冒犯民族或种族的语言，保护个人隐私等诸多规定，但网站编辑基本不作管理。由于种种原因，西方网民对 BBS 论坛的兴趣并不像中国网民这么大，论坛里的讨论也并不热烈，有的话题难得有人参与。即使如此，由于编辑放弃管理，论坛里还是经常出现无聊、谩骂、人身攻击甚至黄色淫秽的内容。不过，近些年这种情况也发生了一些变化，一些网站开始强调网站有权删除违规信息，接受各类违规举报，以及时制止各类违规行为。有的网站不由编辑来发挥管理的作用，而是采取了授权志愿者删除不良信息等措施。如 CNN 网站招募了数十人的志愿者队伍从事多种语言的论坛管理工作，NBC 网站也在全国招募志愿者，对其网上论坛进行分级分地管理，以避免出现违法和有害信息在论坛上传播。

第二种情况即“有限管理”，主要存在于海外一些中文论坛和国内一些商业网站所办的论坛。许多海外中文论坛是由一些志趣相投的人组织的，很少有专职的管理人员，所采取的管理方式多是隔一段时间由版主上论坛检查一下，删除违规或者不符合要求的文字。而国内商业网站出于商业成本考虑，在论坛上投入的力量很少，版主多是兼职人员，人员很难固定，管理的尺度也难以统一。

第三种情况是严格管理的论坛，如人民网的论坛和联合早报网的论坛。其管理主要体现在：有专职的管理班子，在论坛开放的时间里随时都有版主在论坛值班管理；有严格的管理条例，对可能出现的各种问题都预先提请大家注意；有一支由网友和社会各界组成的监督队伍，对论坛的运行情况实施广泛的监督。

以人民网的论坛为例：一方面，论坛明确规定不得发布任何诽谤、造谣、猥亵、色情、暴力、骚扰、危害国家安全、泄露国家机密以及带有宗教色彩，有意挑起种族或宗教社群之间的不满情绪或纠纷的言论和资料；同时，论坛公开参与讨论者的 IP 地址[①]，遇有违反相关规定的帖子，值班编辑立即予以删除。这一系列的规定保证了讨论在法律许可的范围内进行，这也是论坛得以维系和发展的前提。联合早报网的论坛多采用读者来信经编辑审阅后再上网的程序；赋予编辑使用选载和编辑的权力，凡观点重复的、有种族偏见的、纯情绪化的、进行人身攻击的或和所讨论主题联系并不密切的内容一般不予登出或者予以删节。这样，经过编辑精选的帖子在思想、文字表达等方面都达到了一定的水准，论坛上讨论的质量有了保证，进而不断吸引网民的参与。

综观我国严格管理论坛的具体做法，大致包括了以下几个方面的内容：一是对论

① 通过 IP 地址可以查到上网用户所在地区和网络服务商，这样可以使那些带有恶意的用户“心存顾忌”，有效避免讨论者冒名，增强用户对所发言论的责任感。

坛用户实行注册登记，只有注册用户才有发言权；二是要求用户做出承诺，保证不在论坛中进行违反中华人民共和国法律和法规的活动，用户对本人的网络行为所产生的后果自负责任，与网络媒体及论坛管理者无关；三是论坛管理员对论坛内容进行检查，有权删除任何内容，对违反法律的言论或色情帖子“格杀勿论”；四是在必要时暂时或永久关闭论坛。

特别值得一提的是，近年来那些一度标榜“互联网自由”的西方国家媒体论坛纷纷走上了“实名制”（包括前台实名和后台实名）的道路。以瑞典为例，瑞典移民城市马尔默 2011 年底一个多月的时间连续发生了五起枪杀案，一时间，关于移民区治安、失业率和文化融合等问题再次成为瑞典各大门户网站的热门话题。然而此次事件的网络评论要比以往理性得多，原因在于瑞典媒体对网络匿名引发的动乱之害有所顾忌，为了多数人的安全和自由，多半瑞典媒体选择了以限制匿名言论来鼓励“言论负责”。针对近年来有禁不止的网络谣言和言论戾气，自 2011 年始，我国多个门户网站也实行了微博实名。网络实名制（包括前台与后台实名）将网络身份与现实人对应起来，引导网民理性表达，促进人们持守对他人权利的尊重与敬畏之心，这是提高网络公信力，净化网络环境，推动网络文化及社会秩序健康有序发展的重要途径。

除了这些管理措施，不少论坛组织者还借助技术手段对 BBS 论坛施行管理控制。人们提出，论坛使用的控制软件其功能应当有一定的保障，因为软件的不完善会影响到论坛工作的质量和效率。这种软件首先应该具备对论坛的预审控制功能，能在特殊时期、特定环境下对论坛采取有条件的预审。所谓特殊时期指一些敏感日期，特定环境则指诸如恶意捣乱或“炸坛”等版主用常规管理方式无法控制的状态。其次要有强化过滤词功能，能够把一些有可能被人利用来进行恶毒攻击的词汇、泄露党和国家秘密的词汇作为过滤词。当出现这些过滤词时，版主做及时的审核，帖子只有在实施审核后才能上贴。利用软件便于迅速及时地识别有害信息，减轻版主的工作量，同时提高论坛工作的质量。

3. 自我管理

BBS 论坛从本质上说是网友的世界，因此论坛的成功与否还在很大程度上依靠网友的自我管理。如果人人都在论坛上进行类似于“今天天气哈哈哈”的闲聊，传播错误的信息和发表不恰当的言论，实际上是在舍弃互联网赋予的自由权利。自由的边界就是他人的权利，也即他人自由。当被纵容的自由走出它的边界成为自由的挥霍与滥用时，网络这一自由载体便极易演变成侵犯自由的最大杀手。近年来，语言暴力、恶意诽谤、网络欺诈等现象在网络论坛上呈蔓延之势，处理不好极易演变成新的社会群体事件及社会矛盾滋生的温床，而成为社会文明进程中的巨大隐患。BBS 论坛需要用户养成民主讨论的习惯，更需要网友大力的支持和充满责任心的自觉使用，这样才能在最大限度上发挥论坛的独特优势。

第三节 | 网络评论与社会舆论

在现实生活中，每个人都感到了舆论的存在，那么舆论究竟是什么？在探讨网络新闻传播与社会舆论的互动这一问题之前，有必要对“舆论”的内涵作点解析。

“舆论”英文为 public opinion，意即“公众的意见”。但是对于“公众的意见”，不同学科有不同的强调角度。政治学或历史学着重于强调舆论对决策的影响，心理学注重公众意见表达的心理过程，而社会学注重舆论的社会化产生过程。从近年来我国的舆论学著作所给的定义看，有的侧重于社会知觉，有的强调对某一种具体现象而发出的意见。在诸多定义中，笔者比较倾向于这一定义：舆论是公众关于现实社会以及社会中的各种现象、问题所表达的信念、态度、意见和情绪表现的总和，具有相对的一致性、强烈程度和持续性，对社会发展及有关事态的进程产生影响，其中混杂着理智和非理智的成分。[①]这一界定以较强的逻辑性涵盖了舆论的八个要素，即：舆论的主体（公众），舆论的客体（现实社会以及各种社会现象、问题），舆论自身（信念、态度、意见和情绪表现的总和），舆论的数量（一致性程度），舆论的强烈程度，舆论的持续性（存在时间），舆论的功能表现（影响舆论客体）和舆论的质量（理智与非理智成分）。细分为八个要素来解析舆论，有助于更全面地认识网络评论与社会舆论的互动，进而把握网络评论引导社会舆论的基本原则和方式。

一、网络评论与社会舆论互动的新变化

人们通常把新闻评论与社会舆论之间的关系概括为反映舆论、影响舆论和引导舆论三大方面。网络评论与社会舆论的互动实际上还是离不开这几个方面，只不过在具体的表现上又呈现出一些新的变化。

1. 反映舆论相对多元

长期以来，人们对社会舆论的认识多是通过传统的大众传播媒介得来的，媒体、新闻界也因此得到了一个并不那么准确的称谓——舆论界，并由此衍生出一些诸如“舆论一致认为”的习惯说法。在这里，媒介所反映出来的舆论状态代替了社会舆论的真实状态，有时还会表现出“舆论一律”的假相。

在传统媒体一统天下的时代，“舆论一律”意味着公众通过媒介知晓事件或问题，依媒介提示的角度思考，按照媒介对各种问题的重视程度来调整自己对这些问题重要

① 参见陈力丹：《舆论学——舆论导向研究》，北京，中国广播电视出版社，1999。

性的看法。改革开放以来，媒介反映民意的功能有所增强，但就哪些主题发表言论以及言论的尺度，仍然要受到“把关人”的筛选、控制。“舆论一律”并不是社会舆论的真实状态。

在网络新闻的信息传播过程中，传统的传受关系被打破。互联网的任何一个网结都能够生产、发布信息，信息流动呈现出多向性的特征，受众的各种思想、观念随之进入传播，参与社会舆论的形成。其中BBS论坛评论主体（公众）的多元性和网络上“把关人”作用的减弱，使得网络媒体所反映的舆论呈现多元化的趋势。

同时，舆论的形成与大众传播媒介营造的意见氛围也有一定的关系。在网上的交互式讨论状态下，人的心理状态会更接近他的“本我”，言论会更真实地反映社会心理的一般存在状态。从众行为和趋同心理也可能会因为网络时代的到来而有所改变。从心理学的角度来说，当人们的生活圈子较小的时候，往往惧怕孤立，会对占优势地位的意见采取趋同的态度和行动。网络使得人们的交往空间得到极大扩展，如果一个人的意见在网上某个社区里得不到承认，他可以转向其他社区，由过去采取消极的从众措施保护自己，转变为在网络中积极地去寻找同盟军。网络评论中呈现出的这种“舆论多元”实际上更接近社会舆论本来的存在状态。

2. 影响舆论的过程缩短

网络评论对于舆论的影响较之传统媒体上的新闻评论来说，表现得更为直接，这主要是由网络媒体的“交互性”功能所提供的。交互性的最大特点是使交流成为一个动态系统，而新闻评论影响舆论的功能正是依赖于从受众那里随时获得第一手信息、意见，并据此形成自身的观点、意见，再传达到受众那里，一定程度上改变受众的观点和意见来实现的。

在网络评论特别是BBS论坛的传播过程中，无论是评论的发布者还是接收者，他们首先都是网络媒介的共同使用者。在网络媒体这个动态的交流系统中，人们可以实现真正意义上的“互动式”交流，其过程大致如图8—1：

这种交流由于更接近社会交往的本来状态，为了解舆情民意提供了一个非常直接的窗口，新闻机构也可以更迅速、更直接地检验自己的传播效果，决定进一步的行动。网络新闻评论也可以利用网络的互动特征，从BBS论坛的讨论中，从网民阅读新闻后上贴的点评里，从网上舆论调查得出的结果中直接获得网络用户的真实想法，进而针对这些意见发表言论。这样，网络评论影响舆论的过程也将大大缩短，效果则可能因此而更加彰显。

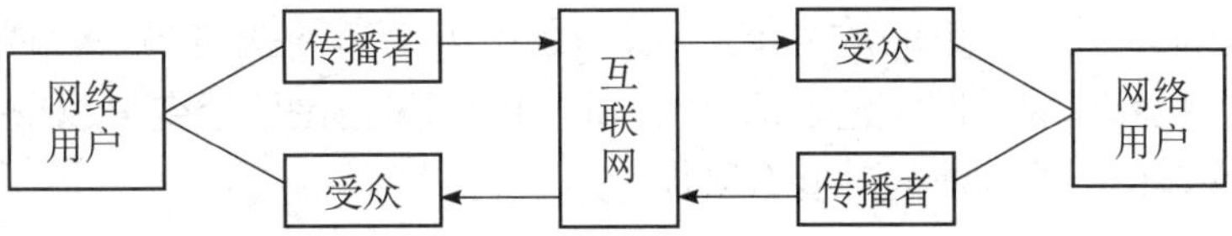

图8—1　互联网信息流动示意图

传统媒体的新闻评论因为技术条件的限制，它从受众那里获得的对事件或现象的反馈往往是不充分、非实时的，媒介根据这些反馈和对公众态度的估测及传播政策播发言论。准确地说，受众的这种反馈其实是一种“前馈”，以此为基础的评论影响舆论自然要经历一个较长的过程，也未必能够收到预期的效果。而网络论坛的出现则直接缩短了传统媒体获得反馈的周期。2012 年 7 月 31 日在伦敦埃克塞尔举重馆，年仅 17 岁的小将周俊在女子举重 53 公斤级 B 组较量中，三次抓举试举 95 公斤失败，这种情况在中国举重奥运会赛场上还未出现过。赛后某报制作了《中国女举最耻辱一败》的新闻标题，报道中也充满了激愤。该事件迅速成为舆论热点，各大网络论坛的讨论迅速厘清了问题的本质，网友几乎不约而同地把出现该问题的症结点归于选拔制度而不是运动员本人。第二天，即 8 月 1 日，该报用书信的方式向周俊道歉，称：

> 其实，我们已经知道你足够努力，我们更知道你还只是个孩子，但却忽略了胜败乃常事，体育竞技中体现出的追求更高、更快、更强的精神才是最为宝贵的要旨。你既已上场，并全力以赴，已是我们的英雄。

以报纸媒体的出报周期来说，能在一天之内态度发生如此明确的转变，究其原因，显然是论坛评论对舆论的迅速影响带来的结果。

3. 引导舆论难度加大

引导舆论需要了解舆论是在何种情形下形成的，针对不同的时空环境，采用适当的方法，才可能取得较好的效果。为此，有学者提出了“舆论场”的概念，用以说明具体舆论形成的一种情形。① 舆论场提供了社会心理互动的充分而典型的条件，对舆论引导的效果影响极大。现如今，整个改革开放的中国是一个巨大的舆论场。一方面，许许多多新鲜的舆论客体刺激着全国的公众；另一方面，地区间的社会发展程度相差较大，导致受众差异也较大。同时，网络世界舆论环境更为复杂，我国长期以来相对封闭的新闻空间被无处不在的网络触角打破，大量的国际新闻信息涌入，国际信息流向的不平衡性越来越明显。

同时，中国这个巨大的舆论场也正在发生裂变。新华社前总编辑南振中很早就注意到，在当下中国，客观存在两个舆论场。一个是党报、国家电视台、国家通讯社等“主流媒体舆论场”，忠实地宣传党和政府的方针政策，传播社会主义核心价值观；一个是依托于口口相传特别是互联网的“民间舆论场”，人们在个人言论专栏、微博、BBS、QQ、博客上议论时事，针砭社会，品评政府的公共管理。互联网成为“思想文化信息的集散地和社会舆论的放大器”，改写了“舆论引导新格局”②。网上和网下两个舆论场的现状都提醒我们，过去相对比较明朗的意见氛围已经变得越来越错综复杂，网络评论实现舆论引导功能的难度有所加大。

---

① 参见刘建明：《当代舆论学》，104 页，西安，陕西人民教育出版社，1990。

② 廖玒、潘健、祝华新、单学刚：《打通“两个舆论场”》见人民网“观点频道”。

同时，网络媒体目前普遍存在人手少、工作压力大、专业化程度不高的问题。网络媒体工作者日常工作疲于应付多，学习培训少，总结经验教训更少。而如何运用网络评论有效地引导社会舆论，对于网络媒体及其从业人员来说都是一个全新的课题，除了在实践中不断摸索总结之外，别无其他途径。这一矛盾也从另一个方面增加了有效引导舆论的难度。

二、网络评论影响社会舆论的原则

网络评论虽然还是一个新鲜事物，但是借鉴传统媒体评论与社会舆论间实现良性互动的经验，结合网络媒体的传播特点和既有实践，我们还是能够对网络评论引导社会舆论的原则进行一番粗浅的梳理的。

1. 树立现代评论观念

要想让网络评论在舆论引导上有所作为，树立现代评论观念是关键。自 20 世纪 90 年代以来，信息传播业发生着一场深刻革命，以数字压缩技术和卫星通信技术为主要标志的信息技术的发展，互联网的应用，使信息到达的范围、传播的速度与效果都有显著增大和提高。世界各国争相运用现代化信息技术加强和改进对外传播手段。必须适应这一趋势，加强信息传播手段的更新和改造，积极掌握和运用现代传播手段，重视网上宣传阵地和舆论引导，树立现代评论观念，并以此指导网络评论实践。

首先，应该对于网络的传播特性有准确的认识。在网上，没有传播者与接收者、教育者与受教育者之分；在网上，人们直言不讳，表达思想毫不躲躲闪闪，既有正面论理、切磋讨论，也有牢骚怪话乃至明显错误的言论。社会舆论之所以裂变出“民间”舆论场，与媒体及其管理机构陈旧的舆论观、评论观不无关系。比如，在突发公共事件发生之初，官方反应迟缓，新闻发布没几句实话，反而指责公众“不明真相”；在事件发展演变过程之中，总是试图以封堵信息甚至抓捕网民的手段，来打压或控制民间舆论场；在事态平息后，没有痛定思痛，反躬自省，认真修复制度的漏洞。平时，主流媒体对群众焦虑的问题关注不够，正面宣传流于“自说自话”，甚至“自娱自乐”。这提示我们，网络评论绝不能回避敏感问题，也不能以“优越感”去“我教育、你接受”，当然更不能放弃矫正错误看法、反驳错误言论的责任。唯有如此才能在交流、互动的过程中实现舆论引导的功能。

其次，要把握好网络评论自由的“度”。网络传播的特点使网络评论首先面临着“自由”的挑战。网络传播的特点让不少网友认为，与传统媒体相比，网络世界有言论的绝对的、无限制的自由，这其实是一种误解。网上言论同样要接受社会道德、国家利益、法律法规的约束，要想让网络评论得到充分的发展，必须把握好网络评论自由的度。另一方面，尽管网站拥有自己的编辑控制权，但并不意味着可以漠视网络用户的言论自由。网络用户会对过分或不公正的删改感到不快，会对不能容忍正当表现自我的网络空间退避三舍。这也提醒我们，适当把握言论自由的“度”直接关系到传播内容能否到达受众，关系到传播效果，自然也就关系到社会责任功能的发挥。因此，确立马克思主义自由观，在实践中既实行编辑控制，又保持适度的自由、必要的容忍度，争取达到用户满意是 BBS 论坛的管理人员面临的一个实际问题。

另外，在实践中要采取一种比传统媒体更为积极、主动的态度，摒弃传统舆论引导上“守”的思想，勇于尝试，大胆探索。BBS 论坛的开办就是一个成功的例子。人民网的“强国论坛”等传统媒体网站在抗议以美国为首的北约轰炸我驻南使馆、批判“两国论”、打击“网络谣言”等战役中，就发挥了重要的舆论引导作用。BBS 论坛为网民提供了就国家和世界大事发表意见并进行平等讨论的地方，比如人民网开设了“领导干部留言板”、“舆情会商室”、“人民网评”等论坛专栏。实践证明：这是了解舆情、进行舆论引导的有效手段，也是与国内外敌对势力进行斗争的特殊阵地，值得我们投入精力和力量。

同时应该看到，中国媒体传统的宣传话语在新时代处于劣势，网络评论应该改变陈旧的观念，抛弃令人生厌的八股式话语，发挥在内容与语言表达等方面的优势与特点。

2. 增强社会责任感

社会舆论的主体是公众，是普通的社会成员。虽然公众会出现错误的判断，但一般来说，舆论形成的过程通常会集中社会的理智，因而尊重舆论也是社会民主建设的基础。然而，社会舆论的自发性和舆论形成中的“媚俗”现象，又需要理智的引导。媒体是现代社会中的一项重要的公共资源，发表言论是传统媒体经常运用的引导舆论、维护社会稳定的手段。

网络评论应该继承传统媒体新闻评论的良好传统，自觉承担起一定的社会责任，不仅要用“正确的舆论引导人”，还要用理性的分析推动事件的良性发展。2009 年 11 月 13 日，成都市金牛区城管执法局对一处“违章建筑”进行强拆，为了抗拒暴力拆迁、保护自家三层楼房，唐福珍在楼顶天台自焚。2009 年 11 月 29 日晚 11 时许，因救治无效，医院宣布唐福珍死亡。该事件在网上引发巨大的舆论波澜，甚至不乏许多非理智的声音。对此人民网及时发表评论《为拆迁注入法治文明基因》[①]，文章回应了社会舆论，并进行了事实求是的分析：“6 年前的孙志刚案废除了《城市流浪乞讨人员收容遣送办法》，希望‘悲剧性的个案最终能推动制度的进步’，让城市拆迁立法融入更多现代法治的文明基因，以避免同类事件的再度发生。”文章还明确表态：“在《物权法》(2007 年) 出台之后，我国拆迁制度就受到质疑，此次如果能顺应民意和法治潮流，对《拆迁管理条例》中与上位法相冲突的地方进行彻底修改，无疑是众望所归。”在网络评论负责任的言论的推动下，相关部门启动了对《城市房屋拆迁管理条例》的

① 见 http://edu.people.com.cn/GB/10549326.html，2009-12-10。

审查，2011 年 1 月 21 日，国务院令公布《国有土地上房屋征收与补偿条例》，同时 2001 年 6 月 13 日国务院公布的《城市房屋拆迁管理条例》废止，强拆至此退出了历史舞台。

目前，网上的言论来源比较复杂，既有传统媒体网站，又有商业网站；既有职业传播者，又有普通网民。因此树立“舆论环境”的观念显得尤为重要。不同领域、不同层次、不同类别的舆论之间，存在着相互影响、渗透、转化、对立等等的有机联系。尤其是 BBS 论坛的管理者，更要明白自己所处的舆论环境，在适应环境之中发挥主观能动性，防止对舆论形势的估计出现偏差或负面效应。

同时，由于网站的生存、发展需要大量的后续资金支持，因此相当多的网站，尤其是商业网站把主要精力放在了经营上，商业利益成为网站追求的一个重要目标，而提供新闻和评论仅是其争夺受众、实现商业利益的一个手段。事实上，如果做法得当，像联合早报网那样在重视报纸的责任感的同时，又实现扩大读者群、创造新的商业机会是完全可能的。因此，网络媒体决不能单纯注重商业利益而拒绝承担应有的社会责任，坚持社会效益第一应该始终是新闻媒介的主要职责。随着实践的不断深入，不少网络媒体已经意识到了这一点。在 2003 年 10 月举行的中国新闻媒体论坛上，中国记协及来自中央与地方网络媒体的 40 余名代表共同签署了《中国网络媒体的社会责任——北京宣言》。《宣言》表示，中国网络媒体应肩负起促进中国网络媒体健康发展的社会责任，使互联网真正成为传播先进文化的重要阵地。

3. 讲究实际效果

无论舆论引导者对具体的舆论的判断如何，深切地理解各种舆论得以产生的社会和心理原因，以实事求是的态度引导舆论争取最佳的传播效果，而不是以固定、单一的理想化模式苛求社会舆论，是网络评论引导舆论应该把握的另一个原则。

网络让人们面对一个更为开放的信息、舆论空间，在这种情况下，靠限制和堵塞并不能有效地增强自己的影响。比如，网上有多种声音，包括反面意见，那么 BBS 论坛就不妨适当地保留反面意见供网友讨论，在讨论中分清是非正误，形成共识，并增强上网者的识别能力。这也许比一味地阐述正确观点更有利于说服公众，从而形成符合事物实际和社会发展趋势的主流舆论。

追求舆论引导的效果不仅指对于不够正确的舆论给予引导，还包括对于舆论强度的适当控制，以避免过度的舆论趋同带来的舆论震荡。应用数学根据系统工程得出了“黄金分割”比值——0.618。一般地说，当整体 1 中达到 0.618，就能产生对整体决定性的全面的影响；而达到临界点的另一半，即达到 0.382，则可以使整体感觉到一种重要影响的存在。对于社会舆论没有必要，也不可能作如此精确的估量，但仍可以以此为依据来考察其一致性程度。在一定范围内有约三分之一的人持某种意见，这种意见便在这一范围内具有了相当的（但尚不能影响全局）影响力；若有近三分之二的人持某种意见，则这种意见在这一范围内将成为主导性舆论。对于舆论导向来说，把握不同看法的比重，目的在于了解不同舆论的力量对比，以便采取相应的措施进行引导。常说“一张一弛，文武之道”，依据社会舆论的状况把握舆论的强度，是一种屡验不爽的舆论引导艺术。

网络评论的直接传播对象是使用网络媒体的社会公众，社会公众的总体状况是决定舆论环境的质量和特征的关键性因素。因此，追求良好的舆论引导效果时，还需要了解公众总体基本状况和特征。中国互联网络信息中心（CNNIC）每年 1 月和 7 月都会发布《中国互联网络发展状况统计报告》，为了解上网用户对互联网的使用情况及其对有关热点问题的看法和倾向提供了颇有价值的资料。此外，网络媒体或论坛也可以自行设计网上调查，对受众的状况或其对某一事件的态度进行动态的了解。这对于增强 BBS 论坛主题的针对性，提高舆论引导效果，是一个至关重要的途径。

三、网络评论引导舆论的路径

社会舆论包括信念、态度、意见和情绪表现。其中，信念是人们在接触外界之前，头脑里已经存在的关于现实世界的图像、信条和价值观，它在舆论的各种存在形式中处于核心地位。而态度则是建立在信念之上的较为表层的结构，其表现形式也是多样的。以各种方式公开表达的，构成显舆论；以较为隐蔽的形式如情绪表现出来的，构成潜舆论。潜舆论往往为显舆论积蓄情绪，制造气氛，提供材料；显舆论则是潜舆论的延伸和发展。对于舆论引导来说，也应该从这两方面入手，寻找具体的解决路径。

1. 转化潜舆论

所谓潜舆论，不是指纯粹个人的情绪表现，而是指有相当数量的公众、既定舆论客体的情绪性意见，它预示着部分人的预存立场和态度，并有可能转化为显舆论。因此，对于舆论引导来说，重视潜舆论是一种“事前”行为，更能够发挥主动性，容易得到较好的效果。

网络评论更应该注重潜舆论的转化。对于网下的现实社会的舆论场，潜舆论比显舆论更能确切反映社会舆论的真实倾向，因为显舆论的发表会受到各种其他因素的规范，而社会规范很难直接干预情绪性潜舆论的表达。在较少约束的情况下，潜舆论更接近人们内心的真实想法。而网络评论，无论是评论文章还是网上论坛，由于以受众主动参与或接受的方式进行传播，所表达的观点也比较容易扩散和产生影响。所以，通过网上的舆论引导和网上网下互动实现网下潜舆论向健康方向转化，网络评论具有先天的优势。如果这时网络评论能够及时将某种良好的社会情绪升华为鲜明的观点和见解，或者对不健康的情绪进行适当引导，其效果要比潜舆论已经转化为显舆论时再引导要显著得多，对社会的稳定更为有利。

“现实社会中，话是假的，人是真的；网络社会中，人是假的，话是真的”——

这种认识虽然有其偏颇之处，但在一定程度上说明，对于网络空间的舆论场来说，受众在这里表达意见更为直接、明白而较少掩饰，但是这种“明显”的意见往往是现实社会上某种“不明显”情绪的反映。而情绪具有社会感染的特点，特别是在具体的舆论场中，如某个主题论坛，这种感染十分迅速，少数人的情绪往往会很快转变为多数在线网民的情绪。这种情绪性的潜舆论是公众意见倾向的征兆，虽然其对社会发展的实际影响力不及显舆论强大，但如果对网上的这些观点、意见引导不当，就可能波及网下，导致非理性舆论的扩散，甚至形成不利于社会稳定的显舆论。

2. 整合显舆论

显舆论指在一定范围内相当数量的公众，以各种公开的形式表达的对舆论客体的态度。它是由外界刺激直接引起，或者由潜舆论经过一段时间的酝酿转化而来的。网络评论引导显舆论的难度远大于引导潜舆论。这是因为：一方面，显舆论是人们业已公开表达的态度，较之潜舆论更为“根深蒂固”；另一方面，显舆论是对外界刺激的认知、意向和情感的一种综合反应，其“公开表达”中还“综合”了不少外在因素，这又进一步增加了引导的难度。

在现实生活中，人们为适应环境，一般都会自觉或不自觉地观察他人、群体、已有的舆论、社会意识形态等现实状况，以便获得较好的人际关系、社会承认，即获得有利于生存、生活和顺利从事自己工作的条件。于是相当多的显舆论并不完全是个人的意见，而往往带有从众的特征，受到外部力量的制约。这时的舆论带有一定的虚假成分。同时，公众生活中充满了各种矛盾和利益的划分，出于自我防卫的目的，不少公众公开表达的意见是含糊的，或者回避了关键问题。这时的舆论又带有一定的暧昧性质。廓清社会舆论的这两层“迷雾”，是新闻评论包括网络评论实现舆论引导功能时普遍面临的问题。

出现在互联网上的显舆论，比现实社会中的显舆论又多了一层自我表现的成分。在现实社会中，每个人都有自己相对稳定的社交圈，大家对彼此的情况基本都了解，加上其他种种社会规范的约束，表达意见时出现虚夸的可能性相对低一些；而网上意见往往会含有一些为突出自我而形成的夸饰、虚假的成分，会影响到其他公众的意见表达。同时，公众在网络世界的自我认识、自我评价也往往会高于现实社会，以此认识为基础形成的显舆论也会与真实情况有差距。

因此，能否有效地引导显舆论，关键在于掌握社会舆论的真实情况，否则整合舆论难以落到实处。

3. 运用合力形成主流舆论

转化潜舆论也好，整合显舆论也罢，都是对具体舆论的引导。但对于整个社会来说，更为重要的是通过这种转化和整合形成有利于社会稳定和发展的主流舆论。在这方面，网络评论作为新兴媒体的重要组成部分，就已经显现的作用看，无疑是一个必不可少的力量。

不过，网络评论的舆论力量，目前仍然处于潜在状态。这一方面是因为在网络上发表的观点、意见难免带有个人情绪，即使其中包含着中肯的独到见解和积极的意见、建议，也未必能够产生舆论上的共鸣效果和累积效果。另一方面是因为商业网站的性质决定了其不可能像传统媒体那样自觉地肩负起引导舆论、促使主流舆论健康发展的社会责任。因此，要形成主流舆论主要还得依靠传统媒体网站。

传统媒体网站延续了传统媒体的公信力，比较易于与使用者和受众建立起相互信任、真诚互动的关系，在凝聚社会舆论力量方面有巨大的优势。这类网站一方面可以依托“母体”，完善论坛，在传播正确的政治、经济、文化建设理念，获得民众支持上发挥舆论的中坚作用。另一方面可以利用“母体”的公信力来凝聚社会力量，包括与商业网站联合，形成有利于推动主流舆论健康发展的合力。在我国，走一条以传统媒体为主导，商业网站为支撑的网上舆论引导道路不仅是可行的，而且是必要的。这是“运用合力”的第一层含义。

“运用合力”的第二层含义在于网络评论要有意识地与传统媒体的评论对接、互动，通过这种对接和互动使社会主流观念得到张扬。目前，在实践中这样的做法已有体现。如《北京青年报》于 2003 年组织的题为《新北京呼唤新道德》的系列讨论，就充分注意纸质媒体与网络媒体的对接，发挥两者的“合力”作用。一方面，网站（www. ynet. com）专设了论坛，把报纸策划的几个分主题如“义德”、“网德”、“绿德”等公布出来，组织网友展开讨论，并就每一分主题下道德与不道德行为的具体表现进行网上调查。编辑除了把论坛中精彩的文章编发成网页评论外，还就网友提出的一些问题邀请相关领域的专家与网友在线讨论。另一方面，报纸连续几天用整版的篇幅展现网上讨论的精华内容，并根据纸质媒体的特点充实了一些新的内容。如首篇对“义德”的讨论，它制作了《危难中大我与小我的较量》的标题，标题下方列出了“网友评出的八大危难中的道德”和“网友评出的八大危难中的不道德”，并用白、黑两种底色鲜明地表达了编辑部的观点。此外，还设置了“编者的话”①、“新闻回放”②、“嘉宾语录”③ 以及“网聊实录”等小专栏。在“网聊实录”里，编辑选取了网友提出的诸如“新时期的义德应该包括哪些方面？”“人具备自然性和社会性，在危机突来时，人的自然性决定了首先要保护自己，专家要求的毫不利己、专门利人是不是有一些曲

---

① 附该期“编者的话”：今年爆发的“非典”让人们冷静思考：面对危机我们应该怎么做？同时也引发了人们对义德的思考。义德，面对危机，见义勇为，临危不惧，越是在危机来临的时候，越能考验一个人的道德水准到底有多高。在“非典”中，旅美博士施凌方要求到北京参加抗“非典”工作，体现了临危不惧报效祖国的道德境界。但也有卖口罩的商家趁机卖假，在危机突来的时候，暴露了道德的“原始面貌”：唯利是图大发国难财。在危机面前，我们应该如何处理好大我与小我的关系，如何让我和我们共同渡过难关，这是对生存的考验，也是对道德的考验。

② 该期的“新闻回放”刊发了两则新闻：一则是“‘非典’期间，团结湖南路新兴副食店的老板杨新兴立出安民告示：保证市民吃上正常价格的粮食”的图片新闻；另一则是“‘非典’期间朝阳区吉祥里社区居民互相帮助，使社区的一位疑似病人安然度过隔离期”的文字报道。

③ 该期的嘉宾有北京大学哲学系教授、中国科学院法学研究员、吉祥里社区主任、北京崇文区卫生局副局长以及一名外国专家等五位。嘉宾背景既涵盖了学界、管理界；又涵盖了道德、法律领域以及中国和西方，可以说体现了编辑较强的策划意识。

解人性?”“国外有人提倡义德吗？是一种规范还是自觉?”“新时代的道德体系需要一切重建吗?”等十分有代表性的问题，请嘉宾予以解答。这里，网上的 BBS 论坛和网络调查既引导人们把真实所想表达出来，将潜舆论转化为显舆论；进而又通过在线讨论使人们形成相对一致的共识，整合显舆论；更重要的是，网上网下的通力合作，形成了一股合力，有力地促进了主流舆论的形成。

在互相配合、运用合力形成主流舆论方面，网络媒体已经迈开了步子，但实践上还存在两个突出问题：一是两种网站——传统媒体网站和商业网站之间的主动合作还十分有限；二是在网络媒体与其他媒体的合作向度上，多为其他媒介寻求与网络媒体的合作，反之则较少。此外，传统媒体与网络媒体合作时还需要特别注意引导舆论方式上的转变。要遵循舆论引导的可信性原则，决不允许按照主观臆想去“打扮事实”；要遵循舆论引导的接近性原则，善于从人民群众关心的内容、角度入手，把经济和社会生活中的各种人民群众的关注点有机地结合起来；要遵循舆论引导的渐进性原则，把引导舆论作为一个过程来理解；要继续维持传统媒体长期固化下来的舆论强势，但过去的一些常用手段，如单纯通过对传播内容和传播渠道的控制来实现舆论引导、通过“后发制人”来正视听的做法应该有所转变，转向对“首因效应”、“优质效应”和“价值效应”的追求。

思考题

❶ 什么是网络评论？网络评论有什么特点？

❷ 网络评论写作应该注意哪些问题？

❸ 网络论坛的策划包括哪些方面？

❹ 如何运用网络评论实现对舆论的有效引导？

后　记

本书即将付梓之际，内心深处格外感念恩师王振业先生。他不但帮助我打下良好的新闻业务基础，还告诫我不要拘泥于本专业的知识边界，督促、鼓励我不断拓宽学术视野。正因为此，我又攻读了传播学博士学位，并在博士后阶段进入中央党校把视野进一步拓展到政治学领域。回望来路，老师“授人以渔”的点拨让我受益终生。

王振业先生是复旦大学新闻系的高材生，20 世纪 80 年代来北京广播学院任教前，在青海新闻一线工作了二十多年。1957 年大学毕业前夕，学生们给时任高教部部长的杨秀峰写了一封信，他也签名响应，并用实际行动回应了“到祖国最需要的地方去”的时代召唤。用先生的话说，“作为那个时候的青年，我是把自己许给了国家的”。当年 11 月，他经过五天五夜的行程到达青海，从此开始了在《青海日报》做农业报道和写社论的工作。

随后的二十余年里，先生用脚、自行车、马甚至骆驼为工具，足迹遍及青海的农业区和牧业区。他坚信深入生活是做好新闻的基础，到农村采访他从来不住旅馆，就和农民睡一个炕。写社论他也不坐在办公室里，而是经常深入生活。一次他在农业区调查时发现，当时农民使用的犁在技术上已经几百年没有革新，由此产生了一篇颇具实际意义的有关农机具改革的社论。今天交通大为改善、通信日益发达，部分媒体从业人员却在工作中拈轻怕重、投机取巧甚至弄虚作假、无中生有。相形之下，先生这种身入、心入的求真态度对于今天的新闻人具有特别的意义。

还有一个令我印象深刻的故事。先生当年刚进入报社就被安排写社论，老总编只向这个年轻人提了一个要求：不许用“应该”、“必须”。先生说，这个要求他一辈子都没有忘。“应该”、“必须”这样的词居高临下，有颐指气使的感觉，老总编看似对语词的要求，实际上是给年轻人进行了一场新闻观的教育。平等待人，俯首甘为孺子牛，这不正是新闻人应有的对待人民群众的态度吗？如今，我也常把先生的故事讲给我的学生听，希望这种求真、求实的精神，这种从群众中来、到群众中去的态度，能够在代代新闻人中绵延相传。

2009 年我与先生共同完成了中国传媒大学第二代新闻学系列教材《新闻评论写作》的修订工作，一年多后的 2010 年 10 月 10 日王振业教授因病去世。彼时我与先生对面而坐，共同切磋、相互启迪的情景已成为永远的温暖的回忆。

古人云：“独学而无友，则孤陋而寡闻。盖须切磋，相起明也。”如今，除了那些良师益友，经常与我切磋相长的还有我可爱的学生们。任教十余年来，学生们的点滴进步始终是我坚持下去的不竭动力，他们的困惑疑问则是我努力探求的方向。当看到他们发表了评论作品，走上了新闻评论员的岗位，甚至获得了中国新闻奖评论奖的荣誉，那种欣慰是无法用语言来表达的。

期待并感谢来自各界的批评与建议，那将是我不断改进工作的巨大启发与帮助。

感谢中国人民大学出版社为中国传媒大学第三代新闻学教材的出版提供了多方面的支持，感谢编辑翟江虹、田淑香、臧磊为本书所做的大量细致的工作。

李 舒

2013年1月

图书在版编目（CIP）数据

新闻评论/李舒著．—北京：中国人民大学出版社，2013.7
新传媒时代新闻传播学系列教材．新闻学核心课程 07
ISBN 978-7-300-17654-3

Ⅰ．①新… Ⅱ．①李… Ⅲ．①评论性新闻-教材 Ⅳ．①G210

中国版本图书馆 CIP 数据核字（2013）第 144684 号

新传媒时代新闻传播学系列教材
新闻学核心课程 07
新闻评论
李舒 著
Xinwen Pinglun

出版发行	中国人民大学出版社		
社　　址	北京中关村大街 31 号	**邮政编码**	100080
电　　话	010－62511242（总编室）		010－62511770（质管部）
	010－82501766（邮购部）		010－62514148（门市部）
	010－62515195（发行公司）		010－62515275（盗版举报）
网　　址	http://www.crup.com.cn		
经　　销	新华书店		
印　　刷	北京昌联印刷有限公司		
规　　格	185 mm×260 mm　16 开本	**版　　次**	2013 年 8 月第 1 版
印　　张	18.5 插页 1	**印　　次**	2022 年10月第 8 次印刷
字　　数	397 000	**定　　价**	48.00 元

关联课程教材推荐

书号	书名	作者	定价	出书时间
978-7-300-26225-3	时评要领	丁邦杰	58.00 元	2019-01-31
978-7-300-02678-7	新闻评论教程	胡文龙 秦 珪 涂光晋	28.00 元	1998-07-01
978-7-300-13834-3	新闻评论研究引论——功能、品格、思维、发现	赵振宇	35.00 元	2011-07-18
978-7-300-09649-0	新闻评论案例教程	马少华等	29.80 元	2008-10-06
978-7-300-13864-0	时代之“声”——新时期中国新闻评论研究	涂光晋	42.00 元	2011-06-27

配套教学资源支持

尊敬的老师：

衷心感谢您选择使用人大版教材！

相关的配套教学资源，请到人大社网站（www. crup. com. cn）下载，或是随时与我们联系，我们将向您免费提供。

欢迎您随时反馈教材使用过程中的疑问、修订建议并提供您个人制作的课件。您的课件一经采用，我们将署名并付费。让我们与教材共成长！

联系人信息：

地址：北京海淀区中关村大街 31 号 206 室　　龚洪训 收　　邮编：100080

电子邮件：gonghx@crup. com. cn　　电话：010-62515637　　QQ：6130616

如有相关教材的选题计划，也欢迎您与我们联系，我们将竭诚为您服务！

选题联系人：	电子邮件：	电话：
翟江虹	zhaijh@crup. com. cn	010-62515636

俯仰天地　心系人文

人大出版社网站　www. crup. com. cn

全国新闻教师 QQ 群：259226416

欢迎您登录人大社网站浏览，了解图书信息，共享教学资源

期待您加入专业教师 QQ 群，开展学术讨论，交流教学心得